たまひよ 名づけ博士

1年間使い放題 web鑑定サービス

完全版

ログインID
パスワード

「たまひよ名づけ博士」web鑑定サービスの全メニューをお使いになれます。
「読み指定検索」「イメージ指定検索」「漢字指定検索」の名前例検索と
姓に合わせた「候補名鑑定」があります。
キリトリ線を切ると、中にあなた専用のログインID、パスワードが印刷されています。
ぜひ、赤ちゃんの名づけに役立ててくださいね。

ご利用方法

※P.18〜22にスマホ画面での使い方を掲載

① 「たまひよ名づけ博士」web鑑定のページにアクセスし、左記のログインIDとパスワードを入力します。

[アクセス方法]

パソコン、スマートフォンから

または直接アクセス
https://st.benesse.ne.jp/hakaseweb/

② 初回のみ、お客様の姓の設定が必要です。

※一度設定した姓は変更できません。間違いのないようにご入力ください。
※web上で入力できない漢字は、一度代わりの漢字を入力したあと、元の字の画数を指定してください。
※姓の設定後、1年間お使いになれます。

③ 姓の設定が終わりましたら、「読み指定検索」「イメージ指定検索」「漢字指定検索」「候補名鑑定」に進めます。

こちらから、各検索・候補名鑑定画面に進めます。

web鑑定用ログインID・パスワードのお知らせ

ログインID　　　　n5g9j7u8

パスワード　　　　A0E8f9v2

※ログインID・パスワードは再発行できません。大切に保管してください。
※「たまひよ名づけ博士」web鑑定サービスのすべての機能をご利用できるログインID・パスワードとなります。ベネッセの他のサービスにはご利用になれません。
※web鑑定サービスをお使いになれるのは、姓の設定後1年間です。

■注意事項

・ 姓に使われていたり、名づけに使える漢字であってもweb上では表示できない文字があります。また、お使いのパソコン、スマートフォンによっては入力と異なる字形の文字が表示される場合があります。ご了承ください。

・ 姓は、一度設定したら変更はできません。間違いのないようにご入力ください。

・ 名づけ博士の名前例はたまひよの商品・サービスをご利用のお客さまからお寄せいただいた実例です。あて字も含まれていますので、ご注意ください。

・ 推奨動作環境は下の表のとおりです。

・ スマートフォン以外の携帯電話からはお使いになれません。

推奨動作環境

デバイス	OS/ブラウザ
パソコン	Windows10以上 ・Google Chrome 最新 ・Microsoft Edge 最新 Mac OSX（10.15）以上 ・Safari 最新
スマートフォン	iOS 13以上 Android 9以上 ・標準ブラウザ

※1）ただし、左記の環境でも、お客様の接続環境などにより、一部の機能が動作しない場合や画面が正常に表示されない場合があります。

※2）このサイトでは、Cookie、JavaScriptおよびスタイルシートを使用しております。ブラウザの設定でCookie、JavaScriptおよびスタイルシートを有効にした上でご利用ください。

※3）JIS90字形で定められている文字のみご利用いただけます。JIS2004字形セットのパソコンをご利用の場合、一部、入力と異なる文字表示となります。

最高の名前が必ず見つかる！

男の子 & 女の子

たまひよ 赤ちゃんの しあわせ名前事典

web鑑定つき

最新 2022〜2023年版

名前は赤ちゃんへの最初のプレゼント

「生まれてくるわが子に、最高の名前をプレゼントしたい！」
それはすべてのママ・パパの願いですね。
たまひよ読者の人気名前ランキング＆
実例名前を紹介するこの本と、
姓に合った名前検索が簡単にできるweb鑑定で
世界にたった一つのすてきな名前を
赤ちゃんにプレゼントできますように。

この本に使われている漢字の画数は「福武漢和辞典」「ベネッセ新修漢和辞典」（ともにベネッセコーポレーション刊）を参考にしていますが、お使いになる辞典、姓名判断の流派によっては画数の異なる場合があります。名前をつけられる際に、ご自分でしっかり確認されることをおすすめします。

の方法を見つけよう!

プをチェック! あなたに合った名づけ方法が見つかるはず♪

> チェックが多かった名づけ方法のページへ♪

音にこだわるタイプ P.10へ

- ☐ 響きのいい名前にしたい
- ☐ 胎児ネームがある
- ☐ 呼びたい愛称がある
- ☐ 音の持つパワーにこだわりたい

> たまひよ名づけ博士web鑑定の
> 「**読み指定検索**」なら、
> お気に入りの読みや、
> その読みを含めた良運の名前が、
> 約3万件の豊富な名前例の中から
> 探せます!（詳しくはP.18〜22）

画数にこだわるタイプ P.11へ

- ☐ 運勢のいい画数が気になる
- ☐ 姓名判断による名前の吉凶を調べたい
- ☐ 姓と相性のいい名前をつけたい
- ☐ 陰陽五行説による名前の吉凶も気になる

> たまひよ名づけ博士web鑑定の
> 「**漢字指定検索**」
> 「**候補名鑑定**」なら、
> 良運の名前を探したり、運勢を鑑定したりできます。
> 面倒な画数計算が不要で便利!
> （詳しくはP.18〜22）

\タイプ別/
\チェックテストで/
あなたにピッタリの名づけ

「何から考えていけばいいのかわからない…」。そんな人は、下記のタイ

漢字にこだわるタイプ P.12へ

- ☐ すでに使いたい漢字が決まっている
- ☐ 親や祖父母などの名からとりたい漢字がある
- ☐ 漢字が持つ意味にこだわりたい
- ☐ 使う漢字に親の願いを込めたい

たまひよ名づけ博士web鑑定の「漢字指定検索」なら、使いたい漢字を含んだ良運の名前を、約3万件の豊富な名前例の中から探せます！（詳しくはP.18〜22）

イメージにこだわるタイプ P.13へ

- ☐ こんな子になってほしいという強い願いがある
- ☐ イメージのいい名前をつけてあげたい
- ☐ 夫婦の趣味にちなんでつけたい
- ☐ 好きなものから発想を広げたい

たまひよ名づけ博士web鑑定の「イメージ指定検索」なら、イメージに合う良運の名前を、約3万件の豊富な名前例の中から探せます！（詳しくはP.18〜22）

名前決定までのアプローチ

STEP 1 呼びたい響きから考える

まずは好きな響き、いいなと思う読み方をリストアップ。思いついた名前は実際に声に出して、その名前が発音しづらくないか、聞き取りやすいかどうかを確認します。「れんくん」「ひなちゃん」など、気に入った愛称から考えてもOK。

直感派の人向け

音 にこだわるタイプ

「読み」や「愛称」を重視する人向け。音の持つイメージは、その人の印象や性格にも影響するといわれています。一生を通してその音で呼ばれるので、親しみのある名前を選んで。

STEP 2 名前例をたくさん見る

たとえば「ひな」にしたいと読みが決まっている人は、「ひな」の名前例を見てみて。愛称を「ひなちゃん」や「ひな」にしたい人は、「ひなか」「ひなこ」「ひなた」などの名前例もチェック。いくつか読みの候補があって迷っている人は、候補の読みの名前例をたくさん見て、気に入ったものに○をつけていきながら絞るのもよいでしょう。

ひさき	日咲	13
陽咲	21
一花	11
仁花	12
ひとか
ひとみ	仁	7

ひな	陽菜	22
日向佳	25	
妃愛	23	
緋奈	24	
日菜香	18	
陽愛花	24	
陽菜香	30	
陽菜香	32	

ひなこ	陽菜子	18
妃南子	18	
雛子	18	
陽菜子	18	
ひなた	陽菜太	

スマホでも探せる!

"読み指定検索"をタップ!

STEP 4 姓とのバランスを確認

あてはめた漢字の意味や読みがおかしくないかチェックしましょう。「みつき」を「海月」とした場合、「くらげ」とも読めます。また、姓と合わせると「大庭佳代（おおばかよ）」のような意図しない意味になってしまうこともありますから、実際に書いたり、読み上げたりして確認するのがおすすめ。

詳しくはP.71へ

STEP 3 決まった読みに漢字をあてはめる

読みが決まったら、それに合う漢字を考えていきます。明るいイメージなら「陽南」、かわいいイメージなら「日菜」など、漢字の組み合わせで与える印象も変わります。「読み別漢字リスト」（P.197参照）や「万葉仮名風漢字一覧」（P.214参照）も活用してみて。ただし、こだわりすぎで読みにくくならないように注意。音の持つパワー、「ことだま（言霊）で見る名前」（P.74参照）も参考に。

占いが好きな人向け

画数
にこだわるタイプ

赤ちゃんの幸せを願って、つけたい名前の画数が吉数（運勢のいい画数）になる名前を考える方法。姓名判断は、流派がいろいろあるので、一つの流派に決めて考えるとよいでしょう。

名前決定までのアプローチ

STEP 1 画数名づけを確認する

姓名を構成する文字の画数を5つの部位ごとに計算した「五格」を基本とします。まず五格それぞれの意味と数え方を理解しましょう（P.217参照）。姓と名前の文字数が違う場合、「仮成数」（P.218参照）を加える必要があるので、該当する人は確認しておきましょう。「陰陽五行」（P.220参照）も気になる人は参考にしてみて。

STEP 2 「姓別吉数リスト」と「画数組み合わせリスト」を活用

画数を重要視するなら、「姓別吉数リスト」（P.241参照）を活用！ 姓に合う名前の画数がわかるリストです。いい画数、吉数がわかったら、今度は「画数組み合わせリスト」（P.279参照）を活用。たとえば佐藤の「姓別吉数リスト」の中の5・18を「画数組み合わせリスト」で探すと、「未織」「史織」などの名前が見つかります。

スマホでも探せる！

"候補名鑑定"をタップ！

STEP 4 響きや漢字を決めたあと画数をチェックする

画数を重視するあまり、読みや漢字など、全体的にバランスが悪くなっていないかチェックしましょう。また、音や漢字重視の名前でも、画数が気になる場合は、最後にチェックしてみて。画数重視で名前を決めていく以外では、吉数になる確率は高くはないので、あまりこだわりすぎないように。吉数にしたい場合は、漢字を1字変更するとうまくいく場合も。

詳しくはP.215へ

STEP 3 吉数になるよう組み合わせを探す

つけたい読みがある場合、吉数の漢字を探してみて。たとえば「佐藤」さんが「まい」とつけたい場合、「姓別吉数リスト」（P.241参照）の吉数の組み合わせの中の15・8を「音から選ぶ女の子の名前リスト」（P.87参照）から探すと、「舞依」が該当します。使いたい漢字がある場合は、その漢字の画数を基にして、組み合わせる漢字を「おすすめ漢字から選ぶ名づけ」（P.327参照）から選んでいきます。

愛唯	舞依	真唯	麻依	真依
24	23	21	19	18

11

意味重視の人向け 漢字にこだわるタイプ

使いたい漢字が決まっている人向け。漢和辞典を使いこなすのは大変ですが、「おすすめ漢字から選ぶ名づけ」（P.327参照）には、画数、主な読み、意味、願い、名前例があって便利！

名前決定までのアプローチ

STEP 1 使いたい漢字から考える

好きな漢字を書き出してみましょう。「ママやパパの名前の1字を使いたい」「生まれる季節にちなんだ漢字を」「願いを込めたい」など、思いついたものを書き出してみて。「おすすめ漢字から選ぶ名づけ」（P.327参照）を見ながら、好きな漢字を抜き出していっても。

STEP 2 漢字の意味や願いをチェック

使いたい漢字の意味を「おすすめ漢字」や市販の漢和辞典で調べてみましょう。たとえば「逸」は「すぐれている、ぬきんでる」などのいい意味もありますが、「はずれる、わがまま」などのマイナスの意味も。辞典によって載っている意味は異なりますが、悔いのない範囲で調べておいて。「おすすめ漢字」内の「願い」も参考に。

スマホでも探せる！
"漢字指定検索"をタップ！

STEP 3 メインの漢字に組み合わせる漢字を選ぶ

メインの漢字が決まったら、組み合わせる漢字を選びます。「おすすめ漢字」からもう1字選んでもいいでしょう。「おすすめ漢字」には名前例もありますから、それも見てみて。「添え字一覧」（P.142、P.196参照）や「人気添え字から引く名前」（P.210参照）も参考にしてください。

STEP 4 姓とのバランスを最終確認

名前が決まったら姓と名前を書いてみて。漢字の意味や願いにこだわりすぎて、不本意な名前になっていないか、バランスが悪くないかをチェックしてみましょう。さらに声に出して、読んでみましょう。気になる場合は画数も最後にチェックしてみて。

詳しくはP.327へ

12

願いを込めたい人向け

イメージ
にこだわるタイプ

季節、自然、子どもへの願いなど、まずイメージを決定。そこからイメージを表す漢字と名前例を探していきます。ほかに、漢字の持つ意味からイメージを広げていく方法もあります。

STEP 1 どんなイメージがいいか考える

〜名前決定までのアプローチ〜

「明るい子に」と願いを込めたり、パパとママの共通の趣味から考えたり、赤ちゃんが生まれる季節や干支にちなんだり。海や花、音楽など、パパやママが好きなものから発想を広げていってもいいですね。

STEP 2 イメージから連想する名前例をチェック

「イメージから選ぶ名づけ」（P.423参照）には、季節、干支、自然、込めたい願いなど、いろいろなイメージから連想される「イメージ漢字」と「名前例」があります。これを読んでみて、気に入ったものを見つけたり、さらに発想を広げていったりしてもいいでしょう。

スマホでも探せる！

"イメージ指定検索"をタップ！

STEP 4 姓とのバランスを最終確認

名前だけのイメージにこだわりすぎて、姓とのバランスが悪くなっている場合もあります。必ず紙に書いて確認してみましょう。また、声に出して読んでみるのも大事。姓とのイメージがあまりにかけはなれているのも考えものです。気になる場合は画数も最後にチェックしてみて。

STEP 3 イメージの漢字から発想を広げる

「幸福」のイメージでつけたいなら、そのイメージの漢字を探してみます。たとえば、「幸」「和」「祥」「慶」。メイン漢字を決めたら、それに合う漢字を探します。「笑う」という意味のある「咲」を合わせて「咲幸（さゆき）」、添え字をつけて「幸乃（ゆきの）」などのように考えてみましょう。名前例から選んでもOK。

詳しくはP.423へ

13

ほかにも 名づけのヒントはいっぱい！

名づけの方法はまだまだたくさんあります。
下記にヒントを挙げましたので、選択肢を広げてみてください。

人気のある名前にしたい！人気のある名前は避けたい

2021年のたまひよ名前ランキングでは、人気名前、人気読み、人気漢字、人気共通名前、人気頭音（「ゆ」など）、1字名の人気名前などを紹介しています。「人気の名前は避けたいけど、音が好きだから別の漢字にしよう」「人気漢字からヒントをもらおう」など、ランキングも使い方はいろいろ。ぜひ、参考にしてみてください。

▶ ランキング とじ込みシート、P.27、P.29、P.47、P.52

最後の文字（添え字）から決めてみる

女の子だったら「子」がつく名前、男の子だったら「郎」がつく名前にしたいという人は、「人気添え字から引く名前」で名前例をチェック！　「添え字一覧」を見て添え字を決めてから、組み合わせる漢字を考えるという方法もあります。

▶ 人気添え字から引く名前 P.210
▶ 添え字一覧 P.142、P.196

国際的な名前にしたい！

「国際的な名前にしたい」という人は、「イメージから選ぶ名づけ・国際的」のページの名前例を見てみましょう。注意する点はP.41やP.470にも載っているので、押さえておいて。国際的な名前は、漢字・かなだけでなく、ローマ字でも書いてみるのが◎。そのときは、P.42、43も参考にしてください。

▶ 名づけに「外国語感覚の名前」をうまく取り入れる P.41
▶ イメージから選ぶ名づけ・国際的 P.470

異体字（旧字）も取り入れたい

「特徴のある字にしたい」ときは、異体字を使う手も。中でも「来」の旧字「來」は、とても人気があります。また、「つけたい名前が人気名前だったので避けたい」「つけたい名前の画数がよくない」などの場合も、異体字にしてみてもいいでしょう。上手に取り入れてみて。

▶ 名前に使える人名用漢字の異体字 P.35

Contents

- 「たまひよ名づけ博士」web鑑定サービス ログインID・パスワード
- 〈とじ込みシート〉 2020年たまひよ名前ランキング……8
- あなたにピッタリの名づけの方法を見つけよう!……18
- 「たまひよ名づけ博士」web鑑定の使い方

完全版

第1章 名づけの基礎知識

名づけの基本
- 名前を決めるときの注意点27 ……24
- 名前に使える人名用漢字の異体字 ……26
- 名づけに「外国語感覚の名前」をうまく取り入れる ……35
- ヘボン式ローマ字一覧表 ……41
……42

賢く考える名づけテク
- ヘボン式ローマ字表記で注意する点 ……43
- 1字名の人気名前 ……44
- たまひよ読者の人気漢字とかな ……47
- 間違えやすい漢字 ……52

名づけなんでもQ&A ……53
- 避けたほうがいい名前 ……54

出生届の書き方と出し方 ……61
- 出生届記入のポイント ……62
- 出生届を出すまでの注意点 ……64

出生届なんでもQ&A ……66

'14年〜'20年人気名前ランキング ……68
- 人気共通名前 読みトップ10 ……70
- 人気頭音ランキング ベスト5 ……27
- 姓と名の意味が違いすぎる・合いすぎる ……29
- 左右対称の名前 ……30
- 説明しにくい名前の例 ……31
- 聞き間違えやすい名前の例 ……33
- 姓と名の音がダブっている名前の例 ……36
- 複数の読み方がある名前の例 ……37
- たまひよ読者の新・万葉仮名 ……38
……45

第2章 音から選ぶ名づけ

- 音から選ぶ名づけについて……72
  - ■読み別人気名前……73
- ことだま（言霊）で見る名前……74
- 50音別 響きによる性格の違い……78
- 音から選ぶ女の子の名前リスト……87
  - ■添え字一覧・女の子編……142
- 音から選ぶ男の子の名前リスト……143
  - ■添え字一覧・男の子編……196
- 読み別漢字リスト……197
- 人気添え字から引く名前……210
  - ■万葉仮名風漢字一覧……214

第3章 画数から選ぶ名づけ

- 画数から選ぶ名づけについて……216
- 文字数別五格の数え方……218
  - ■三才吉凶表……223
  - ■ひらがな＆カタカナの画数一覧表……224
  - ■間違えやすい漢字リスト……225
- 名づけ吉数表……226
- 姓別吉数リスト……241
  - ■名前には使わないほうがいい漢字……278
- 画数組み合わせリスト……279
  - 女の子の名前……280
  - 男の子の名前……302

第4章 おすすめ漢字から選ぶ名づけ

- 1画……328
- 2画……328
- 3画……329
- 4画……332
- 5画……335
- 6画……340
- 7画……347
- 8画……354
- 9画……365
- 10画……375
- 11画……386
- 12画……397
- 13画……408
- 14画……414
- 15画……417
- 16画……419
- 17画……421
- 18画……421
- 19画……422
- 20画……422

第5章 イメージから選ぶ名づけ

イメージから選ぶ名づけについて …… 424

項目	ページ
春のイメージ	425
夏のイメージ	426
秋のイメージ	427
冬のイメージ	428
暦・干支のイメージ	429
大地のイメージ	430
山・河のイメージ	431
海・水のイメージ	432
豊か／生命のイメージ	433
光・風のイメージ	434
色・香のイメージ	435
宇宙のイメージ	436
幻想／清潔のイメージ	437
さわやかなイメージ	438
夢・希望のイメージ	439
未来のイメージ	440
若さ／自由のイメージ	441
超えるイメージ	442
生物／めでたいイメージ	443
誠実なイメージ	444
平和／調和のイメージ	445
思いやりのイメージ	446
愛されるイメージ	447
勇気のイメージ	448
かわいいイメージ	449
幸福のイメージ	450
おおらかなイメージ	451
知的なイメージ	452
論理的／リーダーのイメージ	453
華やかなイメージ	454
芸術的なイメージ	455
創造的なイメージ	456
努力／正直なイメージ	457
行動的なイメージ	458
文学的なイメージ	459
無邪気なイメージ	460
ユーモア／心のイメージ	461
明るいイメージ	462
強い／独立心のイメージ	463
気品のイメージ	464
学業優秀／満足感のイメージ	465
情熱的なイメージ	466
日本的なイメージ	467
名声のイメージ	468
歴史のイメージ	469
国際的なイメージ	470

名前に使える漢字リスト …… 471
最終チェック10&メモ …… 481

〈イメージヒント集〉

項目	ページ
季語や月の異名から探す	429
日本の自然の色から探す	435
人気の俳優から探す	449
芸術家から探す	455
『源氏物語』から探す	459
日本の地名や四字熟語から探す	467
歴史上の人物から探す	469
海外に行くと性別が逆転する名前	470

［本書について］

画数
本書に使われている漢字の画数は『福武漢和辞典』『ベネッセ新修漢和辞典』（以上ベネッセコーポレーション刊）と監修者の栗原里央子先生の見解を参考にしていますが、お使いになる辞典、姓名判断の流派によっては、画数の異なる場合があります。名づけの際に、ご自分でしっかりと確認されることをおすすめします。

名前例・データ
本書で紹介している名前やデータは、2005年1月から2021年9月までに、たまひよの商品・サービスに寄せられた赤ちゃんのお名前の中から、テーマに合ったものを抽出して掲載しています。

字形
本書で使われている漢字の字形については、法務省の定めた字形に基づいています。書体により微細な相違点はありますが、それらの相違は活字のデザイン上の相違に属するもので、字体の違いではないと考えられるものを使用しています。

読み方
名前の漢字の読み方に関しては、漢和辞典にない読み方をしているものもありますので、ご注意ください。

届け出の受理
名前の届け出が受理されるかどうかは、各自治体により判断が異なります。掲載した名前の例が必ず受理されるとは限りませんので、ご了承ください。

Staff
表紙デザイン／フロッグキングスタジオ
本文デザイン／小出大介（COLORS）
表紙・扉イラスト／ヨモギ田リョオコ

校正／聚珍社、岡田 啓、くすのき舎
本文イラスト／mahicotori、新家亜樹、仲川かな、Cotton's（田岡佳純、瀬戸枝里子、大塚悦子、roxo、近藤みずほ）、小倉ともこ、ふじわらてるえ

まずは、スマホまたはパソコンで
st.benesse.ne.jp/hakaseweb
にアクセス

たまひよ名づけ博士web鑑定の使い方

手順1 ログインIDとパスワードを入力します

※ スマホ画面の場合で説明します。

ここに入力

この袋とじの中のログインIDとパスワードを確認

本書＋webで最高の名前探しができます！

約3万件のデータから名前例検索が簡単にできる「たまひよ名づけ博士web鑑定」は候補の絞り込みや姓に合わせた鑑定ができて便利！名づけに関する知識が詰まった本書で赤ちゃんの名前候補を挙げ、さらに名前例が豊富なwebを併用すれば、わが子にぴったりの最高の名前が見つかります。

たまひよ名づけ博士web鑑定って？

約3万件のデータから姓の画数に合った名前例を検索できるサービスです

気になる「読み」「漢字」「イメージ」の条件を選択するだけで、あなたの姓に合った名前例が検索できます。また、候補名を入力して鑑定することも！

●**読み指定検索**
「はるちゃん」「ゆうくん」など、呼び方や名前の読み方、音の響きから検索できます。

●**漢字指定検索**
「悠」「幸」など名前に使いたい漢字がある場合に、漢字1字から検索できます。

●**イメージ指定検索**
「健康・元気な」など、名前のイメージから検索できます。

●**候補名鑑定**
「悠真」など具体的な候補名を画数、その名になったときの性格、運勢など、総合的に鑑定できます。

※ 名づけ博士の名前例は実例です。あて字も含まれていますのでご注意ください。

手順2 初回のみ「姓」を設定します

ここに入力

必ず確認を
● 一度設定した姓は変更できません。間違いのないように十分注意して、入力してください
● web上で入力できない漢字は、一度代わりの漢字を入力したあと、元の字の画数を指定してください

webサービスは、姓の設定後、1年間使えます

手順3 読みor漢字orイメージ指定検索、候補名鑑定から好みのweb鑑定をやってみよう

ここをタップするとこの画面に。やってみたい項目をタップします

下にスクロールすると出てくる「候補名の鑑定・検索機能を使い分けよう！」内をタップしてもそれぞれの機能を使えます

★パソコンの場合は画面上部のタブか下部にある「候補名の鑑定・検索機能を使い分けよう！」内の各ボタンをクリック

●ログインIDとパスワードを入力すれば、スマホとパソコンなど複数の端末で利用することも可能です。

読みを指定して検索したい

「ゆうま」といった名前そのものの読みや、「ゆう」という読みを一部に使いたい、名前の最初の音を「ゆ」にしたい場合などは「読み指定検索」で探せます。

手順3 候補名が表示されます。
さらに詳しい説明を
見たい場合は
「候補名鑑定」をタップ。
お気に入りの名前は
「候補名リスト」に登録
（詳しくはP.22参照）

手順1 メニューを開いて
「読み指定検索」を
タップします

★パソコンの場合は画面上部のタブか下部のボタンをクリック

ここをタップ

手順2 「読み」を入力して「一致条件」
（それぞれの説明は下記参照）
「性別」を選択。
最後に「検索する」をタップします

ここに入力

ここを選択

ⓒ 前方一致
その読みから始まる名前を検索するとき、または最初の音だけ決まっている場合は、これを選択。たとえば「ゆ」で検索すると「千翔（ゆきと）」など「ゆ」で始まる名前が出てきます。

Ⓑ 部分一致
その読みが含まれている名前を検索するときは、これを選択。たとえば「ゆう」で検索した場合は「史悠（しゆう）」「友基（ゆうき）」など、「ゆう」が含まれる名前が出てきます。

Ⓐ 完全一致
名前の読み方そのものを検索するときは、これを選択。たとえば「ゆうま」で検索した場合は「由真」「夕真」など、読み方に一致した名前が出てきます。

イメージを指定して検索したい

「季節にちなみたい」「願いを込めたい」など具体的なイメージが決まっている場合は、「イメージ指定検索」を使って探してみましょう。

手順1 「イメージ指定検索」をタップします

★パソコンの場合は画面上部のタブか下部のボタンをクリック

ここをタップ

手順2 好きなイメージを選択します

どれか1つを選択

下にスクロールしていくと全部で30のイメージがあります。好きなものを1つ選んで

手順3 下にスクロールして性別を選択し「検索する」をタップ

どれか1つを選択
ここをタップ

漢字を指定して検索したい

使いたい漢字が決まっている場合は、「漢字指定検索」を使って。好きな漢字を1字入力すると、候補名が表示されます。

手順1 「漢字指定検索」をタップします

★パソコンの場合は画面上部のタブか下部のボタンをクリック

ここをタップ

手順2 使いたい漢字を1字入力して「性別」を選択。「字形を確認する」をタップ

漢字を入力
どれか1つを選択
最後にここをタップ

手順3 入力した漢字が正しく表示されているか確認したあと「検索する」をタップ

ここをタップ

※入力内容が違っていた場合は「入力に戻る」をタップ

手順4 候補名が表示されます。さらに詳しい説明を見たい場合は「候補名鑑定」をタップ。お気に入りの名前は「候補名リスト」に登録 （詳しくはP.22参照）

候補名を鑑定したい

「悠真」など具体的な候補名を漢字の意味、画数のよさ、その名になったときの性格、運勢などとのバランスまで総合的に鑑定したい場合は「候補名鑑定」を活用して。

手順 1 「候補名鑑定」をタップします

★パソコンの場合は画面上部のタブか下部のボタンをクリック

ここをタップ

手順 2 候補名を入力
1回につき最大10件まで入力できます

ここに入力

手順 3 下にスクロールして「字形を確認する」をタップして候補名が正しく表示されているか確認したあと「鑑定する」をタップ

ここをタップ

※入力内容が違っていた場合は「入力に戻る」をタップ

手順 4 鑑定結果が表示されます。お気に入りの名前は「候補名リスト」に登録
（詳しくはP.22参照）

「候補名鑑定」で詳しい「鑑定結果」が！ リスト登録もOK!

読みor漢字orイメージ指定検索で表示される名前例の下の「候補名鑑定」をタップするか、P.21のように「候補名鑑定」を活用すると詳しい鑑定結果が！ 候補名は100件までリストに登録できるので、その中から検討してくださいね。

最大100件まで「候補名リスト」に登録できます

気に入った名前はここをタップ

ここをタップすると**左記の詳しい鑑定**が出てきます

トップ画面で「候補名リストの履歴」が確認できます

「候補名リスト」の表示はメニューをタップして選択

ここを選択

使い方がわからなくなったらここを見て

Ⓐ 漢字の意味
名前にふさわしくない意味が含まれていないか、ここで確認

Ⓑ 五格判定
すべてが◎になる名前には限りがあります。五格の詳細はP.217でチェック

Ⓒ 五行判定
陰陽五行占いの結果。詳細はP.220をチェック

Ⓓ 言霊
音が持つパワー占いの結果。詳細はP.74をチェック

Ⓔ チェック
画数の多少や音のダブりなど、全体的なバランスについてのアドバイス

22

名づけの基礎知識

ここでは、名づけにおける注意点や出生届の書き方・出し方、
名づけに関しての素朴な疑問などをまとめて紹介しています。
名前を考え始めるとき、
そして決まった名前の最終チェックのときに読んでください。

最高の名前をつけるための第一歩

名づけの基本

名づけにはいろいろ気をつけなくては
いけないことがあります。
ここでは、注意点や出生届の書き方・出し方、
名づけに関しての素朴な疑問などを紹介。
名前を考え始めるときや
最終チェックのときに読んでください。

最高の名前をつけてあげるために

赤ちゃんが一生つき合っていく名前だから、あれこれ悩むのは当然のことです。ママとパパの思いを込めた名前であることはもちろんですが、それ以外にも押さえるべきポイントがあります。

赤ちゃんに贈る最初のプレゼントが名前。数文字の組み合わせではありますが、赤ちゃんの幸せを思う気持ちと、こんな人に育ってほしいという願いがたくさん込められたもの。心を込めてつけてあげたいですね。

パパとママの
気に入った
名前である

BESTな
名前

響きや文字の
意味、画数などが
よいかどうか

赤ちゃんが将来
親しんでくれる
名前かどうか

名前に使われる文字自体がどんな意味を持つか、響きがどんなイメージを持つかも大切な要素。漢字の名前をつける場合は、その漢字を意味や画数の面などから多角的に調べることが大切です。

ママ、パパの思いを込めるのはもちろんですが、名前と一生つき合っていく赤ちゃん自身が、その名前を好きになってくれるかどうかということも、ちゃんと配慮してあげましょう。

名づけで押さえておく3つのポイント

コレを押さえておけば名づけは成功!

名づけの基礎知識

1 名前に使える漢字は決まっています

名前に使える漢字は、戸籍法で決められているものだけです。それ以外の漢字を使った名前では、役所に受け付けてもらえません。届け出の前に、使える漢字かどうか必ずチェックしておきましょう。

現在、名前に使える漢字は常用漢字と人名用漢字合わせて約3000字です（P.471～参照）。使える漢字は字形も定められています。詳しくは法務省のホームページの「戸籍統一文字情報」を参考にしてください。このコーナーの検索機能を使えば、名前に使える漢字の字形が正しく判別できます。

2 外国の文字や記号を使用するときは…

アルファベットなど、外国の文字は基本的に使用できないことになっています。また、算用数字、ローマ数字、記号も基本的には使えません。ただし「イチロー」のような長音符号「ー」や「奈々子」「寧々」のような繰り返し符号「々」「ゞ」は使うことができます。この場合、姓の最後の字を繰り返して名前の1字目に使用することはできません。

3 漢字における自由と制限

●読み方　漢字の読み方は自由で、制限はありません。実際、「飛翔」と書いて「つばさ」と読ませるような当て字の例もありますが、常識の範囲内のほうがいいでしょう。また、漢字には音読み、訓読みのほか、「名のり」と呼ばれる名前だけに用いられる読み方があります。「大」＝「ひろし、まさる」などがそうです。

●長さ　名前の長さも法律上では決まりはなく、凝った長い名前も可能ではありますが、あまり長い名前だと、読んだり書いたりするときに、子どもにも負担がかかってしまいます。

名づけのルールを知りましょう
名前を決めるときの注意点 27

自由な発想で赤ちゃんに最高の名前をつけてあげたいものですが、まずは名づけの注意点を知りましょう。

1 平凡な姓では平凡な名を避ける

人気の名前をつけようと思っている場合は、その前にちょっと自分の姓を見直してみましょう。人気がある名前は、言い換えれば平凡な名前でもあります。

もし、姓が下の表にあるような日本人に多いものであるなら、気づけば「同姓同名がたくさんいる」という状態になりかねません。平凡な姓の場合、人気名前は避け、少し凝ったものにしてみてもよいでしょう。

2 読みにくい姓では人気名をアレンジ

読みにくい姓の場合、名前にまで凝ってしまうと、姓、名前とも読みにくく、赤ちゃんが将来、社会生活を送るうえでもとても不便なことになってしまいます。

このような場合は、人気の名前も大いに参考にしてください。姓が読めなくても名前で呼びかけてもらえるでしょう。

「人気の名前をそのままつけるのはちょっと……」というなら、読みはそのままに、その名前の漢字を一部変えてみるなど、少しアレンジしてみてはいかがでしょうか。

東海林 蓮　A・しょうじ れん
東海林 迪　A・しょうじ すすむ

男の子にも女の子にも大人気！

人気共通名前 読みトップ10

		男の子例		女の子例	
1位	あおい	蒼	葵生	葵	青依
2位	ひなた	陽向	日向	ひなた	日奈多
3位	つむぎ	紬	紬生	つむぎ	紬葵
4位	はる	晴	陽	はる	春
5位	そら	空	昊	そら	奏良
6位	りお	理央	莉生	莉緒	梨央
7位	あさひ	朝陽	旭	あさひ	朝日
8位	りん	凛	倫	凜	りん
9位	れい	礼	怜依	玲衣	れい
10位	いろは	彩晴	色葉	彩葉	いろは

ここ数年の名づけの傾向として、男の子、女の子の区別がはっきりとつく名前とともに、中性的な名前も好まれています。ここでは、男の子、女の子のどちらにも読み方が人気の名前を挙げました。

※2021年たまひよ調べ

3 姓の画数とのバランス

●少画数の姓の場合

たとえば「川田」は姓だけで8画です。この場合、「大輔（だいすけ）」のようにほどほどの画数の名を考えたほうがいいでしょう。目標とする画数は、名前の合計画数が15～20画ぐらいです。

ただし、「辻」などの1字姓はこの例に当てはまりません。

少画数の姓の場合、「大介（だいすけ）」など同じように少画数の名前にすると、頼りない感じになってしまいます。

女の子の名前の場合は、ひらがなでまとめるというのも、一つの方法です。

●多画数の姓の場合

逆に、たとえば「遠藤」は姓だけで31画です。通常、姓の画数が30画以上なら、多画数姓と考えてよいでしょう。こうした姓で、名前にもまた多画数のものを持ってくると、見た目がベタッと黒っぽい姓名になってしまいます。

かといって、あまりに名前の画数が少なすぎるのも、頭でっかちで不安定な感じを与えます。

多画数の姓の場合、名前の画数は10～20画くらいで収めるのがコツです。

4 1字姓の場合の名前のつけ方

「林」「原」「辻」などの1字姓では、名前は2字名または3字名でまとめるのが無難です。1字姓1字名では、見た目があまりにも寸詰まりの感じを受けてしまいます。

1字姓3字名はバランスが悪そうに思いがちですが、姓にくらべて名前の文字数が多いので、安定感のある名前になります。

名づけの基礎知識

5 3字姓の場合の名前のつけ方

「長谷川」「佐々木」などの3字姓には、2字名がフィットします。3字姓3字名では、いかにも長い感じがしますし、かといって1字名では、見た目が頭でっかちの、少し落ち着きの悪い名前になってしまいます。

とくに女の子の場合は、万葉仮名風の名前やひらがなの名前は3字名になりやすいので、避けたほうがいいかもしれません。

6 置き換えが起こりやすい姓

ケースとしてはあまり多くありませんが、置き換えが起こりやすい姓というものがあります。「中山」「松村」などの姓がそうです。

これらの姓は、「中山」→「山中」、「松村」→「村松」といった具合に勘違いされやすいものです。

こうした姓で、名前にもまた置き換えが起こりやすい、「理恵（りえ）」→「恵理（えり）」や「和敏（かずとし）」→「敏和（としかず）」などを持ってくると、一度では覚えてもらえないような名前になってしまいますので、名前には置き換えが起きにくいものを考えましょう。

ただし、「貴大（たかひろ）」や「大貴（だいき）」のように、読みが異なる場合はこのかぎりではありませんが、避けたほうが賢明です。

人気頭音ランキング ベスト❺

男の子

	り	
1位	り	律（りつ）・陸（りく）・律希（りつき）
2位	あ	朝陽（あさひ）・蒼（あおい）・新（あらた）
3位	ゆ	結翔（ゆいと）・悠真（ゆうま）・悠人（ゆうと）
4位	は	陽翔（はると）・晴（はる）・颯人（はやと）
5位	そ	颯真（そうま）・蒼真（そうま）・蒼大（そうだい）

女の子

1位	ゆ	結月（ゆづき）・結衣（ゆい）・結菜（ゆいな）
2位	み	澪（みお）・美桜（みお）・美月（みつき）
3位	あ	葵（あおい）・杏（あん）・杏奈（あんな）
4位	り	凛（りん）・莉子（りこ）・莉緒（りお）
5位	ひ	陽菜（ひな）・陽菜乃（ひなの）・ひかり

※2021年たまひよ調べ

名づけの基礎知識

7 姓の持つイメージを考えて

漢字は元来、表意文字ですから、文字それぞれがイメージを持っています。「小田大成」（おだたいせい）、「北沢南」（きたざわみなみ）などのように、文字のイメージを無視した結果、姓と名のイメージがあまりにも懸け離れてしまうような名前をつけるのは考えものです。

また、「山田登」（やまだのぼる）、「大川渡」（おおかわわたる）などのように、あまりに合っていれば逆に、ふざけたような印象を与えることになるでしょう。芸名ならともかく、本名の場合、安易な発想で名づけをするのは禁物です。

姓と名の意味が違いすぎる

細川 大河	ほそかわ たいが
細井 太一	ほそい たいち
湯本 水江	ゆもと みずえ
石黒 純白	いしぐろ ましろ
深井 浅海	ふかい あさみ

姓と名の意味が合いすぎる

剛田 猛	ごうだ たけし
旭日 昇	あさひ のぼる
青井 大空	あおい おおぞら
木野 芽衣	きの めい
森 緑	もり みどり
秋野 楓	あきの かえで
草野 花	くさの はな
福岡 湊	ふくおか みなと

8 姓と名の切れをよくする

姓と名の切れの悪い名前があります。たとえば「堀江美子」の場合、「堀江・美子」なのか「堀・江美子」なのかわかりません。

このようなときは姓と名の「切れ」がはっきりする別の名前にしたほうがよいのですが、どうしてもこだわりがあるなら、「堀江芳子」「堀英美子」などとしてみる方法もあります。

9 姓名のタテワレを避ける

「松浦沙紀（まつうらさき）」のように、姓名を構成している文字が左右に割れてしまうことを「タテワレ」（縦割れ）といいます。

姓名を横書きにするとあまり感じませんが、縦書きにしてみると、左右がバラバラな印象を受けます。こうした姓の場合は、名前に左右をつなぐ線のある漢字を使うと、落ち着きが出ます。

左右対称の名前

最近ではタレントの芸名といっても、本名か本名をもじったものが多いですが、以前は左右対称の名前が好まれていました。理由はよくわかりませんが、バランスがいい、字形が安定しているなど、験（げん）をかついだのでしょう。

たしかに、左右のバランスはいいのですが、あまりに対称的だと、おもしろみがないともいえます。とくに「大木」「吉田」のような左右対称の姓に組み合わせてしまうと、バランスのよさというより、むしろ偏りと感じることも。

男の子		女の子	
一平	いっぺい	亜美	あみ
一喜	かずき	杏奈	あんな
圭介	けいすけ	華音	かのん
幸介	こうすけ	朋美	ともみ
大喜	だいき	真央	まお
太市	だいち	真奈	まな
立春	たつはる	未来	みき
日出人	ひでと	美貴	みき
文太	ぶんた	里奈	りな
元章	もとあき	菫	すみれ

10 姓名の濁音は2音まで

濁音が姓名のなかに多すぎると、濁った音になります。姓に濁音があるときは、できれば名前には濁音を使わないほうがよいでしょう。目安は、姓名を合わせて、濁音は2音まで。

たとえば「曽我部一成」（そがべかずなり）と「曽我部康成」（そがべやすなり）という2つの名前を比べてみると印象の違いは一目瞭然です。

名づけの基礎知識

11 姓と名の構成文字のダブりに気をつけて

名前ばかりに注意をとられていて陥りやすいのが、漢字を構成しているへん（偏）やつくり（旁）が姓名でダブってしまうことです。たとえば「池沢浩江（いけざわひろえ）」などでは、「さんずい」ばかりが並び、見た目によくありません。このようなときは「池沢裕恵（いけざわひろえ）」などに変えると、ずっとよくなります。名前の候補が決まったら、一度、姓と名を縦書きにしてチェックしましょう。

例
池沢浩江
↓
池沢裕恵

12 植物系の姓の名は慎重に

最近、とくに女の子の名前では植物をイメージした名前が人気です。ここで気をつけたいのは、「松村」「森」など、植物系の漢字を含んだ姓の場合。

たとえば、「松村楓（まつむらかえで）」という名前だと、木の名前が1つの名前に2つも入ってしまい、違和感がありますね。また、「きへん」「きへん」と続いてしまいますね。植物系の名前をつけるなら、姓が「きへん」なら名を「くさかんむり」にするなどバランスをとって。

13 フリガナが必要となるような読みにくい名前は避ける

「弥麗」「索真」「聡計」……。それぞれ「いより」「もとまさ」「としかず」と読みます。このように、フリガナなしで読めない名前はやはり損。なぜ素直に「伊代里」「元雅」「俊和」でないのでしょう。名前に凝るということと、読めない読みをつけるということは、別のものです。漢字には音読みや訓読み以外に名前だけに用いられる「名のり」がありますが、これもごく一般的なもの以外は避けたほうが無難です。

また、法的に認められた〝名前に使える文字〟を使用すれば読み方は自由なので「絹」と書いて「しるく」と読ませるなど、いわゆる「当て字」を使うことも可能です。ただし、読みにくい当て字は、将来子どもが苦労することにもなりますので、やはり漢字の読みは音訓を主体に考えましょう。

14 姓名の総画は40画以内に

一般的に、姓名の画数は総画数で20〜30画台に集中しています。姓名の合計画数が20画未満だと、すっきりしすぎた感じになりやすく、40画を超えると、全体的に黒々として重い印象を受けがちです。姓の画数が多い場合は、名前の画数が増えすぎないようにするとよいでしょう。姓名の総画数を40画以内に抑えるというのを目安にすると、名前が決めやすいかもしれません。

15 文字をきちんと伝えられるか考える

メールやファクスのやりとりが多くなったこのごろとはいえ、電話で名前の確認をしなければいけないこともあるでしょう。「斉藤」「斎藤」、「川野」「河野」など、説明の必要な姓も多くあります。このようなとき「令・玲・怜・伶」、「已・己」のような、似た漢字の多い名前をつけると、1字ごとに説明しなければならなかったり、間違えられてしまうことも。伝えやすいかも考えてみて。

また、漢字にこだわりすぎて名前をつけた場合も、書いて見せることができないときに苦労してしまうという例も少なくありません。自分ではちゃんと説明できたつもりでも、相手にうまく伝わらずに、不愉快な思いをする場合も多いので、日常生活であまり見なかったり、使用しないような漢字を名前につけるのは避けたほうが賢明でしょう。

説明しにくい名前の例

書いて見せることができれば、説明にも苦労しないのですが、電話などの口頭で名前を説明しなければならないときに困る名前もあります。なるべくなら、説明しにくい漢字は避けたほうが賢明です。

男の子

欣爾	きんじ
朔太郎	さくたろう
智嗣	ともつぐ
肇	はじめ
惇	まこと
亨	とおる
稜太	りょうた

女の子

慧	けい
乃々花	ののか
雪寧	ゆきね
友鞠	ゆま
琉璃	るり
黎子	れいこ

名づけの基礎知識

16 タテ・ヨコの線のみの姓の場合

「田中由里（たなかゆり）」という姓名の場合、いかにも角張った印象を受けます。この「田中」のように、タテ・ヨコの線ばかりでできている姓では、斜線の入った漢字を配するとバランスがよくなります。

「田中由里」も「田中友梨（たなかゆり）」とすると、ずいぶん印象が変わります。女の子の名前では、曲線の多いひらがなの名前などもよいでしょう。

これとは別に、「八木」「大木」などの左右に開いた文字で構成されている姓の場合は、名前にそういった文字は不向きです。「八木大介（やぎだいすけ）」「大木未来（おおきみき）」など、見た目が落ち着きのない名前になってしまいます。読みや漢字の意味だけでなく、書いたときの見た目もチェックしましょう。

17 多画数漢字を使いたいときは

「舞」「樹」のような、15画以上になる多画数漢字を名前に使いたいときは、組み合わせる字を15画未満に抑えたほうがいいでしょう。多画数漢字を2文字組み合わせると、名前だけで30画を超え、重々しい感じになってしまいます。

複雑な文字が続くと、実際に書くのも大変です。たとえば「としき」と名づけるとき、「駿樹」とするよりは「俊樹」としたほうがすっきりします。

18 画数差のある姓では字の配置に注意

たとえば「藤井」の場合、「藤」が18画なのに対して、「井」は4画、14画の差があります。このとき「藤井大樹（ふじいだいき）」とすると、見た目がアンバランスな感じに。このように姓を構成している字に画数差があるときは、重い字と軽い字を交互に配置することによってバランスがとれます。この場合も「藤井隆之（ふじいたかゆき）」とすると印象が変わるでしょう。

名前に使える人名用漢字の異体字

使いたい漢字の画数が合わない場合はその漢字の異体字(旧字)をあたってみてもいいでしょう。ただ異体字のなかには、名前には避けたい「悪」というような字も含まれているので、ここでは名づけに活用できそうな字の一部を紹介しています。

旧字	新字	読み
亞 16	亜 7	あ
櫻 21	桜 10	おう
樂 15	楽 13	がく
器 16	器 15	き
勳 16	勲 15	くん
劍 15	剣 10	けん
嚴 20	厳 17	げん
兒 8	児 7	じ
祝 10	祝 9	しゅく
涉 10	渉 11	しょう
讓 24	譲 20	じょう
盡 14	尽 6	じん
莊 10	荘 9	そう
燈 16	灯 6	とう
勉 9	勉 10	べん
每 7	毎 6	まい
龍 16	竜 10	りゅう

旧字	新字	読み
朗 11	朗 10	ろう
琢 12	琢 11	たく
逸 12	逸 11	いつ
溫 13	温 12	おん
寬 14	寛 13	かん
響 22	響 20	きょう
薰 17	薫 16	くん
顯 23	顕 18	けん
廣 15	広 5	こう
社 8	社 7	しゃ
緒 15	緒 14	しょ
獎 14	奨 13	しょう
神 10	神 9	じん
粹 14	粋 10	すい
靜 16	静 14	せい
藏 18	蔵 15	ぞう
德 15	徳 14	とく

旧字	新字	読み
步 7	歩 8	ほ
謠 17	謡 16	よう
祐 10	祐 9	ゆう
海 10	海 9	かい
氣 10	気 6	き
曉 16	暁 12	ぎょう
惠 12	恵 10	けい
驗 23	験 18	けん
壽 14	寿 7	じゅ
將 11	将 10	しょう
條 11	条 7	じょう
穗 17	穂 15	ほ
禪 17	禅 13	ぜん
都 12	都 11	と

旧字	新字	読み
梅 11	梅 10	ばい
飜 21	翻 18	ほん
來 8	来 7	らい
壘 18	塁 12	るい
彌 17	弥 8	び
穰 22	穣 18	じょう
應 17	応 7	おう
祈 9	祈 8	き

旧字	新字	読み
藝 18	芸 7	げい
國 11	国 8	こく
祥 11	祥 10	しょう
壯 7	壮 6	そう
福 14	福 13	ふく
郞 10	郎 9	ろう
渚 12	渚 11	しょ
敍 11	叙 9	じょ

35

19 発音しづらい名前は聞き取りにくい

漢字の組み合わせはよくても、声に出してみると発音しづらかったり、聞き取りにくい場合があります。発音しづらい名前は、聞いたほうも理解しにくいものです。

名前だけで見ていると気づかないもの。姓名の組み合わせでチェックすることが大切です。

● **カ行・サ行・タ行・ハ行**

カ行・サ行・タ行・ハ行の音が姓名のなかに多いと耳障りで聞き取りにくい名前になります。とくに「キ、ク、シ、チ、ツ、ヒ、フ」などは母音が無声化するため、聞き取りにくくなります。「佐々木」（ささき）、「加来」（かく）など、姓がこうした音でできている場合は、名前の音にも気をつけたほうがいいでしょう。

● **ラ行**

ラ行の音が姓名のなかに多いと、発音しづらい名前になります。たとえば「川原蘭（かわはら・らん）」を声に出してみると、発音しづらいのがわかります。姓の最後がラ行の人は、名前の最初の音はラ行を避けたほうが賢明です。

聞き間違えやすい名前の例

男の子

えいじ	↔	れいじ
しょう	↔	そう
しょうた	↔	そうた
りゅう	↔	ゆう
りゅうへい	↔	ゆうへい
りょう	↔	りお
りょうすけ	↔	ようすけ

女の子

あみ	↔	まみ
みお	↔	みよ
みう	↔	みゆ
		みゆう
まりい	↔	まり

名づけの基礎知識

20 似た響きの名前がないかもチェック

たとえば「せいあ」と「せいや」、「りお」と「りょう」など、声に出したときに聞き取りづらい名前があります。文字にするとまったく違っても、同じ母音を持っていると似た音に聞こえがちです。

神経質になる必要はありませんが、聞き間違いが起こる可能性があるということを頭に入れておきましょう。

21 姓と名の音のダブりにも注意

姓名の音は10音にも満たないものです。わずかにこれだけのなかで、いくつも音がダブっていると、これもやはり音感を悪くします。まず、気をつけたいのは2音のダブりで、

★高橋孝夫（た か はし・た か お）
★大友朋美（お お とも・と も み）

などがそうです。音感を損ない、ダブり具合によっては発音しづらいこともあります。

1音のダブりで気をつけたいのは、

★森田達也（もり た ・た つや）
★川上美咲（かわか み ・み さき）

のように、とくに姓の最後の音と名前の最初の音が同音になるケースです。これもやはり避けたいものです。

こうしたことを防ぐ意味でも、名前を考えついたら一度仮名書きにしてみることをおすすめします。

	姓名	読み
男の子	野島 昌樹	のじ ま ・ ま さき
	大橋 勝太	おおは し ・ し ょうた
	生田 太陽	いく た ・ た いよう
女の子	丸山 真由	まるや ま ・ ま ゆ
	井上 恵美子	いのう え ・ え みこ
	宇佐美 美樹	うさ み ・ み き

姓と名の音がダブっている名前の例

名づけの基礎知識

22 何通りかに読める姓は一発で読める名を

たとえば「角田」のように「かどた」「つのだ」「かくた」などと何通りかに読める姓に「裕紀」という名前をつけたとしましょう。

すると、「ひろのり」「ひろき」「ゆうき」と、名前も複数に読まれてしまい、場合によっては性別もわからないこともあります。読みが何通りもある姓では、「博則」などのように、ひと通りにしか読めないものを選びましょう。

複数の読み方がある名前の例

漢字	読み方
有紀	ゆき／ゆうき
美月	みつき／みづき
詳子	あきこ／しょうこ
智子	ともこ／さとこ
麻美	あさみ／まみ
幸	さち／ゆき
伸也	しんや／のぶや
晶	あきら／しょう
歩	あゆむ／あゆみ
亘	わたる／こう

Check!!
他に読み方あるかしら？

23 あだ名になりやすいものを避ける

どんな名前がついてもニックネームが生まれるものです。ただ、明らかに奇異な連想を生むような名前はいじめやすいを生じないともかぎりません。「真平」など読み方から連想を生むもの、イニシャルにしたときに「W.C.」「N.G」となるようなものなどです。

また、「大場佳奈子」（大バカな子）など、姓名を合わせたときにおかしくないかチェックしておくことが大切です（61ページに例があります）。

24 愛称が同じ人が周囲にいないかもチェック

名前が違っても愛称が同じになってしまうことはよくあります。たとえば「こうた」「こうへい」「こうすけ」「こうじ」「こういち」……これらの名前の子の愛称は、みな「こうちゃん」になってしまいがち。近所やスーパーなどの外出先で子どもを呼ぶとき、「こうちゃーん」と呼ぶと何人もの子どもが振り向くといったことも考えられます。せめて、身近なところに同じ愛称になる人がいないかを確かめて。

25 キャラクターや芸能人の名前からつける場合

珍しい名前をつけたいという理由から、アニメやゲームのキャラクターから名前をとる人も多いのですが、キャラクターの名前や、芸能人の芸名と同じものをつけたい場合は注意が必要です。キャラクターの名前の場合、実際には使えない漢字を名前に用いている場合があるからです。漢字が使えるかどうかを確かめずに出生届を出しに行ったばかりに、出生届を受理してもらえない場合もあるのです。

また、アニメやゲームのキャラクターなどは、架空の存在なので、その世界観を表すために、(たとえ名前に使える漢字であったとしても)忌み嫌われがちな意味や内容を持つ文字を使用している場合もあります。

キャラクターや芸能人の芸名からとって名づけるときは、その漢字の意味も必ず調べるようにしましょう。

名づけの**基礎知識**

26 性別がわかりづらい名前の場合

「男は男らしく、女は女らしく」というより、男女の区別がつきづらい、中性的な名前を好む人も多いようです。中性的な名前には個性的なものが多いようですが、やはり、人に名前を告げたときに性別を間違われることが多いもの。

とくに小さいうちは、顔立ちや髪型では判断できにくく、赤ちゃんの性別が一緒にいるときに名前を伝えても、性別を間違われやすいということを頭に入れておいたほうがいいでしょう。

27 親が気に入った名前を

名づけのポイントの最後は、「赤ちゃんの名前は親が気に入った名前であること」です。

ここまで、いい名前をつけるためのポイントを述べてきました。なかにはぜひ守ってほしいものもあります。

しかし、これらはあくまでガイドラインにすぎません。それに縛られすぎて、没個性的な名前をつけるより、多少は枠からはみ出しても存在を主張できる名前だってあるのです。

そして、なにより名づけで最も大切なのは、赤ちゃんの親がいかにその名前を気に入り、何度も呼びたくなるかどうかなのです。

満足のいく名づけができるよう頑張ってください！

名づけに「外国語感覚の名前」をうまく取り入れる

「海外で活躍して」「外国の人と自由に交流できるような子に」といった願いを
名づけに託すママやパパが増えています。
そんなときには外国語感覚の名前探しの旅を。

「音」から入るアプローチ中心に

従来の日本語にない「音」の組み合わせが、外国語にはたくさんあります。個性的でちょっとカッコいい感じの名づけなら、この「外国語の音→日本語の音や意味に当てはめる」やり方はおすすめの一つです。

「音」「意味」を取り入れるにも主に2つの方法があります。

一つは、外国語の人名・地名・形容詞などの「音」をそのまま日本語に当てはめていくこと。アンナ（女性の人名）→杏奈、アリス（物語の主人公）→亜璃寿、カレン（英語で「流行」の意）→華恋、ナイル（地名）→乃琉、ルイ（男性の人名）→類・瑠以などがこれに当てはまります。注意すべきは、元の単語が人名の場合、同じ性別のものを選んで。レオ（男性）は、「怜緒」なら女の子にも使えそうですが、やはり「礼央」などで男の子に使うのが無難。

注意するポイントは…

もう一つは「外国語感覚の当て字」です。その単語の「音」だけでなく「意味」まで含めて日本語にはめ込む方法です。名前の読みは自由という超訳なので、これはかなり利用していく超訳なので、これはかなり注意が必要。

たとえば、run→走（らん）、luna→月（るな）などですが、将来、子どもが幼稚園や小学校に通うときに担任の先生が1回で正しく読んでくれるかどうかは、あやしいでしょう。

また、せっかくつけた外国語感覚の名前が、「外国で通用するか」についてもよく吟味する必要があります。たとえば、イタリア語で「カツオ」は男性自身を、フランス語の局部を意味し、ひんしゅくを買ってしまうからです。

また別の観点からいうと、フランス語の場合、h（アッシュ）は発音しませんから、日本語でハ行の音から始まる名前の人はア行の音で呼ばれる可能性が大です。ハル（陽）くんは「アル」くんと呼ばれたりするわけです。

外国語感覚の名づけは、ぜひ決定前に辞書で調べたり、語学に強い人にアドバイスをもらってくださいね！

外国語の意味では…

ヘボン式ローマ字一覧表

名前は漢字やカナだけでなく、ローマ字表記することも多いもの。
名づけのときはもちろん、赤ちゃんのパスポートを取得するときに役立ててください。

ヘボン式ローマ字つづり一覧表

あ a	い i	う u	え e	お o	きゃ kya	きゅ kyu	きょ kyo
か ka	き ki	く ku	け ke	こ ko	しゃ sha	しゅ shu	しょ sho
さ sa	し shi	す su	せ se	そ so	ちゃ cha	ちゅ chu	ちょ cho
た ta	ち chi	つ tsu	て te	と to	にゃ nya	にゅ nyu	にょ nyo
な na	に ni	ぬ nu	ね ne	の no	ひゃ hya	ひゅ hyu	ひょ hyo
は ha	ひ hi	ふ fu	へ he	ほ ho	みゃ mya	みゅ myu	みょ myo
ま ma	み mi	む mu	め me	も mo	りゃ rya	りゅ ryu	りょ ryo
や ya		ゆ yu		よ yo	ぎゃ gya	ぎゅ gyu	ぎょ gyo
ら ra	り ri	る ru	れ re	ろ ro	じゃ ja	じゅ ju	じょ jo
わ wa				を o	びゃ bya	びゅ byu	びょ byo
ん n(m)					ぴゃ pya	ぴゅ pyu	ぴょ pyo
が ga	ぎ gi	ぐ gu	げ ge	ご go			
ざ za	じ ji	ず zu	ぜ ze	ぞ zo			
だ da	ぢ ji	づ zu	で de	ど do			
ば ba	び bi	ぶ bu	べ be	ぼ bo			
ぱ pa	ぴ pi	ぷ pu	ぺ pe	ぽ po			

ヘボン式ローマ字表記で注意する点

ヘボン式ローマ字の表記には、いくつかのルールがあります。
ルールをマスターして正しく表記しましょう。

① 撥音（"ん"で表記する音）

ヘボン式ではB・M・Pの前に
Nの代わりにMを置きます。

例 **Jumma**（じゅんま）

② 促音（つまる音。"つ"）では子音を重ねて示します。

例 **Ippei**（いっぺい）　**Issa**（いっさ）

※ただし、チ（chi）、チャ（cha）、チュ（chu）、
チョ（cho）音にかぎり、その前にtを加えます。

③ 長音表記

「おう」または「おお」はOかOHによる
長音表記のいずれかを選択できます。

氏名のふりがな	パスポートに記載することができる表記一覧	
	ヘボン式ローマ字表記	OHによるローマ字表記
オオ	O	OH
オオノ	ONO	OHNO
コオリ	KORI	KOHRI
オウ	O	OH
コウノ	KONO	KOHNO
オウギ	OGI	OHGI
カトウ	KATO	KATOH
ヨウコ	YOKO	YOHKO

※ヘボン式ローマ字表記またはOHによる長音表記のいずれかの表記をパスポートでいったん選択したら、それ以降のパスポートの申請は必ず選択した方式を一貫して使用し、途中で変更することがないようにしましょう。

※長音が入る姓の人で、家族間で姓の表記が異なっている場合、外国に入国する際にトラブルが生じる場合があります。姓の表記の選択では、家族が同一の表記になるように注意しましょう。

賢く考える名づけテク

ポイントを押さえれば、スムーズに！

「名づけには制限があって大変……！」という人のために、名づけをスムーズにするためのテクニックをお教えします。決めかねているときにも活用してくださいね。

1 添え字と好きな漢字を組み合わせて

使いたい漢字があっても、なかなか名前を思いつかないときは、添え字を有効に使うといいでしょう。添え字とは「健太（けんた）」の「太」、「夕奈（ゆうな）」の「奈」などのことです。たとえば、「英」という漢字を使いたいときは、ここにどんどん添え字を合わせてみることによって「英太、英人、英輔、英輝、英悟、英作……」などと次々にできます。

人気のある添え字がある一方で、あまり使われていない添え字もあります。添え字を上手に使うと個性度もアップするでしょう（添え字一覧 女の子…142ページ、男の子…196ページ）。

2 50音表をフル活用してみよう

女の子の場合、男の子に比べて名前に適する漢字が限られてしまいます。そのため、ひらがなの名前も多いのですが、どうしても常識的な名前になりがち。せっかくですから、個性的な響きを探したいものです。そんなとき、50音表で音を次々と組み合わせてみては？　たとえば、「なみ」にもう1音を組み合わせると、なみえ・なみか・なみき、など個性的な名前ができ上がります。そのままひらがなの名前にしてもいいし、漢字を当てはめてみるのもいいでしょう。

44

名づけの基礎知識

3 3字名は「挟み字」を利用

万葉仮名風の名前のとき、1字目には同じような字が使われていることが多いもの。そこで、まずはこれらの字を1字目に置き、3字目に通常の添え字を持ってきて名前としてまとめます。たとえば「麻○香」としてみます。その次に○の部分に、次々と万葉仮名風漢字一覧（214ページ参照）で漢字を探して、入れてみます。「麻衣香、麻奈香、麻保香……」と印象の違うさまざまな名前ができます。これが挟み字のテクニックです。

4 音を生かして万葉仮名風の名前に

万葉仮名とは、『万葉集』などに用いられている表現法で、漢字の音訓によって、日本語の発音を写したものです。ここでいう万葉仮名風の名前とは、「亜紗美」（あさみ）のように1字が1音を表す名前のことです。

最近では、女の子の名前によく使われていますが、男の子の名前に用いてみても新鮮です。

たまひよ読者の新・万葉仮名

名前の音が決まっても、ぴったりの漢字が見つからないこともあります。本来の音訓や名のり一覧表からは多少ずれるものも含まれていますが、音を表す文字として、たまひよ読者の間で使用例が多い最近の漢字や名づけ例を紹介します。

あ 杏、愛、彩
杏実（あみ）、杏里紗（ありさ）、彩結（あゆ）、愛花莉（あかり）、愛美（あみ）、愛優（あゆ）

え 愛
愛真（えま）、愛美里（えみり）、佳愛（かえ）

お 桜
咲桜里（さおり）、詩桜（しお）、美桜（みお）

せ 星
星詩流（せしる）、星那（せな）、星奈（せな）

と 音
和音（かずと）、雷音（らいと）

み 望、海
望央（みお）、七海（ななみ）

45

名づけの基礎知識

5 人気名前をアレンジして

人気名前をそのままつけたくはないものの、今風の名前にしたい人には、人気名前のアレンジがおすすめです。字をアレンジする方法、音をアレンジする方法と二通りあります。

たとえば女の子に人気の「明日香（あすか）」。字のアレンジなら「香」の代わりに「加、佳、果、華、歌……」などが使えます。

音をアレンジするなら「香」のところに「希、菜、乃、葉、穂、美」などを持ってくることができるでしょう。新鮮な名前が数多くできます。

添え字一覧（女の子…142ページ、男の子…196ページ）を参考にして、個性的な名前にすることを考えてみてはどうでしょうか。

6 男の子のひらがな・カタカナ名前

ひらがな・カタカナの名前というと、女の子のものというイメージが強いのですが、これからは男の子の名前にも使われるようになってくるでしょう。思いのほか、個性的な名前が少ないのが現状です。見慣れた漢字ではなく、新鮮な漢字を選びたいときには、常用漢字ではなく人名用漢字から選ぶとよいでしょう。

「旭（あさひ）」「苺（いちご）」など、新鮮で個性的な印象を与える漢字が少なくありません。

7 人気の1字名の名づけテク

人気の1字名ですが、これもどうもみんなが同じような発想をするので、特定の漢字に人気が集中しています。芸名では「氷川きよし」「藤井フミヤ」など違和感もなくなっています。これを一歩先取りしてみてはどうでしょうか。

ただし、この場合、特徴のシャープさを生かすなら3文字までにとどめておいたほうが無難です。

1字名の人気名前

最近、ひそかに人気なのが1字名です。呼びやすさが理由のよう。
2021年の「たまひよ」の調査では以下の1字名が人気でした。

男の子 BEST名前
- 1位 蓮 れん
- 2位 蒼 あおい
- 3位 樹 いつき

女の子 BEST名前
- 1位 紬 つむぎ
- 2位 凛 りん
- 3位 葵 あおい

男の子

翔 しょう／悠 ゆう／颯 そう／翼 つばさ／仁 じん／凪 なぎ／優 ゆう／櫂 かい／陸 りく／湊 みなと／善 ぜん／歩 あゆむ／陽 はる／諒 りょう／遼 りょう／晴 はる

光 ひかる／柊 しゅう／健 たける／碧 あお／響 ひびき／空 そら／煌 こう／匠 たくみ／楓 かえで／昊 そら／暖 だん／奏 かなで／葵 あおい／凌 りょう／心 しん／律 りつ

潤 じゅん／旬 しゅん／瞬 しゅん／舜 しゅん／迅 じん／昂 すばる／怜 れい／侑 ゆう／新 あらた／聖 しょう／涼 りょう／慶 けい／晃 あきら／司 つかさ／旭 あさひ／岳 がく／朔 さく／慧 けい

女の子

楓 かえで／愛 あい／結 ゆい／遥 はるか／奏 かなで／杏 あん／心 こころ／凛 りん／桜 さくら／優 ゆう／希 のぞみ／蘭 らん／咲 さき／唯 ゆい／栞 しおり／雫 しずく

彩 あや／舞 まい／鈴 すず／悠 はるか／華 はな／雅 みやび／澪 みお／柚 ゆず／桃 もも／碧 あおい／琳 りん／茜 あかね／光 ひかり／蒼 あおい／藍 あい／和 なごみ

翠 みどり／渚 なぎさ／空 そら／凪 なぎ／麗 うらら／晴 はる／綾 あや／菫 すみれ／萌 もえ／梓 あずさ／歩 あゆみ／詩 うた／陽 はる／蓮 れん／花 はな／翠 すい

※4位以降は順不同です。

名づけの基礎知識

8 漢字にこだわる名づけテク

A こだわりの漢字 人名に使える?

名前に使えるのは常用漢字と人名用漢字の2種類だけです。漢字は1文字1文字意味があるので、その漢字に対して強い思い入れがあることも。好きな漢字や使いたい漢字があるなら、そこから名前を考えるのも名づけの早道です。

ただ、注意しなければならないのは、人名に使える漢字には制限があるということ。使いたい漢字が人名に使える漢字かどうかもきちんと調べましょう。また、当て字の名前を役所で受け付けてもらえなかったケースも。名づけはママ&パパの特権ですが、名は法的な役割があることも知っておきたいですね。

B 読み方・漢字の 組み合わせの工夫を

名前を考えるとき、気をつけたいのは姓とのバランス。名前を考えたら、フルネームを紙に書き出してみましょう。字形のバランスが悪かったり、声に出して読みにくいときは検討の余地がある証拠。字形が悪いときは、同じ読み方ができる別の漢字に入れ替えてみるのも一つの方法。偏が違う漢字にするのもいいですね。

名前に使える漢字であれば、読み方には制限がありません。漢字は気に入っているのに読みづらいときは、常識の範囲内で、当て字としてその漢字を使う方法もあります。

C 意味や画数の確認

名前の読み方や意味も検討する必要があります。たとえば「雄大（ゆうだい）」くんは、英語では"You die."（あなたは死ぬ）と聞こえてしまいます。

「沙倫」も字形はきれいですが、神経ガスの一種サリンを連想してしまいます。また、たとえば（姓）水田＋（名前）真理では、続けて読むと「水たまり」になってしまいますから注意。

最近は気にしない人も増えていますが、祖父母に聞かれたときに答えられるように、名前の意味や画数も確認しておくとよいでしょう。

48

D 漢字名づけ 最終チェック

一度つけた名前は大きな理由がないかぎり、改名しにくいもの。最終決定の前にミスがないかどうか、見直すことをおすすめします。とくに使用漢字は注意が必要。使っているのは人名に使える漢字ですか？ もし、使えない漢字のときは、出生届を受理してもらえませんから、念には念を入れて確認を。「己」「巳」「巴」のようによく似た漢字を混同していないかも注意。ほかに、読みやすいか、聞き取りやすいか、変な意味はないかなども、二重三重にチェックして。

訓読み　漢字を日本語として読み下した読み方

訓読みは「縦横」を「たてよこ」、「生物」を「いきもの」と読む読み方です。「歩く」「開く」「香る」のように、多くの場合、送りがながつきます。ただし、「橋」「森」「星」のように送りがながないものも。漢和辞典では、ひらがなで表記されています。

音読み　漢字を中国の読みそのままで読んだもの

音読みとは、たとえば「縦横」を「じゅうおう」、「生物」を「せいぶつ」と読む読み方です。漢字を音のまま読むので、送りがなはありません。どの漢和辞典でも「縦」は「ジュウ」、「横」は「オウ」というように、音読みは必ずカタカナで表記されているので、訓読みとの見分けはすぐにつきます。

当て字　漢字に好きな読み方を当てたもの

「心愛」を「ここあ」、「大空」を「そら」など、漢字の本来の読みとは関係なく、その漢字の意味などから好きな読み方をつけるのが当て字です。好きな読み方とはいっても、凝りすぎて難読名前になってしまうと子どもが苦労することも。その漢字の読みや意味とつながりのある読み方にしておきましょう。

名のり　名前に使うときだけに用いられる読み

音読み・訓読み以外の読み方で、名前に使うときだけに用いられる特別な読み方のことです。たとえば「優」は音読みで「ユウ」、訓読みで「やさしい」「すぐれる」ですが、「まさる」と読むのは名のりでの読み方です。辞典では「人の名」「名のり」または、その辞典で定めた記号などで示されています。

名づけの基礎知識

⑨ 漢和辞典を使いこなそう

A 漢和辞典は名づけの強い味方

漢和辞典は漢字の宝庫です。使用漢字の確認や画数などを調べるのはもちろんですが、ぱらぱらめくれば、今まで気がつかなかった漢字に出合えたり、知らなかった漢字の意味がわかったりします。

また、一般の漢字の読みのほかに、人の名に使える特殊な読み方（名のり）も紹介されています。名づけのヒントがいっぱい詰まった漢和辞典をフルに活用してください。

B 使える漢字を知っておきましょう

人名に使える漢字かどうかを調べるには、漢和辞典を活用してみましょう。1文字ごとに、その漢字が名づけに使える常用漢字や人名用漢字であるかが明記されています。名前を考えるときは、常に漢和辞典を手元に置きながら、まめにチェックしてください。

画数が変わった漢字もいくつかあるので、なるべく新しい辞典を用意すると安心です。ちなみに、ここでは『福武漢和辞典』を使用しています。

> **人名用漢字**
> 常用漢字以外で名前に使うことが認められている漢字のことです。この漢和辞典では「囚」と表示してありますが、辞典によっては違うマークで示していることもあります。辞典を使う前に、凡例（マークの解説など、その辞典の使い方の説明）をチェックしておきましょう。

50

名づけの基礎知識

常用漢字

一般の社会生活の中で、日常的に使う漢字の目安として定められた漢字のことです。この辞典では「常」と表示されています。

常用漢字のうち、小学校で学習するものを「教育漢字」といい、「教」で示している辞典もあります。常用漢字はすべての文字を名前に使うことができます。

画数

この辞典では漢字の下に総画数、漢字の上に部首を除いた画数の画数が記されています。辞典によって表示のしかたが違うこともありますので気をつけて。

人の名

音読み・訓読み以外の、名前だけに使われる漢字の読み方です。「名のり」と記されていたり、記号で示されている辞書もあるので、各辞典の凡例を確認しておきましょう。

意味

その漢字の持っている意味が記されています。327ページ以降でも漢字の意味の一部を紹介していますが、1つの文字でも実にさまざまな意味があるので、漢和辞典もチェックしてみて。なかにはよくない意味の漢字もあります。漢字を決めるときは、ぜひ目を通して。

たまひよ読者の 人気漢字とかな

2021年の「たまひよ」の調査から、
男の子・女の子それぞれによく使われる人気の漢字とかなトップ50を紹介。

男の子

位	漢字	位	漢字	位	漢字
1位	翔	18位	樹	35位	佑
2位	斗	19位	奏	36位	音
3位	大	20位	碧	37位	律
4位	陽	21位	仁	38位	朗
5位	太	22位	郎	39位	志
6位	真	23位	輝	40位	朔
7位	人	24位	結	41位	都
8位	悠	25位	優	42位	央
9位	蒼	26位	叶	43位	月
10位	晴	27位	和	44位	理
11位	颯	28位	海	45位	弥
12位	一	29位	汰	46位	瑛
13位	生	30位	心	47位	成
14位	希	31位	士	48位	也
15位	空	32位	葵	49位	遥
16位	琉	33位	蓮	50位	誠
17位	湊	34位	介		

女の子

位	漢字	位	漢字	位	漢字
1位	花	18位	希	35位	凪
2位	菜	19位	月	36位	帆
3位	莉	20位	華	37位	和
4位	乃	21位	夏	38位	千
5位	結	22位	依	39位	紬
6位	愛	23位	紗	40位	凛
7位	奈	24位	衣	41位	梨
8位	心	25位	羽	42位	琴
9位	美	26位	那	43位	日
10位	咲	27位	香	44位	瑠
11位	陽	28位	優	45位	佳
12位	彩	29位	子	46位	り
13位	音	30位	柚	47位	な
14位	茉	31位	実	48位	真
15位	葉	32位	里	49位	楓
16位	桜	33位	芽	50位	唯
17位	葵	34位	杏		

間違えやすい漢字

×がついている漢字は名前には使えない字体です。使える漢字とよく似ているので、とくに注意が必要。出生届を提出するときに指摘されて、「画数が変わってしまった」「考え直さなくてはならなくなった」ということがないよう、よく確認しておきましょう。

新米ママ・パパにもすぐわかる！
名づけなんでもQ&A

初めて名づけをするママ・パパにとっては、わからないことだらけ。これまで、新米ママ・パパたちから、たまごクラブ編集部に多く寄せられた疑問の数々に、監修の栗原里央子先生が答えてくれました。

Q1 よい画数の名前をつけないと不幸せな子どもになる？

A 名前は画数だけで吉凶が決まってしまうわけではありません。姓名判断にあるのが本当にあるのでしょうか？

画数のよい名前をつけないと、子どもが不幸になってしまうということが本当にあるのでしょうか？

音の響きがかわいらしいので、女の子に「楓（かえで）」という名前をつけたいのですが、姓の「大下」と合わせるとあまりよい画数ではありません。

画数のよい名前をつけるために大切なこと。名づけが単なる画数合わせだけに終わっては、それこそ「いい名前」から離れてしまいます。

では、画数以上に字形や字音なども重視しています。人の名前は、何度となく口にされ、何度となく書かれていきます。口にしたときや書いたときの感じなども「いい名前」を決めるために大切なこと。名づけが単なる画数合わせだけに終わっては、それこそ「いい名前」から離れてしまいます。

Q2 親子間で相性のよい名前を

私は父と折り合いが悪く、しょっちゅうケンカばかりしていました。そのせいもあって、子どもとはなんとかうまくやっていきたいと思っています。親子間で相性のよい名前をつけることは可能でしょうか？

A 親の名前から1字をもらう方法があります。その場合、発音も同時にもらってしまったり、耳から入ったり、口にしたときに親近感を覚えやすいものです。発音が近いと、口にし

ただ、親から1字をもらう場合、その字の応用度が高いかどうかがポイントになります。応用しにくい字を無理して使うと誤読されやすくなります。「親の名か

54

Q3 兄弟仲よくやっていける名前を

昨年長男が生まれ、おおらかな心の広い子になるようにと「広大（こうだい）」とつけました。続いて2人目を妊娠、数カ月後には生まれるのですが、兄弟末永く仲よくしてほしいと願っています。兄弟間で相性のよい名前をつけることは可能でしょうか？ もしくは、兄弟で対になるような、呼びやすい名前がつけられたらと思うのですが……。

A この場合なら、ファミリーネーム風に「大」の字で統一してみたらどうでしょう？「大」の字は、ダイ、ヒロという読み方で男の子に人気のある漢字です。幸い、この字は応用のきく字ですから、「大○」とする方法も考えられます。

ら1字もらうと、親を超えられない」というのはまったくの迷信です。

いくつかサンプルを挙げますので参考にしてください。

例：大輔（だいすけ）、大地（だいち）、大成（たいせい）、大貴（だいき）、大和（やまと）、大海（ひろみ）

Q4 3姉妹におそろいのかわいらしい名前を

私は男兄弟に囲まれて育ちましたが、姉妹のほうが大人になってからいろいろと相談できていいみたい。先日、今、妊娠している子が女の子とわかりました。前から子どもは3人欲しいと思っていたので、続けて女の子を3人産みたいと勝手なことを考えています。今から3人の名前を考えておきたいのですが、おそろいのかわいらしい名前はないでしょうか？

A 3兄弟に「太平洋」の文字を1字ずつ使った人がいますが、このように

3人の名前を合わせてある言葉になるというのも一つのアイデアですね。あるいは、一つのイメージから1文字ずつ当てはめてもいいでしょう。たとえば日・月・星のイメージから左のような名前が候補に挙がります。

例：日……日菜子（ひなこ）・日登美（ひとみ）
月……美月（みづき）・歌月（かづき）
星……星子（せいこ）・星羅（せいら）

Q5 双子の子どもにおそろいの名前を

双子がおなかにいます。2人まとめて呼びやすい、おそろいの名前をつけたいのですが、何かよいアイデアはないでしょうか？ 男の子と女の子とそれぞれ教えてください。

A 双子の場合、せっかくですから2人の名前になんらかの共通項を持たせ

名づけの基礎知識

55

名づけの基礎知識

るのもいいでしょう。2人とも1字名で決めてみる方法、おそろいの添え字でまとめてみる方法などが考えられます。
ここでは後者の例を挙げてみます。人気の添え字を使う場合は、平凡になりすぎないよう、組み合わせる字にひと工夫が必要です。

例：男の子同士の双子……北斗・勇斗
　　女の子同士の双子……真帆・志帆
　　男の子と女の子の双子
　　　　　　　　……将希・美沙希

Q6 かわいらしい名前は年を取ったら変？

女の子に「里菜（りな）」という名前をつけたいのですが、パパと冗談で「この子がおばあさんになったら『りなばあさん』だね。何か変かなあ」という話になりました。やはり、子どもの名前は年を取ったときのことを考えてつけなければならないのでしょうか？

A 「里菜」という名前、とてもかわいいですね。ただ、さすがにおばあさんになったときのことまで考えるのは考えすぎというもの。そのころになったら「里菜ばあさん」「翼じいさん」も多いですから、なんの違和感も感じないはずです。

Q7 歴史上の人物と同じ名前を

主人は、男の子なら男らしい名前を、と考えており、歴史に残る武将の名前をつけたいと言っています。「将門」「家康」「信長」などの候補を挙げていますが、私は古くさいのではと反対です。主人を説得できるような、別の男の子らしい名前があればと思うのですが……。

A 歴史上の人物にあやかる場合は、すでに業績がわかっているため、つけたあとにいやな思いをするなどの心配がありません。あやかるには安心な名前で

すね。ただ、さすがにこれらの名前は現代人の名前としては古めかしいようにも思います。むしろ幕末から明治にかけて活躍した人になら現代にも通用する名前が見られます。

例：竜馬、晋作、新平、博文、隆盛

Q8 長男ではないのに「一」を使ってもよい？

2人目の男の子を出産しました。長男は「拓也（たくや）」という名前ですぐ決まったのですが、二男はなかなかよい名前が浮かばず、夫婦でやっと合意に達したのが「星一（せいいち）」という名前。でも「二男に『一』を使ったらまぎらわしいのでは？」という夫の両親の意見もあり、迷っています。
年子ということもあり、二男が長男に間違われる心配もあるので、やめたほうがよいでしょうか？

56

名づけの基礎知識

Q9 結婚して姓が変わってもおかしくない名前を

A 長男に二郎、二男に一郎とつけても法的に問題はありません。ただ、数詞は通常、序列を表していますから、間違いのもとであることは事実です。

上のお子さんが「拓也」なのでしたら、下のお子さんもこれに合わせる意味で「星一」の「星」をとって「星也（せいや）」とするのはどうでしょうか？「也」は人気の添え字ですが、「星也」なら人気の名前ベスト100にも入っておらず、新鮮な名前です。

私の名前は「由子（ゆうこ）」。結婚前は「黒崎」という画数が多い姓だったので、「由子」という名前でもバランスがよかったのですが、結婚したら「山田由子」になってしまい、なんとなく間の抜けた感じです。娘にはこんなことがない

ように、姓が変わってもそれなりにバランスのよい名前にしたいと思うのですが、いまの「山田」という姓だけで考えてしまってよいでしょうか？

A 結婚後に姓が変わることを考え始めたら切りがありません。また、夫婦別姓の時代も間もなくやってくるかもしれません。ですから、基本的には今の姓で考えればいいでしょう。

気になるようなら、日本人の姓に多く使われている字を参考にして、これらの字、字形の似ている字を避けては？ 使用頻度の高いものは、田・藤・山・野・川・木・井・村・本・中です。

Q10 代々伝わる名の漢字で工夫をしたい

夫の家は代々、男の子に「義」の字を使うのがしきたりになっているらしく、祖父は「義助」、父は「義太郎」、主人は

「義雄」、主人の弟は「義彦」です。当然、私たちの子どもも「義」を使うものと決められており、ちょっと憂うつです。

私は「翔（しょう）」や「歩（あゆむ）」など1字の現代的な名前をつけたかったのですが、やはり夫の家への手前もあり、「義」の字を使わざるをえないようです。古くて堅いイメージの「義」ですが、なんとか読み方や組み合わせる字で今風の名前にできませんか？

A 「義」の字の意味自体はとてもいいものですから、あまり憂うつにならないで。発音的には「ぎ」より「よし」の音をとると今風に。

例：義生（よしき）、義登（よしと）、義弥（よしや）

名づけの基礎知識

Q11 ミドルネームはつけられる？

私の姓は「鈴木」。子どもにはなるべく個性的な名前をつけたいと思っています。ふと思いついたのが欧米人の名前でよく見かける「ミドルネーム」。日本人でミドルネームがあればかなりインパクトの強い名前になると思うのですが、日本の法律では認められているのでしょうか？

A 基本的には、ミドルネームや名前の長さについて、法律上の決まりはありません。ただ、姓が平凡だからという理由で「鈴木キャサリン優香」という名前を届け出て、戸籍上に登録されると、キャサリン優香という名前を今後、ずっと書き続けなければなりません。子どもにとってもかなりな負担です。やはり外国人との子どもの場合は別として、ミドルネームは避けたほうが無難です。

Q12 名前にアルファベットは使える？

子どもにアニメの主人公の名前をつけた友人の話を夫にしていたところ、「じゃあ、おれたちは子どもにはQ太郎とつけるか！」と冗談で言っていました。そういえば、アルファベットを使った名前は見かけたことがありません。名前に使える文字は法律で決まっているそうですが、実際にアルファベットは名前に使えるのでしょうか？

A アルファベットは名前には使えません。名前に使える文字は常用漢字、人名用漢字、ひらがな、カタカナのみです。そのほか、例外として「奈々」の「々」、「すゞ子」の「ゞ」などの繰り返し符号、「ヨーコ」の長音符号の「ー」などは使用することができますが、これも名前のいちばん上の文字としては使えません。
また、数字のうち、漢数字（一、二、三……、壱、弐、参……）は常用漢字から使うことができます。算用数字（1、2……）、ローマ数字（Ⅰ、Ⅱ……）、○や☆などの記号は使用できません。

Q13 名前の読みはいっさい自由？

名前に使える文字なら、読み方は自由であると聞いています。たとえば、「一郎」を「じろう」と読ませるような極端な読み方も許されているのでしょうか？ 許容の範囲がどのくらいであるのか、教えてください。

A 原則として読み方は自由です。現実に当て字を用い、「飛翔」と書いて「つばさ」、「恋愛」と書いて「らぶ」と読ませるような名前が見受けられます。ただ、これも常識上、社会理念上認められる範囲であって、「一郎」を「じろう」と読

ませたり、「低」を「たかし」と読ませたりといった極端なケースでは、役所の窓口で受理されないこともあります。

私も名づけ相談をしていて思うのですが、なぜ他人が読めないような無理な読み方をしたがるのか、少し理解に苦しむところがあります。もっとも、あまり厳密に考えすぎると、「優香」に「ゆか」の読みはない、ということにもなってしまいます。音訓を主体にして、その他は常識や慣用の範囲内で、ということになるのでしょう。

Q14 旧字体の場合、何画と数えるのが正しい？

わが家では、ふだんは「小沢」と表記していますが、戸籍上では「小澤」です。子どもの名前を考えるに当たって、姓の画数はどちらが基準ですか？

A この場合、字が2つあるということではなく、字体が2種類あるととらえます。姓については決まりがないため、1字1字体とは限らないからです。従って戸籍上が「小澤」であれば、「小澤」で画数を数えるのが基本です。しかし、姓名判断とは姓名全体の画数で占うもので画数を数えるのが基本です。ふだん、姓を書くときに常に「小沢」と表記しているならば、「小沢」で画数を数えるのが実際的でしょう。

なお、姓の旧字体を新字体に改めることもできます。この場合は、戸籍の筆頭者とその配偶者が連名で、本籍地の役所の戸籍係に書面で申し込みます。

Q15 ひらがなの名前をつけるコツは？

私の名前は、ひらがなで「かおり」です。これが結構気に入っているので、できれば子どもにもひらがなの名前をつけたいと思っています。しかし、意外に難しく、よい名前が浮かんできません。ひらがなの名前をつけるときのコツを教えてください。

また、男の子の場合、ひらがなの名前はやわらかすぎるでしょうか？ もし、男の子に合うひらがなの名づけ方があれば、それも教えてください。

A ひらがなの名前は、全体としてまだそれほど多くはありませんが、字の意味にとらわれる必要がないことから女の子の名前として好まれているようです。

漢字の意味にとらわれる必要がないということは、音だけの勝負ともいえ、ユニークな名前が生まれる可能性は大いに

名づけの基礎知識

Q16 夫の両親がつけた名前が気に入らない

夫の両親にとっては、初孫の長男が佐々木家に誕生し、義父も義母も大喜び。さっそく以前から決めていたとかで、奉書紙に書いた「英夫（ひでお）」を披露。義父の「英治」からとった名前だそうですが、私たちは男の子なら「翼（つばさ）」と決めていたため、お互いに顔を見合わせてしまいました。しこりが残らないようにうまく説得したいのですが……。

A 「英夫」という名前自体は悪いものではないのですが、親の世代に多い名前というよりは、今の子どもといった具合に似た形の字が並ぶので、バランスはあまりよくありません。

そこで、ご両親を説得するのにいちばんいいのは、姓名判断という方法です。

「英夫」は12画で「薄縁逆境の苦難数」といわれています。

一方、「翼」は17画で「積極的、地位と財産を築く」といわれる吉数です。それをお話しすれば、ご両親も考えを変えられるかもしれませんね。

Q17 「艹」くさかんむりの数え方

子どもの名に「薫」という漢字を使いたいと思っています。くさかんむりは3画と思っていましたが、パパはくさかんむりを4画だと言います。どちらが正しいのでしょうか？

A 姓名判断で文字の画数を数える場合は、名については公認された文字（常用漢字・人名漢字）の見たままの字体の画数で数える。これが基本です。

くさかんむりについては常用漢字・人名用漢字については字体に字体に関しては3画となっています。ですから、お尋ねの「薫」については16画と数えましょう。また姓に関しては日常使用している字体で画数を数えます。

60

避けたほうがいい名前

「名前だけだととてもいい名前なのに、姓と続けて読むとへんてこだった」
「いい響きだと思ったのに、NGな意味だった」……
ということがないように多角的に見てみましょう。

その候補の名前は大丈夫ですか？

漢字というのは表意文字なので、組み合わせによっては、おかしな意味になってしまうことも。名前だけを一生懸命考えていると本来の意味をうっかり忘れてしまうこともあるのでよく注意して。親の教養まで疑われかねません。

とくに男の子の名前ではこのようなことが起こりがちなので、変なあだ名をつけられたり、からかわれたりする可能性もあります。名前を思いついたら、漢和辞典で漢字の意味や単語なども確認してみましょう。

男の子

和尚 かずなお
……おしょう

完治 かんじ
かんち＝病気が治ること

公司 こうじ
コンス＝中国語で会社の意味

信士 しんじ
仏門に入った男性、戒名に添える語

心太 しんた
……ところてん

徳利 のりとし
……とっくり

佳人 よしひと
かじん＝美女のこと

良人 よしと
りょうじん＝夫のこと

陵 りょう
天皇、皇后の墳墓

女の子

麻賀恵里 あさか・えり
……朝帰り

大場佳奈子 おおば・かなこ
……大バカな子

小田真理 おだ・まり
……お黙り

原 真紀 はら・まき
腹巻き

中田留美 なかた・るみ
……中だるみ

中川留衣 なかがわ・るい
……仲が悪い

水田真理 みずた・まり
……水たまり

海月 みつき
……くらげ

梨園 りえん
……演劇界、とくに歌舞伎の世界

61

これでバッチリ！ スムーズな提出

出生届の書き方と出し方

赤ちゃんの名前が決まったら、速やかに出生届を提出しなければいけません。スムーズに出せるよう、これでばっちり予習をしておきましょう。

どこでもらうの？

出生届の用紙は、役所の戸籍係の窓口に備えられているほか、病院や産院にも用意されています。出産入院前に確認してもらっておきましょう。

だれが届けるの？

法律では「届け出義務者」が定められており、①子の父親または母親、②子の母親の同居者、③出産に立ち会った医師、助産師、またはその他の者、となってい

ます。なお、ここでいう「届け出義務者」とは、出生届の「届出人」の欄に記名、押印する人のことで、窓口に提出するのは代理人でも可能です。

いつ届けるの？

赤ちゃんが生まれた日から数えて14日以内に提出します。たとえば、10月1日に生まれた場合は、10月1日を1日目として数え、10月14日が提出期限となります。この期間の土・日・祝日も含めて数えますが、14日目が役所の休日や連休に当たった場合は、休み明けの日まで延長

されます。役所は通常午後5時までですが、出生届は夜間窓口でも受け付けてもらえます。

どこに届けるの？

提出するところは、現在の居住地の役所とはかぎらず、親の本籍地、親の住民票がある地、子どもの出生地、親の滞在地のいずれかに提出できます。ですから、実家に里帰りして出産した場合でも、実家の所在地の役所に届け出られますし、夫の転勤先で出産した場合も、その土地の役所に提出することができます。

※2016年から運用開始のマイナンバー制度により、今後、手続きや書類が変更になる可能性があります。

62

提出時に必要なものは？

さあ、提出！ 持っていくものに不備はないか、再度確認しましょう。出生届を提出したあとには、母子健康手帳の「出生届出済証明」に役所の証明をもらうことを忘れずに。

- ☐ 医師の証明がある出生証明書と記入済みの出生届
  ※親の本籍地に提出する場合でも、それ以外のところで提出する場合でも1通でかまいません。
- ☐ 届け出人の印鑑
- ☐ 母子健康手帳
- ☐ 国民健康保険証（加入者のみ）

名づけの基礎知識

名づけ＆主な行事 タイムスケジュール

出生届の提出期限をうっかり忘れてしまうことのないように、あらかじめチェックしておきましょう。お祝い事の行事日程も参考にしてね。

スタート 〔妊娠〕
▼
予定日までに候補選び

名前は赤ちゃんの顔を見てからという人も、出産予定日までには男女それぞれの候補をいくつかずつは考えておいたほうが安心です。出産後14日間なんて、あっという間ですよ。
▼
1日目　誕生　〇月〇日

赤ちゃんとの対面はどうでしたか？ 赤ちゃんにぴったりの名前を選んであげましょう。まだ考えていなかった人は、これからが勝負！ 期限に間に合うように急いで考えましょう。
▼
7日目　お七夜　〇月〇日

赤ちゃんの命名式とお披露目を行います。誕生した日から7日目に行うのがしきたりですが、最近では日にこだわらなくても。半紙や奉書紙に赤ちゃんの名前を書いて、神棚や床の間などへ。
▼
14日目　出生届提出期限　〔ゴール〕

市区町村の役所に出生届、印鑑、母子健康手帳を持参して、出生届を提出します。提出期限が役所の休日の場合は、休み明けが提出期限となります。くれぐれも遅れないように！
▼
30日前後　お宮参り　〇月〇日

お宮参りとは、赤ちゃんが生後30日前後のころに神社にお参りをする習慣のこと。現在ではあまり時期にこだわらず、赤ちゃん・ママの体調のいいときにお参りすることも増えています。
▼
100〜120日　お食い初め　〇月〇日

一生食べ物に困らないように、健康に過ごせますようにとの願いを込めて、初めておっぱい・ミルク以外のものを食べさせる行事。実際にはお赤飯などを食べさせるまねをします。

名づけの基礎知識

出生届 記入のポイント

記入するとき、提出する前には必ずチェック！

出生届の書き込みが不完全だと、役所で受理されない場合があります。提出する前には記入もれ、記入ミスがないか、よく見直しておくことが大切です。

記入前、記入後には必ずチェック！これで名づけは終了です。

「出生証明書」は出産した施設で記入してもらいます。

名づけの基礎知識

赤ちゃんの名前の読み方
出生届には赤ちゃんの名前の読み方を記入しますが、これは住民票の処理のために必要なもので、戸籍には記載されません。特殊な読み方でも、ほとんどの場合、受理されます。

嫡出子って？
「嫡出子」とは、正式に婚姻の手続きをした夫婦の間に生まれた子のことを指します。「嫡出でない子」とは、正式に婚姻の手続きをしていない女性から生まれた子を指します。婚姻届を出す前に赤ちゃんが生まれた場合は、出生届と同時に婚姻届を出せば「嫡出子」として記載されます。ただし、婚姻届を出していなければ、認知した子も認知していない子も「嫡出でない子」となります。

日付
出生日の記入ではなく、役所に提出する日を記入します。提出当日の最終チェックの際に記入するのがベストです。

生まれたところ
赤ちゃんが生まれた産院の所在地になります。都道府県から記入しましょう。

世帯主の欄
世帯主がパパでなく、赤ちゃんの祖父の場合は、祖父の氏名を記入し、「世帯主との続き柄」には「子の子」と記入します。

年月日は元号で
父母の生年月日などは、昭和、平成などの元号で書く決まりになっています。西暦表記ではないので注意しましょう。

本籍の欄
本籍と現住所が違い、本籍が正しくわからない場合は、本籍地が記載された住民票をもらって確認しましょう。筆頭者とは、戸籍のいちばん初めに記載されている人のこと。

届出人
届出人とは役所の窓口に持参した人を指すのではありません。法律で決められた「届け出義務者」（62ページの「だれが届けるの？」を参照）を指し、赤ちゃんの父親か母親となるのが一般的です。

名づけの基礎知識

こんなところもチェックして！

出生届を出すまでの注意点

記入上、注意するところ以外にも気を配らなければならないところがあります。

1 わかりやすく読みやすい字で記入しましょう

役所では、出生届に書かれた赤ちゃんの名前を戸籍に書き記します。出生届に書かれた名前の字が読みにくいと、戸籍のほうに誤って記載されてしまう可能性もあります。くずし字や行書はやめ、読みやすい楷書で記入しましょう。

とくにカタカナの「ツ」と「シ」、「ソ」と「ン」「リ」「ハ」と「ル」「ク」と「ワ」などは間違えやすいので、意識して書き分けたほうがいいでしょう。

2 名前に使える字かどうか、再確認しましょう

名前に使える字以外のものが使われていると、出生届を受理してもらえません。

一見、使えそうに思えるものでも、実は使えないという漢字もいくつかあります。使える漢字かどうかを、471ページからの「名前に使える漢字リスト」でもう一度、チェックしておきましょう。

簡単に変えられない名前

名前は、単に気に入らない、画数が悪いなどの理由から簡単に変えられるものではありません。一度戸籍に記載されてしまった名前は、家庭裁判所に「名の変更許可」の申し立てをしなければなりません。

「名の変更許可申請書」の中には、「申し立ての実情」の欄があり、次の8項目が載っています。

① 奇妙な名である
② 難しくて正確に読まれない
③ 同姓同名者がいて不便である
④ 異性と紛らわしい
⑤ 外国人と紛らわしい
⑥ ×年×月神官・僧侶となった（辞めた）

66

3 14日以内に名前が決まらなかったら…

出産後14日たっても、どうしても名前が決まらなかった場合、次の方法が考えられます。

その方法とは、出生届の「子の氏名」欄だけ空白のまま届け、後日、名前が決まった時点で追完手続きを行うというものです。追完手続きとは、出生届を提出した役所に「○月○日に提出した出生届の赤ちゃんの名前は△△です」という追完届を提出することです。

ただし、この場合、戸籍には、名前の届け出が遅れたという記載が残ります。

これはよほどやむをえない場合のときの制度として覚えておくことはいいのですが、最初から当てにすべきものではありません。

また正当な理由がないのに提出期限を大幅に過ぎてしまうと、簡易裁判所に通知され、過料に処せられる場合も。

あらかじめ、男の子の場合、女の子の場合と、ある程度候補を絞っておくなどの準備は必要です。

注意 提出が大幅に過ぎてしまうと……

5万円以下の過料が科せられる場合があります

14日以内に届け出ができなかった場合でも受理はしてもらえます。

ただし、1日でも遅れたら「戸籍届出期間経過通知書」に遅れた理由を記入しなければならず、戸籍には届け出が遅れたことが記載されます。

遅延の理由が、災害などの正当なものでない場合を除いては、届け出義務者に5万円以下の過料が科せられる場合もあるので要注意！

⑦ 通称として長年使用した
⑧ その他

これらのいずれかに当てはまったとしても、それが「正当な事由」と認められなければ、改名することはできません。改名するための労力や精神的負担を考えると、改名しないですむに越したことはありません。

ただし、旧字体で届けてしまった名前を新字体に改めたい場合は、役所への手続きでできます。同様に、姓の旧字体、俗字もそれぞれ、新字体、正字に改めることは役所への手続きで可能です。

名づけの基礎知識

出生届 なんでもQ&A

こんなときはどうすればいい？

出生届の提出にまつわる疑問を集めてみました。参考にしてみてください。また、わからないことがあれば役所に尋ねてみましょう。

Q1 実家の近くの産院でお産。出生届はどこへ？

私は、実家の両親が住んでいる栃木県宇都宮市の産院で出産をしました。本籍および現住所は東京都板橋区で、主人は、現在1人で東京におります。出生届は、だれが、どこへ届ければよいのでしょうか？

A

この場合、出生届の提出先は、板橋区でも宇都宮市でもかまいません。赤ちゃんの父親が板橋区で提出するなら、産院でもらった「出生証明書」を郵送しなければなりません。そのような余裕がなければ、宇都宮市に提出するとよいでしょう。その場合でも届出人の欄には赤ちゃんの父親の名を記入してかまいません。

また、実際に届けに行くのは母親でも祖父でもOKです。

Q2 海外で出産をした場合

妊娠がわかって間もなく、夫のアメリカ転勤が決まりました。私もついていこうと思うのですが、アメリカは生まれたところが国籍となる国と聞いていますので、自分の子どもがアメリカ国籍になってしまうのでは、と不安です。現地ではどういう手続きを取ればよいのでしょうか？

A

海外で出産した場合は、その国にある日本大使館などで用紙をもらい、出生届を提出します。この場合も、赤ち

名づけの基礎知識

ゃんが生まれた産院で「出生証明書」を書いてもらい、出生届に添えて生後3カ月以内に提出します。このとき注意したいのは、ご質問のアメリカなど、生まれたところを国籍とする国では、出生届の「その他」の欄に「日本国籍を留保する」と明記し、届出人の署名、押印をすることです。現地の在外公館で手続きすると、本籍地の戸籍に登載されるまでかなりの時間がかかってしまいます。また、海外では出生証明書は独立した書面であることがほとんどで、和訳をつけて提出しなければなりません。その他、記入上の注意点は現地の大使館などで確認を。

Q3 届けてすぐに間違いに気がついた

よい画数を、と考えに考えて「里紗（りさ）」と命名。ところが、出生届を提出するときにうっかりして「里沙」と書いてしまいました。翌日になって間違いに気がつきましたが、すぐに申し出れば訂正がきくでしょうか？

A もし、まだ戸籍に記載されていなければ、印鑑を持参して窓口に行けば訂正がきく可能性があります。しかし、一度、戸籍に記載されてしまうと、そう簡単には直すことができません。

どうしても訂正したい場合は、家庭裁判所に「名の変更許可」を申し立てる必要があります。

ただ、「画数がよくない」という理由では難しい場合が多いでしょう。画数がよくないからといっても、それで運命が決まってしまうわけではありません。

無理に改名するよりは、現在のままをおすすめします。

Q4 双子の場合は2通必要？

双子を出産しました。この場合、出生届も2通必要なのでしょうか？

A もちろんです。1枚の出生届に2人分の記入欄はありません。双子が生まれたら、出生証明書も忘れずに2通もらっておきましょう。そして、出生届にも、1人ずつ、間違いのないように記入します。

'14年〜'20年 人気名前ランキング

	2014年 （平成26年）	2015年 （平成27年）	2016年 （平成28年）	2017年 （平成29年）	2018年 （平成30年）	2019年 （令和元年）	2020年 （令和2年）
男の子							
1位	悠真	悠真	蓮	大翔	蓮	蓮	蓮
2位	蓮/悠人	湊	大翔	蓮	陽翔/陽太	律	陽翔
3位		蓮	陽翔	樹		湊	蒼
4位	大翔	陽向/大和	湊	悠真	樹/悠人	樹	樹
5位	颯真		悠真	陽太		蒼	湊
6位	陽太/陽翔	悠人/大翔	樹	蒼	湊	陽翔/悠真	悠真
7位			悠人	湊/颯真	大翔		大翔
8位	湊	颯真	奏太/陽太		蒼/朝陽	大翔	律
9位	駿	陽翔		陽翔/陽斗		新	朝陽
10位	陽斗	朝陽	悠		陽斗/颯真/奏太	大和	結翔
女の子							
1位	陽菜	葵	陽葵	陽葵	陽葵	陽葵	陽葵
2位	結愛	結菜	陽菜	葵	芽依	凛	結菜
3位	結菜	凛/結愛	結愛	陽菜	莉子	芽依	莉子
4位	葵		咲良	結衣	葵	結菜	芽依
5位	さくら	陽葵	さくら	凛	澪/結菜/凛	紬	紬
6位	結衣	結衣	結菜	咲良/結菜		咲良	葵
7位	凛	陽菜	凛			莉子	陽菜
8位	愛莉	さくら/芽生	葵	結愛	結愛/琴音	葵	凛
9位	芽依		結衣/凛	心春		澪	結月
10位	陽葵	咲良		杏/紬	陽菜	結月	澪

音から選ぶ名づけ

「こんな響きの名前をつけたい！」
といったこだわりの音がある人は、音から名前を考えてみましょう。
この章では、音の持つ性格や実例から名前を考えていきます。

※読み仮名の「ず」「づ」の区別については実例に基づいています。

音から選ぶ名づけについて

名づけの決め手ではずせないのが「音」。響きによって印象が変わってくるからこだわりたいところです。発音のしやすさや、呼び名なども考え、すてきな名前を見つけてね。

耳に残った音や響きが決め手に

名づけを考えるときに、漢字（字形）よりも先に音が決まっているという人はもちろん、なんとなく「こんな呼び名（音）がいいな」とおぼろげな候補がある人も多いと思います。思いついた名前があったら、まずは、読みやすい名前かどうか、声に出してみましょう。

その際、発声する音量によって印象も変わってきますから、大きな声で呼んだり、小さな声で呼んだり、変化をつけてみるとよいでしょう。

また、名前だけでなく姓から通して呼んだときの印象はどうか、その名前をつけたとき将来どんな愛称で呼ばれるようになるかを考えておくのも大切です。

次に、音が決まったら、その音に合う漢字（字形）を選びましょう。選んだ字の印象が呼び名に合っているかどうかをチェックすることも忘れずに。

音から字を選ぶときは、字を区切る場所をいろいろ変えてみるのもおすすめです。

たとえば、「なつみ」ならば漢字を「な・つみ」と当てるのか、「なつ・み」とするのか、また「な」「つ」「み」と1音に1字を当てる万葉仮名風漢字（214ページを参照）にするのかでも違ってきます。

バランスや意味も考えて音にふさわしい字を探しましょう。

（ 音から選ぶ名づけのコツ ）

音から選ぶ名づけ

② 全体的なバランスがとれているか確認

名前が決まったら、姓から通した名前を紙に書き、氏名全体の漢字（字形）の組み合わせや、読み上げて響きのバランスを確認します。このときに、漢字と響きの統一感があるかも確認しましょう。

① 好きな響きを声に出して候補を選定

好きな響きを思いつくまま挙げてみましょう。思いついた名前は何度も繰り返し声に出すのがコツ。また、「こうくん」「なっち」など、こんなふうに呼んでほしいという愛称の響きから考えてみるのも◎。

④ 人名に使える漢字？もう一度最終チェック！

最後に画数など気になるところをチェックして。また、せっかく名前を決めても、実は人名に使用できない漢字ということも。出生届を提出する前に、漢字の見直しも忘れずに（471～480ページを参照）。

③ 響きが決まったら漢字を選ぼう

気に入った響きが見つかったら、次にその名前に漢字をあてましょう。思ったような漢字が浮かばないときは、字を区切る場所をいろいろ変えて探してみるのがおすすめです（327～422ページを参照）。

たまひよ調べランキング　読み別人気名前

コメント

男の子は3音の名前が主流に。「はると」は13年連続1位。漢字のバリエーションが広いことも人気の要因のよう。女の子は「えま」が初の1位。また、「つむぎ」が昨年7位から3位にランクアップ！

男の子

順位	名前
1位	はると
2位	あおい
3位	はるき
4位	あおと
5位	そうた
6位	ゆいと
7位	ひなた
8位	あおい
9位	そら
10位	いつき
11位	ゆうと
12位	そうま
13位	かいと
14位	はる
15位	りく
2位	みなと

（男の子）1位 はると／2位 りく／3位 みなと／4位 あおと／5位 あおい／6位 ゆいと／7位 ひなた／8位 あおい／9位 そら／10位 いつき／11位 ゆうと／12位 そうま／13位 かいと／14位 はる

女の子

順位	名前
1位	えま
2位	みお
3位	つむぎ
4位	めい
5位	あおい
6位	ゆい
7位	さな
8位	こはる
9位	りお
10位	ほのか
11位	いちか
12位	あかり
13位	はな
14位	りお
15位	ひな

※2021年たまひよ調べ

音から選ぶ名づけ

ことだま（言霊）で見る名前

「候補は挙がったけれどどれにしよう」など名前を決める際に迷ってしまったら、音の持つパワー「ことだま」を用いて絞り込むのもいいでしょう。どんな子に育ってほしいか考えながら選んでね。

● ことだまとは？

文字に画数のパワーがあるように、音にもパワーが

音（言葉）にはそれぞれパワーが宿っていると昔からいわれていました。そのパワーをことだま（言霊）といいます。

文字の場合の画数のパワーは、名前を書くたびに増していきますが、同様にことだまは名前を呼ばれることでそのパワーを増します。

呼ばれる頻度が高いほど、その音のパワーが増すわけですから、愛称と名前が違う場合は、よく呼ばれる愛称の音のパワーが増す、ということになります。人の一生のなかでは、書くことより呼ばれることのほうがはるかに多いため、ことだまのパワーは大切になってくるのです。

姓名判断では音は5つに分類されます

ことだまは大きく分けて「木性」「火性」「土性」「金性」「水性」の5つに分けられます。とくに名前の第1音が大切で、その人の性格に大きく影響してきます。

名前をことだまで見るときは、まず、第1音がどれに分類されるかを、ことだま早見表で探し出してください。その後、第2音、第3音……と見ていくといいでしょう。

ことだま早見表

性	音
土性	アイウエオ
木性	カキクケコ
金性	サシスセソ
火性	タチツテト
火性	ナニヌネノ
水性	ハヒフヘホ
水性	マミムメモ
土性	ヤ　ユ　ヨ
火性	ラリルレロ
土性	ワ　　　ヲ
土性	ン

※濁音（゛）、半濁音（゜）の音は、清音と同じに。また、「キョ」「キュ」「イッ」などの拗音や促音はそれぞれ「キ」「イ」と考えます。

ことだまを名づけに生かすには

姓のいちばん下の音と隣り合う性の音から名前の第1音を選ぶのがベスト

姓と名のつながりにことだまを生かすことができます。5つの性は右下の図のようになり、隣り合う音同士は相性がいいとされています。とくに、矢印は調和の関係を示しています。

ことだまを名づけに生かすには、この性の関係をもとに、姓のいちばん下の音に隣り合う性の音を、名前の第1音に持ってくるようにすればいいのです。

たとえば、「クリハラ・ユイ」という姓名の場合、姓のいちばん下の音は「ラ」で火性です。名前のいちばん上の音は「ユ」でヤ行なので土性となり、隣り合う性同士なのでことだま的にも音のつながりがいいことになります。

ことだまの性の関係は、画数における五行の考え方と同じです。隣り合う性同士の関係がよく、矢印の関係は調和を表し、とくによい関係とされます。

例

姓のいちばん下の1音
ア行（土性）
← コン**ドウ**
← **ソ**ウタ
名前の第1音
サ行（金性）

近藤颯太

※例に挙げた「近藤颯太」という名前を見ると、姓のいちばん下の1音は「ウ」でア行、名前の第1音は「ソ」でサ行となり、ことだま早見表で見ると、それぞれ、土性と金性であることがわかります。これを右の図に当てはめると、隣り合う性同士で調和の関係になりますから、例の名前はことだまで見るといい名前であるといえます。

ことだまの頼りすぎにご注意

ことだまは、名づけを考えるときのいいヒントとなりますが、ことだまだけにとらわれてしまっては、名づけの本来の意味を見失ってしまうことになりかねません。

生まれてきた赤ちゃんに贈る最初のプレゼントが名前です。ママ、パパの願いや、感覚を大切にしてください。なお、名前の候補をいくつか挙げたうえで、そのなかの1つを決めるときの最後の絞り込みのためにことだまを使う、という方法をおすすめします。

音から選ぶ名づけ

木性　カキクケコ

意志が強く向上心にあふれる

カ行は「牙音」とも呼ばれ、息が奥歯に触れて出てくる音です。木性の音で始まる名前は「カイト」「コウタ」「ケンジ」などの男の子の名前が多く、女の子の名前でも木性音で始まる「カナ」「キョウコ」などがありますが、男の子の名前ほど数は多くありません。

名前の第1音が木性音の人は、早熟型で早いうちから運が開けるでしょう。交際範囲も広く、社交的なので、いろいろな人とのつき合いを通じてネットワークを広げていきます。社会的にも信用や人望を得るでしょう。人間関係においては話術が巧みなことと、温和な性格が手伝って、だれからも好かれる人になります。その半面、肝心なときに優柔不断になったり、重要な場面で逃げ腰になって、度胸に欠けることがあります。また、考えすぎてチャンスを逃したり、器用貧乏になりやすいところもあります。

火性　タチツテトナニヌネノラリルレロ

知識欲が旺盛で美的センスにすぐれる

火性音は「舌音」とも呼ばれるように、舌で発する音です。男の子の名前では「タクミ」「ナオユキ」「リョウ」、女の子では「チナミ」「ナナコ」「レイカ」などがそうです。

名前の第1音が火性の人は、頭の回転が速く、知識欲が旺盛です。知識の収集に熱心なため、学問や研究を好みます。知識欲はファッションなどにも向けられ、美的センスも磨かれておしゃれなので周囲に華やかな印象を与えるでしょう。

半面、華やかさを好むあまり、生活が華美になったり、浪費しやすいので、経済観念をしっかり持つことが大切です。華やかさは人間関係にも及び、いつも周囲の目を集めようとしますが、つき合いが長続きせず、広く浅くの交際を繰り返すことになりがちです。また、すぐ感情を表に出しがちな傾向もあるでしょう。

土性　アイウエオヤユヨワヲン

きまじめな努力家潤滑油の役割も果たす

「喉音」とも呼ばれ、喉から発する音が土性です。男女ともに人気のある音で、男の子では「ユウキ」「ユウタ」など「ユウ」で始まる名前が、女の子では「アヤカ」のように明朗感のあるア音で始まる名前が人気です。

名前の第1音が土性の人は、他人に優しく、奉仕的に接します。人の輪の中で、潤滑油的な役割に向いています。努力型で、着実に地位を築いていきます。一見地味ですが、最終的にはそれまでの努力が実を結び、大きな成功を収める人です。人生設計も堅実で、危なげがないのも特徴です。

ただ、きまじめさが裏目に出て、視野が狭くなりがちです。思い込みも激しく頑固なので、一度こうと思ったらなかなか他人の意見に耳を貸しません。また、自分からすすんで新しいことに挑戦するようなことも少ないでしょう。

金性　サシスセソ

リーダーシップを取れる人生エンジョイ型

「歯音」と呼ばれ、息が前歯に触れて出る音で、音感が硬いので、名前を音で分けた場合、数はそれほど多くありません。男の子では「ショウ」や「ソウタ」、女の子では「サキ」や「サクラ」などが人気です。

名前の第1音が金性音の人は活発で行動力があります。人をまとめ、先導する力があるので、人の上に立つようになるでしょう。経済観念も発達していて豊かな生活が送れます。動き回ることで運気を引き寄せられる人なので、よく働きよく稼ぐことで人生を楽しむことができるでしょう。

交際範囲が広く、目上の人にかわいがられたり、有力者からの引き立ても受けそうです。

半面、自分の実力以上のことをしようとする面があります。度が過ぎると社会的信用を失いがち。さらに過労や美食が過ぎて健康を損ねやすい面もあります。

水性　ハヒフヘホ マミムメモ

コツコツと努力をしどんな環境にも順応

「唇音」と呼ばれ、息が唇に触れて出てくる音が水性の音です。女の子の場合は、土性音に次いで人気のある音です。よく使われる名前では「ハルキ」「マサシ」「ミホ」「モモカ」などがあります。

第1音が水性音の人は、どんな環境にも順応できる能力があります。また、小さなことから始め、しだいに大きくしていくといった創業者的な気質も備えています。華やかさを嫌い、人に見えないところで着実に努力を重ねていくので、気がつくとかなりの成功を収めているでしょう。

その反面、気苦労が多かったり、ネガティブ思考の傾向もあります。困難にぶつかったときに、安易に逃避する道を選んだり、人を拒絶して引きこもりがちになることもあります。対人関係は淡泊ですが、相手の気持ちをとらえるのは上手です。

名前の第1音以外の音にも意味があります

第1音はその人の性格形成に大きく影響することはこれまでに述べてきましたが、この第1音が願いを込められた理想の性格とすると、第2音にはその人がいちばん自然でいるときの性格を、第3音には最終的にたどりつく性格を表します（2音の名前の場合は、左図のように第2音を最後の音と考えます）。

50音が持つそれぞれの意味については、78～86ページに掲載していますので、それを参考にしてください。

- 1番目の音　こ　理想とする性格
- 2番目の音　う　自然でいるときの性格
- 最後の音　た　たどりつく性格

（図中：ゆこうか）

50音別 響きによる性格の違い

響きひとつで性格も変わってきます。とくに名前の最初の音は、とても重要。あなたはどんな願いを込めますか……?

う　縁の下の力持ち。大事なものを守ります

思いやりのある優しい性格。親孝行で自分の家族を大切に守ります。社交性があるとはいえないため、人の上に立って大きな事業を成し遂げるのは苦手ですが、コツコツと几帳面に自分の役目をこなします。消極的で心配性、優柔不断な一面もあり、クヨクヨ思い悩まないことが大切です。

え　明朗快活に困難にも立ち向かいます

明るく活発な人です。多少の困難や苦労にもめげずに、積極的に立ち向かっていく行動力で成功を収めます。ただし、移り気で集中力が持続しないところもあり、失敗を恐れて逃げ腰になってしまうと、さらに失敗を重ねる悪循環に陥ります。また、人に利用されて苦労することもあります。

あ　前向きに発展するすべての音の始まり

50音の始まりの音「あ」が名前につく人は、発展的な性格です。創造力や決断力にすぐれ、何事にも前向き。実行力もあるためリーダーシップを発揮します。一方、自己主張が強く、独断で強引に物事を推し進めようとすると、人との間で争いを起こし、孤立してしまうことも。

お・を　簡単には譲れないこだわりがあります

こだわりが強く、綿密に計画を立ててから熱心に打ち込むタイプ。仕事の面でも成功します。おおらかで温和な態度を身につければ人から好かれますが、強情な面が出すぎるとトラブルに。人を信頼できずに心の中に不満をためると、ささいなことでも腹を立ててしまいます。

い　静穏な性格の内に強さを秘めています

穏やかで控えめな性格。外には目立って表れないものの、粘り強さもあります。困難にも負けず地道な努力を続けて成功を収めるタイプですが、引っ込み思案が過ぎればせっかくの運も逃しがち。だれからも愛されますが、求められると断りきれないところも。異性とのつき合いは慎重に!

け 人生の浮き沈みも持ち前の明るい性格でクリア

　明朗快活な性格です。情に厚く、誠実で人から信頼されます。ただし盛運と衰運を繰り返す暗示もあります。ついているときも調子に乗りすぎず、不運なときに備えることが大切です。活発さが短気・粗暴というマイナスの形で現れることもあり、浮き沈みの激しい人生を送る可能性も。

か 気配りと決断力で信頼を集め躍進します

　穏やかで万事によく気が回り、冷静な判断ができるので周囲の信頼を集めます。一度取りかかったことは、たとえ困難があってもそれを乗り越え、成功に導く能力を秘めています。しかし、しっかりしているようで気弱な部分もあり、実行力が伴わない場合は中途半端に終わってしまうことも。

こ 用心深く、努力家で堅実な人生を歩み人気者になります

　物静かで誠実な性格がだれからも好感を持たれます。コツコツと努力を続け、大きな失敗や波乱も少ない堅実な人生を歩みます。消極的で小心なため、いつも周囲に遠慮しすぎてチャンスを逃しがち。用心深く、リスクはできる限り避けようとするので、大きな成功は難しいかもしれません。

き 外見はとても華やかですが内面は寂しがり屋

　華やかな雰囲気をまとい、たいていのことでは成功を収める知力・体力にも恵まれています。ただ、他人の意見を聞き入れず、性急に自分の思いどおりに事を運ぼうとすると、友人や家族からも疎まれがちになりそう。交友関係はにぎやかですが、内面は寂しがり屋です。

く 社交的で負けず嫌い。周囲の人から支えられ成功します

　意志が強く負けず嫌いな性格です。社交的で人当たりもよく、才気に恵まれていますから、まわりの人たちから引き立てや援助を受けて困難なことも成し遂げることができます。ただし、飽きっぽい性格が前面に出ると、何をしても長続きせず、大きな成功を収めることはできません。

せ　プライドの高い情熱的な野心家。抜群の行動力で成功します

　頭脳明晰で情熱にも満ちあふれています。野心を持って物事に意欲的に取り組みますから、学業や仕事でまずまずの成果を上げることができます。ただし、高望みをしすぎたり、プライドの高さが災いして失敗することも。地道な努力を続けていれば、平穏無事で幸福な日々を送れます。

さ　知らない土地に行っても笑顔と向上心で成功します

　陽気で華やかなことが好き。常に向上心を忘れず、実行力もあるため周囲からリーダーとして頼りにされます。独立心も旺盛で、自分をアピールする才能にも恵まれているので成功します。故郷を離れてより大きく発展する暗示があります。ただし陽気さを失うと不運に見舞われることも。

し　広く浅いつき合いよりも長く続く人間関係を結べます

　表向き温和な態度が人から好意を持たれますが、実は頑固で警戒心の強い性格。交際範囲はあまり広がることはありませんが、誠実にじっくりとつき合うことができます。潜在的な能力を秘めていますから、不平不満を抑えて能力を発揮するように心がければ成功を収めることができます。

そ　だれとでも仲よくなれるなごみ系。平和を愛する正直者です

　穏やかな性格の平和主義者です。だれとでも平等に正直につき合い、友好的な関係を保てますが、それが過ぎれば八方美人と言われることもあります。また何事もよく考えたうえで慎重に行動するタイプです。他人と争うのが苦手で、大きな勝負や競争の激しい仕事にはあまり向いてません。

す　気前よく散財してしまう、NOと言えないお人好し

　世話好きでお人好し。頼まれるとイヤと言えない性格で、損な役回りを引き受けてしまうことも多いでしょう。また、派手好きで、気前よく散財する傾向があります。意志の強さを発揮して、こまかいことに悩まず、自信を持って物事に取り組んでいけば幸運が訪れます。

た 曲がったことは許せない正義感の強い猪突猛進タイプ

外見は温和な印象を与えますが、内には闘争心を秘めて、走りだすと止まらないタイプです。計画性もあり、熱心に働くので成功を収めます。正義感が強く、自分とは直接かかわりがなくても、曲がったことは見逃せずに人と衝突することも。異性関係でも思い込んだら一途になるタイプです。

て 交際上手で人から好かれ、いつも真剣に挑戦します

何事にも真剣に取り組み、困難も乗り越えることができる性格。誠実で人当たりもいいため対人関係もスムーズで、成功への足がかりとなるでしょう。ただし、見栄（みえ）を張って浪費したり、思うように成果が上がらないことにあせると、苦労を重ねたにもかかわらず失敗が続くことがあります。

ち 持ち前の勤勉さで身につけた知識や技術で成功します

意志が強く努力を惜しまない人です。探究心や知識欲も旺盛で、すぐれた技術を身につけることができます。困難を物ともせずに目標に向かってやりぬく力を持っています。多少の苦労やトラブルはあるものの、年齢を重ねるにつれて成果が現れ、経済的にも豊かになっていきます。

と 慎重さと気配り・根気強さで成功します

冷静沈着。根気強く忍耐力もあります。こまかいところにもよく心配りが行き届き、成功を手にすることができます。しかし、あまりに消極的になってしまうと、せっかくの努力も効果が上がらず、チャンスを逃してうまくいかないことも。異性関係では用心深い反面、気が多いところも。

つ 自分の意見を持ち強気で自我を押し通します

自我が強く、人の助言に耳を貸したがらないタイプ。強い性格がよい方向に向かえば、能力もありますから大きな成功を収めることができます。虚栄心や頑固な面が出すぎると、独裁者になるおそれも。対人関係でトラブルを起こしたり、自分も他人も平穏ではいられなくなるので気をつけて。

ぬ　消極的で引っ込み思案。チャンスを生かせば幸運に

知性や才能もありますが、意志が弱く優柔不断でうまく生かされません。ここぞというときにためらってしまったり、踏み切れずにチャンスを逃しがちです。引っ込み思案もほどほどにして、ときには勇気を出して目標に向かっていく努力をすれば、運が開けていきます。

な　常に進歩を続ける頑張り屋。人より一歩先をめざします

負けず嫌いで、常に他人より一歩進んだポジションを取ろうとします。何事にも全力を傾け、熱心に取り組みますから成功を収めます。ただし、その性格が悪いほうに出てしまうと、短気で意地悪になりがち。家族や周囲の人たちとトラブルを起こして、停滞してしまうので注意が必要です。

ね　人に好かれる穏やかな性格。和を大切にします

穏やかで人と争うことをしないため、だれにでも好かれます。力のある先輩や上司の引き立てがあって成功します。また円満な家庭を築くこともできます。しかし、積極性や自立心が足りないと、何事も中途半端で終わりがち。あれこれ思い悩むより、まず行動を起こすことも大切です。

の　頼りになる冷静沈着な知恵者。優しさもあります

広い視野を持ち、落ち着いて判断することができる人です。包容力があり、人情に厚い性格で、他人からも慕われ、頼りにされます。ときにはその寛容さをうまく利用されることもありますが、全般的に幸運を手に入れることができます。ただし、冷静さが表に出すぎると嫌われてしまいます。

に　リーダーを陰で支える責任感の強い努力家です

温和で責任感の強い性格です。人を引っ張っていくより、トップを補佐する立場に向いています。とても思慮深く人情にも厚いため、周囲からの人望を集めます。ただし、怠け心に負けると責任逃れな態度が目立つようになり、何事もうまくいかなくなるおそれがあります。

音から選ぶ名づけ

ふ　批判にもめげず自分の道を進んでいきます

直感力にすぐれ、聡明で決断も速い人です。人の言葉に惑わされず、自分の進むべき道に迷いがないので、交渉事も有利に運ぶことができます。ただし理想が高すぎると思わぬ失敗を招くことも。手が届かないと思えば早々にあきらめてしまい、判断が早急すぎることもあります。

は　自分の道は自分で開く、独立心の旺盛な行動派です

思ったことはすぐに行動に移す、積極的な性格です。社交的で交際上手。強い意志を持ち、自分で道を切り開いて成功につなげます。半面、強引でひとりよがりな行動に走ってしまうと、対人関係がうまくいかなくなったり、家族ともギクシャクして孤独を感じてしまう場合もあるようです。

へ　あわてず騒がず慎重に行動。晩年に運が開けます

どんなときもよく考えて慎重に行動する人です。経済観念が発達し、無駄づかいを嫌ってコツコツと努力を続けます。中年期までは苦労も多いですが、しだいに運が開けて晩年には恵まれた生活を送ることができます。ただし、困難から逃避しようとすれば、不運が続きます。

ひ　強運の持ち主。満ち足りた生活を手に入れます

目標に向かい地道な努力を重ねるタイプです。どんな困難にもくじけずに自分の信念を貫き、強運にも守られて成功を手にします。物質的・精神的にも満たされた幸福な生活が送れます。しかし、頑固な性格が表に出ると、他人との関係につまずき、努力しても報われない不運を嘆くことに。

ほ　クリエイティブな才能があり努力を重ねて成功します

創造力に恵まれ、高い技術を身につけることができます。派手なパフォーマンスはありませんが、堅実な努力に結果が伴います。しかし、人間関係ではあまり深いかかわりを好まず、他人を信じられずに非社交的になってしまうことも。人とうまくつき合うようにすれば、幸運に恵まれます。

ま 何事にも熱心。話術が巧みでみんなの人気者に

　頭の回転が速く、ウイットに富んだ会話も得意です。仕事にも誠実に取り組み、熱意が実を結んで成功するでしょう。才知におぼれず謙虚であれば周囲の人からも好かれます。口先だけで、着実に努力を続けることを怠ると、成果は上がらず、不遇な生活に甘んじることになってしまいます。

音から選ぶ名づけ

め 穏やかなようで内面には情熱を秘めています

　おとなしく温和な印象を与えますが、内面の感情の起伏は激しい人です。そのエネルギーを前向きな行動に向ければ成功への道が開けます。物事を悲観的にとらえ、不安におそわれて心の平静を失ったり、見栄を張って失敗することも。勇気を出して積極的に物事に取り組むことが大切です。

み 華やかでおはなし好き。美的センスのある情熱家

　明るくにぎやかなことが好きな性格。情熱的で美的な才能に恵まれています。熱意と明るさがプラスになって仕事では成功し、家庭生活も豊かなものに。しかし、軽はずみなおしゃべりや他人の悪口をつい口にしてしまい、誤解を受けることも。嫉妬心からの異性とのトラブルにも注意。

も 魅力的でみんなに好かれます。一途なところも

　社交的で人をひきつける魅力があります。体も丈夫で精力的に働くので、多くの人からの信頼を得られます。人脈をつくることも得意なので成功するでしょう。ただ、自分の才能を過信したり、情にもろく、異性に一途になりがちな面も。異性とのつき合いには注意が必要です。

む 外見は控えめ。しんの通った強さを持っています

　温厚で控えめな性格。家庭に恵まれ、円満に暮らすことができます。知的でよく考えてから行動に移すタイプで、自分の意志を貫く強さも持っているため、人知れずいつのまにか成功を収めています。しかし積極性に欠けるため、せっかくのチャンスを逃したり、目立たず孤独を感じることも。

頭の回転が速く世渡り上手。気まぐれな一面も

　頭脳明晰、世渡りが上手で、物事を自分に有利に運べる才能があります。まとまった財産を築くこともできるでしょう。しかし、気まぐれな言動で、他人に不誠実な印象を与えてしまうと、寂しい晩年を送ることになります。誠意のある振る舞いを心がけていれば、心豊かに暮らせます。

チャンスを自分の味方につけ抜群の実行力で活躍します

　精力的に仕事をこなすやり手タイプ。知識も豊富で実行力があり、チャンスをつかんで成功します。強い運があり、たいていのことはうまくやり遂げる才覚もあります。ただし、わがままや自我を押し通しすぎると、周囲の人たちとトラブルを起こしたり、人望を失って失敗につながります。

さばさばした性格。華やかな雰囲気を好みます

　性格は明るく華やかなことを好みます。たくさんの人に囲まれているのが好きで、交友関係は広く浅く……。思うところははっきりと主張しますが、あまりに自分の考え方にこだわりすぎれば、まわりの人から敬遠され、人間関係がうまくいかなくなることも。協調することも大切です。

自分の感性を頼りに先を見通す賢さがあります

　感受性が強く、先見の明があります。上手に時流に乗って成功を収めることができます。困難に直面してもあきらめない根気強さを身につければ、何事もうまくいきます。また、頑固なところがあり、一度思い込むと人の意見を聞く耳を持ちません。新しいことに挑戦するのもやや苦手です。

目立つことは苦手ですが平凡な幸せをつかみます

　おとなしく、あっさりした性格。平凡でも穏やかな生活を好みます。人を出し抜こうという野心を持たないタイプ。誠実な人柄が好感を呼び、目上の人からなにかと引き立てがあり、仕事面での成功につながります。異性関係などでは、消極的で人頼みな性格が災いすることもあります。

周囲の人を笑顔にする思いやりにあふれています

　思いやりがあり、人のためになることを喜んでするタイプです。円満な人柄でだれからも信頼され、人と人との間をうまく取り持ったり、リーダーとして慕われることも多いでしょう。賢さと熱意も備わって成功を収めますが、情が深く、異性関係では、深みにはまって思わぬ失敗も。

わ　気配りができお金に困らない財運の持ち主

頭がよく、タフな精神力の持ち主。金銭を手に入れる才覚と財運に恵まれ、豊かな一生を送ることができます。何事にも細心の注意を払って大きな成功を収めますが、したたかな印象をもたれがちなので、物欲に走ると、周囲から油断のならない人物と見られてしまいます。

れ　豊富な知識と賢さでリーダーのサポート役に

頭脳明晰で知識欲があり、鋭い洞察力を持っています。事務的な仕事を処理する能力にすぐれ、リーダーを補佐する役目に向いています。その一方で、やきもちやきなところもあるため、家族や仲間から疎まれることも。心をおおらかに他人を受け入れるようにすると運も開けてきます。

ん　まじめな努力を続けることでいつか報われます

まじめで優しい性格です。派手なところはありませんが、人知れずに地道な努力を続けて、いつかその才能が開花します。他人に対してもよく気づかいするので、だれからも好かれます。自分が思い込んだことは、容易に変えようとしないため、回り道をすることもあるでしょう。

ろ　責任感の強さと誠実さで自然とみんなのリーダーに

責任感が強く、誠実な人柄でまわりの人から尊敬を集めます。リーダーとなってその才能や指導力を思う存分発揮し、大いに活躍するでしょう。地位や財産を手に入れ、充実した人生を送ることができます。しかし、自分のプライドにこだわりすぎると、周囲の人に嫌われてしまいます。

音から選ぶ名づけ

音から選ぶ 女の子の名前リスト

あ

名前	画数
愛依	21
藍	18
愛生	18
彩衣	17
明依	16
彩生	16
亜依	15
杏衣	13
愛	13
亜衣	13
和	8
あい	5

彩衣花	愛華	愛夏	愛香	愛果	愛佳	愛花	愛禾	愛加	亜衣加	和香	和花	あいか	藍衣	愛唯
24	23	23	22	21	21	20	18	18	18	17	15	8	24	24

和奈	愛七	あいな	愛依紗	藍咲	愛彩	愛紗	あいさ	藍子	愛子	あいこ	藍華	藍香	藍果	藍花
16	15	10	31	27	24	23		21	16		28	27	26	25

藍乃	愛乃	あいの	藍音	愛音	あいね	愛依菜	藍奈	藍那	藍凪	愛菜	杏衣奈	愛奈	亜衣奈	愛那
20	15	6	27	22		32	26	25	24	24	21	21	21	20

愛來	愛良	愛来	あいら	あいら	藍海	亜依美	愛海	愛実	愛未	あいみ	あいみ	愛葉	藍羽	愛羽	あいは
21	20	20	8		27	24	22	21	18	8		25	24	19	

※漢字の右側の数字は画数です。名前下の数字は「仮成数」を加えていない地格になります。
※実例の名前ですので、あて字も含まれています。ご注意ください。
※ここでは「仮成数」を加えて吉数にする場合も考えて、画数としてそのままでは吉数ではない名前例も掲載しています。

音から選ぶ名づけ　女の子名　あ　あいら〜あおは

名前	画数
愛桜	23
藍良	25
愛羅	32
愛蘭	32
あいり	7
和里	15
和莉	18
愛里	20
明衣里	21
愛莉	23
亜衣梨	24
愛梨	24
愛理	24
彩衣里	24
碧莉	24

名前	画数
明衣莉	24
藍里	25
愛鈴	26
愛璃	28
愛衣莉	29
藍梨	29
愛依莉	31
藍璃	33
あいる	8
愛留	23
愛琉	24
愛瑠	27
藍琉	29
愛依琉	32
藍瑠	32

名前	画数
あお	7
青	8
亜央	12
青央	13
蒼	13
碧	14
彩央	16
亜央	17
葵央	17
愛央	18
蒼央	18
碧央	19
亜緒	21
愛桜	23
蒼桜	23

名前	画数
碧桜	24
あおい	9
葵	12
蒼	13
碧	14
青依	16
葵衣	18
蒼生	18
葵依	20
碧衣	20
蒼依	21
蒼泉	22
碧依	22
亜桜衣	23
葵惟	23

名前	画数
葵彩	23
葵唯	23
碧泉	23
愛央衣	24
蒼彩	24
蒼唯	24
藍衣	24
碧彩	25
碧唯	25
亜緒衣	27
彩緒衣	31
あおか	
葵花	19
葵佳	20
碧花	21
碧夏	24

名前	画数
碧華	24
あおな	
葵南	21
蒼奈	21
碧那	21
葵菜	23
碧菜	25
あおね	
葵音	21
碧音	23
あおの	
葵乃	14
蒼乃	15
碧乃	16
あおは	
あおは	11

音から選ぶ名づけ

女の子名

あ — あおは〜あきら

蒼波 21　碧羽 20　青葉 20　碧巴 18　葵羽 18　青波 16　**あおば 13**　｜　碧葉 26　蒼葉 25　葵葉 24　葵晴 24　碧芭 21　碧巴 18　葵羽 18　葵巴 16

朱李 13　**あかり 8**　灯 6　｜　明花音 24　茜音 18　明音 17　朱音 15　**あかね 10**　茜 9　｜　碧葉 26　蒼葉 25　葵葉 24　蒼波 22　碧芭 21

明璃 23　朱璃 21　杏花里 21　亜花里 21　明梨 19　明莉 18　朱理 17　朱梨 17　燈 16　灯莉 16　朱莉 16　茜里 16　明里 15　明李 15　灯里 13　朱里 13

亜季 15　亜希 14　晶 12　瑛 12　**あき 7**　｜　愛果莉 31　愛香里 29　明香莉 27　明佳梨 27　明花梨 26　明花莉 25　彩花里 25　明香里 24　亜花莉 24　明凛 23

晃菜 21　晶奈 20　明菜 19　晃奈 18　**あきな 16**　｜　愛稀 25　彩稀 23　彩喜 23　愛季 21　愛希 20　彩希 18　明季 16　彩生 16　亜紀 16　明希 15

暁 12　瑛 12　**あきら**　晶穂 27　明穂 23　明歩 16　晃帆 16　**あきほ**　陽葉 24　晶葉 24　陽花 19　**あきは**　翠乃 16　秋乃 11　**あきの**　陽菜 23

89

音から選ぶ名づけ

女の子名

あ

あきら〜あづき

あこ — 晶 12 ／ 翠 14 ／ あこ 5 ／ 亜子 10 ／ 杏子 10 ／ 杏心 11 ／ 葵子 15 ／ 彩心 15 ／ 亜香 16 ／ 愛心 17 ／ 愛來 21 ／ 彩瑚 24

あさ — あさ 6 ／ 朝 12

あさひ — 亜咲 16 ／ 安紗 16 ／ 杏咲 16 ／ 亜紗 17 ／ 明桜 18 ／ 朝咲 21 ／ 愛咲 22 ／ 葵彩 23 ／ 愛彩 24 ／ 旭 6 ／ あさひ 8 ／ 朝日 16 ／ 旭陽 18 ／ 明咲日 21 ／ 朝陽 24

彩咲陽 32

あさみ — 麻未 16 ／ 愛紗美 32

あず — あず 8 ／ 杏寿 14 ／ 愛珠 23

あすか — あすか 9 ／ 明日禾 17 ／ 明日花 19 ／ 飛鳥 20 ／ 明日香 21 ／ 明日華 22 ／ 彩日香 24

あずき — あずき 12 ／ 梓希 18

あずさ — あずさ 11 ／ 梓 11 ／ 杏紗 17 ／ 梓沙 18 ／ 杏彩 18 ／ 梓咲 20 ／ 梓桜 21 ／ 梓紗 21 ／ 明日咲 21 ／ 梓彩 22

あすな — 明日奈 20

明日南 21 ／ 明日菜 23

あすは — 明日羽 18 ／ 明日晴 24 ／ 明日葉 24

あずは — 杏羽 13 ／ 梓羽 17 ／ 梓花 18 ／ 梓葉 23

あすみ — 有純 16 ／ 杏純 17 ／ 明純 18 ／ 明日海 21

明日美 21 ／ 明澄美 32

あずみ — あずみ 11 ／ 杏実 15 ／ 梓未 16 ／ 有純 16 ／ 彩純 21

あづき — あづき 10 ／ 杏月 11 ／ 彩月 15 ／ 葵月 16 ／ 絢月 16 ／ 愛月 17 ／ 梓希 18

音 から選ぶ名づけ

女の子名

あ あの〜あやな

あの
- 愛乃 15

あのん
- あのん 6
- 杏音 16
- 彩音 20
- 愛音 22
- 愛乃音 24
- 彩暖 24

あまね
- 周 8
- 弥 8
- あまね 11
- 天音 13
- 明弥 16
- 弥音 17

あみ
- あみ 6
- 亜実 15
- 杏実 15
- 亜美 16
- 杏海 16
- 杏美 16
- 彩未 16
- 愛未 18
- 彩実 19
- 愛実 21
- 愛海 22

あみか
- 愛望 24
- 亜美佳 24
- 愛美香 31
- 綾美香 32

あみな
- 愛美海菜 33
- 愛美菜 33

あむ
- 彩結 23
- 愛結 25
- 愛夢 26

あめり
- あめり 7
- 天莉 14

あや
- 采 8
- 文 4
- 礼 5
- あや 6
- 彩 11
- 亜矢 12
- 絢 12
- 綾 14
- 綺 14
- 亜弥 15
- 亜耶 16
- 彩矢 16
- 愛弥 21

あやか
- あやか 9
- 文香 13
- 礼佳 13
- 礼果 13
- 礼華 15
- 彩加 16
- 彩禾 16
- 彩花 18
- 絢花 19
- 彩佳 19
- 彩香 20
- 絢香 21
- 彩華 21
- 彩夏 21
- 綾花 21
- 綾香 23
- 綾華 24
- 綾夏 24
- 綺夏 24

あやこ
- 文子 7
- 彩子 14
- 絢子 15
- 綾子 17
- 綺子 17

あやさ
- 彩咲 20
- 彩紗 21
- 綾咲 23

あやせ
- 彩世 16
- 絢世 17
- 彩聖 24

あやな
- あやな 11
- 文奈 12
- 彩七 13
- 礼奈 13

音から選ぶ名づけ／女の子名　あ　あやな～あゆな

あやな
礼菜 16／彩那 18／彩奈 19／絢奈 20／綾那 21／彩夏 21／綾奈 22／彩菜 22／絢菜 23／綾菜 25

あやね
あやね 10／文音 13／郁音 18／彩音 20／亜矢音 21／絢音 21／綾音 23／綺音 23／亜弥音 24／彩寧 25

あやの
文乃 6／あやの 7／礼乃 7／あや乃 8／郁乃 11／彩乃 13／絢乃 14／綾乃 16／彩也乃 16／綺乃 16

あやみ
あやみ 9／礼実 13／絢心 16／彩未 16／彩実 19／彩海 20／彩美 20／絢海 21／絢美 21／綾美 23

あやは
彩巴 15／文葉 16／彩羽 17／彩葉 23／絢葉 24

あやめ
あやめ 8／菖 11／礼芽 13／采芽 16／彩芽 19／絢芽 20／綾芽 22／綺芽 22／絢萌 23／彩愛 24／菖蒲 24

あやり
彩里 18／彩莉 21／絢莉 22／絢梨 23／綾莉 24

あゆ
あゆ 6／歩 8／彩友 15／彩由 16／愛由 18／彩結 23／亜優 24／愛悠 24／杏優 24／愛結 25／明優 25／愛優 30

あゆな
あゆな 11／歩那 15／歩奈 16／彩由奈 24／愛結菜 36

あゆか
歩叶 13／歩花 15／歩佳 16／歩果 16／歩華 18／愛由花 25／愛結花 32／彩結香 32／愛優花 37

音から選ぶ名づけ

女の子名

あ あゆは〜いお

読み	漢字	ページ
あゆは	あゆは	
	歩羽[13]	14
	歩華[8]	18
	愛結羽[13]	31
あゆみ	歩[8]	8
	あゆみ	9
	愛弓[13]	16
	歩実[8]	16
	歩海[8]	17
	歩美[9]	17
	彩結美[11]	32
	愛結実[13]	33
	愛優美[13]	39
あゆむ	あゆむ	
	歩[8]	8

読み	漢字	ページ
あゆり	歩結[8]	20
	歩夢[8]	21
	あゆり	
	歩莉[8]	18
	愛友莉[13]	27
	愛結里[13]	32
ありさ	ありさ	8
	有沙[6]	13
	有咲[6]	16
	有桜[6]	16
	有紗[6]	17
	有彩[6]	21
	杏里紗[7]	24
	有梨沙[6]	24

読み	漢字	ページ
あん	有里彩[6]	24
	愛里紗[13]	30
	愛梨沙[13]	31
	愛理沙[13]	31
	彩梨彩[11]	31
	愛莉咲[13]	31
	彩梨咲[11]	32
	愛梨紗[13]	32
	愛莉紗[13]	33
	愛理彩[13]	35
ありす	ありす	6
	アリス	6
	愛莉珠[13]	8
あん	あん	
	アン[2]	4

読み	漢字	ページ
	あん	
	杏[7]	5
	杏音[7]	7
	晏[10]	9
	杏音[7]	16
あんじゅ	あんじゅ	
	安寿[6]	13
	杏朱[7]	13
	杏寿[7]	14
	安珠[6]	16
	晏朱[10]	16
	杏珠[7]	17
	明珠[8]	18
	杏樹[7]	23
あんず	あんず	7
	あんず	10

読み	漢字	ページ
あんな	あんな	
	杏子[7]	10
	安那[6]	10
	杏凪[7]	13
	杏那[7]	13
	杏奈[7]	14
	杏南[7]	15
	杏夏[7]	17
	杏菜[7]	18
あんり	あんり	7
	安里[6]	13
	杏吏[7]	13
	杏里[7]	14
	安莉[6]	16

読み	漢字	ページ
い		
いお	いお	4
	一桜[1]	6
	依央[8]	11
	惟央[11]	13
		16
	杏浬[7]	17
	杏莉[7]	17
	杏梨[7]	18
	杏梨[7]	18
	晏理[10]	21
	晏梨[10]	21
	杏璃[7]	22
	杏凛[7]	22

93

音から選ぶ名づけ／女の子名　い　いお〜いと

いお・いおな・いおり

名前	画数
衣桜	16
唯央	16
彩桜	21
いおな	
依央奈	21
衣緒菜	31
いおり	8
衣栞	16
一桜里	18
一織	19
衣央莉	21
伊織	24
依央梨	24
衣織	24
依織	26

いくみ・いずみ

名前	画数
泉織	27
彩織	29
唯織	29
いくみ	6
育実	16
郁実	17
郁美	18
泉	9
いずみ	10
泉水	13
和泉	17
泉海	18
泉美	18
泉澄	24

いちか

名前	画数
いちか	6
一禾	8
一花	8
一果	9
一香	10
一夏	11
一華	11
一千花	11
一栞	11
いち花	12
一千香	13
苺禾	13
一楓	14
いち華	15
市華	15

名前	画数
苺花	15
衣千花	16
一知花	16
唯禾	16
苺佳	16
苺果	16
苺香	17
衣千香	18
依千香	18
唯花	18
苺華	18
依千華	21
衣知佳	21
唯華	21
唯千花	21
依知佳	24

いちの・いちは・いつき

名前	画数
維千花	24
唯千夏	24
唯千華	24
いちの	
一乃	3
市乃	7
伊千乃	11
依千乃	13
莞千乃	15
いちは	
いちは	9
一華	11
一葉	13
市葉	17
いつき	
いつき	7

いつき・いと

名前	画数
一希	8
乙希	8
伊月	10
依月	12
一葵	13
乙葵	13
泉月	13
惟月	15
唯月	15
樹月	16
維月	18
樹希	23
樹季	24
樹葵	28
いと	
いと	4

音から選ぶ名づけ 女の子名 い いと〜うみ

漢字	よみ	画数
一叶		6
糸5		6
絃11		11
綸14		14
衣6音9		15
依6采8		16
伊6音9		17
依8音9		17
衣6都11		17
維14音9		19
維14都11		23
糸6都11		25
いとか		
糸6花7		13
絃11禾5		16
糸6華10		16

絃11花7		18
絃11夏10		21
いとの		
糸6乃2		8
絃11乃2		13
綸14乃2		16
いとは		8
絃11巴4		15
絃11羽6		17
愛13花7		19
絃11葉12		23
いのり		5
祈8		8

祈8里7		15
祈8莉10		18
いぶき		12
伊6吹7		13
依8吹7		15
彩11蕗16		24
いまり		8
未5莉10		15
伊6万3莉10		16
伊6茉8莉10		24
いよ		5
衣6代5		11

依8世5		13
いろは		8
彩11巴4		15
いろは		16
彩11羽6		17
彩11花7		18
彩11芭7		18
色6葉12		18
彩11晴12		23
彩11葉12		23

| 羽6衣6 | | 12 |

初7衣6		13
羽6依8		14
羽6惟11		17
羽6唯11		17
羽6維14		20
ういか		14
初7花7		14
初7果8		15
初7香9		16
初7華10		17
うた		6
唄10		10
詠12		12
詩13		13
歌14		14

うたこ		
詠12子3		15
詩13子3		16
うたの		
詩13乃2		15
歌14乃2		16
うたは		16
唄10羽6		16
詠12巴4		16
詠12羽6		18
詩13葉12		25
うみ		5
海9		9
羽6未5		11

海心[9]	羽海[9]	羽美[9]	海望[9]	海美[9]	優海[17]	うみか	海禾[9]	海花[9]	海佳[9]	海香[9]	海夏[9]	うらら[3]	麗[19]	羽麗[6]
13	15	15	17	18	26	14	16	17	18	19	8	19	25

麗来[19]	うるは	美羽[9]	麗羽[19]	麗葉[19]	え	えいか	英佳[8]	英香[9]	瑛香[12]	えいみ	瑛未[12]	瑛美[12]
26	15	25	31		16	17	21	8	17	21

詠美[12]	えな	えな[8]	衣那[6]	永那[5]	依那[8]	英那[8]	依奈[8]	英奈[8]	咲凪[9]	映奈[9]	恵那[10]	笑那[10]	恵奈[10]
21	8	12	13	13	15	15	16	16	16	17	17	17	18

笑奈[10]	瑛奈[12]	瑛南[12]	恵菜[10]	笑菜[10]	瑛菜[12]	えま[2]	エマ	えま[3]	永茉[5]	恵茉[10]	衣茉[6]	永真[5]	瑛方[12]	依茉[8]	衣真[6]
18	20	21	21	21	23		5	7	13	13	14	15	15	16	16

永麻[5]	英茉[8]	衣麻[6]	映茉[9]	咲茉[9]	依茉[8]	恵茉[10]	笑茉[10]	咲茉[9]	瑛真[12]	詠茉[12]	絵茉[12]	恵真[10]	笑真[10]	愛茉[13]
16	16	17	17	17	18	18	18	19	20	20	20	20	21

衣舞[6]	恵麻[10]	笑麻[10]	瑛麻[12]	絵麻[12]	咲舞[9]	恵舞[10]	笑舞[10]	瑛舞[12]	絵舞[12]	えみ	えみ[3]	咲[9]	永実[5]	咲心[9]	恵未[10]
21	21	21	23	23	24	25	25	27	27	6	9	13	13	15

音 から選ぶ名づけ

女の子名

え えみ〜えれん

えみ 〜 **えみか**

笑未 15 ／ 依美 17 ／ 瑛未 17 ／ 咲実 17 ／ 恵実 18 ／ 咲美 18 ／ 笑実 18 ／ 恵美 19 ／ 瑛実 20 ／ 瑛美 21 ／ 絵美 21 ／ **えみか** ／ 笑叶 15 ／ 咲花 16 ／ 咲果 17 ／ 笑花 17

咲香 18 ／ 咲華 19 ／ 英美佳 25 ／ **えみな** ／ えみな 11 ／ 咲那 16 ／ 咲奈 17 ／ 笑奈 18 ／ 咲菜 20 ／ 笑菜 21 ／ 恵美奈 27 ／ **えみり** ／ えみり 8 ／ 咲里 16 ／ 笑里 17 ／ 咲莉 19

笑梨 21 ／ 英美里 24 ／ 恵美里 29 ／ 笑美莉 29 ／ 絵美莉 31 ／ 愛咲莉 32 ／ **えみる** ／ 咲瑠 23 ／ 笑瑠 24 ／ 恵美留 29 ／ **えり** ／ 衣里 13 ／ 英里 15 ／ 恵里 17 ／ 依莉 18 ／ 恵莉 20

恵梨 21 ／ 恵理 21 ／ 笑梨 21 ／ 瑛莉 22 ／ 絵莉 22 ／ 瑛梨 23 ／ 絵理 23 ／ 愛理 24 ／ 恵璃 25 ／ **えりか** ／ エリカ 7 ／ 英里香 24 ／ 恵里花 24 ／ 絵里香 28 ／ 恵理佳 29 ／ 恵莉香 29

恵梨香 30 ／ 絵梨香 32 ／ **えりな** ／ えりな 10 ／ 英里奈 23 ／ 恵里那 24 ／ 衣里菜 24 ／ 瑛里奈 27 ／ 絵里奈 27 ／ 恵莉那 27 ／ 恵梨奈 29 ／ 恵理奈 29 ／ 愛莉奈 31 ／ 瑛梨奈 31 ／ 絵梨奈 31 ／ 絵理奈 31

えりん ／ 笑鈴 23 ／ **えれな** ／ エレナ 6 ／ えれな 11 ／ 恵礼奈 23 ／ 英怜奈 24 ／ 英怜那 24 ／ 英玲奈 25 ／ 恵怜奈 26 ／ 恵玲奈 27 ／ 愛玲菜 33 ／ 恵麗奈 37 ／ **えれん** ／ えれん 8 ／ 映蓮 22

桜華10華10	桜香10香9	凰花11花7	桜花10花7	凰禾11禾5	桜禾10禾5	旺花8花7	央華5華10	央佳5佳8	おうか		絵蓮12蓮13	瑛蓮12蓮13	恵蓮10蓮13
20	19	18	17	16	15	15	15	13			25	25	23

乙華1華10	おとか	音澄9澄15	緒音14音9	桜都10都11	桜音10音9	桜采10采8	凰叶11叶5	央都5都11	桜叶10叶5	音9	おと4	桜歌10歌14	桜嘉10嘉14	凰華11華10
11		24	23	21	19	18	16	16	15	9	6	24	24	21

音羽9羽6	音巴9巴4	乙葉1葉12	乙羽1羽6	おとは	音寧9寧14	乙音1音9	おとね	音華9華10	音奏9奏9	音香9香9	音果9果8	音佳9佳8	音花9花7	乙歌1歌14
15	13	13	7		23	15	10	19	18	18	17	17	16	15

禾依5依8	かえ	海璃9璃15	海莉9莉10	快莉7莉10	海里9里7	海李9李7	浬10	かいり		音葉9葉12	音晴9晴12	音波9波8	音色9色6
13		24	19	17	16	16	10			21	21	17	16

可桜5桜10	果央8央5	佳央8央5	花央7央5	かお	楓13	かえで3	かえ	果恵8恵10	花笑7笑10	華衣10衣6	花咲7咲9	夏衣10衣6	叶笑5笑10	花依7依8	花衣7衣6
15	13	13	12		13	10		18	17	16	16	16	15	15	13

花織7織18	佳桜8桜10里7	圭織6織18	香央9央5里7	香里9里7	かおり3り2	かおる10	華緒10緒14	夏緒10緒14	香緒9緒14	果桜8桜10	佳桜8桜10	花桜7桜10	華生10生5	華央10央5	夏央10央5
25	25	24	21	16	9		24	24	23	22	18	17	15	15	15

音 から選ぶ名づけ ／ 女の子名 ／ か ／ かおり〜かなえ

かおる
- 佳[8]織[18] 26
- 香[9]織[18] 27
- 薫[16] 16
- 馨[20] 20

かおるこ
- 薫[16]子[3] 19
- 馨[20]子[3] 23

かおん
- 花[7]音[9] 16
- 夏[10]音[9] 19
- 華[10]音[9] 19
- 歌[14]音[9] 23
- 花[7]穏[16] 23

かこ
- 佳[8]子[3] 11
- 果[8]子[3] 11
- 華[10]子[3] 13
- 栞[10]子[3] 13
- 佳[8]香[9] 17
- 嘉[14]子[3] 17
- 歌[14]子[3] 17
- 夏[10]瑚[13] 23

かずさ
- 一[1]紗[10] 11
- 和[8]沙[7] 15
- 和[8]紗[10] 18

かずな
- 一[1]那[7] 8
- 和[8]那[7] 15
- 和[8]奈[8] 16

かずは
- 一[1]羽[6] 7
- 一[1]華[10] 11
- 一[1]葉[12] 13
- 和[8]羽[6] 14
- 和[8]波[8] 16
- 和[8]葉[12] 20

かすみ
- かすみ[3] 9
- 可[5]純[10] 15
- 禾[5]純[10] 15
- 叶[5]純[10] 15
- 花[7]純[10] 17
- 佳[8]純[10] 18
- 果[8]純[10] 18
- 華[10]純[10] 20
- 花[7]澄[15] 22
- 佳[8]澄[15] 23
- 歌[14]純[10] 24
- 香[9]澄[15] 24
- 華[10]澄[15] 25

かづき
- 香[9]月[4] 13
- 華[10]月[4] 14
- 嘉[14]月[4] 18

かな
- かな[5] 8
- 奏[9] 9
- 加[5]那[7] 12
- 加[5]奈[8] 13
- 可[5]奈[8] 13
- 禾[5]奈[8] 13
- 叶[5]奈[8] 13
- 果[8]那[7] 15
- 花[7]奈[8] 15
- 佳[8]奈[8] 16
- 加[5]菜[11] 16
- 夏[10]凪[6] 16
- 果[8]奈[8] 16
- 香[9]那[7] 16
- 佳[8]南[9] 17
- 夏[10]那[7] 17
- 珂[9]奈[8] 17
- 華[10]那[7] 17
- 香[9]奈[8] 17
- 佳[8]夏[10] 18
- 夏[10]奈[8] 18
- 果[8]夏[10] 18
- 花[7]菜[11] 18
- 華[10]奈[8] 18
- 栞[10]奈[8] 18
- 佳[8]菜[11] 19
- 香[9]菜[11] 20
- 夏[10]菜[11] 21
- 楓[13]菜[11] 24
- 嘉[14]菜[11] 25

かなう
- 叶[5] 5

かなえ
- 奏[9]羽[6] 15
- 叶[5]恵[10] 15
- 奏[9]衣[6] 15
- 佳[8]苗[8] 16

音から選ぶ名づけ　女の子名　か　かなえ～かほ

かなえ　香苗 17・夏苗 18・奏恵 19・奏笑 19・奏瑛 21・奏絵 21・花菜恵 28・佳菜恵 29

かなこ　奏子 12・加奈子 16・可奈子 16・佳那子 18・佳奈子 19・華奈子 21・佳菜子 22・香菜子 23・夏菜子 24

かなで　奏 9・かなで 12・花奏 16・果奏 17

かなは　奏羽 15・奏花 16・叶葉 17・奏葉 21

かなほ　奏帆 15・奏歩 17・奏穂 24

かなみ　かなみ 11・叶実 13・奏心 13・花波 15・叶望 16・奏実 17・華波 18・奏海 18・奏美 18・佳奈実 24

かなめ　要 9・叶芽 13・奏芽 17・奏愛 22

かの　禾乃 7・叶乃 7・花乃 9・佳乃 10・果乃 10・香乃 11・奏乃 11・夏乃 12・華乃 12・栞乃 12・椛乃 13・楓乃 15・嘉乃 16・歌乃 16・樺乃 16

かのあ　叶彩 16・叶愛 18

かのこ　かのこ 6・佳乃子 13・果乃子 13・華乃子 15・栞乃子 15

かのは　叶羽 11・叶葉 17

かのん　かのん 6・叶音 14・花音 16

かほ　かほ 8・佳音 17・果音 17・香音 18・奏音 18・夏音 19・華音 19・花暖 20・佳暖 21・果暖 21・花穏 23

音から選ぶ名づけ ― 女の子名

か かほ～きい

花歩[7]	香帆[8]	奏帆[9]	佳歩[10]	夏歩[10]	果歩[11]	華帆[10]	夏歩[10]	華歩[10]	栞歩[10]	花穂[7]	佳穂[8]	果穂[8]	香穂[9]	夏穂[10]	華穂[10]
15	15	15	16	16	16	16	18	18	18	22	23	23	24	25	25

かや	茅[8]	花弥[7]	伽耶[7]	花耶[7]	果耶[8]	香弥[9]	果椰[8]	かやの	茅乃[8]	華也乃[10]2	佳弥乃[8]2	かよ	佳世[8]	佳代[8]
	8	15	16	16	16	17	21		10	15	18		13	13

かりな	佳里奈[8]	香里奈[9]	香莉奈[9]11	夏梨菜[10]11	かりん	花梨[7]2	花鈴	果鈴	花凛	香凛	佳凛	夏鈴[10]	果凛[8]15
	23	24	27	27	32	7	18	20	21	22	22	23	23	23

華鈴[10]13	香凛[9]	夏凛[10]	華凛[10]	かれん	カレン[2]3	花怜	花恋	佳恋	禾蓮	華怜	叶蓮[5]	香恋	花蓮	華恋
23	24	25	25	5	8	15	17	18	18	18	18	19	20	20

佳蓮[8]	可憐	楓怜[13]	香蓮[9]	夏蓮[10]	華蓮[10]	かんな	カンナ[2]	柑那[9]	栞凪	柑奈	栞那	柑南	栞奈[10]	栞和[10]8
21	21	21	22	23	23	6	10	16	16	17	17	18	18	18

き

柑菜[9]11	栞菜[10]	栞愛[10]13	環那[17]7	環奈[17]8	環菜[17]11	きい	きい	希生	希衣	季生	希依	季依[8]
20	21	23	24	25	28	6	12	13	13	15	16

101

音から選ぶ名づけ / 女の子名 / き（きい〜きょうか）

き

名前	画数
希姫	17
希紀	16
季希	15
葵々	15
妃希	13
希生	12

名前	画数
葵唯	23
稀衣	18
希唯	18
喜衣	18
葵衣	18
絆衣	17
葵生	17
絆生	16
桔衣	16

きこ

名前	画数
希子	10
季子	11
希心	11
紀子	12
葵子	15
喜子	15
希來	15
貴子	15
希香	16
樹子	19

きさ

名前	画数
希沙	14
希咲	16
希紗	17
喜咲	21

きさき

名前	画数
妃咲	15
希咲	16
季咲	17
貴咲	21
綺咲	23

きずな

名前	画数
絆	11
絆菜	22
絆愛	24

きっか

名前	画数
桔花	17

きづき

名前	画数
希月	11
葵月	16
綺月	18

きな

名前	画数
妃奈	14
希奈	15
來那	15
葵南	21
樹奈	24

きの

名前	画数
基乃	13
葵乃	14
綺乃	16
樹乃	18

きはる

名前	画数
希春	16
喜春	21
葵晴	24
葵陽	24

きほ

名前	画数
希帆	13
來帆	14
希歩	15
紀帆	15
希保	16
季歩	16
葵帆	18
喜帆	18
稀歩	20
輝帆	21
希穂	22
綺歩	22
季穂	23
紀穂	24
貴穂	27

きょう

名前	画数
杏	7
京	8

きょうか

名前	画数
杏花	14
杏佳	15
杏果	15
叶華	15
京花	15
杏香	16
京佳	16
杏華	17
京香	17
恭花	17
京夏	18
京華	18

102

音から選ぶ名づけ 女の子名

き きょうか〜ここな

| 恭佳[10] 18 | 杏歌[7] 21 | 京楓[8] 21 | きょうこ 10 | 杏子[7] 10 | 京子[8] 11 | 恭子[10] 13 | 馨子[20] 23 | きよか 18 | 清花[11] 18 | 清華[12] 21 | 聖華[13] 23 | きわ 13 | 希羽[13] 13 | 希和[8] 15 | 季和[8] 16 |

| くみ 11 | 久実[9] 12 | 久美[9] 13 | 來未[9] 13 | くらん 27 | 來蘭[9] 28 | くるみ 7 | くるみ[1] 12 | 來未[9] 12 | 來未[8] 13 | 來実[8] 15 | 来美[7] 16 |

| 圭[6] 6 | けい[6] | 來実[8] 16 | 來美[7] 17 | 来望[8] 18 | 胡桃[9] 19 | くれあ 21 | 紅愛[9] 22 | くれは 15 | 紅羽[9] 16 | 紅芭[9] 21 | 紅葉[9] |

| 恵[10] 10 | 啓[11] 11 | 景[12] 12 | 慧[15] 15 | 恵衣[10] 16 | けいか 16 | 恵花[10] 17 | 桂花[10] 17 | 恵歌[10] 24 | けいこ 13 | 敬子[12] 15 | 景子[12] 15 | 慶子[15] 18 | けいと 18 | 恵叶[10] 15 |

| 光[6] 6 | 幸[8] 8 | 紅[9] 9 | 香[9] 9 | こう | 桂奈[10] 18 | 佳奈[8] 16 | 佳那[8] 15 | 圭那[6] 13 | けいな | 景都[12] 23 | 恵都[10] 21 | 佳音[8] 17 |

| 虹[9] 9 | 倖[10] 10 | ここ | 瑚々[13] 16 | 瑚子[13] 16 | 心瑚[4] 17 | ここあ 17 | 心彩[4] 15 | 心愛[4] 17 | ここな 11 | 心那[4] 11 | 心奈[4] 12 | 心菜[4] 15 | 心々奈[4] 15 | 心絆[4] 15 |

女の子名 ここな〜このか

ここな：心愛 13 / 瑚々奈 24 / 瑚々菜 27

ここね：ここね 8 / 心音 13 / 心寧 18

ここは：心華 14 / 心晴 16 / 心葉 16

ここみ：ここみ 7 / 心実 12 / 心海 13 / 心美 13

こころ：心 4 / こころ 6 / 心望 15 / 心々実 15

こずえ：こずえ 10 / 梢 11 / 梢恵 21

こと：こと 4 / 琴 12 / 心都 15 / 琴都 23 / 湖都 23 / 瑚都 24

ことか：采花 15 / 琴花 19 / 琴香 21 / 琴楓 25

ことこ：琴子 15

ことな：采那 15 / 寿奈 15 / 采奈 16 / 琴凪 18 / 琴那 19 / 琴奈 20 / 琴南 21 / 琴菜 23

ことね：ことね 8 / 寿音 16 / 采音 17 / 琴音 21 / 心都音 24 / 琴寧 26

ことの：ことの 5 / こと乃 6 / 琴乃 14 / 小都乃 16

ことは：ことは 8 / 琴巴 16 / 琴羽 18 / 琴春 21 / 琴葉 24

ことみ：ことみ 7 / こと美 13 / 采未 13 / 琴心 16 / 采実 16 / 寿美 16 / 琴未 17 / 采美 17 / 琴実 20 / 琴海 21 / 琴美 21 / 琴望 23 / 心都実 23

ことり：采莉 18 / 琴莉 22 / 琴梨 23

こなつ：こなつ 8 / 小夏 13 / 心夏 14 / 湖夏 22 / 瑚夏 23

このか：このか 6 / 好花 13 / 好香 15 / 心乃香 15 / 心乃華 16

音から選ぶ名づけ　女の子名

こ このか〜さえこ

瑚乃香 13/2/9	このは 2/9	このは 2/6/7	好晴 6/13	心晴 4/12	心乃華 4/2/10	心葉 4/12	好葉 6/12	このみ	このみ 4/2/8	心乃美 4/2/9	心望 4/11	こはく	こはく	琥珀 12/9
24		7	13	16	16	16	18	18	6	15	15		7	21

こはな	心花 4/7	來花 8/7	虹花 9/7	瑚花 13/7	瑚華 13/10	こはね	心羽 4/6	虹羽 9/6	倖羽 10/6	小羽音 3/6/9	瑚羽 13/6	こはる	小春 3/9	心春 4/9
11	15	16	20	23		10	15	16	18	19		9	12	13

小晴 3/12	小遥 3/12	杏春 7/9	心晴 4/12	心遥 4/12	心陽 4/12	来春 7/9	來暖 8/13	香春 9/9	香陽 9/12	こゆき	心幸 4/8	小雪 3/11	心雪 4/11
15	15	15	16	16	16	16	17	18	21		12	14	15

来幸 7/8	來幸 8/8	恋雪 10/11	こよみ	こよみ 2/8	暦 14	暦美 14/9		さあや	紗礼 10/5	沙彩 7/11	沙絢 7/12	咲彩 9/11
15	16	21		8	14	23			15	18	19	20

沙綾 7/14	桜彩 10/11	紗彩 10/11	咲絢 9/12	紗綾 10/14	さいか	彩加 11/5	彩花 11/7	彩華 11/10	さえ	冴 7	沙英 7/8	咲衣 9/6	紗永 10/5
21	21	21	21	24		16	18	21		7	15	15	15

紗衣 10/6	沙恵 7/10	咲英 9/8	紗依 10/8	紗英 10/8	紗栄 10/9	紗恵 10/10	彩恵 11/10	彩笑 11/10	彩瑛 11/12	彩絵 11/12	さえこ	咲栄子 9/9/3	紗英子 10/8/3	紗恵子 10/10/3	彩恵子 11/10/3
16	17	17	18	18	19	20	21	21	23	23		21	21	23	24

音から選ぶ名づけ　女の子名　さ　さお〜さち

さお
紗央 15／彩桜 21／咲緒 23

さおり
沙央梨 23／彩央里 23／早織 24／沙織 25／紗央莉 25／咲織 27／紗織 28／彩織 29

さき
さき 7／咲 9

沙妃 13／早希 13／沙希 14／沙季 15／咲妃 15／紗生 15／早紀 16／沙紀 16／咲希 16／紗妃 16／咲季 17／咲來 17／桜希 17／紗希 17／彩希 18

咲紀 18／桜季 18／紗季 18／早稀 19／彩季 21／咲葵 21／咲稀 21／咲貴 22／紗樹 23／沙樹 23／彩葵 23／咲輝 24／咲樹 25

さきか
咲花 16／咲佳 17

さきな
咲那 16／咲奈 17／咲南 18／咲希奈 24

さきほ
咲帆 15／咲穂 24

さく
朔 10／紗久 13／咲来 16／咲空 17

さくら
さくら 7／桜 10／咲来 16／咲良 16／沙久良 17／朔良 17／桜良 17／桜來 18／櫻 21／咲楽 22／桜楽 23／紗来良 24

さくらこ
桜子 13／桜瑚 23／櫻子 24

さこ
咲心 13／紗子 13

さ
咲香 18／咲幸 17／紗々 13

さち
幸 8／紗千 13／沙知 15／紗知 18／沙智 19／咲智 21／紗智 22／彩智 23

咲沙 16／紗彩 21

音から選ぶ名づけ / 女の子名 / さ / さちか〜さやか

さちか
- 倖禾 15
- 幸花 15
- 倖花 17
- 幸香 17
- 幸夏 18

さつき
- さつき 8
- 沙月 11
- 皐 11
- 咲月 13
- 彩月 15
- 皐月 15
- 颯希 21

さと
- さと 5
- 沙都 18
- 紗都 21

さとか
- 怜花 15
- 里香 16
- 聡花 21

さとみ
- さとみ 8
- 怜未 13
- 里実 15
- 里海 16
- 里美 16
- 怜実 16
- 怜美 17
- 智美 21
- 聡美 23

さな
- さな 8
- 早那 13
- 沙那 14
- 沙奈 15
- 沙南 16
- 咲那 16
- 紗那 17
- 咲奈 17
- 咲南 18
- 彩那 18
- 沙菜 18
- 紗奈 18
- 桜奈 18
- 紗南 19
- 彩奈 19
- 咲菜 20
- 紗菜 21

さなえ
- 沙苗 15
- 咲苗 17
- 紗苗 18

さなこ
- 咲菜子 23
- 紗菜子 24

さほ
- 沙帆 13
- 咲帆 15
- 桜帆 16
- 紗帆 16
- 彩帆 17
- 咲歩 17
- 早穂 21
- 咲穂 24
- 紗穂 25
- 彩穂 26

さや
- さや 6
- 紗也 13
- 沙弥 15
- 紗矢 15
- 沙耶 16
- 彩矢 16
- 咲耶 18
- 紗弥 18
- 紗耶 19
- 紗彩 21
- 彩梛 24

さやか
- さやか 9
- 沙也花 17
- 彩花 18
- 沙也香 19
- 沙矢香 21
- 彩夏 21
- 咲也香 21
- 清華 21
- 紗也香 22
- 彩也香 23
- 紗也夏 23
- 紗弥加 23
- 沙弥香 24
- 紗矢香 24
- 早耶香 24

さゆ	紗夕[13]	紗由[15]	咲結[22]	紗結[23]	彩優[24]

沙耶香[25]	紗弥華[25]	紗弥花[27]	さやこ	沙也子[13]	咲也子[15]	紗也子[16]	紗弥子[21]

さゆき	咲幸[17]	沙雪[18]	紗幸[18]	咲雪[20]	紗雪[21]	さゆみ	紗弓[23]

紗由季[10]	紗由美[24]	さゆり	さゆり[2]	小百合[15]	早百合[18]	紗友里[21]	紗友莉[24]

さよ	沙代[12]	紗世[15]	紗世[15]	彩世[16]	彩代[16]	さら	さら[6]

咲優里[33]	沙良[14]	沙來[15]	咲来[16]	咲良[16]	咲來[17]	桜良[17]

さり	咲里[16]	沙莉[17]	紗里[17]	彩莉[21]

紗来[17]	紗良[18]	彩良[18]	桜來[18]	紗來[21]	颯良[24]	沙羅[26]	咲羅[28]	紗羅[29]	彩羅[30]

さわ	沙羽[13]	佐和[15]	沙和[15]	咲羽[15]	咲芭[16]	紗羽[16]	彩羽[17]	咲和[17]	桜和[18]	紗和[18]

さりな	桜里奈[25]	紗里奈[25]

紗梨[21]

しい	椎[12]	栞衣[16]	詩唯[24]	しいな	椎奈[20]	詩奈[21]	椎菜[23]

さわこ	沙羽子[16]	沙和子[18]	桜和子[21]	紗和子[21]

音から選ぶ名づけ 女の子名 さ さやか〜しいな

108

音から選ぶ名づけ

女の子名

し しいな〜しゅうか

栞10	しおり	汐6音9	しおね	汐6那7	しおな	詩13桜10	志7緒14	詩13央5	紫12央5	志7桜10	史5桜10	汐6	しお	詩13菜11
10	7	15		13		23	21	18	17	17	15	6		24

栞10織18	栞10璃15	志7織18	汐6織18	志7桜10里7	詩13栞10	史5織18	栞10梨11	汐6璃15	栞10莉10	栞10里7	汐6梨11	志7栞10	汐6莉10	史5栞10	汐6里7
28	25	25	24	24	23	23	21	21	20	17	17	17	16	15	13

志7季8	四5季8	しき	詩13穏16	紫12温12	志7穏16	詩13音9	紫12音9	心4温12	志7音9	史5音9	しおん	しおん おん	詩13桜10莉10	詩13織18	紫12織18
15	13		29	24	23	22	21	16	16	14	7		33	31	30

史5乃2	しの	しの	詩13月4	紫12月4	雫11月4	志7月4	しづき	雫11来7	雫11玖7	澪16	雫11月4	雫11	しずく	詩13季8
7	2		17	16	15	11		18	18	16	15	11	7	21

詩13歩8	詩13帆6	紫12帆6	栞10帆6	志7保9	志7歩8	志7帆6	史5歩8	史5帆6	しほ	しほ	詩13野11	志7野11	詩13乃2	紫12乃2	志7乃2
21	19	18	16	16	15	13	13	11		6	24	18	15	14	9

柊9花7	朱6華10	秀7佳8	しゅうか	志7優17	心4結12	しゅう	詩13真10	詩13茉8	志7麻11	詩13万3	志7茉8	しま	詩13穂15	紫12穂15	志7穂15
16	16	15		24	16		23	21	18	16	15		28	27	22

柊香9	朱那6	珠奈10	しゅな	朱李7	朱里7	朱莉10	朱梨11	朱理11	朱璃15	じゅな	寿奈7	珠那10	珠奈10
18	13	18		13	13	16	17	17	21		15	17	18

珠菜10	樹菜10	じゅり	珠里10	寿里7	珠莉10	珠梨10	樹里10	樹莉10	じゅん	純10	絢12	潤15	じゅんな	純那10	純奈10
21	24		17	17	20	21	23	26		10	12	15		17	18

純菜10	潤奈15	すい	粋10	彗11	翠14	すず	すず5	紗10	寿々7	涼々11	珠々10	鈴13
21	23		10	11	14		8	10	10	11	13	13

珠寿10	すずか3	紗加10	紗花10	紗々花10	涼花11	涼佳11	寿々夏7	涼香11	涼華11	鈴香13	鈴華13	涼楓11	すずな5	すずな3
17	11	15	17	17	18	19	20	20	21	22	23	24	13

紗奈10	寿々菜7	鈴奈13	鈴菜13	すずね5	すずね3	涼音11	涼音11	鈴音13	紗寧10	すずの3	涼乃11	鈴乃13	すずは4	すずは3	涼羽11
18	21	21	24	12	19	20	22	24	13	15	12	17

涼葉11	鈴葉13	すずほ3	涼帆11	鈴穂13	すみか7	純禾10	純花10	純佳10	澄香15	すみれ	菫11	純令10	菫礼11	純怜10	純蓮10
23	25	17	28	15	17	18	24	11	15	16	18	23

音から選ぶ名づけ 女の子名 し しゅうか〜すみれ

110

惺奈12	聖那13	星菜11	星奈8	星那9	星七9	せいな	聖華13 10	星歌9 13	聖加13	星香9	星花9	せいか
20	20	20	17	16	11		23	23	18	18	16	

星七9 2	せな	聖蘭19	聖羅19	星羅9 19	晴楽13	聖來13 8	星來9 8	星良9 7	星来9 7	せいら	聖菜13	惺菜12	晴菜12	誠奈13 8	聖奈13
11		32	32	28	25	21	17	16	16		24	23	23	21	21

瀬莉19	聖莉13	世梨5	世莉5	芹7	せり	せ	瀬菜19 11	瀬奈19 8	聖菜13 11	聖奈13	星南9	星奈9	星那9	世菜5 11	世奈5
29	23	16	15	7	5		30	27	24	21	18	17	16	16	13

千莉13	千里10	せんり	世梨奈5	世莉奈5	芹菜7 11	芹南7	芹奈7 8	芹那7	せりな3 2	せりな	芹華7 10	芹香7 9	芹果7 8	芹佳7	せりか
13	10		24	23	18	16	15	14	10		17	16	15	15	

園佳13	そのか	蒼乃13	想乃13	爽乃11	奏乃9	その	蒼菜13 11	想菜13	蒼奈13	想奈13	奏那9	そな
21		15	15	13	11		24	24	21	21	16	

奏來9	奏良9	奏来9	空良8	空8	そら	そら	想代花13	颯花14	そよか	そよか	想世13	爽世11	そよ3	そよ	想乃香13 9
17	16	16	15	8	6		25	21	9		18	16	6		24

爽良[11]7	蒼来[13]7	想空[13]8	想來[13]7	蒼空[13]8	蒼來[13]8	奏楽[13]9	颯空[14]8			たえ[3]7	妙映[7]9	多恵[6]10	多笑[6]10
18	20	21	21	21	21	22	22			7	15	16	16

たお[3]	大桜[3]10	太凰[4]11	多桜[6]10	たまき[10]	珠生[10]5	珠妃[10]6	環[17]	珠希[10]7	珠季[10]8	環希[17]7		ちあ[3]	千愛[3]13
13	13	15	16		15	16	17	17	18	24			16

知愛[8]13	ちあき[3]	千明[3]8	千晃[3]10	千瑛[3]12	千晶[3]12	千陽[3]12	千亜希[3]7	ちえ[3]	千笑[3]10	千絵[3]12	知恵[8]10	智恵[12]10	智瑛[12]12	智絵[12]12
21		11	13	15	15	15	17	6	13	15	18	22	24	24

ちえみ[3]	千笑[3]10	智咲[12]9	ちお[3]	千桜[3]10	千緒[3]14	ちおり[3]	千織[3]18	千桜莉[3]10	ちか[3]	千佳[3]8	千果[3]8	千香[3]9	千夏[3]10	千華[3]10
	13	21		13	17		21	23	6	11	11	12	13	13

千賀[3]12	知花[8]7	知佳[8]8	千歌[3]14	知香[8]9	知夏[8]10	知華[8]10	智佳[12]8	智華[12]10	ちかこ[3]	千花子[3]7	知花子[8]7	智香子[12]9	ちさ[3]	千咲[3]9	千紗[3]10
15	15	16	17	17	18	18	20	22		13	18	24		12	13

千彩[3]11	知沙[8]7	知紗[8]10	智咲[12]9	智彩[12]11	ちさき[3]	千咲[3]9	知咲[8]9	千彩希[3]11	千紗紀[3]10	千咲季[3]9	智咲[12]9	知紗希[8]10	千紗子[3]10	智紗子[12]10
14	15	18	21	23		12	17	21	21	21	21	25	16	25

音から選ぶ名づけ 女の子名 ち ちさと〜つぐみ

漢字	読み	画数
ちさと	ちさと	8
千怜	ちさと	11
千智	ちさと	15
知里	ちさと	16
千聖	ちさと	23
千咲登	ちさと	24
千咲都	ちさと	24
ちさの	ちさの	15
千紗乃	ちさの	24
智紗乃	ちさの	24
ちせ	ちせ	13
知世	ちせ	16
千聖	ちせ	17
智世		

知聖	ちづる	21
千弦		11
千鶴		24
ちとせ		8
千歳		16
ちな		11
千奈		15
知那		16
千愛		16
知奈		16
智菜		23
千夏	ちなつ	13
知夏		18

ちなみ		11
千波		11
千菜海		23
千英	ちはな	11
千華		13
知花		15
知華		18
ちはや		17
千颯		
ちはる		15
千温		15
千晴		15
千遥		15
千陽		15

知春	ちはる	17
智春		21
ちひろ		7
千紘		13
千尋		15
千陽		15
千寛		16
知広		18
千紘		20
智優		24
知尋		25
ちほ		16
知歩		18
千穂		18
智帆		

知穂	ちゆ	23
智穂		27
千結		15
知優		25
ちよ		8
千代		15
千陽		
つかさ		7
司紗		15
月希	つき	11

都葵	つきか	23
月花		11
月香		13
月華	つきの	14
月乃	つきひ	6
月柊	つき	13
月陽	つくし	16
つくし		3
月詩	つぐみ	17
つぐみ		7
紡未		15

113

紬未11	つばき1	つばき1	椿8	椿生5	椿季8	椿姫13	つばさ5	翼17	翼沙10	翼紗10	蕾16	蕾未21	つむぎ6	つむぎ6
16	11	13	18	21	23	17	24	27	16	21	11

と

紬11	紬生5	紡希10	紬希11	紬葵11		とあ3	叶彩11	永愛13	叶愛13	とうか	冬華10	灯華10
11	16	17	18	23	5	16	18	18	15	16

桃花10	菫禾11	橙佳16	橙佳16	とうこ10	透子10	菫子12	とき2	とき2	とも4	都希7	朋8	ともえ	友恵10	朋恵10
17	17	23	24	13	15	6	18	4	8	14	18

ともか4	友花4	知花8	朋花8	朋佳8	朋香8	智香12	智華10	ともこ5	朋子8	智子12	ともの	友乃4	ともは	朋芭8
11	13	15	16	16	17	22	11	15	6	15

朋葉12	智葉12	ともみ4	友美9	知実8	朋美8	智美12	ともよ	知世8	智代8	とわ4	十和3	叶羽6	叶和8	永遠5
20	24	13	16	16	21	13	17	5	10	11	13	18

な

十和子3	とわこ	直8	奈央5	奈生5	菜央11	菜生11	七緒2	那桜7	奈桜8	菜桜11
13	8	8	13	13	16	16	16	17	18	21

音から選ぶ名づけ / 女の子名 / な（なお〜なつめ）

なお
- 那緒 21
- 直緒 22
- 奈緒 22
- 菜緒 25

なおか
- 直花 15
- 那桜佳 25

なおこ
- 直子 11
- 奈央子 16
- 奈桜子 21
- 奈緒子 25

なおみ
- ナオミ 8
- 直実 16
- 直美 17

なぎ
- 凪 6
- なぎ 11
- 梛 11

なぎさ
- 渚 11
- 凪沙 13
- 凪咲 15
- 凪紗 16
- 凪彩 17
- 渚沙 18
- 渚紗 21

なこ
- 奈子 11
- 菜子 14
- 菜心 15
- 菜瑚 24
- 菜湖 23

なごみ
- 和 8
- 和未 13
- 和実 16
- 和美 17

なずな
- なずな 15
- 菜絆 22

なつ
- なつ 6
- 夏 10
- 七都 13
- 那津 16
- 奈津 17
- 夏都 21
- 菜都 22

なつか
- 夏禾 15
- 夏花 17
- 夏佳 18
- 夏果 18

なつき
- 那月 11
- 奈月 12
- 夏月 14
- 夏生 15
- 菜月 15
- 夏妃 16
- 夏希 17
- 夏來 18
- 夏姫 20
- 夏稀 22
- 奈津希 24

なつこ
- 夏子 13
- 菜津子 23

なつな
- 夏那 17
- 夏奈 18
- 夏菜 21

なつね
- 夏寧 24

なつは
- 夏羽 16
- 夏波 18
- 夏葉 22

なつほ
- なつほ 11
- 夏帆 16
- 夏歩 18
- 夏穂 25

なつみ
- 七海 11
- 夏未 15
- 夏実 18
- 夏望 21
- 菜摘 25
- 菜都美 31

なつめ
- なつめ 8
- 夏芽 18
- 夏萌 21

音から選ぶ名づけ
女の子名
な　なな〜なほ

なな
菜南 20 ／ 那菜 18 ／ 菜那 18 ／ 南奈 17 ／ 奈南 17 ／ 菜名 17 ／ 南那 16 ／ 那南 16 ／ 那奈 15 ／ 奈那 15 ／ 菜々 14 ／ 七菜 13 ／ 奈々 11 ／ 七奈 10 ／ なな 10

ななか
奈那香 24 ／ 菜々華 24 ／ 菜々香 23 ／ 奈々華 21 ／ 菜々花 21 ／ 七歌 16 ／ ななか 13 ／ 七華 13 ／ 七夏 12 ／ 七香 12

ななお
奈々緒 25 ／ 奈直 16 ／ 七緒 16

ななえ
菜々恵 24 ／ 奈々恵 21 ／ 奈々江 17 ／ 奈苗 16

ななこ
菜南子 23 ／ 那菜子 21 ／ 菜那子 21 ／ 奈那子 18 ／ 菜々子 17 ／ 七葉子 16

ななせ
七瀬 21 ／ 七聖 15 ／ ななせ 13 ／ 七星 11

ななみ
菜那美 27 ／ 那奈美 24 ／ 奈那美 24 ／ 奈那実 23 ／ 菜々美 23 ／ 菜々海 23 ／ 那々実 18 ／ 奈々未 16 ／ 七望 13 ／ ななみ 13 ／ 七美 11 ／ 七泉 11 ／ 七海 11

ななほ
奈々帆 17 ／ 七穂 17 ／ ななほ 15 ／ 七帆 8

ななは
菜那羽 24 ／ 奈々葉 23 ／ 那々羽 16 ／ 七葉 14

なのか
菜乃果 21 ／ 菜乃佳 21 ／ 奈乃佳 18 ／ 奈乃花 17

なの
菜乃 13 ／ 奈乃 10

なほ
南穂 24 ／ 奈穂 23 ／ 菜帆 17 ／ 奈歩 16 ／ 南帆 15 ／ 那歩 15 ／ 奈帆 14 ／ 那帆 13

なのは
菜晴 23 ／ 那乃葉 21 ／ 菜羽 17 ／ 奈乃羽 16 ／ 七乃葉 16 ／ 菜巴 15

音から選ぶ名づけ 女の子名

な なみ〜のぞみ

なみ	なみ5	七海2,9	奈未5,4	奈実8,8	那実7,8	奈海8,9	那海7,9	那海7,9	奈海8,9	奈美8,9	菜海11,9	菜美11,9	なゆ	奈由8,5	菜結11,12	奈優8,17
8	11	13	15	16	16	16	17	17	20	20		13	23	25

に

なる	成6	奈瑠8,14	夏瑠10,14	菜瑠11,14	なるみ	成実6,8	成海6,9	成美6,9	奈留美8,10,9		にいな	仁那4,7	仁奈4,8
6	22	24	25		14	15	15	27		11	12

にこ	にこ4	にこ4,2	仁菜4,11	仁衣奈4,6,8	新奈13,8	仁衣菜4,6,11	仁唯奈4,8,8	新菜13,11	にか	仁花4,7	仁香4,9	仁華4,10	にき	仁希4,7	仁葵4,12	仁稀4,12
5		15	18	21	21	23	24		11	13	14		11	16	16

仁心4,4	仁胡4,9	仁香4,9	仁心4,9	虹花9,7	虹香9,9	日香4,9	二胡2,9	仁瑚4,13	にじか	虹花9,7	虹架9,9	にじの	虹乃9,2	になに	仁那4,7	仁奈4,8	仁南4,9
8	13	13	13	13	13	15	15	17		16	18		11		11	12	13

ね

仁菜4,11	ねいろ	音色9,6	寧彩14,11	音緒9,14	ねお	寧桜14,10	音々9,3	音々9,3	ねね	ねね	寧々14,3,3	祢音9,9	音寧9,14
15		15	25	23		24	8	12		17	18	23

の

寧音14,9	のあ	乃彩2,11	乃愛2,13	乃蒼2,13	望愛11,13	のい	乃衣2,6	乃依2,8	乃唯2,11	乃維2,14	のぞみ	希7
23		13	15	15	24		8	10	13	16		7

117

乃々3 のの	和香9 のの	和花8	和禾5	和1 のどか3	のどか8	望美11	望海11	希望7	希美7	希海7	希実8	希未5	望11
5	17	15	13	8	8	20	20	18	16	16	15	12	11

乃々葉12	乃々晴11	乃々華10	希乃羽7	のには1	のは4	希乃香7	希乃花7	乃々栞2	乃々華2	乃々果2	乃々佳2	ののか1 ののか8	暖乃9	望乃11
17	17	15	15	6	4	18	16	15	15	13	13	5	15	13

はづき4	はづき4	葉澄12 蓮実13	羽澄6	羽純10	羽桜10 はすみ	はお6		暖音13	のん11	のん3
11		27 21	21	16	16			13	11	3

羽菜6	波奈8	巴菜4	花奈7	花那7	羽那6	巴那4	華10	英10	花7	はな	初寧7	初音7 はつね	遥月12	葉月12
17	16	15	15	14	13	11	10	8	7		21	16	16	16

華奈子10	華子10	はなこ	花夏10	花香7	花果7	花佳7	はなか	華絵10	英恵10	花恵7	花咲7 はなえ	葉南12	華奈10	華那10
21	13		17	16	15	15		22	18	17	16	21	18	17

悠11	華10	春9	はる4	はる	葉音12	波音8	羽音6	はのん	華実10	花海7	花実7	はなみ	羽奈乃6	華乃10	はなの
11	10	9	7		21	17	15		18	16	15		16	12	

音から選ぶ名づけ 女の子名 は はる〜ひいろ

名前	漢字	画数
はるか	温	12
	晴	12
	陽	12
	暖	13
	波瑠	22
	春瑠	23
	晴琉	23
	葉琉	23
	華琉	24
	葉瑠	26
	はるあ 悠愛	24
	陽愛	25
	悠	11
	遥	12

はるか	春佳	17
	春果	17
	晴加	17
	遥加	17
	春香	18
	悠花	18
	悠香	20
	遥佳	20
	陽佳	20
	晴香	21
	暖佳	21
	悠華	21
	悠夏	21
	遥香	21
	陽香	21
	晴夏	22

はるき	春希	16
	悠希	18
	遥希	19
	陽希	19
	陽貴	24
	はるこ 晴子	15
	遥子	15
	はるな 春凪	12
	春奈	15
	春菜	17
	晴奈	20
	遥奈	20

はるな		
	陽奈	20
	遥南	21
	晴菜	23
	遥菜	23
	陽菜	23
	はるね 春音	18
	晴音	21
	遥音	21
	陽音	23
	春寧	23
	はるの 春乃	11
	悠乃	13
	晴乃	14

はるみ	春海	18
	晴海	21
	晴美	21
	遥海	21
	陽美	21
	遥乃	14
	陽乃	14
	暖乃	15
	波瑠乃	24
	はるひ 春妃	15
	遥妃	18
	春陽	21
	悠陽	23
	遥陽	24

はんな	4
はんな	11
帆那	13
帆奈	14
帆南	15
絆菜	17
絆那	18
絆菜	22
ひいろ	6
日彩	15
陽彩	23
緋彩	25

ひおり
- ひおり 8
- 日桜莉 24
- 妃織 24
- 陽央里 24
- 陽央莉 27
- 姫織 28
- 陽織 30
- 陽香莉 31

ひかり
- 光 6
- ひかり 7
- 光莉 16
- 日花里 18
- 光璃 21
- 日香梨 24
- 陽禾里 24

ひかる
- 光 6
- ひかる 8

ひさき
- 日咲 13
- 妃咲 15
- 陽咲 21

ひじり
- 聖 13

ひづき
- 柊月 13
- 陽月 16

ひとは
- 一葉 13
- 仁葉 16

ひとみ
- ひとみ 7
- 仁美 13
- 瞳 17

ひな
- ひな 7
- 日奈 11
- 日那 12
- 妃奈 13
- 妃那 14
- 日菜 15
- 妃南 15
- 妃夏 16
- 妃菜 17
- 姫奈 18
- 陽奈 20
- 緋那 21
- 陽南 21
- 緋奈 22
- 陽菜 23
- 陽愛 25

ひなか
- 陽菜佳 31
- 陽菜香 32

ひなこ
- 日向子 13
- 日奈子 15
- 日南子 16
- 妃奈子 17
- 日菜子 18
- 雛子 21
- 陽奈子 23
- 陽菜子 26

ひなせ
- 陽奈世 25
- 陽奈星 29

ひなた
- 日向 10
- ひなた 11
- 日奈多 18
- 日菜多 21
- 陽咲 21
- 妃菜多 23
- 陽葵 24
- 陽詩多 25
- 陽菜多 29

ひなつ
- 妃夏 16
- 陽夏 22
- 緋夏 24

ひなの
- ひなの 8
- 日那乃 13
- 日南乃 15
- 妃那乃 15
- 妃奈乃 16
- 日菜乃 17
- 雛乃 20
- 陽那乃 21
- 陽南乃 23
- 陽菜乃 25

ひなみ
- ひなみ 10
- 日南 13

音から選ぶ名づけ　女の子名　ひ ひなみ〜ふうな

名前	画数
ひ	
陽南	21
妃奈美	23
日菜美	24
陽菜実	31
陽菜美	32
ひなり	
妃菜里	24
陽奈里	27
陽菜莉	33
ひの	6
日乃	14
陽乃	16
緋乃	16
ひばり	10
陽葉里	31

ひびき	
妃々希	16
響	20
陽日希	23
ひまり	8
日毬	15
一茉里	16
日葵	16
日万里	17
妃茉莉	21
陽莉	22
妃茉莉	24
陽茉莉	24
陽葵	24
陽万莉	25

ひまわり	22
向日葵	
ひめか	7
妃花	13
妃香	15
姫花	17
姫佳	18
姫華	20
姫歌	24
陽芽花	27
ひめ	
陽茉里	27
陽茉梨	31
陽真理	31
陽真莉	32

ひより	7
日和	12
陽依	20
陽和	20
妃依莉	21
妃依里	24
陽世里	24
陽代梨	24
陽依梨	31
陽葉里	31
ひろか	13
弘佳	13
紘加	15
紘禾	15
洋香	18

ひろな	
弘奈	13
紘奈	18
紘菜	21
ひろの	7
央乃	
裕乃	14
寛乃	15

ふ	
風	9
芙羽	13
楓	13
風羽	15

ふうか	
芙香	16
風花	16
風佳	17
風香	18
風奏	18
楓花	20
楓佳	21
楓夏	23
楓華	23
風歌	23
ふうこ	16
芙羽子	
楓子	16
ふうな	17
風奈	

芙弥[7][3]	芙実[7][5]	ふみ[3]	**ふみ**[3]	双葉[7][12]	二葉[2][12]	双芭[4][7]	**ふたば**	蕗[16]	芙季[7][8]	芙希[7][7]	**ふき**[4]	楓菜[13][11]	楓奈[13][8]	楓那[13][7]
15	15	7	5	16	14	11		16	15	14		24	21	20

芙美乃[7][9][2]	郁乃[9][2]	史乃[5][2]	文乃[4][2]	**ふみの**	文菜[4][11]	史奈[5][8]	**ふみな**	芙美香[7][9][9]	芙佳[7][8]	史華[5][10]	史香[5][9]	文香[4][9]	史佳[5][8]	**ふみか**	芙美[7][9]
18	11	7	6		15	13		25	15	15	14	13	13		16

帆南[6][9]	帆波[6][8]	**ほなみ**[4]	蛍[11]	**ほたる**		冬華[5][10]	冬香[5][9]	**ふゆか**	歩優[8][17]	芙優[7][17]	芙侑[7][8]	芙由[7][5]	**ふゆ**
15	14		11			15	14		25	24	15	12	

帆乃佳[6][2][8]	歩花[8][7]	帆奏[6][9]	帆香[6][9]	帆佳[6][8]	帆花[6][7]	**ほのか**	穂乃[15][2]	萌乃[11][2]	帆乃[6][2]	**ほの**	穂菜美[15][11][9]	穂奈美[15][8][9]	穂奈実[15][8][8]	穂南[15][9]	穂波[15][8]
16	15	15	15	14	13		17	13	8		35	32	31	24	23

帆乃実[6][2][8]	歩乃未[8][2][5]	**ほのみ**	穂乃歌[15][2][14]	穂乃果[15][2][8]	穂乃佳[15][2][8]	穂華[15][10]	穂乃花[15][2][7]	穂香[15][9]	穂佳[15][8]	穂花[15][7]	歩乃果[8][2][8]	帆乃華[6][2][10]	歩香[8][9]	帆栞[6][10]	帆乃果[6][2][8]
16	15		31	25	25	25	24	24	23	22	18	18	17	16	16

麻綾[11][14]	真綾[10][14]	麻絢[11][12]	眞彩[10][11]	真彩[10][11]	**まあや**[10]	眞麻[10][11]	真麻[10][11]	**まあさ**[10]		誉[13]	帆希[6][7]	**ほまれ**[13]	穂乃実[15][2][8]
25	24	23	21	21		21	21			13	13		25

音から選ぶ名づけ

女の子名

ま

まい〜まな

まい
- 茉衣 14
- 真生 15
- 舞 15
- 真衣 16
- 眞衣 16
- 茉依 16
- 麻衣 17
- 真依 18
- 真唯 21
- 舞衣 21
- 舞依 23

まいか
- 苺花 15
- 苺香 17
- 舞花 22
- 舞佳 23
- 茉衣香 23
- 真衣佳 24
- 舞香 24
- 舞華 25

まいこ
- 苺子 11
- 舞子 18
- 舞衣子 24

まお
- 万央 8
- 万桜 13
- 茉央 13
- 茉生 13
- 真央 15
- 真生 15
- 眞央 15
- 麻央 16
- 茉桜 18
- 真桜 20
- 麻桜 21
- 茉緒 22
- 愛桜 24
- 真緒 24
- 眞緒 25
- 舞桜 25

まおり
- 茉桜里 25
- 茉織 26
- 真織 28
- 真緒里 31
- 舞織 33

まかな
- 茉叶 13
- 真叶 15
- 茉奏 17
- 茉叶奈 21

まき
- 茉希 15
- 真希 17
- 真葵 22
- 真輝 25

まこ
- 茉子 11
- 真子 13
- 眞子 13
- 茉来 15
- 茉瑚 21
- 真瑚 23

まこと
- 茉琴 20
- 真琴 22
- 眞琴 22
- 麻琴 23

まさき
- 茉咲 17
- 舞咲 24

ましろ
- 茉白 13
- 真白 15
- 眞白 15

まち
- 真千 13
- 万智 15
- 茉知 16

まつり
- 茉莉 18
- 茉璃 23

まどか
- 円花 11
- 円香 13

まな
- 万奈 11
- 愛 13
- 茉那 15
- 茉奈 16
- 真那 17
- 真奈 18
- 眞奈 18

音から選ぶ名づけ
女の子名 ま　まな〜まりこ

まな
莉奈 18 ／ 愛奈 21 ／ 真菜 21 ／ 眞菜 21 ／ 真愛 23 ／ 愛菜 24

まなか
愛佳 21 ／ 愛果 21 ／ 愛華 23 ／ 愛栞 23 ／ 茉那香 24

まなほ
愛歩 21

まなみ
愛未 18 ／ 愛実 21 ／ 茉奈実 24

まのあ
茉乃彩 21 ／ 茉乃愛 23

まひろ
茉ひろ 8 ／ 茉央 13 ／ 茉紘 18 ／ 麻尋 23 ／ 茉優 25 ／ 真優 27

まほ
真帆 16 ／ 眞帆 16 ／ 茉歩 16 ／ 茉朋 16 ／ 舞帆 21 ／ 茉穂 23 ／ 真穂 25 ／ 眞穂 25

まみ
真未 15 ／ 茉実 16 ／ 茉美 17 ／ 真実 18

まや
まや 7 ／ 茉弥 16 ／ 茉耶 17 ／ 真弥 18 ／ 舞弥 23

まゆ
まゆ 7 ／ 茉夕 11 ／ 茉由 13 ／ 真侑 18 ／ 真悠 21 ／ 茉優 25 ／ 真優 27 ／ 舞優 32

まゆか
茉由佳 21 ／ 真由香 24 ／ 真結香 31 ／ 真結華 32

まゆこ
茉由子 16 ／ 茉結子 23 ／ 真悠子 24

まゆな
麻由奈 24 ／ 茉結菜 31

まゆみ
真弓 13 ／ 真由美 24

まゆり
茉優里 32 ／ 真優莉 37

まり
まり 6 ／ 茉里 15 ／ 麻里 18 ／ 茉莉 18 ／ 真梨 21 ／ 茉璃 23

まりあ
茉莉愛 31 ／ 満里愛 32

まりか
真里花 24 ／ 真里香 24 ／ 茉莉花 25 ／ 茉莉香 27 ／ 真莉香 29

まりこ
万梨子 17 ／ 茉莉子 21 ／ 真莉子 23 ／ 真理子 24

音から選ぶ名づけ／女の子名／ま　まりな〜みおね

まりな
真鈴 11・万里奈 18・茉里奈 23・真里奈 25・満里奈 27・真莉菜 31・真梨菜 32・舞莉奈 33

まりの
毬乃 13・茉梨乃 21・真梨乃 23

まりん
万鈴 16・茉鈴 21・真鈴 23・茉凛 23・麻鈴 24・真凛 25

まれ
希 7・茉礼 13

み

みあ
みあ 6・美亜 16・美杏 16・未愛 18・美愛 21・弥愛 21・美愛 22・望愛 24

みい
美衣 15・美依 17

みいな
美凪 15・美衣奈 23・美依奈 24・未唯奈 24・実依菜 27

みう
みう 5・心羽 10・未羽 11・美羽 15・美宇 15・海羽 15・珠羽 16・望生 16・美侑 17・望羽 17・美海 18・心優 21・美結 21・実優 25

みお
みお 7・実央 13・実生 13・未桜 15・未桜 15・実桜 18・美桜 19

みおう
光桜 16・望央 16・望生 16・澪 16・実桜 18・心緒 18・美音 18・弥桜 19・望桜 21・美緒 23・望緒 25

みおか
澪花 23・美桜叶 24・澪香 25

みおこ
実桜子 21・美桜子 22・実緒子 25

みおな
未央奈 18・澪那 23・澪奈 24・美桜奈 27・美緒奈 31

みおね
澪音 25

音から選ぶ名づけ　女の子名　み　みおり〜みさき

みおり
美央里(21)　未織(23)　澪里(23)　光織(24)　美央莉(24)　実織(26)　美織(27)　美桜莉(29)　美緒莉(33)

みおん
心音(13)　実音(17)　海音(18)　美音(18)　心穏(20)　美穏(25)

みか
心花(11)　実花(15)　光華(16)　美佳(16)　実果(16)　美花(16)　弥佳(16)　美佳(17)　弥香(17)　実華(18)　美香(18)

みかこ
実日子(15)　実花子(18)　美香子(21)

みき
光希(13)　美妃(15)　美希(16)　未稀(17)　美紀(18)　美貴(21)　美輝(24)　美樹(25)

みく
未来(12)　未空(13)　未來(13)　実玖(15)　実來(16)　美玖(16)　美来(16)　美空(17)　美來(17)　望来(18)

みくり
みくり(6)　美空里(24)

みくる
みくる(7)　未來(13)　実来(15)

みこ
みこ(5)

みこと
珠子(13)　美心(13)　望心(15)　実香(17)　美湖(21)　美瑚(22)　みこと(7)　未采(13)　心琴(16)　弥采(16)　美采(17)　未琴(17)　実琴(20)　海琴(21)　美琴(21)　美心都(24)　美瑚都(33)

みさ
心咲(13)　実沙(15)　心彩(15)　未紗(15)　光紗(16)　美沙(16)　未彩(16)　実紗(18)　美咲(18)

みさき
心咲(13)　光咲(15)　実咲(17)

音から選ぶ名づけ ／ 女の子名 ／ み ／ みさき～みどり

美怜[9][8]	美里[9][7]	実怜[8][8]	実里[8][7]	みさと[3][2]	**みさと**	美紗貴[9][10][12]	美咲希[9][9][7]	美沙紀[9][7][9]	美咲妃[9][9][6]	実咲希[8][9][7]	美沙希[9][7][7]	望咲[11][9]	美咲[9][9]	海咲[9][9]	弥咲[8][9]
17	16	16	15	8		31	25	25	24	24	23	20	18	18	17

末鈴[5][13]	心鈴[4][13]	みすず	**みすず**	瑞貴[13][12]	瑞葵[13][12]	美寿希[9][7][7]	瑞姫[13][10]	瑞來[13][8]	瑞季[13][8]	瑞希[13][7]	瑞生[13][5]	泉希[9][7]	**みずき**	美慧[9][15]	美智[9][12]
18	17	11		25	25	23	23	21	21	20	18	16		24	21

美天[9][4]	**みそら**	瑞穂[13][15]	瑞歩[13][8]	みずほ	**みずほ**	瑞葉[13][12]	水葉[4][12]	**みずは**	瑞奈[13][8]	みずな	**みずな**	望鈴[11][13]	美鈴[9][13]	弥鈴[8][13]	実鈴[8][13]
13		28	21	13		25	16		21	13		24	22	21	21

光紀[6][9]	美月[9][4]	充希[6][7]	光希[6][7]	みつき	**みつき**	美知花[9][8][7]	実千花[8][3][7]	充華[6][10]	充花[6][7]	**みちか**	美空[9][8]	海空[9][8]	弥空[8][8]	実空[8][8]	未空[5][8]
15	13	13	13	8		24	18	16	13		17	17	16	16	13

みつは	**みつは**	瑞月[13][4]	湊月[12][4]	美月[9][4]	弥月[8][4]	**みづき**	光輝[6][15]	充稀[6][12]	充葵[6][12]	光稀[6][12]	光葵[6][12]	光姫[6][10]	望月[11][4]	深月[11][4]	充紀[6][9]
8		17	16	13	12		21	18	18	18	18	16	15	15	15

碧[14]	翠[14]	**みどり**	美澄[9][15]	美翔[9][12]	美都[9][11]	末都[5][11]	美杜[9][7]	心都[4][11]	**みと**	光穂[6][15]	**みつほ**	満葉[12][12]	充葉[6][12]	光葉[6][12]	三葉[3][12]
14	14		24	21	20	16	16	15		21		24	18	18	15

音から選ぶ名づけ
女の子名
み　みどり～みゆ

湊都	湊音	湊	みなと	美奈	弥奈	美那	実奈	美凪	心菜	実那	未奈	心那	みな	みな	翠莉
23	21	12		17	16	16	16	15	15	15	13	11	8		24

実莉	実乃里	心乃莉	穂	実里	光乃里	みのり	みのり	美南	美波	実波	みな実	心南	みなみ	南	みなみ
18	17	16	15	15	15		6	18	17	16	16	13	11	9	

美羽音	美羽	未羽	みはね	みはね	望花	実華	美花	弥花	未華	実花	心花	みはな	美乃莉	実乃梨	美乃里
24	15	11	11		18	18	16	15	15	15	11		21	21	18

未紘	珠央	みひろ	みひろ	望陽	美陽	美遥	美晴	海晴	美春	未悠	心陽	心遥	心晴	心春	みはる
15	15	7		23	21	21	21	21	18	16	16	16	16	13	

美穂	実穂	望帆	実歩	美帆	未歩	未帆	みほ	美冬	実冬	みふゆ	美尋	心優	美紘	実紘	心尋
24	23	17	16	15	13	11		14	13		21	21	19	18	16

美友	みゆ	みゆ	雅姫	雅	みやび	美耶	美弥	実弥	未弥	みや	美舞	珠茉	美茉	実茉	みま
13	6		23	13		18	17	16	13		24	18	17	16	

音から選ぶ名づけ ／ 女の子名 ／ み（みゆ～みれい）

望結	美結	心優	実夢	海結	実結	美祐	美柚	未結	美侑	未悠	美佑	心結	望友	美有	実佑
23	21	21	21	21	20	18	18	17	17	16	16	16	15	15	15

美優	弥優	実優	望結	美結	心優	美悠	実結	未結	美侑	心結	望友	みゆう	美優	実優
26	25	25	23	21	21	20	20	17	17	16	15	8	26	25

望結奈	実結菜	心結奈	みゆな	みゆな	美優紀	美優希	美由紀	美雪	美幸	実幸	幸	みゆき	美結華	実結花	みゆか
31	31	24	11		35	33	23	20	17	16	8		31	27	

みらい	みらい	美羅	美楽	美良	美来	未來	みら	みら	美世	実世	みよ	美優莉	美百合	みゆり
8		28	22	16	16	13	6		14	13		36	21	8

未莉	心莉	みり	みり	望蘭	美蘭	未蘭	心蘭	みらん	美蕾	望来	美來	美来	実來	未來	未来
15	14	5		30	28	24	23		25	18	17	16	16	13	12

美礼	未怜	心玲	みれい	みれい	美梨愛	美莉愛	美璃亜	美梨亜	みりあ	みりあ	美凛	美璃	望莉	美莉	実莉
14	13	13	8		33	32	31	27	8		24	24	21	19	18

美和9	実和8	美羽9	末和8	未羽9	みわ	美麗9 19	心麗4 19	美玲9 9	海玲9 9	美怜9 8	実玲8 9	美伶9 7	実伶8 7
17	16	15	13	11	6	28	24	23	18	18	17	17	16	16

※美玲衣 列 — (reading) 28

睦望13 11	睦実13 8	睦13	むつみ	睦葵13 12	睦季13 8	睦希13 7	夢月13 4	睦月13 4	むつき	むぎ	麦7	むぎ	
24	21	13		25	21	20	17	17		10	7		

愛依13 8	萌衣11 6	芽郁8 9	明依8 8	萌生11 5	恵衣10 6	芽依8 8	芽衣8 6	芽生8 5	明以8 5	明8	めい	
21	17	17	16	16	16	16	14	13	13	8	4	

明沙8 7	めいさ	めいさ	芽衣子8 6 3	芽生子8 5 3	めいこ	芽依香8 8 9	芽衣香8 6 9	芽衣夏8 6 10	明楓8 13	明華8 10	明香8 9	芽香8 9	明佳8 8	明花8 7	めいか
15	7		17	16		25	24	23	21	18	17	17	16	15	

恵実10 8	恵10	めぐみ3	萌衣奈11 6 8	芽依奈8 8 8	芽依那8 8 7	明奈8 8	芽奈8 8	芽那8 7	めいな	芽衣紗8 6 10	明紗8 10	明咲8 9	芽咲8 9
18	10	8	25	24	23	21	16	16	15	24	18	17	17

萌絵11 12	萌瑛11 12	萌笑11 10	萌恵11 10	萌衣11 6	萌11	もえ3	もえ	望愛11 13	萌愛11 13	萌杏11 7	萌亜11 7	もあ	
23	23	21	21	17	11	6		24	24	18	18		

130

音から選ぶ名づけ 女の子名 も もえか〜ゆあ

読み	漢字	画数
もえか	萌叶	16
	萌花	18
	萌果	19
	萌夏	21
	萌栞	21
	萌楓	24
もか	桃花	13
	桃禾	15
	百香	15
	百華	16
	萌香	20
	萌華	21
	萌栞	21
	望華	21

読み	漢字	画数
もな	萌歌	25
	桃奈	18
	萌那	18
	萌菜	22
もね	百音	15
もの	萌音	20
もみじ	萌寧	25
	椛	11
	紅葉	21
もも	もも	6
	桃	10
	桃々	13

読み	漢字	画数
ももえ	百桃	16
	桃衣	16
	百恵	16
	百笑	16
ももか	百禾	11
	百花	13
	桃果	15
	桃禾	15
	杏香	16
	百華	16
	百々花	16
	百栞	16
	桃花	17

読み	漢字	画数
ももか	百椛	17
	桃佳	18
	桃果	18
	百々果	19
	桃香	19
	萌香	21
	桃歌	24
	萌々華	24
ももこ	桃子	13
	萌子	17
もも	もも	8
	ももな	11
	百那	13
	百奈	14

読み	漢字	画数
ももね	杏奈	15
	桃那	17
	百々奈	17
	桃奈	18
	桃菜	21
もね	百音	15
	萌音	16
ももは	萌々音	23
	杏寧	24
	ももは	13
	杏羽	13
	百芭	16
	桃羽	18
	百々葉	21

読み	漢字	画数
ゆあ	ゆあ	6
	有杏	13

読み	漢字	画数
やよい	やよい	8
	弥生	13
	やよい	18
やえ	弥恵	18
	八重	11
	八咲	11

131

ゆあ

- 優17愛13 30
- 結12愛13 25
- 悠11愛13 24
- 優17杏7 24
- 優17亜7 24
- 唯11愛13 24
- 結12彩11 23
- 由5愛13 18
- 悠11杏7 18
- 友4愛13 17
- 柚9杏7 16
- 柚9亜7 16

ゆあん

- 優17杏7 24
- 柚9杏7 16
- 侑8杏7 15

ゆい

- ゆい 5
- 由5伊6 11
- 由5衣6 11
- 友4依8 12
- 由5依8 13
- 佑7衣6 13
- 柚9衣6 15
- 友4唯11 15
- 由5唯11 16
- 悠11生5 16
- 結12以5 17
- 結12生5 17
- 唯11衣6 17
- 悠11衣6 17
- 柚9依8 17
- 結12衣6 18
- 裕12衣6 18
- 結12依8 20
- 結12惟11 23
- 結12唯11 23
- 優17衣6 23
- 優17依8 25
- 優17維14 31

ゆいか

- ゆいか 8
- 由5栞10 15
- 唯11禾5 16
- 唯11花7 18
- 由5衣6花7 18
- 結12香9 21
- 唯11夏10 21
- 唯11華10 21
- 結12華10 22
- 結12夏10 22
- 唯11衣6花7 24
- 悠11衣6花7 24
- 結12衣6花7 25
- 優17衣6花7 32
- 優17衣6香9 32

ゆいこ

- 結12子3 15
- 由5依8子3 16
- 結12衣6子3 21

ゆいな

- 由5奈8 13
- 由5菜11 16
- 唯11那7 18
- 結12那7 19
- 唯11奈8 19
- 結12奈8 20
- 由5依8奈8 21
- 結12菜11 23
- 結12衣6那7 25
- 結12衣6菜11 29
- 結12依8菜11 31
- 結12唯11奈8 31
- 優17衣6奈8 31
- 優17依8奈8 33

ゆいね

- 結12音9 21
- 唯11寧14 25

ゆいの

- 唯11乃2 13
- 由5衣6乃2 13
- 結12乃2 14

ゆいは

- 唯11羽6 17
- 唯11葉12 23
- 結12葉12 24

ゆいほ

- 結12帆6 18
- 結12歩8 20

ゆいり

- 由5莉10 15
- 唯11莉10 21
- 結12莉10 22
- 結12梨11 23
- 悠11衣6里7 24
- 結12衣6里7 25

音から選ぶ名づけ　女の子名　ゆ　ゆあ〜ゆいり

音から選ぶ名づけ

女の子名

ゆ　ゆいり〜ゆうみ

ゆう
- 結彩 23
- 由愛 18
- 友愛 17

ゆうあ
- 優羽 23
- 結羽 18
- 悠羽 17
- 優 17
- 結 12
- 由羽 11
- 悠 11
- 柚 9
- 侑 8
- ゆう 5
- 結璃 27

ゆうか
- 柚香 18
- 悠花 18
- 侑香 17
- 侑果 16
- 佑香 16
- 侑花 15
- 有香 15
- 佑果 15
- 侑禾 13
- 夕華 13
- 優愛 30
- 結愛 25
- 悠愛 24
- 優杏 24
- 優亜 24

ゆうき
- 優妃 23
- 結希 19
- 悠希 18
- 侑季 16
- 祐希 16
- 友葵 16
- 侑希 15
- 夕稀 15
- 有希 13
- 優香 26
- 優花 24
- 悠華 21
- 結香 21
- 悠香 20
- 祐香 18

ゆうな
- 祐奈 17
- 柚奈 17
- 侑奈 16
- 佑奈 15
- 由奈 13
- 友那 11

ゆうこ
- 優子 20
- 結子 15
- 悠子 14
- 侑子 11
- 優姫 27
- 優希 24
- 結葵 24
- 悠葵 23

ゆうは
- 悠葉 23
- 優羽 23
- 結羽 18

ゆうの
- 結乃 14
- 悠乃 13
- 優羽奈 31
- 優菜 28
- 優奈 25
- 優那 24
- 結菜 23
- 裕奈 20
- 侑菜 19
- 悠那 18
- 結凪 18

ゆうみ
- 侑実 16
- 悠未 16
- 結心 16
- 友望 15
- 優穂 32
- 優歩 25
- 優帆 23

ゆうほ
- 優陽 29
- 結陽 24
- 優妃 23
- 悠妃 17
- 夕陽 15

ゆうひ
- 結葉 24

ゆうり　有里 13／夕莉 13／友梨 15／由莉 15／侑里 15／由梨 16／悠李 18

ゆうら　侑來 16／悠良 18

（ゆうみ）　侑美 17／結海 21／優末 22／優海 26／優美 26

ゆか　由佳 13／夕夏 13／由夏 15／由華 15／柚花 16／柚香 18

（ゆり）　悠里 18／侑莉 18／結里 19／悠莉 21／結莉 22／結梨 23／優里 24／優莉 27／優梨 28

ゆき　ゆき 7／雪 11／友希 11／有希 13／由紀 14／有紀 15／侑希 15

ゆかり　ゆかり 8／紫 12／縁 15／優花里 31

（ゆか）　結香 21／優花 24／優華 27

ゆきな　幸那 15／幸奈 16／雪那 18／幸菜 19／有希奈 21／有希菜 24／柚希奈 24／優妃奈 31

　柚希 16／祐希 16／悠希 18／結希 19／結葵 24／優希 24／優季 25

ゆきの　ゆきの 8／千乃 5／雪乃 13／友希乃 13／有希乃 15／由季乃 15／薫乃 18／結希乃 21／結来乃 21／優希乃 26／優葵乃 31

ゆきね　幸音 17／優希音 33

　優希菜 35

ゆず　ゆず 8／柚 9／柚子 12／有寿 13／夕珠 13

ゆこ　結心 16／優心 21

ゆきほ　幸歩 16／雪帆 17／幸穂 23

ゆきは　雪葉 23／由希葉 24

音 から選ぶ名づけ

女の子名

ゆ ゆず〜ゆめか

ゆず
- 優寿 24
- 結珠 22
- 由珠 15

ゆずか
- 柚子香 21
- 柚華 19
- 柚夏 19
- 柚香 18
- 柚花 16
- — 11

ゆずき
- 柚葵 21
- 柚稀 21
- 柚姫 19
- 柚咲 18
- 柚季 17
- 柚希 16
- 柚妃 15

ゆずな
- 柚子菜 23
- 柚菜 20
- 柚奈 17
- 柚那 16
- — 13

ゆずね
- 柚寧 23
- 柚音 18

ゆずは
- 柚葉 21
- 柚花 16
- 柚羽 15
- 柚巴 13

ゆずほ
- 柚歩 17
- 柚帆 15

ゆづき
- 優月 21
- 柚希 16
- 結月 16
- 悠月 15
- 唯月 15
- 柚月 13
- — 10

ゆな
- 優菜 28
- 優奈 25
- 結菜 23
- 結奈 20
- 悠奈 19
- 悠那 18
- 柚奈 17
- 柚那 16
- 侑奈 16
- 由菜 16
- 友菜 15
- 佑奈 15
- 由奈 13

ゆの
- 優乃 19
- 結乃 14
- 悠乃 13
- 唯乃 13
- 柚乃 11
- 由乃 7

ゆま
- 優舞 32
- 優茉 25
- 結茉 20
- 柚茉 17
- 侑茉 16
- 由真 15
- 由茉 13
- 友茉 12
- 夕茉 11

ゆみ
- 結美 21
- 祐実 17
- 悠未 16
- 佑実 15
- 侑未 13

ゆめ
- 優海 26
- 優実 25
- 優芽 25
- 結夢 25
- 夢芽 21
- 結芽 20
- 悠芽 19
- 侑芽 16
- 佑芽 15
- 由芽 13
- 夢 13

ゆめか
- 夢香 22
- 夢佳 21
- 夢叶 18

音から選ぶ名づけ　女の子名

ゆ ゆめか〜らら

夢華[13]/10	優芽花[7]/10	ゆめな[10]	夢奈[7]/8	夢菜[13]/11	結芽菜[12]/11	友芽乃[4]/8	夢乃[13]/2	由芽乃[5]/2	ゆめの[6]	ゆら[3]	由良[5]/7	悠来[11]/7	悠良[11]/7	結良[12]/7
23	32	21	24	31	15	15	14	15	15	6	12	18	18	19

優来[17]/7	結楽[12]/13	優來[17]/8	ゆり[7]	百合[6]/6	夕莉[3]/10	友莉[4]/10	由莉[5]/10	由梨[5]/11	悠里[11]/7	結莉[12]/10	悠莉[11]/10	結里[12]/7	優里[17]/7	優莉[17]/10
24	25	25	5	12	13	14	15	16	18	22	24	27

ゆりあ[8]	有莉亜[6]/10	結莉愛[12]/10	友莉恵[4]/10	ゆりえ[7]	有里絵[6]/7	百合香[6]/9	侑里香[8]/7	友梨香[4]/11	百合子[6]/3	由里子[5]/7	友梨子[4]/11	由莉子[5]/10
8	23	35	24	25	24	21	24	15	15	18	18

ゆりな[10]	友里奈[4]/8	由莉奈[5]/10	優莉奈[17]/10	優里奈[17]/7	友里乃[4]/7	ゆりの[6]	結梨乃[12]/11	悠梨乃[11]/11	優莉乃[17]/10	侑和[8]/8	結和[12]/8	侑羽[8]/6	優和[17]/8
10	19	23	32	35	13	24	24	29	16	20	23	25

よ

葉[12]	陽[12]	瑶[13]	ようこ[5]	葉子[12]/3	陽子[12]/3	蓉子[13]/3	由乃[5]/2	佳乃[8]/2	美乃[9]/2	淑乃[11]/2
12	12	13	15	15	15	16	7	10	11	13

ら

らいか[7]	来果[7]/8	来花[7]/7	來夏[8]/10	來華[8]/10	らいむ[5]	來夢[8]/13	らな[3]	來那[8]/7	來奈[8]/8	らら[3]/3	らら[3]
15	15	18	18	21	8	15	16	6

莉亜 10/7	りあ		蘭奈 19/8	らんな	蘭華 19/10	らんか	蘭 19	藍 18	らん	蘭楽 19/13	來良 8/7	來々 8/3
17			27	29	28		19	18		32	15	11

莉唯 10/11	梨衣 11/6	莉衣 10/6	莉生 10/5	りい	璃杏 15/7	莉杏 10/7	りあん	莉愛奈 10/13/8	りあな 10/7	璃愛 15/13	梨愛 11/13	莉愛 10/13	莉彩 10/11	梨亜 11/7
21	17	16	15	22	17	31	24	28	24	23	21	18

里依 7/8	りえ	璃依奈 15/8/8	梨衣奈 11/6/8	莉衣奈 10/6/8	里衣菜 7/6/11	理衣那 11/6/7	莉衣那 10/6/7	りいな	莉唯紗 10/11/10	梨依紗 11/8/10	莉依紗 10/8/10	里依沙 7/8/7	梨衣沙 11/6/7	莉衣沙 10/6/7	りいさ
15	31	25	24	24	24	23	31	29	25	25	24	23

璃桜 15/10	理緒 11/14	梨緒 11/14	莉緒 10/14	里緒 7/14	李桜 7/10	莉桜 10/10	理生 11/5	理央 11/5	梨央 11/5	吏央 6/5	莉生 10/5	莉央 10/5	りお	梨恵 11/10
25	25	25	24	21	17	20	16	16	16	16	15	15	21

璃音 15/9	莉音 10/9	里音 7/9	李音 7/9	りおん	理緒奈 11/14/8	梨緒奈 11/14/8	莉緒菜 10/14/11	里桜奈 7/10/8	梨桜奈 11/10/8	里桜奈 7/10/8	理央奈 11/5/8	梨生奈 11/5/8	梨央奈 11/5/8	莉央奈 10/5/8	りおな
24	19	16	16	33	33	32	32	29	25	24	24	24	23

莉久 10/3	りく	梨華子 11/10/3	梨花子 11/7/3	里佳子 7/8/3	りかこ	璃香 15/9	梨華 11/10	梨香 11/9	莉佳 10/8	莉花 10/7	梨花 11/7	莉佳 10/8	里佳 7/8	りか	凛音 15/9
13	24	21	18	24	21	20	19	18	18	17	15	24

音から選ぶ名づけ　女の子名　り　りく〜りのん

りさ り²さ³	リサ リ²サ³	りさ	莉¹⁰瑚¹³	莉¹⁰來⁸	璃¹⁵子³	莉¹⁰心⁴	理¹¹子³	梨¹¹子³	りこ	莉¹⁰子³	璃¹⁵來⁸	莉¹⁰來⁸	璃¹⁵久³	莉¹⁰玖⁷	里⁷來⁸
5	5		23	18	18	14	14	14		13	23	18	18	17	15

理¹¹世⁵	梨¹¹世⁵	莉¹⁰世⁵	りせ	理¹¹紗¹⁰子³	梨¹¹紗¹⁰子³	莉¹⁰紗¹⁰子³	りさこ	理¹¹紗¹⁰	梨¹¹紗¹⁰	莉¹⁰紗¹⁰	里⁷彩¹¹	梨¹¹沙⁷	莉¹⁰沙⁷	里⁷紗¹⁰	里⁷咲⁹
16	16	15		24	24	23		21	21	20	18	18	17	17	16

律⁹香⁹	律⁹果⁸	律⁹花⁷	立⁵華¹⁰	りつか	律⁹花⁷	立⁵夏¹⁰	立⁵果⁸	六⁴花⁷	りっか	莉¹⁰都¹¹	里⁷都¹¹	律⁹	りつ	璃¹⁵星⁹	莉¹⁰聖¹³
18	17	16	15		16	15	13	11		21	18	9		24	23

里⁷都¹¹	りと	律⁹穂¹⁵	律⁹歩⁸	律⁹帆⁶	りつほ	律⁹芭⁷	律⁹羽⁶	りつは	律⁹奈⁸	立⁵奈⁸	りつな	律⁹季⁸	梨¹¹月⁴	莉¹⁰月⁴	りつき
18		24	17	15		16	15		17	13		17	15	14	

莉¹⁰乃²	りの り²の¹	りの	莉¹⁰奈⁸子³	里⁷菜¹¹子³	りなこ	璃¹⁵奈⁸	莉¹⁰奈⁸	里⁷菜¹¹	梨¹¹那⁷	莉¹⁰那⁷	里⁷奈⁸	李⁷奈⁸	りな	りな	莉¹⁰都¹¹
12	3		21	21		23	18	18	18	17	15	15		7	21

璃¹⁵音⁹	莉¹⁰暖¹³	りのん り²の¹ん²	りのん	莉¹⁰乃²葉¹²	莉¹⁰乃²羽⁶	りのは	莉¹⁰乃²香⁹	梨¹¹乃²佳⁸	りのか	莉¹⁰乃²愛¹³	梨¹¹乃²彩¹¹	りのあ	凛¹⁵乃²	璃¹⁵乃²	梨¹¹乃²
24	23	5		24	18		21	21		25	24		17	17	13

音から選ぶ名づけ／女の子名　り（りのん〜りんね）

りのん
- 凜[15]音[9] … 24

りほ
- りほ … 7
- 李[7]帆[6] … 13
- 里[7]帆[6] … 13
- 里[7]歩[8] … 15
- 莉[10]帆[6] … 16
- 理[11]帆[6] … 17
- 莉[10]歩[8] … 18
- 凜[15]帆[6] … 21
- 里[7]穂[15] … 22
- 凜[15]歩[8] … 23

りま
- 里[7]茉[8] … 15
- 莉[10]茉[8] … 18
- 凜[15]茉[8] … 23
- 莉[10]舞[15] … 25

りみ
- 莉[10]未[5] … 15
- 璃[15]海[9] … 24

りゆ
- 莉[10]由[5] … 15
- 梨[11]結[12] … 23
- 莉[10]優[17] … 27

りよ
- 里[7]依[8] … 15
- 莉[10]世[5] … 15
- 莉[10]代[5] … 15
- 梨[11]代[5] … 16
- 理[11]世[5] … 16

りょう
- りょう … 7
- 玲[9] … 9
- 涼[11] … 11
- 綾[14] … 14

りょうか
- 怜[8]花[7] … 15
- 涼[11]花[7] … 18
- 涼[11]華[10] … 21

りょうこ
- 凉[10]子[3] … 13
- 諒[15]子[3] … 18

りら
- りら … 5
- 莉[10]良[7] … 17
- 梨[11]良[7] … 18
- 莉[10]來[8] … 18
- 璃[15]來[8] … 23

りり
- 莉[10]々[3] … 13
- 里[7]莉[10] … 17
- 莉[10]里[7] … 17
- 璃[15]々[3] … 18

りりあ
- 里[7]莉[10]亜[7] … 24
- 莉[10]々[3]愛[13] … 26
- 梨[11]里[7]愛[13] … 31
- 凜[15]々[3]愛[13] … 31

りりか
- りりか … 7
- 莉[10]々[3]華[10] … 23
- 璃[15]々[3]花[7] … 25
- 凜[15]々[3]花[7] … 25
- 凜[15]々[3]花[7] … 25
- 梨[11]里[7]香[9] … 27

りりこ
- 莉[10]々[3]子[3] … 16
- 理[11]莉[10]子[3] … 24

りりな
- 莉[10]々[3]奈[8] … 21
- 莉[10]々[3]菜[11] … 24
- 莉[10]里[7]奈[8] … 25

りる
- 莉[10]瑠[14] … 24
- 麗[19]瑠[14] … 33

りん
- りん … 4
- 鈴[13] … 13
- 凛[13] … 13
- 凜[15] … 15

りんか
- 梨[11]花[7] … 18
- 凜[15]花[7] … 22
- 凜[15]果[8] … 23
- 鈴[13]華[10] … 23
- 凜[15]香[9] … 24
- 凜[15]華[10] … 25

りんこ
- 琳[12]子[3] … 15
- 凜[15]子[3] … 18

りんな
- 凜[15]奈[8] … 23
- 凛[13]菜[11] … 24

りんね
- 凜[15]音[9] … 24

る

| 琉衣那 るいな 24 | 瑠唯 るい 25 | 瑠泉 るい 23 | 瑠衣 るい 20 | 留依 るい 18 | 琉衣 るい 17 | 留衣 るい 16 | るい 5 | 琉愛 るあ 24 | 瑠亜 るあ 21 |

| 瑠奈 るな 22 | 瑠那 るな 21 | 琉那 るな 18 | るな 8 | 瑠華 るか 24 | 瑠夏 るか 24 | 瑠香 るか 23 | 瑠花 るか 21 | 瑠華 るか 21 | 琉夏 るか 21 | 琉花 るか 18 | 琉禾 るか 16 | るか 9 | 瑠依菜 るいな 33 | 瑠衣菜 るいな 31 |

| 瑠璃 るり 29 | 瑠莉 るり 24 | 瑠里 るり 21 | 琉莉 るり 21 | るり 5 | るり 2 | 瑠美 るみ 23 | 瑠海 るみ 23 | 琉海 るみ 20 | るみ 6 | 瑠乃 るの 16 | 琉乃 るの 13 | るの 9 | 瑠菜 るな 25 | 琉愛 るな 24 |

音から選ぶ名づけ 女の子名 る るあ〜れいか

れ

| れい 5 | れい 2 | 玲愛 れあ 22 | 礼愛 れあ 18 | 玲杏 れあ 16 | 玲亜 れあ 16 | れあ 9 | 瑠璃子 るりこ 32 | 瑠里子 るりこ 24 | るりこ 8 | 琉梨華 るりか 32 | 瑠莉花 るりか 31 | るりか 9 |

| 羚愛 れあ 24 | 怜愛 れあ 21 | 玲杏 れあ 16 | れいあ 7 | 麗 れい 19 | 玲依 れい 17 | 澪 れい 16 | 怜依 れい 16 | 玲衣 れい 15 | 礼依 れい 13 | 伶衣 れい 13 | 礼衣 れい 11 | 玲 れい 9 | 怜 れい 8 | 伶 れい 7 | 礼 れい 5 |

| 麗禾 れいか 24 | 玲衣香 れいか 24 | 玲香 れいか 18 | 怜華 れいか 18 | 玲果 れいか 17 | 玲佳 れいか 17 | 玲香 れいか 17 | 怜香 れいか 17 | 伶華 れいか 16 | 玲花 れいか 16 | 怜佳 れいか 16 | 伶香 れいか 16 | 礼華 れいか 15 | 怜花 れいか 15 | 令華 れいか 15 | れいか 9 | 麗愛 れいあ 32 |

140

玲来 8,9	怜來 8,8	怜良 8,7	**れいら**	麗衣奈 19,6,8	麗奈 19,8	玲衣菜 9,6,11	玲那 9,7	玲奈 9,8	怜那 8,7	怜奈 8,8	伶奈 7,8	礼奈 5,8	令奈 5,8	**れいな**
16	16	15		33	27	26	16	17	15	16	15	13	13	

伶南 7,9	伶奈 7,8	礼奈 5,8	令奈 5,8	**れな**	麗央奈 19,5,8	玲緒奈 9,14,8	怜央奈 8,5,8	礼央奈 5,5,8	**れおな**	怜桜 8,10	玲央 9,5	**れお**	玲來 9,8	玲良 9,7
16	15	13	13		32	31	21	21	18		18	14		17	16

玲海 9,9	怜美 8,9	怜実 8,8	伶美 7,9	玲心 9,4	怜未 8,5	**れみ**	麗乃 19,2	玲乃 9,2	**れの**	麗奈 19,8	玲菜 9,11	玲奈 9,8	礼那 5,7	玲那 9,8	怜奈 8,8
18	17	16	16	13	13		21	11		27	20	17	16	16	16

羽香 6,9	和禾 8,5	**わか**		蓮華 13,10	蓮夏 13,10	蓮香 13,9	蓮禾 13,5	**れんか**	蓮 13	恋 10	**れん**	麗未 19,5	玲美 9,9
15	13			23	23	22	18		13	10		24	18

和奏 8,9	若奈 8,8	羽奏 6,9	和叶 8,5	**わかな**	**わかな**	和夏子 8,10,3	和花子 8,7,3	和日子 8,4,3	**わかこ**	和歌 8,14	和華 8,10	和夏 8,10	和香 8,9	羽華 6,10	和花 8,7
17	16	15	13	11		21	18	15		22	18	18	17	16	15

和瑚 8,13	和香 8,9	和來 8,8	和心 8,4	和子 8,3	**わこ**	和花葉 8,7,12	若葉 8,12	わかば	**わかば**	和香那 8,9,7	和香奈 8,9,8	和果奈 8,8,8	和佳奈 8,8,8	和花奈 8,7,8	若菜 8,11
21	17	16	12	11		27	20	12		25	24	24	24	23	19

使いたい字や読みに添え字を合わせて
添え字一覧 女の子編

あらかじめ使いたい字や読みが決まっていて名前をつけたいときは、
その文字や読みに添え字をプラスしてみましょう。
万葉仮名風3文字の名前をつけるときにも添え字は活躍します。
（添え字一覧の男の子編は196ページにあります）

女の子の添え字 1文字

あ	亜安阿
い	衣依伊維為委唯惟緯椅
え	恵絵英栄江枝重永瑛衛慧笑
お	緒央生旺王於
おり	織
か	香佳加花華夏歌果霞茄河可樺袈嘉珂珈榎
が	賀芽雅
き	紀希貴喜季基規岐生来起城樹幾己葵揮輝伎暉毅祈熙嬉槻軌機稀黄磯気旗其埼箕
こ	古湖鼓瑚己小子胡仔乎
さ	左佐沙紗作早小嵯瑳
す	寸寿須素数朱州洲珠栖諏
すみ	澄純　※「ずみ」でも使用
せ	勢世瀬
ち	知智千稚茅治致
つ	津都鶴通　※「づ」でも使用
つき	月　※「づき」でも使用
と	十登都杜斗途
な	奈菜那名南納七梛
なみ	浪波
ね	根音子年峰嶺祢
の	乃野之能濃埜
は	波羽葉巴
ひ	妃日比飛陽斐緋
ぶ	武舞部分歩
ほ	穂帆歩保甫浦朋圃
ま	麻真万茉末摩磨満

み	美実未三深海見視巳弥魅箕
め	芽女
も	百茂母最
や	矢哉也弥耶冶八夜谷野椰
ゆ	由裕有柚宥右夕優結祐佑悠愉遊唯
よ	代世予余夜与依
ら	羅良
り	里理利梨璃莉李俐浬哩
る	留瑠流琉
わ	和輪

女の子の添え字 2文字

えこ	江子	枝子	栄子　　恵子
かこ	香子	佳子	加子　　歌子
きこ	希子	紀子	喜子　　貴子
くこ	久子	玖子	
さこ	佐子	沙子	紗子
ちこ	知子	智子	
つえ	津江	津枝	※「づえ」でも使用
つこ	津子	※「づこ」でも使用	
つよ	津代	津世	※「づよ」でも使用
みこ	美子	実子	
よこ	代子	世子	
りこ	里子	利子	理子　　梨子
わこ	和子		

音から選ぶ男の子の名前リスト

あ

あいき
- 和希 15
- 愛輝 28
- 愛樹 29
- 藍輝 33

あいと
- 愛斗 17
- 和音 18
- 愛叶 18
- 藍人 20
- 藍斗 22
- 藍叶 23
- 愛都 24

あいのすけ
- 和之介 15
- 愛之助 23
- 藍之介 25

あお
- 青 8
- 蒼 13
- 碧 14

あおい
- 蒼央 18
- 蒼生 18
- 葵 12
- 蒼 13
- 碧 14

愛翔 25
藍翔 30

あおき
- 蒼生 18
- 碧希 21
- 葵稀 24

青依 8
葵生 17
葵衣 18
蒼生 18
蒼依 21
葵惟 23
葵唯 23
蒼偉 24
蒼惟 24
蒼唯 24
碧唯 25

あおし
- 葵士 13
- 仰志 13
- 葵志 16
- 蒼士 17
- 碧士 17
- 蒼史 18
- 蒼志 20
- 碧志 21
- 蒼詩 25
- 葵詩 26
- 碧詩 27

碧輝 29
蒼稀 25

あおと
- 葵人 14
- 葵士 15

蒼人 15
葵仁 16
蒼士 16
蒼斗 16
碧大 16
蒼人 16
蒼仁 17
碧士 17
蒼叶 18
碧仁 18
葵斗 18
碧杜 21
葵音 21
碧都 23
碧音 23

※漢字の右側の数字は画数です。名前下の数字は「仮成数」を加えていない地格になります。
※実例の名前ですので、あて字も含まれています。ご注意ください。
※ここでは「仮成数」を加えて吉数にする場合も考えて、画数としてそのままでは吉数ではない名前例も掲載しています。

音から選ぶ名づけ／男の子名／あ／あおと〜あきひと

あおと（続き）
- 碧都 碧14都11 … 25
- 蒼翔 蒼13翔12 … 25
- 蒼都 蒼13都11 … 24
- 葵翔 葵12翔12 … 24
- 碧飛 碧14飛9 … 23

あおは
- 蒼葉 蒼13葉12 … 25
- 葵晴 葵12晴12 … 24
- 葵羽 葵12羽6 … 18
- 蒼巴 蒼13巴4 … 17

あおば
- 蒼波 蒼13波8 … 21
- 碧羽 碧14羽6 … 20
- 青葉 青8葉12 … 20
- 葵羽 葵12羽6 … 18
- 青波 青8波8 … 16

- 碧葉 碧14葉12 … 26
- 蒼葉 蒼13葉12 … 25
- 碧馬 碧14馬10 … 24
- 葵葉 葵12葉12 … 24
- 蒼馬 蒼13馬10 … 23
- 碧芭 碧14芭7 … 21

あおま
- 蒼真 蒼13真10 … 23
- 碧真 碧14真10 … 24

あおや
- 碧哉 碧14哉9 … 23
- 葵陽 葵12陽12 … 24
- 蒼陽 蒼13陽12 … 25

あかり
- 燈 燈16 … 16
- 明璃 明8璃15 … 23

あき
- 明 明8 … 8
- 晃 晃10 … 10
- 瑛 瑛12 … 12
- 暁 暁12 … 12
- 陽 陽12 … 12
- 煌 煌13 … 13
- 明希 明8希7 … 15
- 明輝 明8輝15 … 23
- 明樹 明8樹16 … 24

あきと
- 明人 明8人2 … 10
- 晄人 晄10人2 … 12
- 晄士 晄10士3 … 13
- 章士 章11士2 … 13
- 晄士 晄10士3 … 13
- 瑛人 瑛12人2 … 14
- 暁人 暁12人2 … 14
- 晃斗 晃10斗4 … 14
- 陽人 陽12人2 … 14
- 瑛士 瑛12士3 … 15
- 暁士 暁12士3 … 15
- 章斗 章11斗4 … 15
- 誠人 誠13人2 … 15
- 煌人 煌13人2 … 15
- 瑛斗 瑛12斗4 … 16
- 暁仁 暁12仁4 … 16
- 暁斗 暁12斗4 … 16
- 彰人 彰14人2 … 16
- 聡人 聡14人2 … 16
- 陽仁 陽12仁4 … 16
- 陽斗 陽12斗4 … 16
- 明希人 明8希7人2 … 17
- 煌斗 煌13斗4 … 17
- 彰仁 彰14仁4 … 18
- 彰斗 彰14斗4 … 18
- 明翔 明8翔12 … 20
- 亮翔 亮9翔12 … 21
- 晃翔 晃10翔12 … 22
- 瑛都 瑛12都11 … 23
- 暁都 暁12都11 … 23
- 章翔 章11翔12 … 23
- 陽都 陽12都11 … 23
- 瑛翔 瑛12翔12 … 24
- 暁登 暁12登12 … 24
- 暁翔 暁12翔12 … 24
- 晶翔 晶12翔12 … 24
- 陽翔 陽12翔12 … 24
- 誠翔 誠13翔12 … 25

あきひさ
- 明久 明8久3 … 11
- 晃久 晃10久3 … 13
- 瑛久 瑛12久3 … 15
- 晃寿 晃10寿7 … 17

あきひと
- 昭仁 昭9仁4 … 13
- 章人 章11人2 … 13
- 晃仁 晃10仁4 … 14
- 章仁 章11仁4 … 15
- 瑛仁 瑛12仁4 … 16
- 暁仁 暁12仁4 … 16
- 彰人 彰14人2 … 16
- 陽仁 陽12仁4 … 16
- 彰仁 彰14仁4 … 18

音から選ぶ名づけ　男の子名　あ　あきひろ〜あつし

あきひろ
晃大 13／明弘 13／瑛大 15／暁大 15／晃大 15／明弘 15／陽大 15／明宏 17／晃宏 21／暁洋 25

あきふみ
明史 13／瑛文 16

あきほ
晃帆 16／朗歩 18

あきまさ
明正 13／明将 18／明優 25

あきや
瑛也 15／暁也 15／明弥 16

あきら
昂 8／明 8／晃 10／朗 10／章 11／彬 11／瑛 12／暁 12／晶 12／淏 13／彰 14／輝 15／慧 15／明良 15／晃良 17

あさき
旭生 11／旭希 13／朝暉 25／朝輝 27

あさと
旭人 8／亜沙人 16／朝斗 16／明怜 16／朝翔 24

あさひ
旭 6／旭飛 15／朝日 16／旭陽 18／朝飛 21／朝陽 24

あすか
飛鳥 20／明日翔 24

あすと
明日斗 16／明日翔 24

あずま
梓真 21／梓馬 21

あつき
充希 13／敦己 15／淳生 16／敦生 17／惇希 18／篤生 21／敦紀 21／惇貴 23／篤季 24／敦稀 24／敦貴 24／篤紀 25／敦暉 25／篤貴 28／敦樹 28／篤輝 31／篤樹 32

あつし
惇 11／敦 12／敦士 15／淳史 16／篤 16／惇史 16／敦史 17／篤史 21／篤志 23

145

音から選ぶ名づけ　男の子名　あ　あつと〜あんじ

あつと
淳人 13／惇人 13／惇斗 15／敦仁 16／敦斗 16／篤人 18／篤斗 20／敦翔 24

あつのり
篤紀 25

あつひこ
敦彦 21

あつひと
温仁 16／敦仁 16／篤人 18

あつひろ
敦大 15／篤弘 21／篤宏 23

あつや
敦也 15／敦哉 21／篤弥 24／篤哉 25

あつろう
淳朗 21／篤郎 25

あまと
天飛 13／天翔 16

あまね
周 8／天音 13

あやた
絢太 16／綾汰 21／綺汰 21

あやと
文人 6／礼人 7／郁人 11／彩人 13／彪人 13／絢人 14／絢士 15／彩仁 15／彩斗 15／絢仁 16／絢斗 16／綾人 16／彩叶 16／文翔 16／綺人 16／綾斗 18／絢飛 21／絢都 23／綾音 23／彩翔 23／絢登 24／絢翔 24／綾都 25／綾翔 26

あゆき
歩希 15／歩輝 23／歩樹 24

あゆた
歩大 11／歩太 12／歩汰 15

あゆと
歩叶 13／歩杜 15／歩音 17／歩翔 20

あゆま
歩真 18／歩磨 24

あゆむ
歩 8／歩武 16／歩睦 21／歩夢 21

あらた
新 13／新大 16／新太 17／新汰 20

あれん
亜蓮 20／空蓮 21／明廉 21

あんじ
庵士 14

男の子名 あ あんじ〜いっき

　い

惟央16	惟生16	偉央16	唯桜21	庵11	いおり11	一央13央利10	一桜18桜利10

庵司11司5 16	晏慈10慈13 23	庵慈11慈13 24

いお

伊織6織18 24	依央理8央5理11 24	依織8織18 26	惟織11織18 29	唯織11織18 29	いくと	郁人9人2 11	郁仁9仁4 13	郁斗9斗4 13	郁登9登12 21	郁翔9翔12 21	幾登12登12 24	いくま	生真5真10 15	郁真9真10 19	郁磨9磨16 25

いくや	育弥8弥8 16	郁弥9弥8 17	郁哉9哉9 18	いしん	唯心11心4 15	維心14心4 18	維新14新13 27	いずみ	泉9 9	伊純6純10 16	一澄1澄15 16	伊澄6澄15 21	泉澄9澄15 24	いち	一1 1

壱7 7	偉千12千3 15	依知8知8 16	唯智11智12 23	いちか	一禾1禾5 6	一翔1翔12 13	一嘉1嘉14 15	一千翔1千3翔12 16	いちご	一護1護20 21	壱護7護20 27	いちた	一太1太4 5	一汰1汰7 8	壱汰7汰7 14

いちと	一仁1仁4 5	一叶1叶5 6	一登1登12 13	一翔1翔12 13	壱都7都11 18	一之心1之3心4 8	一之進1之3進15	いちのしん	一乃介1乃2介4 7	一之助1之3助7 11	壱乃亮7乃2亮9 18	いちや	一哉1哉9 10

壱弥7弥8 15	壱哉7哉9 16	一葉1葉12 13	一陽1陽12 13	いちろう	一朗1朗10 11	伊知朗6知8朗10 24	いっき	一希1希7 8	一葵1葵12 13	一喜1喜12 13	一稀1稀12 13	一貴1貴12 13	一輝1輝15 16	一樹1樹16 17

音から選ぶ名づけ 男の子名

いつき〜うみと

いつき
| いつき | 一絆 12 | 惟月 15 | 唯月 15 | 偉月 16 | 一輝 16 | 樹 16 | 維月 18 | 稜生 18 | 樹生 21 | 壱樹 23 | 樹希 23 | 樹季 24 | いづき | 惟月 15 | 偉月 16 |

いつけい
| 維月 18 | 一敬 13 | 一慶 16 | 一慧 16 |

いっさ
| いっさ | 一沙 8 | 一冴 8 | 一颯 15 | 壱颯 21 |

いっしん
| いっしん | 一心 5 | 一芯 8 | 一真 11 | 壱心 11 | 壱信 16 |

いっせい
| いっせい | 一生 6 | 一成 7 | 一晟 11 | 一晴 13 | 一惺 13 | 壱成 13 | 一聖 14 | 一誠 14 |

いっと
| いっと | 一斗 4 | 壱斗 11 | 一翔 13 |

いっぺい
| いっぺい | 一平 5 | 逸平 16 |

いぶき
| いぶき | 一弦 9 | 壱弦 15 | 依弦 16 | いと 11 | 絃 11 | 惟人 14 | 依杜 15 | 唯人 15 | 維斗 16 | 伊都 17 | 維斗 18 | いぶき 4 | 一吹 8 | いぶき 12 | 伊吹 13 |

うきょう

| 依颯 15 | 一歩希 15 | 勇吹 16 | 惟吹 16 | 唯吹 18 | 維吹 21 | 一歩輝 24 | 一歩樹 25 |
| 右京 13 | 右恭 15 | 佑京 15 |

うた
| うた | 詠汰 12 | 宇汰 13 | 羽汰 13 | 詩泰 16 | 羽大 16 | 雅楽 26 | うみ 9 | 海 9 | 宇海 15 | 羽海 15 | うみと 13 | 海音 18 | 海翔 21 |

読み	漢字	画数
えいいち	英一	9
えいいち	瑛一	13
えいいちろう	栄一朗	20
えいいちろう	瑛一朗	23
えいき	英希	15
	栄輝	24
	瑛貴	24
えいきち	永吉	11
	瑛吉	18
えいご	永悟	15
	英吾	15
	永護	25
えいさく	英作	15
えいし	瑛朔	22
	瑛士	15
	英志	15
えいじ	瑛司	17
	英司	13
	瑛士	15
	英士	11
えいしろう	瑛士郎	24
	英志朗	25
えいしん	栄心	13
	永真	15
	瑛心	16
	詠心	16
えいじ	英治	17
	瑛司	17
	永慈	18
	瑛志	19
	英慈	21
えいじん	栄志	16
	瑛仁	16
えいすけ	英介	12
	栄佑	16
	瑛介	16
	詠介	16
	英祐	17
	栄亮	21
	瑛輔	23
	栄輔	26
えいせい	瑛世	17
	英政	17
	瑛星	21
	英誠	21
えいしん	瑛新	21
	瑛信	25
えいた	栄太	13
	永泰	15
	英汰	15
	瑛太	15
	詠太	16
	瑛汰	16
	榮太	18
	瑛多	18
えいだい	英大	11
	瑛大	15
えいたろう	英太郎	21
	瑛太郎	25
	詠太郎	25
えいと	永人	7
	栄斗	13
	瑛人	14
	瑛士	15
	永仁	16
	瑛斗	16
	榮人	16
	永叶	17
	栄翔	21
	瑛音	21
	瑛都	23
	瑛登	24
	瑛翔	24

149

お

読み	漢字	画数
おう	央	5
おう	凰	11
おうが	央雅	18
おうが	桜河	18
おうが	旺雅	21
えま	縁士	3
えにし	縁	15
えにし	縁士	18
えま	瑛真	22
えま	永真	15
えま	(えいま)	

(えいま)
永真 15
瑛真 22
えにし
縁士 3
縁 15
おう
央 5
凰 11
おうが
央雅 18
桜河 18
旺雅 21

桜雅 23
凰雅 24
桜駕 25
おうき
旺生 13
旺希 15
桜希 17
央季 18
桜樹 21
旺輝 23
桜輝 25
おうし
桜志 17
凰志 18
おうしろう
旺史朗 23

桜士朗 23
旺志郎 24
桜史郎 24
凰士朗 25
旺志朗 25
おうしん
旺心 12
桜心 14
凰心 15
おうすけ
央佑 12
旺佑 12
桜介 14
央祐 14
旺佑 15
旺祐 15
桜介 15
凰介 15

旺祐 17
桜佑 17
央輔 19
應介 21
桜輔 24
おうせい
央成 11
旺成 13
央成 14
桜生 15
桜晟 16
央惺 17
旺誠 18
央誠 21
桜誠 23

凰聖 24
旺太 12
桜大 13
凰太 15
桜汰 17
おうだい
桜大 11
桜大 13
おうた
央太郎 18
桜太郎 21
凰太朗 24
桜太朗 24
おうり
旺李 15

央理 16
桜吏 16
おさむ
修 10
理 11
おと
央人 7
凰斗 15
音都 21
おとや
音弥 17
音哉 18
おりと
織人 20
織士 21

音 から 選ぶ 名づけ

男の子名

え えいま～おりと

150

か

読み	漢字	画数
かい	快	7
	海⁹	9
	開¹²	12
	楷¹³	13
	魁¹⁴	14
	可惟¹⁶	16
	櫂¹⁸	18
	夏惟²¹	21
	夏唯²¹	21
	夏維²⁴	24
	海志¹⁶	16

開志¹²	19
櫂志¹⁸	25
かいじ	14
海司⁹	14
櫂司¹⁸	23
海心⁹	13
かいしん	16
凱心¹²	16
かいせい	13
快成⁷	13
海成⁹	14
海生⁹	15
快星⁷	16
快晟⁷	17
海星⁹	18
快誠⁷	20

海晴⁹	21
海惺⁹	21
海聖¹³	22
海生⁹	23
櫂成¹⁸	24
かいち	15
嘉一¹⁴	15
海智⁹	21
かいと	9
快人⁷	9
快斗⁷	11
海人⁹	11
海斗⁹	13
凱士¹²	15
禾絃¹⁶	16
魁人¹⁴	16

凱斗¹²	16
海音⁹	18
海飛⁹	18
海渡⁹	21
海翔⁹	21
櫂士¹⁸	21
櫂斗¹⁸	22
開翔¹²	24
凱翔¹²	24
かいり	10
浬¹⁰	10
海吏⁹	15
海李⁹	16
海里⁹	16
快理⁷	18
凱吏¹²	18

魁利¹⁴	21
海璃⁹	24
かいる	20
海琉⁹	20
海瑠⁹	23
凱琉¹²	23
かえで	13
楓¹³	13
かおる	16
薫¹⁶	16
馨²⁰	20
かける	12
翔¹²	12
駆¹⁵	14
駈¹⁵	15
翔琉¹²	23

かずあき	
和明⁸	16
和晃⁸	18
一耀¹	21
かずおみ	
一臣¹	8
和臣⁸	15
かずき	8
一希¹	8
一葵¹	13
一喜¹	13
一稀¹	13
一貴¹	13
和生⁸	13
和希⁸	15
一輝¹	16

音から選ぶ名づけ　男の子名　か　かずき～かなた

かずき
壱紀 16／和季 16／一樹 17／和紀 17／千輝 18／和貴 20／和暉 21／和輝 23／和樹 24

かずし
一志 8／和志 15／和詩 21

かずたか
和孝 15／和貴 20

かずと
和人 10／一登 13／一翔 13／千翔 15／和虎 16／和飛 17／和翔 20

かずとし
一寿 8／和寿 15／和俊 17

かずなり
一成 7／和也 11／和成 14

かずは
一葉 13／和芭 15

かずはる
一晴 13／和治 16／和陽 20

かずひと
一仁 5／和仁 12

かずひろ
一弘 6／千紘 13／和宏 15

かずふみ
和史 13

かずほ
和帆 14／一穂 16／和穂 23

かずま
一真 11／一馬 11／一眞 11／一磨 17／和真 18／和馬 18／和眞 18／和磨 24

かずまさ
和正 13／和将 18

かずや
和也 11／和弥 16／和哉 17／和優 25

かずゆき
千幸 11／和志 15／和幸 16

かずよし
一義 14／和義 21／和慶 23

かつき
翔月 16／克樹 23

かづき
翔月 16／嘉月 18

かつや
克弥 15／克哉 16

かなた
叶大 8／奏大 12／哉太 13／奏太 13／奏多 15／夏向 16／哉汰 16／奏汰 16／夏那太 21

音から選ぶ名づけ 男の子名 か かなで～きひろ

漢字	読み	画数
奏	かなで	9
奏		9
叶人	かなと	7
哉人		11
奏人		11
奏仁		13
奏斗		13
叶都		16
叶翔		17
奏音		18
奏都		20
夏那斗		21
奏翔		21
かなめ 要		9

叶芽	かん	13
奏芽		17
寛		13
幹		13
環		17
寛玄	かんげん	18
寛弦	かんすけ	21
勘介		15
寛介		17
勘助		18
勘太	かんた	15
貫太		15

学	がく	8
岳		8
幹太朗		27
寛大朗		25
栞太朗		24
貫太郎	かんたろう	24
環太		21
貫汰		18
栞汰		17
幹太		17
寛太		17
敢太		16
幹大		16
寛大		16

き

桔一	きいち	11
希一		8
岳翔		20
楽斗		17
楽人		15
岳杜		15
岳斗	がくと	12
雅久		16
樂久		15
賀久		15
楽久		13

希輔		21
喜介		16
葵介	きすけ	16
輝真		25
喜心		16
絆心	きしん	15
樹一		17
喜市		17
輝一		16
紀壱		16
貴一		13
稀一		13
喜一		13
葵一		13

希優		24
希紘	きひろ	17
稀陽		24
喜晴		24
稀悠		23
希春	きはる	16
桔平		15
吉平	きっぺい	11
吉之助	きちのすけ	16
吉之介		13
絆	きずな	11

音から選ぶ名づけ 男の子名 き きょう〜けい

きょう

漢字	ふりがな	画数
きょう		
匡		6
京		8
恭		10
響		20
恭一	きょういち	11
響一		21
京一郎	きょういちろう	18
恭一朗		21
響一郎		30
京吾	きょうご	15
恭吾		17
恭梧		21

きょうじ〜きょうのすけ

漢字	ふりがな	画数
きょうじ		
京司		13
恭士		13
恭司		15
京士朗	きょうしろう	21
恭司郎		24
京志郎		25
きょうすけ		
京介		12
匡佑		13
恭介		14
京丞		15
恭佑		17
杏輔		21

きょうた〜きょうへい

漢字	ふりがな	画数
恭輔	きょうすけ	24
響介		24
きょうた		
杏太		11
恭太		14
響太		24
京太郎	きょうたろう	21
恭太郎		23
杏之介	きょうのすけ	14
京之介		15
きょうへい		
匡平		11
京平		13
恭平		15

きょうや〜きよと

漢字	ふりがな	画数
きょうや		
京也		11
恭也		13
杏弥		15
匡哉		15
恭矢		15
京弥		16
恭弥		18
きよと		15
清斗		11
清登		11
清翔		11
聖都		13
きよはる		
清陽		23
聖晴		25

く

漢字	ふりがな	画数
きりと		
桐人		12
桐都		21
くうが		
空我		15
空河		16
空雅		21
くうや		3
空也		11
空弥		16
空哉		17
くおん		
久遠		16

け

漢字	ふりがな	画数
けい		
圭		6
佳		8
京		8
恵		10
啓		11
玖音	くおん	16
空穏		24
くらのすけ		
蔵之介		22
蔵之助		25
くんぺい		
薫平		21

音から選ぶ名づけ　男の子名　け　けい〜けいた

けい
- 彗[11] 11
- 敬[12] 12
- 景[12] 12
- 慶[15] 15
- 慧[15] 15

けいい
- 圭[6]偉[12] 18

けいいち
- 圭[6]一[1] 7
- 恵[10]一[1] 11
- 慧[15]一[1] 16
- 慶[15]一[1] 16

けいいちろう
- 圭[6]一[1]朗[10] 17
- 佳[8]一[1]郎[9] 18
- 啓[11]一[1]郎[9] 21
- 恵[10]一[1]朗[10] 21
- 慶[15]一[1]郎[9] 25

けいご
- 圭[6]伍[6] 12
- 圭[6]吾[7] 13
- 佳[8]吾[7] 15
- 圭[6]悟[10] 16
- 恵[10]梧 16
- 圭[6]梧[11] 17
- 恵[10]吾[7] 17
- 啓[11]吾[7] 18
- 恵[10]梧[11] 21
- 啓[11]悟[10] 21
- 慶[15]伍[6] 21
- 慶[15]吾[7] 22
- 慶[15]悟[10] 25
- 慧[15]悟[10] 25

けいし
- 圭[6]志[7] 13
- 佳[8]志[7] 15
- 啓[11]史[5] 16
- 啓[11]志[7] 18
- 慶[15]士[3] 18
- 啓[11]詩[13] 24

けいじ
- 慶[15]士[3] 18
- 慶[15]司[5] 20
- 慶[15]次[6] 21
- 慶[15]治[8] 23
- 啓[11]慈[13] 24

けいじゅ
- 圭[6]寿[7] 13
- 慶[15]樹[16] 31

けいしょう
- 圭[6]将[10] 16
- 慶[15]昇[8] 23
- 慶[15]翔[12] 27

けいしろう
- 啓[11]士[3]郎[9] 23
- 啓[11]士[3]朗[10] 24
- 慶[15]志[7]朗[10] 32

けいじろう
- 啓[11]次[6]郎[9] 26
- 慶[15]次[6]郎[9] 30

けいしん
- 啓[11]心[4] 15
- 敬[12]心[4] 16
- 慶[15]心[4] 19
- 啓[11]真[10] 21
- 慶[15]信[9] 24

けいすけ
- 圭[6]佑[7] 13
- 恵[10]介[4] 14
- 啓[11]介[4] 15
- 圭[6]祐[9] 15
- 敬[12]介[4] 16
- 恵[10]佑[7] 17
- 佳[8]輔[14] 22
- 恵[10]輔[14] 24
- 慶[15]祐[9] 24
- 慶[15]亮[9] 24
- 啓[11]輔[14] 25

けいせい
- 啓[11]生[5] 16
- 慶[15]成[6] 21
- 慶[15]星[9] 24
- 啓[11]誠[13] 24

けいた
- 圭[6]太[4] 10
- 佳[8]大[3] 11
- 佳[8]太[4] 12
- 圭[6]汰[7] 13
- 恵[10]大[3] 13
- 恵[10]太[4] 14
- 京[8]汰[7] 15
- 啓[11]太[4] 15
- 恵[10]多[6] 16
- 敬[12]太[4] 16
- 景[12]太[4] 16
- 恵太 16
- 啓[11]汰[7] 18

音から選ぶ名づけ／男の子名／**け**（けいた〜けんた）

啓仁 15 ／ 恵斗 14 ／ 啓人 13 ／ 圭人 8 ／ **けいと** ／ 慶太朗 29 ／ 景太郎 25 ／ 敬太郎 25 ／ 啓太朗 25 ／ 恵太朗 24 ／ 啓太郎 24 ／ **けいたろう** ／ 慶多 21 ／ 慶太 19 ／ 慶太 19 ／ 慶大 18

圭真 16 ／ **けいま** ／ 慶翔 27 ／ 景翔 24 ／ 景都 23 ／ 啓翔 23 ／ 恵翔 22 ／ 恵都 21 ／ 圭翔 18 ／ 圭登 18 ／ 慶人 17 ／ 慶人 17 ／ 圭都 17 ／ 恵斗 16 ／ 敬斗 16 ／ 啓斗 15

賢一 17 ／ 健一 12 ／ **けんいち** ／ 謙 17 ／ 賢 16 ／ 憲 16 ／ 健 11 ／ **けん** ／ 慶哉 24 ／ 慧弥 23 ／ 慶也 18 ／ 圭弥 14 ／ **けいや** ／ 慧真 25 ／ 慶真 25 ／ 啓真 21

健将 21 ／ 健生 16 ／ **けんしょう** ／ 賢治 24 ／ 健志 18 ／ 健司 16 ／ **けんじ** ／ 謙志 24 ／ 憲志 23 ／ 健志 18 ／ **けんし** ／ 謙吾 24 ／ 賢吾 23 ／ 健悟 21 ／ 健吾 18 ／ **けんご**

謙真 27 ／ 謙信 26 ／ 賢信 25 ／ 健慎 24 ／ 健真 21 ／ 堅心 16 ／ 絢心 16 ／ 健心 15 ／ 剣心 14 ／ **けんしん** ／ 謙志郎 33 ／ 健志郎 27 ／ 健士朗 24 ／ **けんしろう** ／ 健翔 23

謙太 21 ／ 健汰 18 ／ 健太 15 ／ 絢大 15 ／ 健大 14 ／ **けんた** ／ 賢誠 29 ／ 賢生 21 ／ 健成 17 ／ 健生 16 ／ **けんせい** ／ 賢祐 25 ／ 健佑 18 ／ 絢介 16 ／ 健介 15 ／ **けんすけ**

156

男の子名 け〜こ

けんたろう
健太郎 24 / 健太朗 25 / 憲太郎 29 / 謙太郎 30

けんと
健人 13 / 健斗 15 / 絢斗 16 / 賢人 18 / 謙人 19 / 賢斗 20 / 健翔 23

けんや 絢哉 21 / 賢弥 24

けんゆう 健友 15 / 絢友 16 / 賢侑 24

げん 元 4 / 玄 5 / 弦 8 / 絃 11 / 源 13

げんき 元気 10 / 弦希 15 / 元貴 16 / 絃希 18 / 元輝 19

げんた 元太 8 / 舷太 11 / 源大 16 / 源太 17

げんと 元杜 11 / 絃人 13 / 元翔 16

げんしん 弦新 21 / 源心 17 / 弦誠 21 / 玄晴 17

げんせい 弦誠 21 / 玄晴 17

弦輝 23

こ

こう
巧 5 / 光 6 / 孝 7 / 昊 8 / 皇 9 / 洸 9 / 晃 10 / 紘 10 / 航 10 / 滉 13

玄都 16 / 玄翔 17

こういち 光一 7 / 幸一 9 / 晃一 11 / 耕一 11 / 航一 11

こういちろう 孝一郎 17 / 航一朗 21

こうが 幸雅 21 / 凰雅 24 / 煌雅 26

こうき 光希 13

煌 13

こうき
幸希 15 / 晃生 15 / 航生 16 / 虹希 16 / 洸希 17 / 倖希 17 / 晃希 17 / 航希 17 / 晄希 17 / 孝樹 21 / 幸樹 23 / 昂樹 23 / 昊輝 23 / 昂樹 24 / 航輝 25

音から選ぶ名づけ　男の子名　こ　こうき〜こうめい

こうし
名前	画数
浩志	17
幸志	15
晃士	13
光志	13

こうじ
名前	画数
恒志	16
晃司	15
光志	13

こうしろう
名前	画数
康志郎	27
航史郎	24
幸史朗	23
幸士朗	21

（右上）煌樹 29／煌貴 25

こうすけ
名前	画数
康輔	25
浩輔	24
晃輔	24
康佑	18
煌介	17
孝祐	16
康介	15
幸助	15
航介	14
洸介	13
光佑	13
孝介	11

こうせい
名前	画数
晃正	15
光星	15

（続き）康生 16／康成 17／弘誠 18／煌世 18／煌生 18／好誠 19／煌成 19／幸聖 21／幸誠 21／康晴 23／晃誠 23／康誠 24／煌聖 26

こうた
名前	画数
孝太	11
宏太	11
幸大	11
幸太	12
光汰	13
航大	13
虹太	13
洸太	14
晃太	14
航太	15
康汰	15
昂汰	15
昊汰	15
煌大	16
晃汰	17
航汰	17
煌太	17

こうだい
名前	画数
功大	8
広大	8
幸大	11
昂大	11
昊大	11
航大	13
煌大	16

こうたろう
名前	画数
孝太朗	21
幸太郎	21
倖太郎	23
光汰朗	23
晃太郎	23
航太郎	23
洸太朗	23

こうへい
名前	画数
光平	11
幸平	13
昂平	13
晃平	15
紘平	15
航平	15
康平	16
滉平	18
煌平	18

こうめい
名前	画数
弘明	13
孝明	15

（右下）康太郎 24／耕太朗 24／航太朗 24

幸明	昂明	煌明	こうや	晃也	紘也	航也	昊哉	光矢	幸弥	昂弥	昊弥	滉也	煌也	こうよう	向陽
16	16	21		13	13	13	13	15	16	16	16	16	16		18

虹陽	こころ	心	こじろう	小次郎	琥士郎	虎次郎	こたろう	心太朗	昊太朗	虎太朗	虎汰郎	琥大朗	琥太郎	琥大朗
21		4		18	23	25		18	21	21	22	24	25	25

琥太朗	こてつ	虎哲	虎鉄	虎徹	こはく	虎白	琥白	琥珀	琥珀	ごう	郷	豪	ごうき	豪己	剛輝
26		18	21	23		13	17	17	21		11	14		17	25

さきと	咲人	咲斗	咲翔	さく	朔	朔久	咲玖	咲空	朔玖	朔空	さくた	咲太
	11	13	21		10	13	16	17	17	18		13

朔大	朔太	さくたろう	咲太郎	朔太郎	朔太朗	咲多朗	さくと	咲人	咲人	咲斗	朔斗	朔都	咲翔
13	14		22	23	23	24	25		11	12	13	13	14	20	21

朔都	朔登	朔翔	さくのすけ	咲之介	咲之介	さくま	咲真	朔真	朔馬	さくや	咲也	咲弥	咲哉
21	22	22		16	17		19	20	20		12	13	15	17	18

智士 [12,3]	慧 [15]	聡 [14]	智 [12]	怜 [8]	**さとし**	颯貴 [14,12]	颯希 [14,7]	皐月 [11,4]	皐 [11]	**さつき**	颯介 [14,4]	冴介 [7,4]	**さすけ**	朔哉 [10,9]	朔弥 [10,8]
15	15	14	12	8		26	21	15	11		18	11		19	18

詩桜 [13,10]	志旺 [7,8]	士桜 [3,10]	**しおう**	慧 [15]	聡 [14]	惺 [12]	悟 [10]	**さとる**	聡志 [14,7]	智志 [12,7]	悟志 [10,7]	哲史 [10,5]
23	15	13		15	14	12	10		21	19	17	15

志月 [7,4]	**しづき**	雫玖 [11,7]	雫 [11]	**しずく**	志穏 [7,16]	詩音 [13,9]	紫音 [12,9]	史穏 [5,16]	志温 [7,12]	志恩 [7,10]	心温 [4,12]	志音 [7,9]	史恩 [5,10]	士恩 [3,10]	**しおん**
11		18	11		23	22	21	21	19	17	16	16	15	13

珠羽 [10,6]	柊羽 [9,6]	珠生 [10,5]	修 [10]	柊 [9]	周 [8]	秀 [7]	**しゅう**	志信 [7,9]	忍 [7]	**しのぶ**	獅堂 [13,11]	志道 [7,12]	士道 [3,12]	**しどう**	紫月 [12,4]
16	15	15	10	9	8	7		16	7		24	19	15		16

脩詠 [11,12]	秀英 [7,8]	修永 [10,5]	**しゅうえい**	修一郎 [10,1,9]	柊一郎 [9,1,9]	秀一郎 [7,1,9]	**しゅういちろう**	修一 [10,1]	柊一 [9,1]	秀一 [7,1]	**しゅういち**	志優 [7,17]	志勇 [7,9]	史侑 [5,8]	**しゅう**
23	15	15		20	19	17		11	10	8		24	16	13

柊志 [9,7]	修司 [10,5]	柊司 [9,5]	**しゅうじ**	修悟 [10,10]	脩吾 [11,7]	秀悟 [7,10]	修吾 [10,7]	柊吾 [9,7]	周吾 [8,7]	秀伍 [7,6]	**しゅうご**	秀輝 [7,15]	柊貴 [9,12]	柊希 [9,7]	**しゅうき**
16	15	14		20	18	17	17	16	15	13		22	21	16

音から選ぶ名づけ　男の子名　**さ**　さくや〜しゅうじ

音から選ぶ名づけ　男の子名　し　しゅうじ〜しゅんすけ

しゅうじ
柊治 17

しゅうすけ
秀介 11 / 柊介 13 / 秀祐 16

しゅうせい
秀成 13 / 秀征 15 / 柊成 15 / 柊星 18 / 柊惺 21

しゅうた
秀太 11 / 柊太 13 / 修太 14 / 柊汰 16

しゅうたろう
秀太朗 21 / 柊太郎 22 / 柊太朗 23

しゅうと
秀斗 11 / 柊人 11 / 柊仁 13 / 柊斗 13 / 修斗 14 / 秀都 18 / 秀翔 19 / 柊都 20 / 柊翔 21

しゅうのすけ
柊之介 16

しゅうへい
秀平 12 / 周平 13 / 柊平 14 / 修平 15 / 脩平 16

しゅうま
秀真 17 / 周真 18 / 柊真 19 / 柊馬 19 / 修真 20 / 脩真 21 / 秀磨 23 / 柊摩 24 / 柊磨 25

しゅうや
宗也 11 / 柊也 12 / 修也 13 / 秀弥 15 / 秀哉 16 / 周哉 17 / 柊弥 17 / 修弥 18 / 柊哉 18

しゅん
旬 6 / 俊 9 / 洵 9 / 峻 10 / 隼 10

しゅんいち
俊一 10 / 隼一 11 / 駿一 18

竣 12 / 舜 13 / 駿 17 / 瞬 18

しゅんえい
俊瑛 21 / 駿栄 26

しゅんき
隼生 15 / 俊希 16 / 駿希 24 / 隼輝 25

しゅんご
俊吾 16 / 舜悟 23 / 駿悟 24

駿貴 29

しゅんじ
峻司 15 / 隼史 15

しゅんすけ
俊介 13 / 俊佑 16 / 竣介 16 / 隼佑 17 / 俊亮 18 / 隼亮 19 / 駿介 21

音 から選ぶ名づけ ／ 男の子名 ／ し ／ しゅんすけ〜しょうすけ

しゅんすけ
- 俊輔 23
- 峻輔 24
- 駿佑 24
- 隼輔 24

しゅんせい
- 隼成 16
- 春晴 21
- 竣星 21
- 隼誠 23

しゅんた
- 俊太 13
- 竣太 16
- 隼汰 17
- 駿太 21

しゅんたろう
- 隼太郎 23
- 峻太朗 24
- 隼太朗 24
- 駿太朗 31

しゅんと
- 俊斗 13
- 舜人 15
- 竣斗 16
- 俊翔 21
- 駿斗 21

しゅんのすけ
- 俊之介 16
- 駿之介 24

しゅんぺい
- 旬平 11
- 俊平 14
- 隼平 15

しゅんま
- 旬真 16
- 俊真 19

しゅんや
- 隼也 13
- 旬哉 15
- 俊哉 18
- 峻弥 18
- 隼弥 18
- 舜弥 21
- 駿弥 25

しょう
- 匠 6
- 尚 8
- 昇 8
- 将 10
- 祥 10
- 渉 11
- 晶 12
- 翔 12
- 奨 13
- 聖 13
- 樟 15
- 翔央 17
- 翔生 17
- 紫陽 24

しょういち
- 祥一 11
- 翔一 13
- 彰一 15

しょういちろう
- 匠一郎 16
- 祥一朗 21
- 翔一郎 22
- 翔一朗 23

しょうえい
- 匠栄 15
- 尚英 16
- 将英 18
- 翔瑛 24

しょうき
- 翔己 15
- 奨己 16
- 翔生 17
- 翔葵 24
- 翔稀 24
- 翔貴 24
- 翔輝 27

しょうご
- 尚吾 15
- 昇吾 15
- 正悟 15
- 匠悟 16
- 将伍 16
- 省吾 16
- 将吾 17
- 章吾 18
- 翔伍 18
- 翔吾 19
- 彰吾 21
- 奨悟 23

しょうすけ
- 尚助 15
- 翔介 16

音から選ぶ名づけ　男の子名　し　しょうせい〜しんげん

しょうせい
将成 16／翔成 18／翔星 21

しょうた
昇大 11／匠汰 13／将大 13／祥大 13／翔大 15／勝太 16／翔太 16／彰太 18

しょうだい
昇大 11／将大 13／翔大 15

しょうたろう
尚太郎 21／祥太郎 23／将太朗 24／祥太朗 24／章太郎 24／勝太郎 25／翔太郎 25／翔太朗 26

しょうと
翔斗 16／匠翔 18

しょうのすけ
匠之介 13／昇之介 15／将之介 17

しょうへい
昇平 13／昌平 13／将平 15／祥平 15／渉平 16／翔平 17

しょうま
正真 15／匠真 16／匠馬 16／尚真 18／昇馬 18／将真 20／祥真 20／翔真 22／翔馬 22／奨真 23／聖真 23／昇磨 24／昌磨 24

しょうや
昇也 11／将也 13／翔也 15／奨也 16／翔矢 17／翔哉 21

しょうよう
翔陽 24

しょうり
昇利 15／翔吏 18／奨李 20

しりゅう
子龍 19／司龍 21／志龍 23

しん
心 4／伸 7／芯 7／信 9／真 10／眞 10／進 11／慎 13／新 13

しんいち
心一 5／信一 10／真一 11／慎一 14／新一 14

しんいちろう
伸一朗 18／信一朗 20／慎一郎 23／新一朗 24

しんげん
心玄 9／信元 13

しんげん
心絃 15 / 真弦 18

しんご
心吾 11 / 信吾 16 / 真伍 16 / 真吾 17 / 慎吾 20

しんじ
晋司 15 / 真司 15 / 信志 16 / 心慈 17 / 慎司 18 / 真治 18 / 慎治 21

しんじろう
真司郎 24 / 進仁郎 24 / 進次郎 26

しんすけ
真佑 17 / 信輔 23

しんた
心大 7 / 心汰 11 / 慎大 16 / 慎太 17

しんたろう
心太郎 17 / 心太朗 18 / 信太朗 23 / 真太朗 24 / 進太郎 24 / 慎太郎 26 / 慎太朗 27

しんのすけ
心之介 11 / 心之丞 13 / 真之介 17 / 慎之介 20 / 心之輔 21 / 慎之助 23 / 慎之輔 30

しんぺい
心平 9 / 慎平 18 / 新平 18

しんや
真也 13 / 伸哉 16 / 慎也 16 / 真弥 18 / 慎弥 21 / 慎哉 22

じゅん
旬 6 / 准 10 / 純 10 / 淳 11 / 準 13 / 潤 15

じゅんいち
准一 11 / 純一 11

じゅんき
純基 21 / 純輝 25 / 潤樹 31

じゅんせい
淳生 16 / 潤成 21 / 洵惺 21

じゅんた
純太 14 / 淳太 15 / 潤太 19

じゅんのすけ
淳之介 18 / 純之助 20 / 潤乃介 21

じゅんぺい
純平 15 / 淳平 16 / 惇平 16 / 潤平 20

じゅんや
純也 13 / 絢也 15 / 純弥 18

じょう
丈 3 / 丞 6 / 穣 18 / 譲 20

| 仁人 4+2=6 | じんと | 尋太 12+4=16 | 仁太 4+4=8 | じんた | 迅 6 | 仁 4 | じん | 丞汰朗 6+7+10=23 | 丈太郎 3+4+9=16 | じょうたろう | 譲司 20+5=25 | 穣司 18+5=23 | 穣士 18+3=21 | 丈士 3+3=6 | じょうじ |

| 優 17 | 傑 13 | 卓 8 | すぐる | 翠 14 | 彗 11 | 粋 10 | すい | | 仁之亮 4+3+9=16 | 仁之介 4+3+4=11 | じんのすけ | 仁翔 4+12=16 | 仁登 4+12=16 |

| 澄人 15+2=17 | 菫斗 11+4=15 | すみと | 澄晴 15+12=27 | 澄春 15+9=24 | 昴晴 9+12=21 | 昴琉 9+11=20 | 昴 9 | すばる | 進 11 | 丞 6 | すすむ | 涼翔 11+12=23 | 涼斗 11+4=15 | すずと |

| 誠一 13+1=14 | 聖一 13+1=14 | 惺一 12+1=13 | 誠 13 | 聖 13 | 惺 12 | 晴 12 | 晟 10 | 星 9 | 成 6 | 生 5 | せい | |

| 誠士 13+3=16 | 征士 8+3=11 | せいじ | 惺吾 12+7=19 | 晴吾 12+7=19 | 清吾 11+7=18 | 星吾 9+7=16 | 成悟 6+10=16 | 正悟 5+10=15 | 成吾 6+7=13 | せいご | 誠一朗 13+1+10=24 | 惺一朗 12+1+10=23 | 晴一朗 12+1+10=23 | 成一郎 6+1+9=16 | せいいちろう |

| 晴太 12+4=16 | 清太 11+4=15 | 晴大 12+3=15 | 成汰 6+7=13 | せいた | 誠志郎 13+7+9=29 | 誠士郎 13+3+9=25 | 清史郎 11+5+9=25 | 清士朗 11+3+10=24 | 晴士郎 12+3+9=24 | 正志郎 5+7+9=21 | せいしろう | 誠治 13+8=21 | 誠志 13+7=20 | 誠司 13+5=18 | 聖司 13+5=18 |

165

誠大[13]	惺太[13]	誠太[13]	晴大[13]	惺大[13]	せいだい	清太郎[11]	晴太郎[13]	誠太朗[13]	せいと[9]	星斗[9]	聖人[9]	せいのすけ	成之介[6]	誠之助[13]
16	16	17	15	15		24	25	27	13	15	13		13	23

せいや	晴也[12]	聖也[12]	誠也[13]	晴矢[13]	聖矢[13]	晴哉[13]	惺哉[13]	せいりゅう	成龍[13]	聖竜[13]	せな[6]	成那[9]	星凪[9]	星那[9]	惺成[12]
	15	16	16	17	18	21	21		22	23		13	15	16	18

聖那[19]	惺南[12]	せら[6]	世來[13]	星良[12]	聖羅[13]	せんり[9]	泉李[9]	泉里[13]	千璃[13]	ぜん[6]	善[12]	然[12]	禅[13]	ぜんた[12]	善太[12]
20	21		13	16	32		16	16	18		12	12	13		16

そ

善汰[12]		そう[6]	壮[6]	奏[9]	爽[11]	創[12]	湊[12]	想[13]	蒼[13]	颯[14]	蒼生[13]	そういち[13]	奏一[10]
19			6	9	11	12	12	13	13	14	18		10

創[12]一[1]朗[10]	湊[12]一[1]朗[10]	蒼[13]一[1]朗[10]	聡[14]一[1]朗[10]	颯[14]一[1]郎[9]	そういちろう	壮[6]一[1]郎[9]	宗[8]一[1]郎[9]	宗[8]一[1]朗[10]	奏[9]一[1]朗[10]	創[12]一[1]朗[10]	蒼[13]一[1]朗[10]	湊[12]一[1]朗[10]	総[14]一[1]郎[9]	颯[14]一[1]郎[9]	聡[14]一[1]朗[10]
13	13	14	15	15		16	18	19	19	23	23	23	24	24	25

そうき	壮希[7]	蒼己[13]	創喜[12]	奏輝[15]	蒼稀[15]	蒼輝[15]	蒼樹[16]	そうげん	創玄[17]	奏弦[17]	蒼玄[13]	蒼弦[13]	そうご[6]	壮吾[7]
	13	16	16	16	24	24	25		28	29	17	17		18	21	13

音から選ぶ名づけ　男の子名　そ　そうご〜そうたろう

そうご
- 蒼[13]悟[10] 23
- 颯[14]吾[7] 21
- 壮[6]悟[10] 16
- 奏[9]伍[6] 15
- 宗[8]吾[7] 15

そうし
- 壮[6]史[5] 11
- 壮[6]志[7] 13
- 宗[8]志[7] 15
- 創[12]士[3] 15
- 奏[9]至[6] 15
- 湊[12]士[3] 15
- 奏[9]志[7] 16
- 蒼[13]士[3] 16
- 颯[14]士[3] 17
- 蒼[13]司[5] 18
- 蒼[13]史[5] 18
- 総[14]司[5] 19
- 蒼[13]志[7] 20
- 颯[14]志[7] 21

そうじ
- 壮[6]志[7] 13
- 総[14]司[5] 19

そうしろう
- 壮[6]史[5]朗[10] 21
- 奏[9]士[3]郎[9] 21
- 湊[12]士[3]郎[9] 24
- 創[12]士[3]朗[10] 25
- 奏[9]志[7]郎[9] 25
- 蒼[13]士[3]郎[9] 25
- 湊[12]士[3]朗[10] 25
- 颯[14]志[7]朗[10] 31

そうすけ
- 宗[8]介[4] 12
- 奏[9]介[4] 13
- 壮[6]亮[9] 15
- 創[12]介[4] 16
- 奏[9]佑[7] 16
- 湊[12]介[4] 16
- 想[13]介[4] 17
- 蒼[13]介[4] 17
- 奏[9]祐[9] 18
- 聡[14]介[4] 18
- 颯[14]介[4] 18
- 蒼[13]佑[7] 20
- 聡[14]佑[7] 21
- 蒼[13]祐[9] 22
- 奏[9]輔[14] 23
- 颯[14]亮[9] 23

そうしん
- 奏[9]心[4] 13
- 創[12]心[4] 16
- 湊[12]心[4] 16
- 蒼[13]心[4] 17
- 颯[14]心[4] 18

そうじろう
- 宗[8]次[6]郎[9] 23
- 蒼[13]士[3]郎[9] 25
- 蒼[13]司[5]朗[10] 28

そうた
- 壮[6]太[4] 10
- 壮[6]汰[7] 13
- 奏[9]太[4] 13
- 創[12]大[3] 15
- 奏[9]多[6] 15
- 爽[11]太[4] 15
- 湊[12]大[3] 15
- 創[12]太[4] 16
- 奏[9]汰[7] 16
- 想[13]大[3] 16
- 蒼[13]大[3] 16
- 湊[12]太[4] 16
- 想[13]太[4] 17
- 蒼[13]太[4] 17
- 颯[14]大[3] 17
- 爽[11]汰[7] 18
- 聡[14]太[4] 18
- 颯[14]太[4] 18
- 蒼[13]汰[7] 20
- 颯[14]汰[7] 21

そうだい
- 湊[12]大[3] 15
- 想[13]大[3] 16
- 蒼[13]大[3] 16
- 颯[14]大[3] 17

そうたろう
- 宗[8]太[4]郎[9] 21
- 奏[9]太[4]朗[10] 23
- 湊[12]太[4]郎[9] 24
- 創[12]太[4]郎[9] 25
- 爽[11]太[4]朗[10] 25
- 湊[12]太[4]朗[10] 25
- 蒼[13]太[4]郎[9] 26
- 蒼[13]太[4]朗[10] 27
- 颯[14]太[4]郎[9] 27
- 聡[14]太[4]朗[10] 28

颯太朗 14 28	そうのすけ	宗之介 13 15	颯之介 9 21	蒼之介 13 23	そうへい	壮平 6 11	爽平 11 16	湊平 12 17	蒼平 13 18	颯平 14 19	壮真 6 16	壮馬 6 16	奏真 9 19	奏馬 9 19	そうま
創真 12 22	湊真 12 22	想真 13 23	蒼真 13 23	蒼眞 13 23	聡真 14 24	聡馬 14 24	颯真 14 24	颯眞 14 24	奏磨 9 25	そうめい	奏明 9 17	想明 13 21	蒼明 13 21
聡明 14 22	そうや	創也 12 15	壮哉 6 15	湊也 12 15	蒼也 13 15	奏弥 9 17	蒼矢 13 18	創哉 12 21	想弥 13 21	蒼弥 13 21	そうわ	奏和 9 17	想和 13 21	蒼和 13 21
そら	空 8	宙 8	昊 8	壮良 6 13	空良 8 15	奏良 9 16	爽良 11 18	想良 13 20	蒼空 13 21	颯良 14 21	そらと	昊叶 8 13	天翔 4 16	奏良人 9 18	空翔 8 20
蒼良斗 13 24		たいが	大河 3 11	大賀 3 15	太翔 4 16	大賀 3 16	大雅 3 16	泰河 10 18	大駕 3 18	泰雅 10 23	たいき	太希 4 11	泰生 10 15
大稀 3 15	泰希 10 17	泰季 10 18	大輝 3 18	大樹 3 19	泰基 10 21	泰輝 10 25	たいし	大士 3 6	大志 3 10	太志 4 11	泰士 10 13	泰司 10 15	泰史 10 15	泰至 10 16	大詩 3 16

音から選ぶ名づけ｜男の子名｜た（たいし〜たかひろ）

たいし
- 泰志（10・7）17

たいじゅ
- 大寿（3・7）10
- 大珠（3・10）13
- 泰寿（10・7）17
- 大樹（3・16）19

たいしん
- 大心（3・4）7
- 太心（4・4）8
- 大新（3・13）16

たいすけ
- 太亮（4・9）13
- 泰介（10・4）14
- 泰佑（10・7）17
- 太輔（4・14）18
- 泰輔（10・14）24

たいせい
- 大成（3・6）9
- 大晟（3・10）13
- 泰世（10・5）15
- 泰正（10・5）15
- 泰生（10・5）15
- 大晴（3・12）15
- 大惺（3・12）15
- 太晴（4・12）16
- 泰成（10・6）16
- 大聖（3・13）16
- 大誠（3・13）16
- 泰聖（10・13）23
- 泰誠（10・13）23

たいち
- 太一（4・1）5
- 汰一（7・1）8
- 泰一（10・1）11
- 大知（3・8）11
- 太千 13
- 大智（3・12）15
- 太智（4・12）16
- 泰地（10・6）16
- 泰知（10・8）18
- 泰智（10・12）22

たいと
- 泰斗（10・4）14
- 大翔（3・12）15
- 泰都（10・11）21

たいよう
- 大洋（3・9）12
- 大遥（3・12）15
- 大陽（3・12）15
- 太陽（4・12）16
- 泰洋（10・9）19
- 大耀（3・20）23
- 太耀（4・20）24

たいら
- 平（5）5
- 泰良（10・7）17
- 平羅（5・19）24

たいり
- 泰吏（10・6）16
- 泰理（10・11）21

たお
- 汰央（7・5）12
- 汰生（7・5）12
- 太鳳（4・14）18

たかおみ
- 隆臣（11・7）18
- 鷹臣（24・7）31

たかし
- 隆志（11・7）18
- 貴志（12・7）19
- 鷹志（24・7）31

たかと
- 孝斗（7・4）11
- 隆人（11・2）13
- 隆斗（11・4）15
- 貴仁（12・4）16
- 孝翔（7・12）19
- 貴翔（12・12）24

たかなり
- 孝成（7・6）13
- 貴也（12・3）15

たかのり
- 孝徳（7・14）21
- 隆徳（11・14）25

たかはる
- 天晴（4・12）16
- 孝陽（7・12）19
- 貴晴（12・12）24

たかひと
- 隆仁（11・4）15
- 貴仁（12・4）16

たかひろ
- 貴大（12・3）15
- 隆弘（11・5）16
- 貴裕（12・12）24
- 尊裕（12・12）24

音から選ぶ名づけ

男の子名

た たかふみ〜たつき

たかふみ
- 隆文 15
- 貴史 17

たかまさ
- 隆将 21
- 貴優 29

たかや
- 隆矢 16
- 尊哉 21

たかゆき
- 貴之 15
- 孝幸 15
- 貴行 18

たから
- 宝 8
- 宝良 15

たき
- 多希 13
- 多喜 18
- 多輝 21

たく
- 拓 8
- 太玖 11

たくと
- 巧人 7
- 拓人 10
- 拓斗 12
- 匠音 15
- 匠翔 18
- 拓翔 20

たくま
- 逞 11

（たくみ 関連）
- 巧真 15
- 巧馬 15
- 匠真 16
- 拓真 18
- 拓馬 18
- 琢真 21
- 拓磨 24
- 琢磨 27

たくみ
- 巧 5
- 匠 6
- 拓巳 11
- 拓未 13
- 匠海 15
- 巧望 16
- 拓実 16

- 拓海 17

たくや
- 卓也 11
- 拓也 11
- 拓矢 13
- 匠哉 15
- 拓哉 17

たくろう
- 拓郎 17
- 琢朗 21

たけし
- 武史 13
- 岳志 15
- 武志 15

たけと
- 健人 13

- 丈登 15
- 健翔 23

たけとら
- 丈虎 11
- 武虎 16

たけはる
- 丈晴 15

たけひろ
- 岳大 11
- 岳洋 17
- 健寛 24

たける
- 岳 8
- 武 8
- 健 11
- 尊 12

- 竜生 15

たつき
- 龍臣 23
- 竜臣 17

たつおみ
- 翼 17
- 侑久 11
- 祐 9
- 侑 8
- 佑 7
- 丞 6
- 匡 6

たすく
- 健瑠 25
- 尊琉 23
- 武流 18

読み	漢字	画数
	樹希[16][7]	16
	達希[12][7]	19
	樹生[16][5]	21
	龍生[16][5]	21
	樹希[16][7]	23
	辰樹[7][16]	23
	龍希[16][7]	23
	達貴[12][12]	24
	竜輝[10][15]	25
	龍輝[16][15]	31
	龍樹[16][16]	32
たつのすけ	辰之助[7][2][7]	17
	龍之介[16][2][4]	23
たつみ		
	竜己[10][3]	13

読み	漢字	画数
	達海[12][9]	21
	龍海[16][9]	25
たつや		
	竜也[10][3]	13
	達也[12][3]	15
	達哉[12][9]	21
たろう		
	太郎[4][9]	13
	汰朗[7][10]	14
	汰朗[7][10]	17
だい		
	大[3]	3
	橙[16]	16
だいき		
	大希[3][7]	10
	大喜[3][12]	15

読み	漢字	画数
	大稀[3][12]	15
	大貴[3][12]	15
	大暉[3][13]	16
	大輝[3][15]	18
	大樹[3][16]	19
	大騎[3][18]	21
だいご		
	大吾[3][7]	10
	大悟[3][10]	13
	大瑚[3][13]	16
	大護[3][20]	23
だいし		
	大志[3][7]	10
	大嗣[3][13]	16
だいじろう		
	大仁郎[3][4][9]	16

読み	漢字	画数
	大治朗[3][8][10]	21
	大介[3][4]	7
	大佑[3][7]	10
	大祐[3][9]	12
	大輔[3][14]	17
だいち		
	大地[3][6]	9
	大知[3][8]	11
	大智[3][12]	15
	大馳[3][13]	16
	太智[4][12]	16
だいと		
	大斗[3][4]	7
	大登[3][12]	15
	大翔[3][12]	15

読み	漢字	画数
だいや		
	大也[3][3]	6
	大弥[3][8]	11
	大哉[3][9]	12
だん		
	暖[13]	13

読み	漢字	画数
ちあき		
	千晃[3][10]	13
	千瑛[3][12]	15
	千暁[3][12]	15
	千陽[3][12]	15
	千彰[3][14]	17
	智瑛[12][12]	24

読み	漢字	画数
ちから		
	力[2]	2
	主税[5][12]	17
ちさと		
	千聖[3][13]	16
	千慧[3][15]	18
	智聖[12][13]	21
	智慧[12][15]	27
ちはや		
	千隼[3][10]	13
	千颯[3][14]	17
	知隼[8][10]	18
ちはる		
	千春[3][9]	12
	千晴[3][12]	15
	千陽[3][12]	15

智陽¹²ちひろ	千紘³	千尋³	千博³	千裕³	千大³	智尋¹²		司⁵つかさ	吏⁶	月斗⁴つきと
24	13	15	15	15	15	24		5	6	8

月翔⁴	椿¹³	椿生⁵つばき	翼⁷	翼冴⁷	つむぎ	紡⁵	紡生⁵	紬生⁵	紬喜¹²	紬貴¹²	紡¹⁰つむぐ
16	13	18	17	24	11	15	16	18	23	23	10

紬¹¹	剛司¹⁰つよし	剛志¹⁰		てつ	哲¹⁰	徹¹⁵	てっしょう	鉄生¹³	哲翔¹⁰	哲心¹⁰てっしん	鉄心¹³
11	15	17		10	15		18	22	14	17

哲大¹⁰	哲太¹⁰	てつと	哲人¹⁰	哲斗¹⁰	徹人¹⁵	てっぺい	哲平¹⁰	鉄平¹³	徹平¹⁵	哲也¹⁰	哲弥¹⁰	徹也¹⁵	哲哉¹⁰
13	14		12	14	17		15	18	20	13	18	18	19

照¹³	輝¹⁵	照馬¹³てるま	輝真¹⁵	てるや	照也¹³	輝哉¹⁵	天翔⁴	天聖⁴	天彰⁴	てんせい	天成⁴	天晴⁴
13	15	23	25		16	24	16	17	18		10	16

天悟¹²てんま	天真¹⁰	天馬⁴	天誠⁴	てんよう	天洋⁴	天陽⁴		とあ	斗亜⁴	斗蒼⁴	翔空¹²
16	14	14	17		13	16		11	17	17	20

172

音から選ぶ名づけ　男の子名　と　とうい〜ともはる

とうい
- 斗唯（斗4 唯11）15
- 十維（十2 維14）16

とうご
- 冬悟（冬5 悟10）15
- 東吾（東8 吾7）15
- 柊吾（柊9 吾7）16
- 橙吾（橙16 吾7）23

とうじ
- 橙士（橙16 士3）19
- 橙志（橙16 志7）23

とうま
- 斗真（斗4 真10）14
- 斗眞（斗4 眞10）14
- 叶真（叶5 真10）15
- 冬真（冬5 真10）15

とうり
- 桃李（桃10 李7）17
- 柊李（柊9 李7）16

とうや
- 橙弥（橙16 弥8）24
- 橙矢（橙16 矢5）21
- 透也（透10 也3）13
- 斗哉（斗4 哉9）13
- 桐也（桐10 也3）13

とうま
- 橙真（橙16 真10）26
- 柊磨（柊9 磨16）25
- 統真（統12 真10）22
- 登真（登12 真10）22
- 透真（透10 真10）20
- 柊真（柊9 真10）19
- 冬馬（冬5 馬10）15

ときお
- 時生（時10 生5）15
- 時央（時10 央5）15

とき
- 斗輝（斗4 輝15）19
- 都希（都11 希7）18
- 斗希（斗4 希7）11

とおる
- 徹 15
- 透 10

とうわ
- 橙和（橙16 和8）24
- 透和（透10 和8）18
- 柊羽（柊9 羽6）15

- 橙李（橙16 李7）23
- 橙利（橙16 利7）23

とむ
- 翔夢（翔12 夢13）25
- 叶夢（叶5 夢13）18

としや
- 寿哉（寿7 哉9）16
- 寿弥（寿7 弥8）15
- 隼也（隼10 也3）13

としき
- 俊輝（俊9 輝15）24
- 寿樹（寿7 樹16）23

としあき
- 俊明（俊9 明8）17
- 寿明（寿7 明8）15

ときや
- 季弥（季8 弥8）16
- 凱也（凱12 也3）15

とも
- 智希（智12 希7）19
- 智生（智12 生5）17
- 友貴（友4 貴12）16
- 友喜（友4 喜12）16
- 友葵（友4 葵12）16
- 友基（友4 基11）15
- 朋希（朋8 希7）15
- 知希（知8 希7）15
- 友希（友4 希7）11

ともき
- 智陽（智12 陽12）24
- 友瑛（友4 瑛12）16

ともあき
- 智 12
- 友 4

ともはる
- 智陽（智12 陽12）24
- 智晴（智12 晴12）24
- 友晴（友4 晴12）16
- 友悠（友4 悠11）15

- 智樹（智12 樹16）28
- 智輝（智12 輝15）27
- 朋樹（朋8 樹16）24
- 智貴（智12 貴12）24
- 知樹（知8 樹16）24
- 智基（智12 基11）23
- 朋輝（朋8 輝15）23
- 知輝（知8 輝15）23
- 智紀（智12 紀9）21
- 友樹（友4 樹16）20
- 友輝（友4 輝15）19

音から選ぶ名づけ　男の子名

と　ともひと〜なおまさ

| 智哉 21 | 朋弥 16 | 知弥 16 | 智也 15 | 友哉 13 | 朋也 11 | 友也 7 | ともや | 智裕 24 | 智博 24 | 智弘 17 | 智大 15 | 知宏 15 | ともひろ | 智仁 16 | ともひと |

| 杜和 15 | 叶和 13 | 叶羽 11 | とわ | 虎之輔 25 | 虎之助 18 | 虎之介 15 | とらのすけ | 智朗 22 | 友郎 13 | ともろう | 燈 16 | ともる | 智行 18 | 智之 15 | ともゆき |

| 直明 16 | なおあき | 直生 13 | 直央 13 | 尚生 13 | 尚央 13 | 直 8 | 尚 8 | なお | | 翔和 20 | 永遠 18 | 飛和 17 | 飛羽 15 |

| 尚孝 15 | なおたか | 直樹 24 | 尚樹 24 | 直輝 23 | 直毅 23 | 尚輝 23 | 尚陣 21 | 尚貴 20 | 直紀 17 | 尚希 15 | 直希 15 | 直生 13 | 直己 11 | なおき | 直晃 18 |

| 尚仁 12 | なおひと | 直翔 20 | 直登 20 | 尚翔 20 | 直央人 15 | 直斗 12 | 直人 10 | 尚人 10 | なおと | 直太朗 22 | 直太郎 21 | なおたろう | 直隆 19 | 尚隆 19 | 直孝 15 |

| 直将 18 | 尚政 17 | 直政 17 | 直正 13 | なおまさ | 直史 13 | 尚文 12 | なおふみ | 直優 25 | 直洋 17 | 尚宏 15 | 直弘 13 | 直央 13 | 尚弘 13 | なおひろ | 直仁 12 |

音から選ぶ名づけ　男の子名　な　なおや〜はく

な

なおや	尚也11	直也11	直矢13	尚弥16	直弥16	尚哉17	直哉17	なおゆき11	直之15	直志16	尚幸16	直幸6	凪11	梛11 なぎ

| なぎさ11 | 渚11 | 凪紗16 | なぎと8 | 凪人10 | 凪斗13 | 渚人13 | 梛人15 | 渚斗17 | 凪都18 | 凪翔12 | なつ10 | 夏13 | 那津16 | 凪都17 |

| なつき11 | 那月15 | 梛月17 | 夏希21 | 夏絆23 | 夏暉25 | 夏輝26 | ななせ11 | 七星15 | 七聖21 | 七瀬6 | ななと10 | 七斗11 | 七音13 | 七都 |

| なるき13 | 成希18 | 成喜21 | 成輝6 | 成 | 七瑠14 | 成琉16 | 那瑠17 | 那由太16 | 那有大16 | なゆた12 | 波音17 | 波斗15 | なみと11 | 七翔14 |

の

| 希7 | 乃蒼15 | 希空15 | のあ | 寧斗18 | 寧人16 | ねいと |

| なるみ15 | 成海 |

は

| 珀玖16 | 羽玖13 | 珀9 | はく | 望夢24 | 希夢20 | 希望18 | 望11 | 希7 | のぞむ | 希海16 | 希実15 | 望11 |

音から選ぶ名づけ　男の子名　は　はくと〜はるき

はくと
- 珀人 11
- 珀仁 13
- 珀斗 13
- 博斗 16
- 珀音 18
- 珀翔 21

はじめ
- 一 1
- 元 4
- 朔 10
- 創 12
- 肇 14

はづき
- 晴月 16
- 葉月 16

- 蓮月 17

はやせ
- 逸世 16
- 隼成 16

はやた
- 隼大 13
- 隼汰 17
- 颯太 18

はやて
- 颯 14
- 颯天 18
- 隼颯 24

はやと
- 隼 10
- 勇人 11
- 隼人 12
- 隼士 13
- 隼斗 14
- 颯人 16
- 駿仁 21
- 駿斗 21
- 隼都 21
- 隼翔 22
- 駿登 29

はる
- 春 9
- 悠 11
- 温 12
- 晴 12
- 遥 12
- 陽 12
- 暖 13
- 巴琉 15
- 羽琉 17
- 巴瑠 18
- 春琉 20
- 悠流 21
- 波瑠 22
- 春瑠 23
- 晴琉 23
- 葉琉 23

はるあき
- 春陽 21
- 悠瑛 23
- 悠暁 23

はるおみ
- 悠臣 18
- 晴臣 19

はるか
- 悠 11
- 遥 12
- 遼 15

はるき
- 晴己 15
- 明希 15
- 春希 16
- 悠生 16
- 陽生 17
- 春紀 18
- 大輝 18
- 悠希 18
- 晴希 19
- 遥希 19
- 陽希 19
- 春貴 21
- 晴紀 21
- 遥紀 21
- 悠稀 23
- 悠貴 23
- 治樹 24
- 春輝 24
- 晴喜 24
- 晴稀 24
- 晴貴 24
- 悠暉 24
- 遥稀 24
- 遥貴 24
- 陽葵 24
- 陽稀 24
- 陽貴 24

音から選ぶ名づけ／男の子名／は／はるき〜はるひと

はるき
- 陽12樹16 ＝28
- 晴12樹16 ＝28
- 陽12輝15 ＝27
- 遥12輝15 ＝27
- 悠11樹16 ＝27
- 晴12輝15 ＝27
- 悠11輝15 ＝26
- 春9樹16 ＝25

はるく
- 晴12空8 ＝20
- 悠11玖7 ＝18

はるせ
- 遥12星9 ＝21
- 陽12成6 ＝18
- 晴12成6 ＝18
- 悠11世5 ＝16

はるた
- 陽12太4 ＝16
- 遥12太4 ＝16
- 暖13大3 ＝16
- 晴12太4 ＝16
- 陽12大3 ＝15
- 遥12大3 ＝15
- 悠11太4 ＝15
- 晴12大3 ＝15
- 春9太4 ＝13

はるたか
- 悠11貴12 ＝23
- 悠11孝7 ＝18
- 悠11天4 ＝15

はると
- 晴12琉11人2 ＝25
- 陽12翔12 ＝24
- 陽12登12 ＝24
- 遥12翔12 ＝24
- 晴12翔12 ＝24
- 晴12登12 ＝24
- 晴12渡12 ＝24
- 陽12都11 ＝23
- 遥12都11 ＝23
- 悠11翔12 ＝23
- 陽12音9 ＝21
- 遥12音9 ＝21
- 春9翔12 ＝21
- 悠11杜7 ＝18
- 暖13斗4 ＝17
- 陽12斗4 ＝16
- 陽12仁4 ＝16
- 遥12斗4 ＝16
- 遥12仁4 ＝16
- 晴12斗4 ＝16
- 晴12仁4 ＝16
- 陽12大3 ＝15
- 遥12大3 ＝15
- 遥12士3 ＝15
- 遥12斗4 ＝15
- 悠11仁4 ＝15
- 暖13人2 ＝15
- 大3翔12 ＝15
- 陽12人2 ＝14
- 遥12人2 ＝14
- 晴12人2 ＝14
- 悠11人2 ＝13
- 春9斗4 ＝13
- 春9仁4 ＝13
- 春9人2 ＝11

はるなり
- 晴12成6 ＝18
- 陽12也3 ＝15

はるのすけ
- 晴12之3祐9 ＝24
- 悠11之3介4 ＝18
- 春9之3介4 ＝16

はるひ
- 遥12陽12 ＝24
- 悠11陽12 ＝23
- 陽12飛9 ＝21
- 春9陽12 ＝21

はるひこ
- 陽12彦9 ＝21
- 晴12彦9 ＝21
- 春9彦9 ＝18

はるひさ
- 陽12悠11 ＝23
- 晴12悠11 ＝23
- 陽12久3 ＝15
- 晴12久3 ＝15
- 悠11久3 ＝14

はるひと
- 陽12仁4 ＝16
- 遥12仁4 ＝16
- 晴12仁4 ＝16
- 悠11仁4 ＝15
- 遥12人2 ＝14
- 晴12人2 ＝14
- 悠11人2 ＝13

音から選ぶ名づけ 男の子名 は はるふみ〜ひでかず

はるふみ〜はるま
読み	漢字	画数
はるふみ	悠文	15
	悠史	16
	陽史	17
はるま	明真	18
	春真	19
	春馬	19
	悠真	21
	悠馬	21
	悠眞	21
	晴真	22
	晴馬	22
	遥真	22
	陽真	22
	暖真	23

はるまさ〜はるや
読み	漢字	画数
はるまさ	春磨	25
	遼真	25
	遼馬	25
	晴正	17
	悠匡	17
	陽匡	18
はるみち	悠道	23
	晴道	24
	陽道	24
はるや	晴也	15
	遥也	15
	陽也	15
	暖也	16

はるゆき〜はるよし
読み	漢字	画数
はるゆき	春弥	17
	晴矢	17
	陽矢	17
	晴弥	20
	遥哉	21
	晴哉	21
	陽哉	21
	悠之	14
	晴之	15
	陽之	15
	晴行	18
はるよし	陽由樹	33
	悠由	16
	陽義	25

ひ

ひいろ〜ひかる
読み	漢字	画数
ひいろ	陽色	18
	陽彩	23
ひかり	光	6
	輝	15
	光璃	21
ひかる	光	6
	晃	10
	眈	10
	輝	15
	光琉	17

ひさき〜ひじり
読み	漢字	画数
ひさき	悠希	18
	悠暉	24
ひさし	寿	7
	寿志	14
	悠史	16
ひさと	寿人	9
	悠人	13
	久都	14
	久登	15
	久翔	15
	悠斗	15
ひじり	聖	13

ひであき〜ひでかず
読み	漢字	画数
ひだか	飛高	19
	陽貴	24
	陽嵩	25
	飛鷹	33
ひづき	柊月	13
	飛月	13
	緋月	18
ひであき	秀明	15
	秀朗	16
	秀晃	17
	英明	15
	英晃	18
ひでかず	秀一	8

音から選ぶ名づけ／男の子名／ひ（ひでかず～ひろと）

秀和 15

ひでき
秀輝 22
英輝 23
英樹 24

ひでと
秀人 9
秀仁 11
秀斗 11

ひでとし
英寿 15
秀俊 16
英俊 17

ひでのり
秀典 15
秀徳 21

ひではる
秀治 15
英春 17

ひでゆき
秀行 13
秀幸 15
英幸 16

ひとし
仁 4
仁志 11

ひなた
日向 14
日向太 15
日奈太 16
陽太 16
陽向 18
陽向大 21
陽奏 21
陽向汰 25
陽詩 25

ひなと
陽斗 16
陽翔 24

ひびき
響 20
響己 23
響生 25
響希 27
響紀 29

ひびと
陽人 14
響仁 24

ひゅうが
日向 10
彪我 18
彪雅 24

ひゅうま
彪真 21
彪馬 21
飛雄馬 31

ひろ
紘 10
比呂 11
寛 13
陽路 25

ひろあき
弘明 13
弘晃 15
寛明 21

ひろおみ
広臣 12
洋臣 16

ひろかず
弘和 13
宏和 15
紘和 18
大希 10

ひろき
紘生 15
洋希 16
浩希 17
紘希 17
大輝 18
広樹 21
宏樹 23
拓輝 23
裕喜 24
裕貴 24

ひろし
弘 5
洋志 16

ひろたか
弘隆 16
紘孝 17
洋貴 21

ひろと
広人 7
宏人 9
紘人 12

音から選ぶ名づけ 男の子名 ひ ひろと～ほまれ

啓人11	悠人2	寛人13	啓仁11	大登3	大翔3	広都5	博斗12	尋斗12	央翔13	寛仁13	広翔5	優斗13	寛都13	博翔12	裕翔12
13	13	15	15	15	15	16	16	16	17	17	17	21	24	24	24

ひろむ	弘武13	大睦3	大夢3	広夢5	紘夢10	ひろや	大也3	丈哉4	紘也10	寛弥13	裕哉12	弘幸5	浩之10	寛幸13
	13	16	16	18	23	6	12	13	21	21	13	13	21	

楓6	ふう	風羽6	風雅9	楓翔13	楓雅13	ふうた	楓大6	楓太6	颯太14	ふうと	楓斗6
13	15	22	25	26	16	17	18	17

楓音13	楓翔13	ふうま	風真9	楓真13	楓馬13	風磨9	福5	福久3	ふく	文人4	ふみと	史人5	史斗5	文都4	史都5
22	25	19	23	23	25	13	16	6	7	9	15	16

文翔4	ふみや	史也5	史弥5	文哉4	史哉5	郁弥9	ぶんた	文太4	文汰4	ほ	ほずみ	歩純8	穂澄15
16	13	13	12	14	17	8	11	18	30

ほたか	帆高6	歩岳8	帆貴6	穂高15	穂貴15	穂尊15	ほだか	帆高6	帆貴6	歩嵩8	穂高15	帆希6	ほまれ	誉13	歩希8
16	16	18	21	25	27	16	18	25	21	13	13	15

音から選ぶ名づけ　男の子名　ま　まいと〜まさむね

ま

まいと
- 舞人 [15・2] 17
- 真絃 [10・11] 21

まお
- 真央 [10・5] 15
- 真生 [10・5] 15
- 真旺 [10・8] 18

まきと
- 槙人 [14・2] 16
- 真輝人 [10・15・2] 27
- 真輝斗 [10・15・4] 29

まこと
- 真 [10] 10
- 眞 [10] 10
- 慎 [13] 13
- 誠 [13] 13
- 誠人 [13・2] 15
- 諒 [15] 15

まさおみ
- 正臣 [5・7] 12
- 将臣 [10・7] 17
- 雅臣 [13・7] 20

まさかず
- 正和 [5・8] 13
- 真和 [10・8] 18

まさき
- 将己 [10・3] 13
- 将生 [10・5] 15
- 将希 [10・7] 17
- 正輝 [5・15] 20
- 将基 [10・11] 21
- 正樹 [5・16] 21
- 雅紀 [13・9] 22
- 真暉 [10・13] 23
- 昌樹 [8・16] 24
- 雅貴 [13・12] 25
- 将輝 [10・15] 25
- 真輝 [10・15] 25
- 将樹 [10・16] 26
- 雅樹 [13・16] 29

まさし
- 正志 [5・7] 12
- 将志 [10・7] 17

まさたか
- 真孝 [10・7] 17
- 将隆 [10・11] 21
- 将貴 [10・12] 22

まさと
- 正人 [5・2] 7
- 将人 [10・2] 12
- 真人 [10・2] 12
- 眞人 [10・2] 12
- 理人 [11・2] 13
- 雅人 [13・2] 15
- 聖人 [13・2] 15
- 雅斗 [13・4] 17
- 正翔 [5・12] 17
- 聖斗 [13・4] 17
- 優斗 [17・4] 21
- 真聡 [10・14] 24
- 雅翔 [13・12] 25

まさなり
- 正成 [5・6] 11
- 将成 [10・6] 16
- 真成 [10・6] 16

まさのり
- 雅典 [13・8] 21
- 将徳 [10・14] 24

まさはる
- 正悠 [5・11] 16
- 正陽 [5・12] 17
- 雅治 [13・8] 21
- 真悠 [10・11] 21
- 将晴 [10・12] 22
- 雅晴 [13・12] 25

まさひこ
- 真彦 [10・9] 19
- 雅彦 [13・9] 22

まさひと
- 将仁 [10・4] 14
- 優仁 [17・4] 21

まさひろ
- 将大 [10・3] 13
- 真大 [10・3] 13
- 雅大 [13・3] 16
- 将寛 [10・13] 23

まさふみ
- 将史 [10・5] 15
- 雅文 [13・4] 17

まさむね
- 正宗 [5・8] 13
- 政宗 [9・8] 17
- 将宗 [10・8] 18

音 から選ぶ名づけ　男の子名　ま　まさや〜みつき

まさや
- 昌也 11
- 将也 13
- 真也 13
- 正弥 13
- 雅也 16
- 雅矢 18
- 将弥 18

まさゆき
- 真之 13
- 昌幸 16
- 誠之 18
- 真幸 18

まさよし
- 正義 18
- 将義 23

まさる
- 大 3
- 将 10
- 勝 12
- 優 17

まなと
- 真叶 14
- 真斗 15
- 愛斗 17
- 眞那斗 21
- 真那斗 21
- 真翔 22
- 真南斗 23
- 愛翔 25

まなや
- 愛也 16

まひろ
- 愛弥 21
- 真大 13
- 眞大 13
- 真広 15
- 真宏 17
- 真宙 18
- 真拓 18
- 真紘 20
- 真尋 22
- 真裕 22
- 真優 27

まもる
- 守 6
- 衛 16
- 護 20

み

みおと
- 海音 18
- 澪斗 20

みきと
- 幹人 15
- 幹斗 17
- 幹登 25

みきや
- 未来也 15
- 幹也 16
- 樹矢 21

みこと
- 尊 12

みさき
- 海琴 21
- 岬 8

みずき
- 瑞 13
- 瑞己 16
- 瑞生 18
- 瑞希 20
- 瑞季 21
- 瑞基 24
- 瑞葵 25
- 瑞喜 25
- 瑞稀 25
- 瑞貴 25
- 瑞輝 28
- 瑞樹 29

みずと
- 瑞人 15
- 瑞士 16
- 瑞斗 17

みずほ
- 瑞歩 21

みちひろ
- 道大 15
- 道宏 19

みつき
- 充生 11
- 光希 13
- 充希 13
- 充紀 15
- 湊月 16
- 光稀 18

光貴12	充稀12	光輝18	光輝21	充輝21	実樹22	実樹23	実樹24	みつひろ	充宏13	充洋15	みつる	充6	実弦16	湊12	みなと	南斗13
18	18	21	21	22	23	24		13	15		6	16	12		13	

湊人14	湊士15	湊仁16	湊斗16	湊叶17	海那人18	湊音21	湊都23	湊登24	湊翔24	みなみ	南9	南海18	みのる	実8	稔13

心陽16	実晴20	海晴21	みやび雅13	みらい未来12	光来13	未來13	海來17		武蔵23	むさし

みはる

むつき	睦月17	睦生18	睦希20	睦季21	睦基24	睦貴25	むっと	睦人15	睦斗17		芽生13	めい	盟13

めぐる | 環17 | 恵琉21 | | もとき | 元希11 | 元葵16 | 基希18 | もとなり | 元就16 | 基成17 | もとはる | 元春13 | 元晴16 |

基晴23 | やすあき | 泰明18 | 康明19 | やすたか | 康貴23 | やひろ | 弥大11 | 弥広13 | 八尋14 | やまと | 大和11 | 大翔15

ゆ

結人[2]	唯人[2]	惟人[2]	ゆいと	結太[12]	唯太[4]	結大[3]	ゆいた	結生[5]	結[12]	唯[11]	惟[11]	ゆい
14	13	13	16	15	15		17	12	11	11		

有[6]	友[4]	ゆう	結翔[12]	結登[12]	結依斗[12]	結都[12]	唯都[11]	結音[12]	唯音[11]	結斗[12]	結仁[12]	由衣斗[5]	唯斗[11]	唯仁[11]	結士[12]
6	4		24	24	24	23	22	21	20	16	16	15	15	15	15

優羽[6]	悠佑[7]	結羽[12]	悠宇[11]	悠生[11]	優[17]	結友[12]	勇羽[9]	裕[12]	結[12]	悠[11]	祐[9]	勇[9]	侑[8]	佑[7]
23	18	18	17	17	17	16	16	15	12	12	11	9	8	7

悠賀[11]	勇雅[9]	悠河[11]	ゆうが	優一郎[17]	雄一朗[12]	裕一朗[12]	悠一郎[11]	佑一郎[7]	ゆういちろう	優一[17]	悠一[11]	勇一[9]	佑一[7]	ゆういち	優有[17]
23	22	19		27	23	23	21	17		18	12	10	8		23

祐希[9]	悠生[11]	勇希[9]	侑希[8]	勇気[9]	佑季[7]	祐生[9]	侑生[8]	侑己[8]	友希[4]	佑己[7]	ゆうき	優雅[17]	優翔[17]	雄賀[12]	悠雅[11]
16	16	16	15	15	14	13	11	11	11	10		30	29	24	24

結葵[12]	侑輝[8]	雄基[12]	裕基[12]	悠貴[11]	悠稀[11]	悠喜[11]	佑樹[7]	侑暉[8]	雄紀[12]	有輝[6]	悠起[11]	侑貴[8]	友樹[4]	悠希[11]	結生[5]
24	23	23	23	23	23	23	21	21	21	21	20	20	18	17	

音から選ぶ名づけ

男の子名

ゆ ゆうき〜ゆうすけ

ゆうき

優輝[17・15] 32 ／ 優貴[17・12] 29 ／ 裕輝[12・15] 27 ／ 悠樹[11・16] 27 ／ 結輝[12・15] 27 ／ 悠輝[11・15] 26 ／ 祐樹[9・16] 25 ／ 勇樹[9・16] 25 ／ 侑樹[8・16] 24 ／ 裕貴[12・12] 24 ／ 祐輝[9・15] 24 ／ 悠暉[11・13] 24 ／ 勇輝[9・15] 24 ／ 優希[17・7] 24 ／ 結貴[12・12] 24 ／ 結喜[12・12] 24

悠吾[11・7] 18 ／ 悠伍[11・6] 17 ／ 祐吾[9・7] 16 ／ 有悟[6・10] 16 ／ 宥吾[9・7] 16 ／ 勇吾[9・7] 16 ／ 侑吾[8・7] 15 ／ 友梧[4・11] 15 ／ 勇伍[9・6] 15 ／ **ゆうご** ／ 優元[17・4] 21 ／ 悠玄[11・5] 16 ／ 悠元[11・4] 15 ／ 侑玄[8・5] 13 ／ **ゆうげん** ／ 優樹[17・16] 33

勇志[9・7] 16 ／ 侑志[8・7] 15 ／ 雄士[12・3] 15 ／ 悠士[11・3] 14 ／ 佑志[7・7] 14 ／ 侑史[8・5] 13 ／ **ゆうし** ／ 優作[17・7] 24 ／ 悠朔[11・10] 21 ／ 悠作[11・7] 18 ／ 祐作[9・7] 16 ／ 友作[4・7] 11 ／ **ゆうさく** ／ 優吾[17・7] 24 ／ 悠悟[11・10] 21 ／ 勇悟[9・10] 19

雄司[12・5] 17 ／ 裕司[12・5] 17 ／ 悠史[11・5] 16 ／ 悠司[11・5] 16 ／ 勇志[9・7] 16 ／ 侑司[8・5] 13 ／ **ゆうじ** ／ 悠詩[11・13] 24 ／ 悠嗣[11・13] 24 ／ 優志[17・7] 24 ／ 優士[17・3] 20 ／ 雄志[12・7] 19 ／ 悠志[11・7] 18 ／ 結史[12・5] 17 ／ 悠史[11・5] 16 ／ 悠司[11・5] 16

雄心[12・4] 16 ／ 結心[12・4] 16 ／ 悠心[11・4] 15 ／ 勇心[9・4] 13 ／ 侑心[8・4] 12 ／ 佑心[7・4] 11 ／ 友心[4・4] 8 ／ **ゆうしん** ／ 裕次郎[12・6・9] 27 ／ 裕二郎[12・2・9] 23 ／ 勇士郎[9・3・9] 21 ／ **ゆうじろう** ／ 優志郎[17・7・9] 33 ／ 雄志朗[12・7・10] 29 ／ 侑志郎[8・7・9] 24 ／ **ゆうしろう**

勇介[9・4] 13 ／ 佑介[7・4] 11 ／ **ゆうすけ** ／ 優仁[17・4] 21 ／ 悠仁[11・4] 15 ／ 悠人[11・2] 13 ／ 勇仁[9・4] 13 ／ **ゆうじん** ／ 優真[17・10] 27 ／ 悠新[11・13] 24 ／ 悠慎[11・13] 24 ／ 優心[17・4] 21 ／ 悠真[11・10] 21 ／ 悠信[11・9] 20 ／ 悠伸[11・7] 18 ／ 佑真[7・10] 17

音から選ぶ名づけ

男の子名

ゆ ゆうすけ〜ゆうと

悠輔 25　雄亮 21　裕亮 21　優介 21　悠亮 20　悠佑 18　勇祐 18　侑亮 17　雄介 16　裕介 16　宥佑 16　佑亮 16　祐丞 15　悠介 15　佑典 15　友亮 13

ゆうせい

勇晴 21　悠星 20　雄成 18　祐星 18　悠成 17　友聖 17　佑晟 17　結生 17　悠生 16　悠世 16　祐成 15　勇成 15　侑成 14　侑生 13　佑成 13

ゆうた

佑太 11　優誠 30　優聖 30　優晟 27　優星 26　悠誠 24　悠聖 24　悠惺 23　悠晴 23　優成 23　勇誠 22　勇聖 22　優生 22　祐晴 21　悠晟 21

ゆうだい

佑大 10　悠詩 24　優太 21　優大 20　結汰 19　雄太 16　裕太 16　結太 16　雄大 15　悠太 15　佑汰 14　祐太 13　柚太 13　宥太 13　勇太 13

ゆうたろう

悠太朗 25　悠大朗 24　悠太郎 24　祐太朗 23　祐太郎 22　佑太朗 21　悠泰 21　優大 20　雄大 15　裕大 15　結大 15　悠大 14　祐大 12　勇大 12　侑大 11

ゆうと

結人 14　祐斗 13　悠人 13　勇斗 13　勇仁 13　祐人 11　勇人 11　佑斗 11　侑人 10　佑人 9　優太朗 31　優太郎 30　雄太朗 26　結太朗 26　裕太郎 25

音から選ぶ名づけ

男の子名

ゆ ゆうと〜ゆうや

結音	悠音	優士	優人	佑都	雄斗	裕斗	悠叶	友翔	結斗	結仁	悠仁	友都	雄人	裕人
21	20	20	19	18	16	16	16	16	16	16	15	15	14	14

悠之真	**ゆうのしん**	優翔	優登	優音	雄登	裕翔	裕登	優杜	結翔	悠翔	悠登	悠都	勇翔	優斗	優仁
24		29	29	26	24	24	24	24	24	23	23	22	21	21	21

友陽	佑飛	夕陽	**ゆうひ**	悠葉	悠晴	優羽	**ゆうは**	優之介	悠之助	悠之介	悠乃介	勇之介	有之介	**ゆうのすけ**	優之進
16	16	15		23	23	23		24	21	18	17	16	13		31

友真	**ゆうま**	優帆	悠歩	勇歩	**ゆうほ**	悠平	侑平	**ゆうへい**	優陽	雄陽	裕陽	結陽	悠陽	雄飛	優日
14		23	19	17		16	13		29	24	24	24	23	21	21

優真	悠誠	裕真	結真	悠眞	悠馬	悠真	祐馬	勇真	侑眞	侑馬	侑真	佑馬	佑真	有真	由眞
27	24	22	22	21	21	21	19	19	18	18	18	17	17	16	15

勇哉	裕矢	祐弥	侑弥	悠矢	佑哉	結也	悠也	祐也	侑也	友也	**ゆうや**	優磨	悠磨	優眞	優馬
18	17	17	16	16	16	15	14	12	11	7		33	27	27	27

音から選ぶ名づけ 男の子名

ゆ ゆうや〜よういちろう

| 悠里 18 | 悠李 18 | 悠利 18 | 侑吏 17 | 勇吏 15 | 佑吏 15 | ゆうり 13 | 悠楽 24 | 悠良 18 | ゆうら | 悠哉 26 | 優弥 25 | 優哉 21 | 裕哉 21 | 結哉 21 | 優也 20 |

| 結希人 21 | 悠希人 20 | 幸翔 20 | 千翔 15 | 雪斗 15 | 幸斗 12 | 幸士 11 | 幸人 10 | ゆきと | 優和 25 | 優羽 23 | 悠和 19 | 侑和 16 | ゆうわ | 優李 24 | 悠理 22 |

| 幸弥 16 | 幸也 11 | ゆきや | 幸将 18 | 幸正 13 | ゆきまさ | 幸弘 13 | 幸大 11 | ゆきひろ | 幸誠 21 | 幸成 14 | 幸也 11 | ゆきなり | 優希斗 28 | 悠紀斗 24 | 悠季人 21 |

| 由隆 16 | 豊 13 | ゆたか | 譲 20 | 弦 8 | ゆずる | 柚翔 21 | 柚斗 13 | ゆずと | 柚輝 24 | 柚貴 21 | 柚葵 21 | 柚希 16 | ゆずき | 悠希也 21 | 幸哉 17 |

| 侑來 16 | 侑良 15 | ゆら | 夢翔 25 | 夢叶 18 | ゆめと | 優弦 25 | 由弦 13 | ゆづる | 優月 21 | 裕月 16 | 結月 16 | 悠月 15 | 柚月 13 | 佑月 11 | ゆづき |

| 耀一朗 31 | 瑶一郎 23 | 陽一朗 23 | よういちろう | 耀 20 | 燿 18 | 陽 12 | 葉 12 | 洋 9 | よう | | 由羅 24 | 由楽 18 | 悠良 18 |

188

男の子名 よ

名前	画数
ようすけ	
洋介 ⁹⁴	13
陽介 ¹²⁴	16
陽亮 ¹²⁹	21
洋輔 ⁹¹⁴	23
ようせい	
洋成 ⁹⁶	15
陽生 ¹²⁵	17
陽成 ¹²⁶	18
ようた	
洋太 ⁹⁴	13
陽大 ¹²³	15
葉太 ¹²⁴	16
遥太 ¹²⁴	16
陽太 ¹²⁴	16
耀大 ²⁰³	23

名前	画数
耀太 ²⁰⁴	24
ようだい	
陽大 ¹²³	15
洋大 ⁹³	12
耀大 ²⁰³	23
ようたろう	
洋太朗 ⁹⁴¹⁰	23
遥太郎 ¹²⁴⁹	25
陽太郎 ¹²⁴⁹	25
耀太郎 ²⁰⁴⁹	33
ようへい	
洋平 ⁹⁵	14
遥平 ¹²⁵	17
陽平 ¹²⁵	17
よしあき	
良明 ⁷⁸	15

名前	画数
義明 ¹³⁸	21
慶明 ¹⁵⁸	23
よしき	
佳希 ⁸⁷	15
由樹 ⁵¹⁶	21
佳輝 ⁸¹⁵	23
芳樹 ⁷¹⁶	23
良樹 ⁷¹⁶	23
佳樹 ⁸¹⁶	24
義貴 ¹³¹²	25
よしたか	
孝高 ⁷¹⁰	17
義隆 ¹³¹¹	24
よしと	
義人 ¹³²	15
嘉人 ¹⁴²	16

名前	画数
義仁 ¹³⁴	17
慶人 ¹⁵²	17
由翔 ⁵¹²	17
よしなり	
義也 ¹³³	16
慶成 ¹⁵⁶	21
よしはる	
由晴 ⁵¹²	17
慶春 ¹⁵⁹	24
善晴 ¹²¹²	24
義晴 ¹³¹²	25
よしひこ	
喜彦 ¹²⁹	21
慶彦 ¹⁵⁹	24
よしひと	
義人 ¹³²	15

名前	画数
嘉人 ¹⁴²	16
喜仁 ¹²⁴	16
善仁 ¹²⁴	16
義仁 ¹³⁴	17
よしひろ	
佳宏 ⁸⁷	15
慶浩 ¹⁵¹⁰	25
よしふみ	
佳史 ⁸⁵	13
喜文 ¹²⁴	16
よしまさ	
義政 ¹³⁹	22
義将 ¹³¹⁰	23
よしゆき	
佳之 ⁸³	11
義幸 ¹³⁸	21

名前	画数
慶幸 ¹⁵⁸	23

ら

名前	画数
らい	
来 ⁷	7
來 ⁸	8
徠 ¹¹	11
頼 ¹⁶	16
蕾 ¹⁶	16
らいき	
來希 ⁸⁷	15
徠希 ¹¹⁷	18
頼生 ¹⁶⁵	21
來暉 ⁸¹³	21
来樹 ⁷¹⁶	23
來輝 ⁸¹⁵	23

らいと	來叶	徠斗	来飛	頼人	来翔	來翔	らいむ	来夢	來夢	頼武	徠夢	らく	楽	良玖	樂
13	13	15	16	18	19	20	20	21	24	24	13	14	15

り

りいち	莉一	理一	璃一	理壱	りお	俐央	凌央	莉央	莉生	吏桜	理央	璃央
11	12	16	18	14	15	15	15	16	16	20

琳凰	りおと	吏音	李音	理央人	理央斗	璃音	璃央翔	りおん	吏恩	璃音	凜音	りき	力	力輝	理希
23	15	16	18	20	24	32	16	24	24	2	17	18

理貴	里樹	莉輝	理樹	りきと	力斗	力翔	璃希人	りきや	力也	力哉	りく	陸	睦	吏玖	凌久
23	23	25	27	6	14	24	5	11	11	13	13	13

莉久	里來	稜久	莉玖	理玖	璃久	凌空	莉空	凜久	璃空	凛空	りくと	吏久斗	陸人	睦人
13	14	16	17	18	18	18	18	23	23	13	13	15

陸斗	理久人	睦斗	莉久斗	里玖斗	陸音	陸登	陸翔	睦翔	陸也	陸矢	りた	理太	莉汰	理汰
15	16	17	17	18	20	23	25	14	16	15	17	18

音から選ぶ名づけ　男の子名　らいと〜りた

音から選ぶ名づけ　男の子名　り　りた〜りゅうしょう

立5貴12	立5葵12	律9季8	律9希7	莉10月4	りつき	凜15津9	莉10都11	里7都11	李7都11	吏6都11	里7津9	吏6津9	律9	りつ	璃15大3
17	17	17	16	14		24	21	18	18	17	16	15	9		18

吏6翔12	璃15人2	吏6都11	理11斗4	梨11斗4	りと	律9翔12	律9登12	立5翔12	律9斗4	律9人2	りっと	立5樹16	律9貴12	律9葵12	立5輝15
18	17	17	15	15		21	21	17	13	11		21	21	21	20

琉11	竜10	りゅう	璃15仁4	凜15人2	璃15人2	理11仁4	莉10仁4	理11人2	利7仁4	りひと	璃15音9	理11翔12	莉10翔12	璃15斗4	李7都11
11	10		19	17	17	15	14	13	11		24	23	22	19	18

琉11生5	りゅうき	龍16雅13	龍16河8	琉11雅13	龍16冴7	龍16我7	琉11翔12	琉11我7	りゅうが	龍16一1	隆11一1	りゅういち	琉11羽6	龍16	隆11
16		29	24	24	23	23	23	18		17	12		17	16	11

龍16玖7	琉11空8	りゅうく	龍16樹16	龍16輝15	竜10騎18	隆11樹16	琉11輝15	竜10輝15	龍16來8	琉11暉13	龍16希7	竜10暉13	龍16生5	龍16己3	琉11希7
23	19		32	31	28	27	26	25	24	24	23	23	21	19	18

龍16昇8	琉11翔12	りゅうしょう	龍16志7	龍16史5	龍16司5	龍16二2	琉11司5	竜10司5	りゅうじ	龍16志7	琉11志7	りゅうし	龍16吾7	琉11吾7	りゅうご
24	23		23	21	21	18	16	15		23	18		23	18	

りゅうしん
琉心 15 ／ 隆心 15 ／ 瑠心 18 ／ 龍心 20 ／ 琉真 21 ／ 隆真 21 ／ 竜慎 23 ／ 龍臣 23

りゅうすけ
竜介 14 ／ 隆介 15 ／ 竜佑 17 ／ 竜輔 24

りゅうせい
琉生 16 ／ 竜成 16 ／ 琉成 17 ／ 隆成 17 ／ 琉星 20 ／ 琉晟 21 ／ 隆晟 21 ／ 龍生 21 ／ 龍成 22 ／ 竜聖 23 ／ 竜誠 23 ／ 瑠星 23 ／ 琉聖 24 ／ 隆聖 24 ／ 龍青 24 ／ 龍星 25

りゅうた
竜大 13 ／ 竜太 14 ／ 琉太 15 ／ 隆太 15 ／ 琉汰 18 ／ 龍太 20 ／ 瑠汰 21

りゅうだい
竜大 13 ／ 琉大 14 ／ 隆大 14 ／ 龍大 19

りゅうたろう
琉太郎 24 ／ 隆太郎 24 ／ 琉太朗 25 ／ 龍太郎 29 ／ 龍太朗 30

りゅうと
琉人 13 ／ 隆人 13 ／ 琉仁 15 ／ 琉斗 15 ／ 隆斗 15 ／ 瑠斗 18 ／ 龍人 18 ／ 琉音 20 ／ 龍斗 20 ／ 龍永 21 ／ 龍冬 21 ／ 竜翔 22 ／ 琉翔 23 ／ 龍飛 25 ／ 龍翔 28

りゅうのすけ
竜乃介 16 ／ 竜之介 17 ／ 琉之介 18 ／ 隆之介 18 ／ 隆之助 21 ／ 龍之介 23 ／ 龍之丞 25

りゅうへい
竜平 15 ／ 琉平 16 ／ 隆平 16 ／ 龍平 21

りゅうま
琉真 21 ／ 琉馬 21 ／ 琉眞 21 ／ 隆真 21 ／ 龍真 26 ／ 龍磨 32

りゅうや
竜也 13 ／ 竜矢 15 ／ 琉矢 16 ／ 龍也 19 ／ 隆哉 20 ／ 龍矢 21 ／ 龍弥 24 ／ 龍哉 25

音から選ぶ名づけ　男の子名　り　りゅうしん〜りゅうや

音から選ぶ名づけ

男の子名

り りょう〜りょうま

りょう
- 良[7] — 7
- 怜[8] — 8
- 亮[9] — 9
- 凌[10] — 10
- 涼[11] — 11
- 陵[11] — 11
- 峻[11] — 11
- 諒[15] — 15
- 遼[15] — 15
- 嶺[17] — 17

りょういち
- 良[7]一[1] — 8
- 亮[9]一[1] — 10
- 凌[10]一[1] — 11
- 綾[14]一[1] — 15

りょうえい
- 良[7]栄[9] — 16
- 良[7]英[11] — 18
- 凌[10]英[8] — 18

りょうが
- 亮[9]賀[12] — 21
- 亮[9]雅[13] — 22
- 凌[10]雅[13] — 23
- 龍[16]河[8] — 24
- 涼[11]雅[13] — 24
- 凌[10]駕[15] — 25
- 諒[15]雅[13] — 28

りょうご
- 怜[8]吾[7] — 15
- 亮[9]吾[7] — 16
- 涼[11]吾[7] — 18
- 綾[14]吾[7] — 21

りょうじ
- 怜[8]司[5] — 13
- 稜[13]司[5] — 18
- 諒[15]士[3] — 18
- 稜[13]治[8] — 21
- 稜[13]悟[10] — 23

りょうすけ
- 亮[9]介[4] — 13
- 涼[11]介[4] — 15
- 亮[9]介[4] — 15
- 陵[11]介[4] — 16
- 亮[9]佑[7] — 17
- 亮[9]典[8] — 17
- 稜[13]介[4] — 18
- 亮[9]祐[9] — 18
- 諒[15]介[4] — 19
- 亮[9]輔[14] — 23

りょうせい
- 良[7]成[5] — 13
- 怜[8]生[5] — 13
- 亮[9]成[5] — 15
- 凌[10]成[5] — 16
- 涼[11]正[5] — 16
- 稜[13]生[5] — 18
- 亮[9]晴[12] — 21
- 諒[15]成[5] — 21
- 遼[15]成[5] — 21
- 涼[11]晴[12] — 23
- 遼[15]星[9] — 24

りょうた
- 亮[9]太[4] — 13
- 凌[10]大[3] — 13
- 涼[11]太[4] — 15

りょうた
- 亮[9]汰[7] — 16
- 綾[14]太[4] — 18
- 僚[14]太[4] — 18
- 諒[15]大[3] — 18
- 遼[15]太[4] — 19
- 龍[16]太[4] — 20

りょうだい
- 凌[10]大[3] — 13
- 遼[15]大[3] — 18

りょうたろう
- 亮[9]太朗 — 23
- 凌[10]太朗 — 24
- 涼[11]太郎 — 24
- 峻太[9]郎[9] — 24
- 諒太[9]郎[9] — 28
- 遼[15]太郎 — 28

りょうと
- 涼[11]斗[4] — 15
- 稜[13]人[2] — 15
- 凌[10]都[11] — 21

りょうへい
- 良[7]平[5] — 12
- 亮[9]平[5] — 14
- 凌[10]平[5] — 15
- 稜[13]平[5] — 18
- 諒[15]平[5] — 20
- 遼[15]平[5] — 20

りょうま
- 令[5]真[10] — 15
- 怜[8]真[10] — 18
- 亮[9]真[10] — 19
- 竜[10]馬[10] — 20

男の子名 り りょうま〜れいと

音から選ぶ名づけ

| 涼真 11/10 21 | 稜真 15/10 23 | 綾真 14/10 24 | 涼誠 11/13 24 | 諒真 15/10 25 | 遼真 15/10 25 | 龍馬 16/10 26 | りょうや | 亮也 9/3 12 | 涼矢 11/5 16 | 稜也 13/3 16 | 亮哉 9/9 18 | 凌弥 10/8 18 | 遼也 15/3 18 | 遼哉 15/9 24 |

| りん | 倫 10 10 | 凛 15 15 | 凛 15 15 | 麟 24 24 | りんた | 琳太 12/4 16 | 凛大 15/3 18 | りんたろう | 倫太郎 10/4/9 23 | 倫太朗 10/4/10 24 | 琳太郎 12/4/9 25 | 凛太朗 15/4/10 29 | 凛太郎 15/4/9 28 | りんと 2/15 17 | 凛人 15/2 17 |

る

| 倫都 10/11 21 | 琳翔 12/12 24 | 凛音 15/9 24 | りんのすけ | 倫之介 10/3/4 17 | 凛之助 15/3/7 25 | 麟之介 24/3/4 31 | るい | 墾 12 12 | 琉生 11/5 16 | 琉衣 11/6 17 | 類 18 18 | 瑠生 14/5 19 |

| 瑠衣 14/6 20 | 琉唯 11/11 22 | 琉威 11/12 23 | 瑠唯 14/11 25 | るいと | 琉斗 11/4 15 | 墾斗 12/4 16 | 琉衣斗 11/6/4 21 | 琉翔 11/12 23 | 琉唯人 11/11/2 24 | るか | 琉可 11/5 16 | 琉叶 11/5 16 | 琉伽 11/7 18 | 琉夏 11/10 21 | 琉楓 11/13 24 |

れ

| るき | 琉生 11/5 16 | 琉希 11/7 18 | 琉葵 11/12 23 | るきや | 琉希也 11/7/3 21 | 瑠輝也 14/15/3 32 | れい | 令 5 5 | 礼 5 5 | 怜 8 8 | 玲 9 9 |

| 怜生 8/5 13 | 零 13 13 | 澪 16 16 | 嶺 17 17 | れいじ | 礼志 5/7 12 | 怜司 8/5 13 | 怜史 8/5 13 | 玲志 9/7 16 | 怜慈 8/13 21 | れいた | 玲太 9/4 13 | れいと | 怜人 8/2 10 | 伶斗 7/4 11 |

194

怜生 8	怜央 8	礼央 5	れお	麗弥	玲哉	零也	怜也 8	れいや	玲真 9	怜真 8	礼真 5	れいま	玲翔 9	零斗	玲斗 9
13	13	10		27	18	16	11		19	18	15		21	17	13

麗音 19	蓮恩	玲音 9	怜恩 8	怜音 8	伶恩	れおん	麗央	蓮央	零央	怜皇 8	羚央 11	羚王 4	玲生 9	玲央 9	礼旺 5
28	23	18	18	17	17		24	18	18	17	16	15	14	14	13

蓮樹 16	蓮寿	れんじゅ	蓮司	蓮士 3	廉士 3	れんじ	怜音	錬 16	蓮	廉	怜	れん	玲音 9	怜音 9	れのん
29	20		18	16	16		17	16	13	13	8		18	17	

蓮都 11	蓮叶	蓮斗	蓮仁	蓮士 3	蓮人 2	廉人	れんと	蓮太朗 13	連太朗 10	怜太郎 8	れんたろう	蓮太 13	蓮大	廉大 13	れんた
24	18	17	17	16	15	15		27	24	21		17	16	16	

麓 19	禄久 3	禄	ろく	呂維	呂伊	ろい		蓮弥 13	蓮也 13	廉也 13	れんや	蓮翔	廉翔 12	
19	15	12		21	13			21	16	16		25	25	

渉 11	航	弥	亘 6	わたる	和來	和来 7	和玖 7	和空	羽空 6	羽玖 6	和久 8	わく	
11	10	8	6		16	16	15	15	14	13	11		

195

使いたい字や読みに添え字を合わせて
添え字一覧 男の子編

（添え字一覧の女の子編は142ページにあります）

男の子の添え字 1文字

あき	晶明晃陽秋彬章爽昭映暁旭彰鑑亮
いち	一市壱逸
お	緒央生雄旺夫王於巨男
おみ	臣
が	賀芽雅我
かず	一寿和員量数
き	紀希貴喜季基規岐生来起城樹幾己葵揮輝伎暉毅祈熙嬉槻軌機稀器黄磯気旗木期寄幹麒畿
きち	吉
ご	五吾悟護伍梧瑚午
さく	作策索朔
さと	知里利怜悟郷智敏賢論聡理覚
し	史志司士思偲梓四詞誌祇資姿至市旨始獅此
じ	治二次児路司爾滋慈蒔時侍
しげ	成慈茂重滋繁栄盛
すけ	介丞助祐佑佐甫亮資輔相典左右
ぞう	三造蔵
た	多太汰
だい	大
たか	貴孝尚尭高崇教隆挙敬尊喬鷹嵩峻
たけ	丈武岳健剛豪毅偉猛赳建威孟竹
つぐ	二次貢嗣継
てる	照輝瑛晴明耀映暉皓光
と	人斗十登都杜途刀
とし	年寿俊利敏歳淑稔聡季理
とも	共友供朋伴委具知朝智倫皆茂
なり	也斉成業就
のぶ	伸述宣延叙信展暢允

のり	典武法規則宜紀格訓矩教徳範憲
はる	明春晴治張遥青陽榛
ひこ	彦
ひさ	久寿尚亘永玖常悠
ひで	英秀栄
ひと	人仁
ひろ	広弘大宏拡拓洋浩啓博紘寛裕尋
ぶ	武舞部分歩
ふみ	典史文書章　※「ぶみ」でも使用
へい	平兵並併　※「べい」でも使用
ほ	穂帆歩保甫浦輔補朋
ま	麻真万茉末摩磨満
み	美実未三深海見視弥魅
みち	径迪道路途倫
みつ	三光密充満
む	六夢霧武務
もん	門紋
や	矢哉也弥耶冶八夜谷野陽椰埜
やす	妥安易保泰庸康恭靖廉
ゆき	之行幸如雪征維往
よし	由可�允好快吉良宜尚芳佳美祥能喜慶儀嘉善義
ろう	郎朗

男の子の添え字 2文字

いちろう	一郎	一朗		
さく	作久			
じろう	二郎	次郎	二朗	次朗
たろう	太郎	太朗	多郎	汰郎
のすけ	之介	乃助	乃輔	
ひこ	比古			

読み別 漢字リスト

音から選ぶ名づけ

常用漢字や人名用漢字のなかから、名づけにふさわしい漢字を選び、50音順に並べてみました。音読み・訓読みを主体とし、さらに一般的な名のり（人名に用いられる読み方）も紹介します。

※漢字の下の数字は画数です。

あ行

- **あ**：安6 有7 亜8 吾8 阿9 娃9
- **あい**：娃9 挨10 愛13 藍18
- **あお**：青8 蒼13 碧14
- **あおい**：葵12
- **あか**：朱6 赤7 明8 紅9
- **あかね**：茜9
- **あき〈ら〉**：旭6 明8 亮9 映9 昭10 秋10 晃10 朗10 哲11 章11 彬12 晶12 暁12 陽12 瑛12 暉13 彰14
- **あきら**：亨7 英8 聖13 輝15 瞭17 顕18
- **あけ**：朱6 明8
- **あさ**：暁12 緋14
- **あさひ**：旭6
- **あさ**：旭6 浅9 麻11 朝12
- **あし**：芦7
- **あずさ**：梓11
- **あずま**：東8
- **あつ**：斡14
- **あつ〈し〉**：厚9 純10 淳11 惇11 敦12 温12 渥12 篤16
- **あや**：文4 礼5 朱6 采8 紋10 彩11 絢12 綾14
- **あゆ**：歩8 鮎16
- **あゆみ（あゆむ）**：歩8
- **あらた**：新13
- **あり**：有6
- **あん**：安6 杏7 案10 晏11 庵11
- **あんず**：杏7
- **い**：以5 生5 衣5 伊6 似6 依7 委8 威9 唯11

音 から選ぶ名づけ

い 惟(11) 尉(11) 偉(12) 椅(12) 維(14) 緯(16)
いお 庵(11)
いおり 庵(11)
いく 生(5) 行(6) 育(8) 郁(9) 幾(12)
いさ 功(5) 勇(9) 勲(15)
いさお 功(5)

いさみ（いさむ） 勲(15)
いずみ 勇(9) 泉(9)
いずる 出(5)
いたる 至(6) 到(8) 格(10)
いち 一(1) 市(5) 壱(7)
いちご 苺(8)
いつ 一(1)
いつき 逸(11)

いと 糸(6) 弦(8) 絃(11) 綸(14) 樹(16)
いわ（お） 岩(8) 磐(15) 巌(20)
う 右(5) 卯(5) 宇(6) 有(6) 羽(6) 佑(7) 雨(8)
うい 初(7)
うた 唄(10) 詠(12) 詩(13) 歌(14) 謡(16)
うみ 海(9)
うめ 梅(10)
うら 裡(12)
うるう 閏(12)
うん 運(12) 雲(12)
え 江(6) 衣(6) 枝(8) 英(8) 依(8) 映(9)

えい 永(5) 英(8) 映(9) 栄(9) 詠(12) 営(12) 瑛(12) 鋭(15) 影(15) 衛(16)
えつ 悦(10)
え 栄(9) 重(9) 柄(9) 恵(10) 笑(10) 絵(12) 瑛(12) 慧(15) 衛(16)

お 小(3) 夫(4) 生(5) 央(5) 男(7) 於(8) 郎(9) 音(9) 朗(10)
えん 円(4) 延(8) 苑(8) 遠(13) 園(13) 薗(16)
えみ 笑(10)
えのき 榎(14)
えつ 越(12)

おと 乙(1) 音(9) 響(20)
おさむ 収(4) 司(5) 治(8) 修(10) 理(11) 統(12)
おき 沖(7) 興(16)
おう 王(4) 央(5) 欧(8) 旺(8) 桜(10)
お 雄(12) 緒(14)

おみ 臣(7)
おり 折(7) 織(18)
おん 苑(8) 音(9) 恩(10) 薗(16)

か行

か 日(4) 加(5) 可(5) 花(7) 伽(7) 佳(8) 果(8) 茄(8) 河(8)

音／から選ぶ名づけ

恢 9 ｜ 改・快 7 ｜ 介〔かい〕 4 ｜ 雅 13 ｜ 賀 12 ｜ 芽 8 ｜ 我 7 ｜ 牙〔が〕 4 ｜ 霞 17 ｜ 駕 15 ｜ 嘉・歌・榎 14 ｜ 夏・華 10 ｜ 香・迦・珂 9

学〔がく〕 8 ｜ 覚 12 ｜ 格 10 ｜ 拡〔かく〕 8 ｜ 馨〔(かおり)〕 20 ｜ 薫 16 ｜ 香〔かおる〕 9 ｜ 楓〔かえで〕 13 ｜ 浬〔かいり〕 10 ｜ 鎧 18 ｜ 凱〔がい〕 12 ｜ 魁 14 ｜ 絵・開 12 ｜ 海 9

克 7 ｜ 旦〔かつ〕 5 ｜ 風〔かぜ〕 9 ｜ 葛〔かずら〕 12 ｜ 霞〔かすみ〕 17 ｜ 数 13 ｜ 計 9 ｜ 知・和 8 ｜ 一〔かず〕 1 ｜ 影〔かげ〕 15 ｜ 景 12 ｜ 駈〔かけ(る)〕 15 ｜ 楽 13 ｜ 岳 8

柑 9 ｜ 冠・完〔かん〕 7 ｜ 謙 17 ｜ 兼〔かね〕 10 ｜ 要〔かなめ〕 9 ｜ 哉・奏〔かな〕 9 ｜ 桂〔かつら〕 10 ｜ 嘗 14 ｜ 曾 12 ｜ 曽〔かつ(て)〕 11 ｜ 葛・勝 12 ｜ 恰・活 9

季 8 ｜ 岐・来・希 7 ｜ 企・伎・気 6 ｜ 生 5 ｜ 木 4 ｜ 己〔き〕 3 ｜ 巌 20 ｜ 岩〔がん〕 8 ｜ 歓 15 ｜ 幹 13 ｜ 寛・敢 12 ｜ 貫・菅 11 ｜ 栞・莞 10

畿・熙 15 ｜ 旗・綺 14 ｜ 暉 13 ｜ 葵・期・幾・揮・稀・喜・貴 12 ｜ 規・埼・基 11 ｜ 姫・記・起 10 ｜ 城・紀 9 ｜ 枝・祈 8

吉〔きち〕 6 ｜ 鞠 17 ｜ 菊・掬〔きく〕 11 ｜ 儀 15 ｜ 義 13 ｜ 祇・宜 8 ｜ 伎 6 ｜ 騎〔ぎ〕 18 ｜ 徽 17 ｜ 興・機・樹 16 ｜ 器・嬉・槻・毅・輝 15

澄・潔 15 ｜ 精 14 ｜ 聖 13 ｜ 淑・清 11 ｜ 浄〔きよ(し)〕 9 ｜ 笈 10 ｜ 玖・求・究 7 ｜ 及・久 3 ｜ 卿〔きゅう〕 12 ｜ 君 7 ｜ 公〔きみ〕 4 ｜ 絹 13 ｜ 衣〔きぬ〕 6

音から選ぶ名づけ

きり／きょう
叶 5　共 6　匡　杏　亨 7　享　京 8　協　供　俠 9　恭　教 10　強 11　梗　郷　卿 12　喬　蕎 15　興 16　響 20

きん／ぎん／く／くう
桐 10　霧 19　均 7　金 8　欣　勤 12　欽　錦 16　謹 17　吟 7　銀 14　久 3　玖　来 7　紅 9　駆 14　駈 15　空 8

けい／ぐん／くん／くら／に／くず／くす（のき）
楠 13　葛 12　邦 7　国 8　倉 10　蔵 15　君 7　訓 10　勲 15　軍 9　郡 10　群 13　兄 5　圭 6　京 8

けん／げつ／けつ
計 9　勁　奎　恵 10　桂　啓 11　経　渓　卿 12　敬　景　継 13　慶 15　慧　憩 16　傑 13　月 4　建　研 9

こ／げん
子 3　厳 17　源 13　現 11　絃 10　原 8　弦 5　玄 4　元　顕 18　謙 17　賢 16　権 15　献 13　絢 12　堅　健 11　拳　剣　兼 10

こう／こい／ご
公 4　工 3　恋 10　護 20　瑚 13　梧 11　悟 10　吾 7　伍 6　五 4　瑚 13　鼓 12　湖　胡 7　来　仔 5　乎　小 3　己

洸　郊　紅　香　恰 9　恒　厚　昊 8　幸　攻　宏　孝 7　向　考　好　光 6　行　甲　巧　功　弘　広 5

鴻 17　鋼 16　興　縞　閤 14　綱　構　滉 13　煌　幌　皓 12　梗　康 11　絋　倖　貢　航　高　耕　晃 10　浩　虹 9

音から選ぶ名づけ

さ行

ごう　剛10・郷11・豪14・轟21
こずえ　梢11
こと　琴12
こま　駒15
これ　之3・此6・惟11

さ　小3・左5・早6・佐7・作7・沙7・砂9・咲9・紗10・彩11・嵯13・瑳14
さい　才3・斉8・采8・哉9・宰10・埼11・彩11・斎11・菜11
さえ　冴7
さかえ　栄9
さき　早6・先6・咲9・埼11
さく　作7・咲9・索10・朔10・策12
さくら　桜10
さざなみ　漣14
さずく　授11
さだ　定8・貞9・禎13
さだむ　定8
さち　幸8・倖10・祥10
さと　里7・郷11
さと(し)　知8・怜8・哲10・悟10・敏10・覚12・智12・達12・聖13・聡14・賢16・諭16
さと(る)　了2・知8・哲10・悟10・敏10・惺12・覚12・智12・達12・聖13・聡14・慧15・賢16
さね　実8・真10
さら　更7
さん　珊9・撰15・讃22

し　士3・史5・司5・示5・四5・市5・糸6・仔6・志7・孜7・思9・施9・詞12・紫12・獅13・詩13・資13
じ　二2・嗣13・示5・次6・児7・治8・滋12・蒔13・慈13・路13・爾14
しい　椎12
しお　汐6・潮15
しおり　栞10
しき　式6・色6
しげ(る)　成6・茂8・重9・滋12・慈13・繁16・識19
しずか　静14
じつ　実8
しな　品9・科9
しの　篠17
しのぶ　忍7・偲11
しま　嶋14・縞16
しゅ　朱6

音 から選ぶ名づけ

しゅ 珠 10 ／ 趣 15

じゅ 寿 7 ／ 受 8 ／ 珠 10 ／ 樹 16

しゅう 収 4 ／ 州 6 ／ 舟 6 ／ 秀 7 ／ 周 8 ／ 宗 8 ／ 秋 9 ／ 洲 9 ／ 柊 9 ／ 修 10 ／ 習 11 ／ 脩 11 ／ 集 12 ／ 萩 12 ／ 蹴 19

じゅう 十 2 ／ 充 6 ／ 重 9 ／ 柔 9

しゅく 叔 8 ／ 祝 9 ／ 淑 11

しゅん 旬 6 ／ 春 9 ／ 俊 9 ／ 隼 10 ／ 峻 10 ／ 竣 12 ／ 舜 13 ／ 楯 13 ／ 馴 13 ／ 駿 17 ／ 瞬 18

じゅん 旬 6 ／ 洵 9 ／ 隼 10 ／ 純 10 ／ 淳 11 ／ 惇 11 ／ 閏 12 ／ 順 12 ／ 楯 13 ／ 準 13 ／ 馴 13 ／ 詢 13 ／ 潤 15 ／ 醇 15 ／ 諄 15

じょ 女 3 ／ 如 6

しょう 正 5 ／ 匠 6 ／ 肖 7 ／ 抄 7 ／ 尚 8 ／ 昇 8 ／ 承 8 ／ 昌 8 ／ 昭 9 ／ 省 9 ／ 将 10 ／ 祥 10 ／ 称 10 ／ 章 11 ／ 渉 11 ／ 梢 11 ／ 唱 11 ／ 菖 11 ／ 笙 11 ／ 翔 12 ／ 勝 12 ／ 晶 12 ／ 湘 12 ／ 照 13 ／ 奨 13 ／ 頌 13 ／ 嘗 14 ／ 彰 14 ／ 蕉 15

じょう 丈 3 ／ 丞 6 ／ 定 8 ／ 常 11 ／ 嘗 14 ／ 錠 16 ／ 壌 16 ／ 穣 18 ／ 譲 20

しん 心 4 ／ 申 5 ／ 伸 7 ／ 臣 7 ／ 芯 7 ／ 信 9 ／ 真 10 ／ 訊 10 ／ 晋 10 ／ 秦 10 ／ 進 11 ／ 紳 11 ／ 晨 11 ／ 深 11 ／ 慎 13 ／ 新 13 ／ 榛 14 ／ 親 16 ／ 薪 16

じん 人 2 ／ 仁 4 ／ 壬 4 ／ 尽 6 ／ 甚 9 ／ 訊 9 ／ 陣 10 ／ 尋 12

す 州 6 ／ 寿 7 ／ 洲 9 ／ 素 10 ／ 須 12 ／ 諏 15

ず 逗 11 ／ 鶴 21

すい 水 4 ／ 翠 14

ずい 随 12 ／ 瑞 13

すえ 末 5 ／ 季 8

すが 菅 11

すぎ 杉 7

すぐる 卓 8 ／ 英 8 ／ 俊 9 ／ 傑 13 ／ 優 17

すけ 介 4 ／ 丞 6 ／ 助 7 ／ 佑 7 ／ 昌 8 ／ 亮 9 ／ 祐 9 ／ 宥 9 ／ 相 9 ／ 資 13 ／ 輔 14

すず 涼 11 ／ 鈴 13

音から選ぶ名づけ

（承前） 錫 16

【すむ】 進 11 ・ 晋 10
【すばる】 昴 9
【すみ】 純 10 ・ 栖 10 ・ 淑 11 ・ 澄 15
【せ】 世 5 ・ 瀬 19
【せい】 井 4 ・ 正 5 ・ 生 5 ・ 成 6 ・ 西 6 ・ 青 8 ・ 斉 8 ・ 征 8 ・ 省 9 ・ 政 9 ・ 星 9 ・ 晟 10 ・ 清 11 ・ 盛 11 ・ 惺 12 ・ 晴 12 ・ 誠 13 ・ 勢 13 ・ 聖 13 ・ 靖 13 ・ 精 14 ・ 誓 14 ・ 静 14
【せき】 夕 3 ・ 石 5 ・ 汐 6 ・ 隻 10 ・ 績 17
【ぜん】 全 6 ・ 善 12 ・ 然 12 ・ 禅 13
【せん】 千 3 ・ 川 3 ・ 仙 5 ・ 宣 9 ・ 茜 9 ・ 泉 9 ・ 専 9 ・ 扇 10 ・ 船 11 ・ 撰 15 ・ 鮮 17
【せり】 芹 7
【せつ】 雪 11 ・ 節 13 ・ 説 14
【そ】 素 10 ・ 曽 11 ・ 曾 12
【そう】 双 4 ・ 壮 6 ・ 宋 7 ・ 走 7 ・ 宗 8 ・ 相 9 ・ 奏 9 ・ 草 9 ・ 荘 9 ・ 倉 10 ・ 曽 11 ・ 爽 11 ・ 窓 11 ・ 創 12 ・ 曾 12 ・ 惣 12 ・ 湊 12 ・ 想 13 ・ 聡 14 ・ 総 14 ・ 綜 14 ・ 叢 18
【ぞう】 三 3 ・ 造 10 ・ 蔵 15
【その】 苑 8 ・ 園 13 ・ 薗 16
【そめ】 染 9
【そら】 空 8 ・ 宙 8

た行

【た】 大 3 ・ 太 4 ・ 多 6 ・ 汰 7
【たい】 大 3 ・ 太 4 ・ 汰 7 ・ 泰 10
【だい】 大 3 ・ 醍 16
【たいら】 平 5
【たえ】 妙 7
【たか】 考 6 ・ 啓 11 ・ 鷹 24
【たか(し)】 天 4 ・ 孝 7 ・ 尭 8 ・ 峻 10 ・ 高 10 ・ 崇 11 ・ 隆 11 ・ 喬 12 ・ 敬 12 ・ 貴 12 ・ 尊 12 ・ 嵩 13
【たく】 卓 8 ・ 拓 8 ・ 琢 11
【たくみ】 工 3 ・ 巧 5 ・ 匠 6
【たけ】 丈 3 ・ 竹 6 ・ 岳 8 ・ 偉 12 ・ 嵩 13
【たけ(し)】 武 8 ・ 孟 8 ・ 長 8 ・ 威 9 ・ 剛 10 ・ 赳 10 ・ 健 11 ・ 猛 11 ・ 雄 12 ・ 豪 14 ・ 毅 15
【たすく】 匡 6 ・ 助 7 ・ 佑 7 ・ 輔 14 ・ 翼 17
【たず(ねる)】 （次ページへ続く）

音から選ぶ名づけ

ただ：真10 貞9 忠8 匡6 正5 中（し）4 維14 惟11 唯11 祇9 訊10
ただす：匡6
たつ：立5 辰7 建9 竜10 達12 龍16

たつき：樹16
たて：楯13
たま：玉5 珠10 球11
たまき：環17
たみ：民5
たもつ：保9
ち：千3 地6 池9 茅6 知8 治8 致10

ち：智12 稚13 馳13
ちか：史5 近7 周8 睦13 愛13 誓14 親16
ちから：力2
ちく：竹6 築16
ちゅう：中4 仲6 沖7 忠8 宙8

ちょう：丁2 兆6 長8 重9 挺10 彫11 張11 朝12 超12 蝶15
つ：津9 都11
つかさ：司5
つき：月4 槻15
つぎ：次6 嗣13

つぐ：二2 次6 亜7 継13 嗣13
つとむ：努7 勉10 務11 勤12
つな：綱14
つね：恒9 常11
つばき：椿13
つばさ：翼17
つぶら：円4

つや：艶19
つゆ：露21
つよし：威9 剛10 強11 健11 猛11 豪14 毅15
つら：連10 貫11
つる：鶴21
で：出5
てい：丁2

圓13

てい：汀5 定8 貞9 挺10 悌11 逞11 禎13 醍16
てつ：哲10 鉄13 徹15
てる：映9 照13 暉13 輝15
てん：天4 典8 展10
でん

でん：伝6
と：十2 人2 斗4 杜7 飛9 都11 渡12 登12
とう：刀2 冬5 灯6 東8 到8 桐10 桃10 透10 陶11 葡11 登12

音から選ぶ名づけ

と行（続き）

篤16　徳14　**とく**督13　時10　**とき**迅6　徹15　通10　透7　**とおる**亨　道12　堂11　**どう**桐10　藤18　瞳17　橙16　嶋14　董　統12

ともえ朝12　智10　倫　知8　朋7　供6　伴4　共　**とも**友　**とみ**富12　駿17　稔13　淑11　敏10　俊9　寿　利7　**とし**年6

なか中4　**なお**直8　尚8　**なえ**苗　梛11　菜9　南8　奈7　**な**那6　【な行】　**とら**寅11　虎8　**とよ**豊13　巴4

なる成6　**なり**也3　**なみ**浪10　波8　**なな**七2　**なつ**捺11　夏10　**なぎさ**渚11　汀5　**なぎ**凪6　**なが**長8　永5　**な**仲6　央5

音9　**ね**祢　如6　**にょ**女3　**にしき**錦16　**にじ**虹9　**にぎ（わい）**賑14　**にい**新13　似7　弐6　**に**仁4　**な（れる）**馴13　鳴14　成6

宣9　信　延7　伸5　**のぶ**申　**のどか**和8　**のぞみ**望11　埜　野　之3　**の**乃2　稔13　念　**ねん**年6　嶺17　峯　根10

憲16　範15　徳14　尋12　教　規11　記　倫　矩10　乗　紀9　則　典8　**のり**法　登12　昇8　**のぼる**上3　暢14　順12　展10

はし　麦7　**ばく**博12　拍9　伯7　**はく**白5　**はぎ**萩12　**ばい**苺8　播15　葉12　波8　羽6　**は**巴4　【は行】　**の（る）**駕15

音から選ぶ名づけ

はじめ：橋(16)・一(1)・元(4)・初(7)・始(8)・朔(10)・肇(14)
は(せる)：馳(13)
はた：秦(10)・旗(14)・機(16)
はつ：初(7)・発(9)
はな：花(7)・英(8)・華(10)
はま：浜(10)

はや：早(6)・迅(6)・速(11)
はやお：逸(11)
はやと／(はやぶさ)：隼(10)・駿(17)
はり：梁(11)
はる：治(8)・春(9)・晴(12)・陽(12)
はる(か)：遥(12)
はるか：遙(14)

はん：悠(11)・半(5)・帆(5)・汎(6)・伴(7)・絆(11)・磐(15)・範(15)・繁(16)
ばん：播(15)・磐(15)
ひ：比(4)・日(4)・妃(6)・灯(6)・飛(9)・陽(12)・緋(14)
び

ひで：秀(7)
ひじり：聖(13)
ひし：菱(11)
ひさ(し)：尚(8)・玖(7)・寿(7)・永(5)・久(3)
ひこ：彦(9)
ひかる：晃(10)・光(6)
ひかり：光(6)
ひい：曾(12)・美(9)

ひと：英(8)・一(1)・人(2)・仁(4)
ひとし：一(1)・仁(4)・均(7)・斉(8)・等(12)
ひとみ：眸(11)・瞳(17)
ひびき：響(20)
ひら：平(5)
ひらめ(く)：閃(10)
ひろ：宥(9)

ひろ：博(12)・啓(11)・弘(5)・滉(13)・寛(13)・博(12)・裕(11)・啓(10)・紘(10)・浩(9)・洸(9)・洋(7)・宏(7)・広(5)・大(3)・優(17)・緩(15)
ひろむ：弘(5)
ひろ(し)：弘(5)
ひろ(い)：汎(6)

ふ：不(4)・布(5)・扶(7)・芙(7)・吹(8)・歩(8)・冨(11)・富(12)・普(12)
ぶ：武(8)・葡(12)・舞(15)・蕪(15)
ふう：風(9)・楓(13)
ふく：福(13)
ふさ：房(8)

ほ：甫(7)・帆(6)
べん：勉(10)
べに：紅(9)
へい：兵(7)・平(5)
ぶん：文(4)
ふゆ：冬(5)
ふみ：郁(9)・史(5)・文(4)
ふとし：太(4)
ふじ：藤(18)

音から選ぶ名づけ

ま行

- **ほ**（承前）：歩 8／保 9／圖 10／葡 12／蒲 13／輔 14／穂 15
- **ほう**：方 4／邦 7／芳 8／宝 8／朋 8／法 8／峰 10／峯 10／逢 10／萌 11／豊 13
- **ぼう**：望 11
- **ほく**：北 5
- **ほし**：星 9
- **ほたる**：蛍 11
- **ほまれ**：誉 13
- **ほろ**：幌 13
- **ま**：万 3／茉 8／馬 10／真 10／麻 11／摩 15／磨 16
- **まい**：舞 15
- **まいる**：哩 10
- **まき**：牧 8／槙 14／薪 16
- **ま（く）**：巻 9／播 15
- **まこと**：允 4／実 8／信 9／真 10／誠 13
- **まさ**：公 4／正 5／匡 6／昌 8／政 9／柾 9／真 10／将 10／雅 13／優 17
- **まさし**：正 5／政 9／雅 13
- **まさ（に）**：祇 9
- **まさる**：大 3／卓 8／勝 12／優 17
- **ます**：益 10／増 14
- **まち**：町 7／待 9／街 12
- **まつ**：末 5／松 8
- **まど**：窓 11／円 4
- **まどか**：圓 13／円 4
- **まなぶ**：学 8
- **まもる**：守 6／保 9／衛 16／護 20
- **まゆ**：繭 18
- **まり**：毬 11／鞠 17
- **まる**：丸 3
- **まん**：万 3／満 12
- **み**：三 3／巳 3／水 4／未 5／見 7／弥 8／実 8／美 9／海 9／視 11／幹 13／魅 15
- **みお**：澪 16
- **みき**：幹 13
- **みぎわ**：汀 5
- **みさお**：操 16
- **みさき**：岬 8
- **みず**：水 4／瑞 13
- **みち**：充 6／通 10／倫 10／道 12／満 13／路 13
- **みつ**：三 3／充 6／光 6／貢 10／満 12／蜜 14
- **みつぐ**：貢 10
- **みつる**：充 6／光 6／満 12
- **みどり**：緑 14／翠 14／碧 14
- **みな**：皆 9
- **みなと**：港 12／湊 12
- **みなみ**：南 9
- **みね**：峰 10／嶺 17
- **みのる**：（次頁へつづく）

音から選ぶ名づけ

み 実 8 ・ 稔 13 ・ 穣 18
みやこ 京 8 ・ 都 11 ・ 雅 13
みゆき 幸 8
む 六 4 ・ 武 8 ・ 務 11 ・ 夢 13 ・ 霧 19
むつ 六 4 ・ 陸 11 ・ 睦 13
むつみ 睦 13
むね 宗 8 ・ 棟 12
むらさき 紫 12
め 女 3 ・ 芽 8
めい 明 8 ・ 命 13 ・ 盟 13 ・ 銘 14
めぐ 恵 10
めぐ(る) 幹 14
めぐみ 恵 10
も 茂 8 ・ 萌 11
もり 守 6 ・ 杜 7 ・ 盛 11 ・ 森 12 ・ 護 20
もみじ 椛 11
もも 百 6 ・ 桃 10
もとむ 求 7 ・ 要 9
もとい 基 11
もと 元 4 ・ 本 5 ・ 素 10 ・ 朔 10 ・ 基 11
もえ 萌 11
もう(でる) 詣 13
もん 文 4 ・ 門 8 ・ 紋 10

や行

や 八 2 ・ 也 3 ・ 乎 5 ・ 矢 5 ・ 冶 7 ・ 弥 8 ・ 夜 8 ・ 哉 9 ・ 野 11 ・ 椰 13
やす 晏 10 ・ 廉 13
やす(し) 安 6 ・ 保 9 ・ 泰 10 ・ 恭 10 ・ 康 11 ・ 靖 13 ・ 寧 14
やな 梁 11
やまと 倭 10
ゆ 愉 12 ・ 諭 16
ゆ(う) 夕 3 ・ 友 4 ・ 由 5
ゆう 右 5 ・ 有 6 ・ 邑 7 ・ 侑 8 ・ 勇 9 ・ 宥 9 ・ 柚 9 ・ 祐 9 ・ 湧 12 ・ 雄 12
ゆい 唯 11 ・ 惟 11 ・ 結 12
ゆ 佑 7 ・ 柚 9 ・ 悠 11 ・ 裕 12 ・ 結 12 ・ 遊 12 ・ 優 17
ゆき 之 3 ・ 行 6 ・ 幸 8 ・ 征 8 ・ 雪 11
ゆずる 譲 20
ゆたか 裕 12 ・ 豊 13 ・ 穣 18
ゆみ 弓 3
ゆめ 夢 13
よ 四 5 ・ 予 4 ・ 与 3 ・ 世 5 ・ 代 5 ・ 余 7 ・ 夜 8 ・ 誉 13 ・ 興 16

（釉 12 ・ 優 17）

よい 宵 10
よう 要 9 ・ 洋 9 ・ 容 10 ・ 庸 11 ・ 陽 12 ・ 葉 12 ・ 遙 12 ・ 蓉 13 ・ 楊 13 ・ 瑶 14 ・ 遥 14 ・ 養 15 ・ 謡 16

音 から選ぶ名づけ

嘉 義 喜 善 啓 祥 恵 純 美 宣 宜 佳 芦 芳 良 好 吉 由 **よし** 耀 燿 曜
14 13 12 11 　 10 　 9 　 8 　 7 　 6 5 　 20 　 18

り 蘭 藍 嵐 **らん** 蕾 頼 雷 徠 来 礼 **らい** 羅 螺 良 **ら** 〔ら行〕 頼 依 **より** 慶
　 19 18 12 　 16 13 11 7 5 　 19 17 7 　 　 16 8 　 15

竜 留 流 柳 **りゅう** 律 立 **りつ** 陸 **りく** 力 **りき** 璃 裡 梨 理 莉 浬 哩 李 里 利
10 9 　 9 　 5 11 　 2 　 15 12 11 　 10 　 7

龍 諒 遼 僚 綾 領 稜 量 菱 涼 梁 竜 凌 亮 良 了 **りょう** 龍 劉 琉 隆 笠
16 15 　 14 13 12 　 11 10 9 7 2 　 16 15 　 11

れい 類 塁 **るい** 瑠 琉 留 流 **る** 麟 臨 凛 凜 綸 稟 鈴 琳 倫 俐 林 **りん** 暸
　 18 12 　 14 11 10 　 24 18 15 14 13 12 10 9 8 　 17

侶 呂 芦 **ろ** 錬 漣 蓮 廉 恋 連 **れん** 麗 嶺 澪 鈴 羚 玲 怜 励 伶 礼 令
9 7 　 16 14 13 10 19 17 16 13 11 9 8 7 5

わたる 稚 若 **わか** 環 輪 倭 和 **わ** 〔わ行〕 論 **ろん** 狼 浪 朗 郎 **ろう** 鷺 露 蕗 路
　 13 8 　 17 15 10 8 　 15 　 10 9 　 24 21 16 13

渡 渉 航 亘
12 11 10 6

人気添え字から引く名前

思ったような名前が思い浮かばない……というときは、名前の最後の文字（添え字）を先に決めると考えやすいでしょう。ここでは人気のある添え字を使った女の子、男の子の名前の実例をご紹介します。あわせて「添え字一覧」（女の子142ページ、男の子196ページ）も参考に。

音から選ぶ名づけ

女の子

2画 乃 の

| 柚乃 ゆの 9 | 夢乃 ゆめの 13 | 詩乃 しの 13 | 琴乃 ことの 12 | 理乃 りの 11 | 璃乃 りの 15 | 莉乃 りの 10 | 雪乃 ゆきの 11 | 梨乃 りの 11 | 陽菜乃 ひなの 2 | 綾乃 あやの 14 | 彩乃 あやの 11 |

3画 子 こ

| 理子 りこ 11 | 桜子 さくらこ 10 | 愛子 あいこ 13 | 菜々子 ななこ 11 | 桃子 ももこ 10 | 璃子 りこ 15 | 莉子 りこ 10 | 優乃 ゆの 17 | 一乃 いちの 1 | 悠乃 ゆの 11 | 日菜乃 ひなの 4 | 妃奈乃 ひなの 6 | 結乃 ゆの 12 | 由乃 ゆの 5 |

5画 央 お

| 真央 まお 10 | 莉央 りお 10 | 亜子 あこ 7 | 晴子 はるこ 12 | 日奈子 ひなこ 4 | 凛々子 りりこ 15 | 優子 ゆうこ 17 | 梨子 りこ 11 | 舞子 まいこ 15 | 結子 ゆいこ 12 | 日向子 ひなこ 4 | 日菜子 ひなこ 4 | 真子 まこ 10 |

| 倫央 りお 10 | 依央 いお 8 | 佳央 かお 8 | 詩央 しお 13 | 望央 みお 11 | 愛央 まお 13 | 璃央 りお 15 | 弥央 みお 8 | 菜央 なお 11 | 実央 みお 8 | 美央 みお 9 | 奈央 なお 8 | 麻央 まお 11 | 理央 りお 11 | 梨央 りお 11 |

6画 衣 い

| 麻衣 まい 11 | 舞衣 まい 15 | 瑠衣 るい 14 | 琉衣 るい 11 | 玲衣 れい 9 | 柚衣 ゆい 9 | 悠衣 ゆい 11 | 真衣 まい 10 | 由衣 ゆい 5 | 葵衣 あおい 12 | 萌衣 めい 11 | 芽衣 めい 8 | 優衣 ゆい 17 | 結衣 ゆい 12 |

7画 花 か

| 柚希 ゆずき 9 | 咲希 さき 9 | 和花 のどか 8 | 唯花 ゆいか 11 | 穂花 ほのか 15 | 柚花 ゆいか 9 | 結花 ゆいか 12 | 風花 ふうか 9 | 琉花 るか 11 | 楓花 ふうか 13 | 穂乃花 ほのか 15 | 瑠花 るか 14 | 彩花 あやか 11 | 一花 いちか 1 | 百花 ももか 6 | 桃花 ももか 10 | 優花 ゆうか 17 | 亜衣 あい 7 | 愛衣 めい 13 |

7画 希 き

7画 那 な

| 恰那 れいな 9 | 莉那 りな 10 | 瑠那 るな 14 | 彩那 あやな 11 | 栞那 かんな 10 | 心那 ここな 4 | 菜那 なな 11 | 琉那 るな 11 | 優那 ゆうな 17 | 美沙希 みさき 9 | 沙希 さき 7 | 友希 ゆき 4 | 真希 まき 10 | 実咲希 みさき 8 | 光希 みつき 6 | 颯希 さつき 14 | 彩希 さき 11 | 美希 みき 9 | 優希 ゆき 17 | 紗希 さき 10 | 夏希 なつき 10 | 瑞希 みずき 13 |

7画 里 り

| 侑里 ゆうり 8 | 莉里 りり 10 | 彩里 あやり 11 | 妃麻里 ひまり 6 | 栞里 しおり 10 | 明香里 あかり 8 | 悠里 ゆうり 11 | 汐里 しおり 6 | 愛里 あいり 13 | 友里 ゆり 4 | 明里 あかり 8 | 優里 ゆり 17 | 樹里 じゅり 16 | 朱里 あかり 6 | 雪那 ゆきな 11 | 美那 みな 9 | 絆那 はんな 11 | 恰那 れな 9 | 妃那 ひな 6 | 柚那 ゆな 9 | 奈那 なな 8 |

※ここでは「仮成数」を加えて吉数にする場合も考えて、画数としてそのままでは吉数ではない名前例も掲載しています。

音から選ぶ名づけ

佳 か（8画）
- 桃佳 ももか
- 京佳 きょうか
- 優佳 ゆうか
- 由佳 ゆか
- 玲佳 れいか
- 愛佳 あいか
- 千佳 ちか
- 穂佳 ほのか
- 乃々佳 ののか
- 愛佳 まなか
- 楓佳 ふうか
- 知佳 ちか
- 穂乃佳 ほのか
- 美佳 みか
- 史佳 ふみか
- 春佳 はるか
- 朋佳 ともか
- 柚佳 ゆずか
- 瑠佳 るか

奈 な（8画）
- 優奈 ゆうな
- 杏奈 あんな
- 莉奈 りな
- 栞奈 かんな

実 み（8画）
（右側・奈の名）
- 愛奈 あいな
- 玲奈 れな
- 由奈 ゆな
- 紗奈 さな
- 里奈 りな
- 瑠奈 るな
- 真奈 まな
- 那奈 なな
- 佳奈 かな
- 怜奈 れな
- 茉奈 まな
- 玲奈 れいな

（実の名）
- 愛実 まなみ
- 夏実 なつみ
- 歩実 あゆみ
- 来実 くるみ
- 希実 のぞみ
- 亜実 あみ
- 菜々実 ななみ
- 心実 ここみ
- 来実 くるみ
- 望実 のぞみ

香 か（9画）
（右側・実の名）
- 杏実 あみ
- 珠実 たまみ
- 真実 まみ
- 知実 ともみ
- 佑実 ゆみ
- 優実 ゆみ

（香の名）
- 明日香 あすか
- 桃香 ももか
- 陽香 はるか
- 綾香 あやか
- 遥香 はるか
- 穂香 ほのか
- 結香 ゆいか
- 百香 ももか
- 優香 ゆうか
- 帆香 ほのか
- 晴香 はるか
- 柚香 ゆずか
- 春香 はるか
- 絢香 あやか
- 彩香 あやか
- 楓香 ふうか

音 ね（9画）
- 琴音 ことね
- 絢音 あやね
- 彩音 あやね
- 心音 ここね
- 寧音 ねね
- 綾音 あやね
- 初音 はつね
- 朱音 あかね
- 天音 あまね
- 涼音 すずね
- 鈴音 すずね
- 愛音 あいね
- 幸音 ゆきね
- 百音 もね
- 和音 かずね
- 綺音 あやね

美 み（9画）
- 琴美 ことみ
- 希美 のぞみ
- 菜々美 ななみ
- 心美 ここみ

海 み（9画）
（右側・美の名）
- 愛美 まなみ
- 歩美 あゆみ
- 亜美 あみ
- 成美 なるみ
- 七美 ななみ
- 仁美 ひとみ
- 優美 ゆみ
- 奏美 かなみ
- 怜美 れみ
- 玲美 れみ
- 聡美 さとみ

（海の名）
- 愛海 まなみ
- 心海 ここみ
- 七海 ななみ
- 希海 のぞみ
- 夏海 なつみ
- 優海 ゆうみ
- 奏海 かなみ
- 来海 くるみ
- 琴海 ことみ
- 南海 みなみ

華 か（10画）
（右側・海の名）
- 美海 みみ
- 杏海 あみ
- 玲海 れみ
- 瑚々海 ここみ
- 碧海 あみ
- 莉海 りみ

（華の名）
- 瑠華 るか
- 愛華 あいか
- 百華 ももか
- 一華 いちか
- 楓華 ふうか
- 桃華 ももか
- 彩華 あやか
- 凜華 りんか
- 琉華 るか
- 唯華 ゆいか
- 姫華 ひめか
- 朋華 ともか
- 杏華 きょうか
- 綾華 あやか
- 優華 ゆうか
- 心乃華 このか

莉 り（10画）
- 愛莉 あいり
- 明莉 あかり
- 朱莉 あかり
- 実莉 みのり
- 光莉 ひかり
- 杏莉 あんり
- 陽莉 ひまり
- 由莉 ゆり
- 優莉 ゆうり
- 妃莉 ひまり
- 悠莉 ゆうり
- 明花莉 あかり
- 汐莉 しおり
- 瑠莉 るり
- 侑莉 ゆり
- 妃莉 ひまり

菜 な（11画）
- 陽菜 ひな
- 結菜 ゆな
- 心菜 ここな
- 優菜 ゆうな

葉 は（12画）
（右側・菜の名）
- 愛菜 あいな
- 瑠菜 るな
- 結菜 ゆな
- 花菜 はな
- 陽菜 はるな
- 紗菜 さな
- 里菜 りな
- 杏菜 あんな
- 真菜 まな
- 由菜 ゆな
- 日菜 ひな
- 七菜 なな

（葉の名）
- 柚葉 ゆずは
- 琴葉 ことは
- 乙葉 おとは
- 音葉 おとは
- 心葉 ここは
- 紅葉 くれは
- 百葉 ももは
- 絢葉 あやは
- 夏葉 なつは
- 詩葉 うたは

音から選ぶ名づけ

緒〈お〉 14画

は（葉）：一葉1/12 かずは ／ 優葉17/12 ゆうは ／ 和葉8/12 かずは ／ 彩葉12/12 あやは ／ 愛葉13/12 あいは

お（緒）：莉緒10/14 りお ／ 美緒9/14 みお ／ 真緒10/14 まお ／ 菜緒11/14 なお ／ 里緒7/14 りお ／ 梨緒11/14 りお ／ 理緒11/14 りお ／ 奈緒8/14 なお ／ 璃緒15/14 りお ／ 麻緒11/14 まお ／ 七緒2/14 なお ／ 実緒8/14 みお ／ 那緒7/14 なお ／ 音緒9/14 ねお ／ 万緒3/14 まお ／ 奈々緒8/14 ななお

男の子

一〈いち〉 1画

太一4/1 たいち ／ 諒一15/1 りょういち ／ 龍一16/1 りゅういち ／ 希一7/1 きいち ／ 光一6/1 こういち ／ 颯一14/1 そういち ／ 伸一7/1 しんいち ／ 修一10/1 しゅういち ／ 優一17/1 ゆういち ／ 慶一15/1 けいいち ／ 汰一7/1 たいち ／ 泰一10/1 たいち ／ 翔一12/1 しょういち ／ 貴一12/1 きいち ／ 佑一7/1 ゆういち ／ 准一10/1 じゅんいち ／ 喜一12/1 きいち ／ 真一10/1 しんいち ／ 純一10/1 じゅんいち ／ 航一10/1 こういち

人〈と〉 2画

悠人11/2 ゆうと ／ 隼人10/2 はやと ／ 颯人14/2 はやと ／ 陸人11/2 りくと ／ 健人11/2 けんと ／ 優人17/2 ゆうと ／ 唯人11/2 ゆいと ／ 暖人13/2 はると ／ 直人8/2 なおと ／ 勇人9/2 はやと ／ 慶人15/2 けいと ／ 英人8/2 えいと ／ 寛人13/2 ひろと ／ 海人9/2 かいと ／ 篤人16/2 あつと ／ 結人12/2 ゆいと ／ 晴人12/2 はると ／ 綾人14/2 あやと ／ 湊人12/2 みなと ／ 蓮人13/2 れんと ／ 遥人12/2 はると

大〈だい〉 3画

雄大12/3 ゆうだい ／ 優大17/3 ゆうだい ／ 航大10/3 こうだい ／ 悠大11/3 ゆうだい ／ 煌大13/3 こうだい ／ 侑大8/3 ゆうだい ／ 昂大8/3 こうだい ／ 広大5/3 こうだい ／ 晃大10/3 こうだい ／ 滉大13/3 こうだい ／ 翔大12/3 しょうだい ／ 裕大12/3 ゆうだい ／ 祐大9/3 ゆうだい ／ 幸大8/3 こうだい ／ 昊大8/3 こうだい ／ 皓大12/3 こうだい ／ 佑大7/3 ゆうだい ／ 倖大10/3 こうだい

也〈や〉 3画

達也12 たつや ／ 智也12 ともや

介〈すけ〉 4画

や（也）：陽也12 はるや ／ 知也8 ともや ／ 晴也12 はるや ／ 悠也11 ゆうや ／ 隼也10 しゅんや ／ 敦也12 あつや ／ 拓也8 たくや ／ 凌也10 りょうや ／ 優也17 ゆうや ／ 聖也13 せいや ／ 翔也12 しょうや ／ 潤也15 じゅんや ／ 誠也13 せいや ／ 朔也10 さくや

すけ（介）：悠介11 ゆうすけ ／ 隆之介11 りゅうのすけ ／ 涼介11 りょうすけ ／ 奏介9 そうすけ ／ 颯介14 そうすけ ／ 康介11 こうすけ ／ 蒼介13 そうすけ ／ 龍之介16 りゅうのすけ

太〈た〉 4画

すけ（介）：湊介12 そうすけ ／ 慎之介13 しんのすけ ／ 創介12 そうすけ ／ 竜之介10 りゅうのすけ ／ 京介8 きょうすけ ／ 健介11 けんすけ ／ 陽介12 ようすけ ／ 俊介9 しゅんすけ ／ 駿介17 しゅんすけ ／ 瑛介12 えいすけ

た（太）：陽太12 ようた ／ 奏太9 そうた ／ 啓太11 けいた ／ 涼太11 りょうた ／ 亮太9 りょうた ／ 健太11 けんた ／ 悠太11 ゆうた ／ 蒼太13 そうた ／ 優太17 ゆうた ／ 瑛太12 えいた ／ 颯太14 そうた ／ 翔太12 しょうた

斗〈と〉 4画

た（太）：康太11 こうた ／ 幹太14 かんた ／ 聡太14 そうた ／ 裕太12 ゆうた ／ 慶太15 けいた ／ 寛太13 かんた

と（斗）：悠斗11 ゆうと ／ 優斗17 ゆうと ／ 陸斗11 りくと ／ 海斗9 かいと ／ 陽斗12 はると ／ 遥斗12 はると ／ 瑛斗12 えいと ／ 琉斗11 りゅうと ／ 蓮斗13 れんと ／ 晴斗12 はると ／ 駿斗17 はやと ／ 健斗11 けんと ／ 拓斗8 たくと ／ 隼斗10 はやと ／ 龍斗16 りゅうと ／ 唯斗11 ゆいと

生〈き〉 5画

と（斗）：快斗7 かいと ／ 結斗12 ゆいと

き（生）：悠生11 ゆうき ／ 樹生16 いつき ／ 泰生10 たいき ／ 響生20 ひびき ／ 瑞生13 みずき ／ 煌生13 こうき ／ 真生10 まさき ／ 篤生16 あつき ／ 晃生10 こうき ／ 倖生10 こうき ／ 遥生12 はるき ／ 拓生8 ひろき ／ 晴生12 はるき ／ 智生12 ともき ／ 朋生8 ともき ／ 琉生11 りゅうき ／ 航生10 こうき ／ 優生17 ゆうき ／ 充生6 みつき

音から選ぶ名づけ

5画 平 へい
航平 こうへい / 康平 こうへい / 晃平 こうへい / 恭平 きょうへい / 耕平 こうへい / 修平 しゅうへい / 翔平 しょうへい / 遼平 りょうへい / 陽平 ようへい / 耀平 ようへい / 周平 しゅうへい / 昂平 こうへい / 昊平 こうへい / 柊平 しゅうへい

7画 希 き
優希 ゆうき / 悠希 ゆうき / 柚希 ゆずき / 陽希 はるき / 遥希 はるき / 光希 こうき / 琉希 りゅうき / 煌希 こうき / 晴希 はるき / 瑞希 みずき / 一希 かずき / 祐希 ゆうき / 晃希 こうき / 航希 こうき

7画 汰 た
颯汰 そうた / 壮汰 そうた / 奏汰 かなた / 蒼汰 そうた / 幸汰 こうた / 悠汰 ゆうた / 航汰 こうた / 圭汰 けいた / 優汰 ゆうた / 光汰 こうた / 健汰 けんた / 昊汰 こうた / 祐汰 ゆうた / 聡汰 そうた

8画 弥 や
佑弥 ゆうや / 優弥 ゆうや / 悠弥 ゆうや / 拓弥 たくや / 隼弥 しゅんや / 寛弥 ひろや / 智弥 ともや / 朔弥 さくや / 桜弥 さくや / 直弥 なおや / 篤弥 あつや / 京弥 きょうや / 侑弥 ゆうや / 史弥 ふみや

9画 哉 や
智哉 ともや / 晴哉 はるや / 陽哉 はるや / 佑哉 ゆうや / 友哉 ゆうや / 直哉 なおや / 翔哉 しょうや / 優哉 ゆうや / 咲哉 さくや / 祐哉 ゆうや / 秀哉 しゅうや / 侑哉 ゆうや / 和哉 かずや / 壮哉 そうや

9画 郎 ろう
虎太郎 こたろう / 健太郎 けんたろう / 孝太郎 こうたろう / 凜太郎 りんたろう / 遼太郎 りょうたろう / 倫太郎 りんたろう / 翔太郎 しょうたろう / 幸太郎 こうたろう / 悠太郎 ゆうたろう / 太郎 たろう / 朔太郎 さくたろう / 航太郎 こうたろう / 康太郎 こうたろう / 慎太郎 しんたろう

10画 朗 ろう
虎太朗 こたろう / 孝太朗 こうたろう / 航太朗 こうたろう / 倫太朗 りんたろう / 凜太朗 りんたろう / 鼓太朗 こたろう / 朔太朗 さくたろう / 亮太朗 りょうたろう / 幸太朗 こうたろう / 蒼一朗 そういちろう / 一朗 いちろう / 佑一朗 ゆういちろう / 俊太朗 しゅんたろう / 健太朗 けんたろう

10画 真 ま
悠真 ゆうま / 優真 ゆうま / 颯真 そうま / 蒼真 そうま / 一真 かずま / 和真 かずま / 拓真 たくま / 翔真 しょうま / 斗真 とうま / 佑真 ゆうま / 壮真 そうま / 陽真 はるま / 楓真 ふうま / 遥真 はるま

12画 貴 き
悠貴 ゆうき / 大貴 だいき / 優貴 ゆうき / 晴貴 はるき / 煌貴 こうき / 雄貴 ゆうき / 裕貴 ゆうき / 陽貴 はるき / 智貴 ともき / 瑞貴 みずき / 光貴 みつき / 友貴 ともき / 洸貴 こうき / 元貴 げんき

13画 雅 が
大雅 たいが / 悠雅 ゆうが / 泰雅 たいが / 涼雅 りょうが / 太雅 たいが / 優雅 ゆうが / 彪雅 ひゅうが / 桜雅 おうが / 晄雅 こうが / 琉雅 りゅうが / 空雅 くうが / 龍雅 りゅうが / 凰雅 おうが

15画 輝 き
大輝 だいき / 一輝 かずき / 優輝 ゆうき / 直輝 なおき / 和輝 かずき / 晴輝 はるき / 陽輝 はるき / 夏輝 なつき / 幸輝 こうき / 勇輝 ゆうき / 航輝 こうき / 光輝 こうき / 悠輝 ゆうき / 真輝 まさき

16画 樹 き
佑樹 ゆうき / 直樹 なおき / 和樹 かずき / 大樹 だいき / 優樹 ゆうき / 春樹 はるき / 一樹 いっき / 晴樹 はるき / 瑞樹 みずき / 悠樹 ゆうき / 侑樹 ゆうき / 祐樹 ゆうき / 勇樹 ゆうき / 篤樹 あつき

万葉仮名風漢字一覧

気に入った名前に当てはめてみよう

懐かしさや優しさが感じられる万葉仮名。
好きな音や響きは決まったけれど、しっくりくる漢字が見つからないという人は
万葉仮名風の漢字を用いてみるのもオススメです。

読み	漢字	読み	漢字
あ	亜安阿娃	て	手天帝
い	衣依以伊維偉威五為委唯惟緯尉井猪葦椅	で	出
う	有右宇羽雨卯佑得鵜烏	と	十登都杜人斗途刀土利兎砥兜堵
え	恵絵英栄江枝重永瑛衛慧笑得	な	奈菜那名南納七梛
お	緒央生雄旺夫王於尾御応桜男	に	仁二弐児丹
か	香佳加花華夏歌果伽茄河可樺裂嘉科珈珂榎乎	ぬ	奴
が	賀芽雅峨我牙駕	ね	根音子年峰嶺稲
き	紀希貴喜季基規岐生来起城樹幾己葵揮輝伎暉毅祈熙嬉槻軌機稀器黄磯気旗木幹箕麒徹畿	の	乃野之能濃農埜
		は	波羽葉巴八杷芭琶播
		ば	葉場馬芭
ぎ	義儀宜誼伎技祇	ひ	妃日比飛陽斐緋彼毘檜桧
く	久玖矩九来駆倶琥紅駆	び	美微眉備弥枇毘琵梶
ぐ	具倶	ふ	布夫芙扶婦富普二譜赴輔冨卓賦蒲
け	稀裂	ぶ	武舞部分歩撫葡蕪
げ	樺芸	へ	辺部戸
こ	子古湖鼓瑚己小胡戸児誇虎弧琥乎仔	べ	部倍辺
		ほ	穂帆歩保甫浦輔朋圃蒲葡
ご	五吾悟護伍梧呉瑚互午冴語檎醐	ぼ	慕戊牡
さ	左佐沙紗作早小嵯裟瑳三参些	ま	麻真万茉末摩磨満
ざ	座	み	美実未三深海見視巳弥御魅箕彌
し	史志司士思糸紫偲枝梓四詩詞誌視資姿仕至市旨始祉此孜仔祇獅柴柿	む	六夢霧武務牟蕪
		め	芽女銘
		も	百茂
じ	治二次児路司爾滋慈蒔持時寺侍而	や	矢哉也弥耶冶八夜野椰埜
す	寸寿須素朱州洲珠栖諏	ゆ	由裕宥柚右夕優結祐佑悠愉遊唯
ず	寿図瑞逗	よ	代世予余夜与依四容蓉興
せ	勢世瀬畝施	ら	羅良楽螺
ぜ	是	り	里理利梨璃莉李吏浬俐哩裡
そ	素礎祖宗楚曽曾蘇	る	留瑠流琉
た	多太汰田他	れ	礼令列麗怜玲伶
だ	妥陀舵梛	ろ	呂露路蕗芦魯櫓侶
ち	知智千稚茅治致地薙馳	わ	和輪琶吾
つ	津都鶴通		

画数から選ぶ名づけ

名づけの際に気になるのは漢字の画数。
この章では、画数の考え方から、画数による姓名判断の考え方、
姓に合った名前や吉画数のリストなどを紹介しています。
画数を重視したい人はここからスタート！

画数から選ぶ名づけについて

画数から考える名づけの方法として、まず基本的な五格という考え方を紹介しています。

ただ、画数の出し方にはいろいろな流派があるため、これと決めたら他に惑わされずに。

画数にこだわる名づけの注意

画数にこだわる名づけの第一段階は、姓名を構成するそれぞれの漢字の画数を出すことです。ただ、画数の考え方は、流派や流儀、辞書によって違いますから、どの流派・流儀でも吉運になるように名づけるのは不可能に近いでしょう。

混乱を避けるためにも、いろいろな本を見るより、1つに絞っておくことをおすすめします。

また名前に使える漢字には制限があり、常用漢字、人名用漢字だけしか用いることができません。これ以外の漢字を表外漢字といいますが、姓には制限がありませんので、表外漢字が使われていることもあります。名前に使える漢字の画数は巻末（471〜480ページ）に掲載しています。

漢字の画数はこう数える

漢字の画数を数える場合は、名については公認された文字（常用漢字・人名用漢字）の見たままの字体の画数で数える。これが基本です。また、姓の画数に関しては、日ごろ書き、使用している字体で画数を数えましょう。

姓名の総画数は20〜30画台が一般的。20画未満だと、あっさりした感じになり、41画以上だと、見た目が黒々として重い感じになります。

（ 画数から選ぶ名づけのコツ ）

①
姓に合う名前の画数を知る
あなたの姓と相性のよい名前の画数の組み合わせを調べます。
（241〜277ページ）

②
名前の具体例を探す
①で見つけた画数の組み合わせから名前を探します。
（279〜326ページ）

③
画数に合う漢字を探す
②でベストな名前が見つからなかったら1文字ずつの画数から漢字を探すことができます。
（327〜422ページ）

216

五格

五格とは、姓名の文字の画数を5つの部位ごとにまとめて出し、その数によって姓名判断をしていく考え方です

五格の基本

五格は、下記のように計算して出し、その画数によって運命を占っていきます。五格がそれぞれ何を表しているのかの内容も紹介していきましょう。

外格
(10+10)＋(12+6)－(10+12)＝16

天格と地格の合計から人格を引いた数。人を助けて補うとともに、異性運や結婚運、子ども運などの対外関係に作用。

※外格が0の場合は人格を外格と考えてください。

天格
10+10＝20

姓に当たる部分で、先祖から伝えられた天運を表すものですが、吉数、凶数にかかわらず、直接作用することはありません。

人格
10+12＝22

姓の末字と名の頭字を合計した画数。性格、才能、個性などを表し、20代～40代の青壮年期の運命を支配する重要な部分。

総格
10+10+12+6＝38

姓と名の総画数です。その人の全体運や生涯運を表していますが、主に中年以降の社会運に強い影響を持っています。

地格
12+6＝18

名に当たる部分です。パーソナリティーやその人の基本的な部分を表し、主に出生から中年に至るまでの運命を支配します。

本によって書いてあることが違うのはどうして？

画数の数え方や運勢の見方にはいくつかの流派があるからです。たとえば、「くさかんむり」1つをとっても6画、4画、3画と数え方が違いますし、「五格」を「五運」という呼び方で表している場合もあります。このように、同じ名前でも運勢が異なってくることがあるのです。

なので、どの流派でもいい画数の名前にしたいと思うのは無理なこと。割り切って、1つの流派に決め、それを信じて名前を考えてみるのがおすすめです。

画数から選ぶ名づけ

1字姓3字名

② 堤 未那美
- 天格 14
- 人格 17
- 地格 21
- 外格 18
- 総格 33
（12＋5＋7＋9）

2字姓3字名

① 市村 明日菜
- 天格 13
- 人格 15
- 地格 23
- 外格 21
- 総格 35
（5＋7＋8＋4＋11）

3字姓3字名

佐々木 希代香
- 天格 14
- 人格 11
- 地格 21
- 外格 24
- 総格 35
（7＋3＋4＋7＋5＋9）

総格と仮成数について

たとえば1字姓の人が1字名をつければそのまま五格を数えられますが、2字名をつける場合は、バランスをとるためにその文字数の「差」に当たる数、1字姓2字名なら2−1＝1を仮成数（姓と名の文字数が異なる場合、その文字数の差にあたる数）として天格に加えて計算します。右記は代表的な9パターンです。

ただし、総格には仮成数を入れないで計算します。

五格の考え方とこだわり方

候補名の五格の画数がわかったら、それぞれの運勢を226ページからの「名づけ吉数表」でチェックしてみましょう。

ただ、五格すべてが◎になる名前を考えるのは難しいものです。そこで、男の子なら20代〜40代の運命を表す人格・総格を、女の子なら将来結婚して姓が変わる可能性があるので、地格を重視して、これらが吉数になる名前を考えてあげるのがいいでしょう。

この子は女の子だから地格を重視だね！
この子は男の子だから人格を重視！

画数から選ぶ名づけ

陰陽五行

五格のうちの天格、人格、地格を木火土金水に当てはめ、その調和で判断するのが陰陽五行です

陰陽五行説の考え方

陰陽五行説とは、宇宙に存在するすべてのものは、木・火・土・金・水の5つの元素でできているという考え方で、姓名も、この五行の支配を受けているとされているのです。

姓名判断の五行とは、五格のなかの天格、人格、地格を木・火・土・金・水に当てはめ、それらの配置が調和しているかどうかで吉凶をみるものです。陰陽五行が表すものは、左ページ下表の5つに分類されます。

姓名を支配する五行の見方

五行は姓名を構成する五格のうちの天格、人格、地格のそれぞれの画数の下1桁の数字を木・火・土・金・水に当てはめていきます。数字が1・2であれば木性、3・4なら火性となります（左ページ下表参照）。数字が2桁の場合も下1桁の数字だけを見ていくので、11、21、31は1として木性となります。

具体的に「栗原結衣」の場合で見てみましょう。天格は20の水性、人格は22の木性、地格は18の金性ですから、この場合は水性、木性、金性の支配を受けていることになります。

五行の調和と不調和

ここで導いた木・火・土・金・水の配列によって運勢の調和がとれているか、いないか（不調和）を判断していきます（222ページを参照）。

木火土金水のそれぞれの性質から、木→火→土→金→水→木と隣り合うものは調和のとれた関係で吉運ですが、木→土→水→火→金→木という配列は不調和な関係になり、凶運を招くおそれがあります。

組み合わせの吉凶は223ページを参考にしてください。

陰陽五行をうまく活用しましょう

名前を考える最初の段階から「陰陽五行のよい名前を……」と考えていてはなかなか決められません。

名前の候補が挙がったものの、同じように画数がよかったり、響きが気に入ったりして、名前を絞れないときの決め手に陰陽五行を活用しましょう。

例

栗原結衣

- 栗 10
- 原 10
- 結 12
- 衣 6

天格 20 …水
人格 22 …木
地格 18 …金

五行 支配を受けるもの	数字
◀ **木性** 樹木、木製品など、木でつくられたすべてのもの。東の方角。春。青。肝臓。	1・2
◀ **火性** 大きなものから小さなものまですべての火。南の方角。夏。赤。心臓。	3・4
◀ **土性** 大地のほか土器、壁など、土でつくられたすべてのもの。中央。土用。黄。胃。	5・6
◀ **金性** すべての金属と、金属でつくられたすべてのもの。西の方角。秋。白。肺臓。	7・8
◀ **水性** 大洋、大河から飲料水、水滴まですべての水。北の方角。冬。黒。	9・0

調和（相生）の関係

木と木をこすると火が生じ、火が燃え尽きると灰になり、やがて土になります。大地のなかから金が生じるように、すべての鉱物は大地から生まれます。金属は水を引きつけ、水により木は成長します。

このように木→火→土→金→水→木と隣り合う同士は互いを生かし合っていく、調和のとれた関係だといえるのです。

不調和（相剋）の関係

木は土の栄養を奪い取って荒らします。このように、木→土→水→火→金→木という配列は、勢いを弱めたり、傷つけたりする不調和な関係といえます。

五行にこだわりすぎないで

五行を深く考え始めると、なかなかいい名前が浮かばないということにもなりかねません。あまりこだわりすぎず、参考くらいにとどめておきましょう。

三才吉凶表

この表は天、人、地3つの格を組み合わせた五行のバランスを吉凶で表しました。
◎は大吉、○は中吉、△は凶を表します。

配合	吉凶	配合	吉凶	配合	吉凶	配合	吉凶	配合	吉凶
水木木	◎	金木木	△	土木木	○	火木木	◎	木木木	◎
水木火	○	金木火	△	土木火	○	火木火	◎	木木火	◎
水木土	◎	金木土	○	土木土	△	火木土	◎	木木土	△
水木金	△	金木金	△	土木金	△	火木金	△	木木金	△
水木水	△	金木水	△	土木水	△	火木水	△	木木水	△
水火木	△	金火木	△	土火木	◎	火火木	◎	木火木	◎
水火火	△	金火火	△	土火火	○	火火火	◎	木火火	○
水火土	△	金火土	△	土火土	◎	火火土	△	木火土	◎
水火金	△	金火金	△	土火金	△	火火金	△	木火金	△
水火水	△	金火水	△	土火水	△	火火水	△	木火水	△
水土木	△	金土木	△	土土木	△	火土木	△	木土木	△
水土火	△	金土火	○	土土火	◎	火土火	◎	木土火	○
水土土	△	金土土	◎	土土土	○	火土土	◎	木土土	△
水土金	○	金土金	◎	土土金	○	火土金	○	木土金	△
水土水	△	金土水	△	土土水	△	火土水	△	木土水	△
水金木	△	金金木	△	土金木	△	火金木	△	木金木	△
水金火	△	金金火	△	土金火	△	火金火	△	木金火	△
水金土	◎	金金土	◎	土金土	◎	火金土	△	木金土	○
水金金	△	金金金	△	土金金	◎	火金金	△	木金金	△
水金水	△	金金水	△	土金水	△	火金水	△	木金水	△
水水木	△	金水木	△	土水木	△	火水木	△	木水木	◎
水水火	△	金水火	△	土水火	△	火水火	△	木水火	△
水水土	△	金水土	△	土水土	△	火水土	△	木水土	△
水水金	△	金水金	◎	土水金	△	火水金	△	木水金	△
水水水	△	金水水	△	土水水	△	火水水	△	木水水	○

ひらがな&カタカナの画数一覧表

ひらがなやカタカナを使った名前は、やわらかいイメージなので、女の子の名前として根強い人気。「゛（濁音）」は2画、「゜（半濁音）」は1画で数えます。

わ 3	ら 3	や 3	ま 4	は 4	な 5	た 4	さ 3	か 3	あ 3
ゐ 3	り 2		み 3	ひ 2	に 3	ち 3	し 1	き 4	い 2
ゑ 5	る 3	ゆ 3	む 4	ふ 4	ぬ 4	つ 1	す 3	く 1	う 2
を 4	れ 3		め 2	へ 1	ね 4	て 2	せ 3	け 3	え 3
ん 2	ろ 2	よ 3	も 3	ほ 5	の 1	と 2	そ 2	こ 2	お 4

ー 1	ワ 2	ラ 2	ヤ 2	マ 2	ハ 2	ナ 2	タ 3	サ 3	カ 2	ア 2
丶 1	ヰ 4	リ 2		ミ 3	ヒ 2	ニ 2	チ 3	シ 3	キ 3	イ 2
ジ 3	ヱ 3	ル 2	ユ 2	ム 2	フ 1	ヌ 2	ツ 3	ス 2	ク 2	ウ 3
々 3	ヲ 3	レ 1		メ 2	ヘ 1	ネ 4	テ 3	セ 2	ケ 3	エ 3
	ン 2	ロ 3	ヨ 3	モ 3	ホ 4	ノ 1	ト 2	ソ 2	コ 3	オ 3

※ゐ、ゑ、ヰ、ヱは旧かなですが人名に使えます。

224

間違えやすい 漢字リスト

漢字にはちょっとした違いで意味や画数が変わってくるものが多くあります。
記入するときにしっかり確認しましょう。
下記に間違えやすい漢字をいくつか挙げておきます。

宜	宣	昴	昂	巳	己	臣	巨
のり・のぶ・よし／カツ	のり・よし／セン	すばる／ボウ	あきら・たか／コウ	み	キ・コ／おのれ	ジン／おみ	キョ／なお・まさ
8	9	9	8	3	3	7	5

慧	彗	治	冶	享	亨	玲	怜	伶
ケイ／さとる・あきら	スイ	ジ・チ／おさむ	や	キョウ	コウ／とおる	レイ／あきら	レイ／さとし	レイ
15	11	8	7	8	7	9	8	7

崚	峻	朗	郎	亘	旦
リョウ	シュン	あきら／ロウ	ロウ	わたる／コウ	あした／のぼる／タン
11	10	10	9	6	5

綾	稜	祐	佑	秦	泰
あや／リョウ	いず・たか／リョウ	すけ・まさ・よし／ユウ	すけ／ユウ	はた／シン	やすし・やす／タイ
14	13	9	7	10	10

225

名づけ吉数表

五格のうち人格、地格、外格、総格の画数がどのような運勢なのかをチェックしてみましょう。
ただし、すべてが大吉になるパーフェクトの名前はそれほどあるものではありません。
あまり、こだわりすぎないようにしましょう。

表の見方

数字はそれぞれの格の画数を表し、◎は大吉、○は中吉、△は凶を表しています。この吉数表では、1～81画を紹介しています。82画以上になった場合、82画は2画のところを、83画は3画のところを見てください。天格は姓にあたるので、直接作用することはありません。

---

1 出世 指導力 行動力 ◎

地格●好奇心旺盛で活発、何事も自分でやってみます。周囲から慕われ、人気者になるでしょう。

---

2 災難 別離 孤独 △

人格●消極的で、優柔不断な性格です。いざというときに決断ができず、思うように事が進みません。

外格●対人関係に不満をいだきやすく、長続きしない傾向があります。自分から打ち解ける努力が必要です。

地格●飽きっぽいでしょう。すぐに手を差し伸べず、自立心を育てましょう。

総格●物事に対するこだわりがしだいに強くなります。身内や親しい人との別離があるかもしれません。

---

3 才能 行動的 信頼 ◎

人格●頭の回転が速く、明るく行動的な性格。人間関係にも恵まれ、チャンスをつかみます。

外格●他人に穏やかに接し、良好な人間関係が築けます。周囲からも信頼され、何事もスムーズに。

地格●家庭環境に恵まれ、豊かな幼～青年期でしょう。せっかちなので物事にじっくり取り組みましょう。

総格●物質的にも精神的にも安定を得ます。健康や人間関係にも恵まれ、楽しい後半生になるでしょう。

226

7 強い意志／独立心／自尊心 ◎

人格●さっぱりした気性の持ち主。意志が強く、どんな困難も決断力と行動力で乗り切ります。

地格●興味を持つと熱心に取り組みます。独立心旺盛なので親が手を出さず、1人でやらせましょう。

外格●協調精神に乏しいところが。周囲の人の意見に耳を傾けることで、対人関係も円滑になります。

総格●他人の意見を聞く柔軟さを持てば安泰を得られます。権威や名声にも恵まれるでしょう。

4 不満／不遇／情緒不安定 △

人格●高い理想を持ち、努力もするのですが、成果が上がりません。ストレスもたまりがちです。

地格●物事を途中で投げ出してしまいがち。うまくできたらほめてあげて、忍耐力を養いましょう。

外格●人づき合いがへたで、誠意が誤解されたりしがち。根気よく接することが大切です。

総格●周囲の人たちとの調和が難しくなってきます。気力も衰え、子どもに見放されたりしがち。

8 勤勉／努力／成功 ◎

人格●確固たる信念の持ち主で、目的に向かって努力します。チャンスをつかむのも上手。

地格●強情なところはありますが、我慢強く物事に取り組みます。納得するまでやらせてみて。

外格●人の意見に耳を貸さないところが。柔軟さを忘れなければ、友人知人に恵まれます。

総格●頑固にならなければ周囲から慕われます。今までの経験が後半生でプラスに働きます。

5 健康／財産／繁栄 ◎

人格●抜群の行動力と温厚な性格で、周囲の信用を得て順調に発展。健康にも恵まれます。

地格●目上とも目下ともうまく接していきます。子育てにはあまり手がかからないでしょう。

外格●温厚な性格で、つかず離れずの接し方を心得ているため、対人関係は順調です。

総格●家庭を大事にするタイプで、家庭は憩いの場になります。夫婦仲は円満で、人々からも慕われます。

9 薄幸／消極的／孤立 △

人格●頭がよく才能もあるのですが、消極的で気分屋なために、世の中に認められにくい傾向が。

地格●すぐれた感受性を持っているのですが、精神的には弱い面も。しかると反抗的な態度になります。

外格●ささいなことにこだわったりしがち。他人の成功を祝福することも大事です。

総格●家族や親しい人たちとの不和や別離を経験するかも。健康面でも十分に注意が必要。

6 信頼／誠実／努力 ◎

人格●面倒見がよく、親切。周囲から信頼されて、名誉と財産を手にすることができるでしょう。

地格●家庭環境に恵まれます。若いうちから、なんらかの分野で頭角を現すようになりそう。

外格●面倒見がよくだれにでも親切で、人間関係も仕事も順調。引き立ても期待できそう。

総格●努力が報われ、大きく花開いてきます。経済的にも恵まれ、家庭も円満で、平穏な晩年です。

13 円満 名声 人気 ◎

人格●状況の変化を読み取るのが上手。感性が豊かで、芸術、学術、芸能などで才能を発揮。

地格●物事の理解が速く、子どものころから才能を発揮します。得意分野を見つけてあげて。

外格●友人に恵まれますが、人間関係そのものはあっさり。思わぬ飛躍のチャンスをつかみます。

総格●高い能力の持ち主ですが、気の迷いも多いので、目標を絞れば成果が期待できます。

10 多難 大凶 空虚 △

人格●何事も悪意に解釈するので、人が離れていきます。物事を成し遂げることが難しいでしょう。

地格●子どものころは虚弱体質です。気分が変わりやすく、時に大胆な行動に出ることも。

外格●つき合う相手を慎重に選ばないと、利用されることもあり。自分の言葉には責任を持つこと。

総格●気力が衰え、怠惰な生活を送ったりしがちです。健康に問題が生じるおそれも。

14 孤立 トラブル 不遇 △

人格●几帳面で義理堅いのですが、自我が強いため、人間関係のトラブルが多くなります。

地格●周囲と打ち解けようとしません。物事がうまくいかないと、すねたり、いじけたりします。

外格●逆境に遭うとたちまち人が離れていきます。相手の立場になって考えることです。

総格●家族や周囲を犠牲にしてきたツケが回ってきそう。性格的にもひがみっぽくなりがちです。

11 幸運 富 地位 ◎

人格●強い意志を持ち、着実に発展して富と名声を得ます。傾きかかった物事を立て直す才能も。

地格●家庭環境に恵まれ、健康的な幼～青年期に。向上心が旺盛なので、なんでもやらせてあげて。

外格●人間関係を大事にするので、多くの友人知人に恵まれます。援助も期待できます。

総格●晩年に趣味の充実や、今までできなかったことなどに挑戦すると充実した人生が送れるでしょう。

15 人徳 出世 順調 ◎

人格●穏和な性格で人の和を大切にするため、自然と発展していきます。経済観念もしっかりしています。

地格●場を盛り上げるのがうまく、人気者的存在。友だちが多く、先生にもかわいがられるはずです。

外格●和を大切にし、人間関係はスムーズ。上手に相手を立てるので、信用を得るでしょう。

総格●思いやりがあるため、人望を得ることができます。成功してもねたまれません。

12 意志薄弱 失敗 病弱 △

人格●自分の能力以上に背伸びをする傾向が。意志が弱く、何をやっても中途で挫折しがちです。

地格●我慢をしすぎたり、あきらめが悪かったりします。体力的に無理はききません。

外格●誘惑に弱く、異性関係では要注意。安請け合いしやすく、トラブルを招くこともありそう。

総格●能力をわきまえず、実力以上のことに手を出したがります。失敗すると回復は難しいでしょう。

画数から選ぶ名づけ

19 苦労／挫折／障害 △

人格●人生に浮き沈みが多いでしょう。うまくいっているように見えても、内実は苦労ばかり。

外格●何事も損得だけで考えるため、挫折したときに助けてくれる人がいません。

地格●うまくいかないとすぐに気力をなくしてしまいます。ストレスが体調に影響することもあり。

総格●障害が多く安らげません。大それたことをねらわず、趣味や家庭生活の充実をはかってあげて。

16 人望／逆転成功／大成 ◎

人格●面倒見がよく、実力もあるため、リーダーに推し上げられるでしょう。運勢も安定しています。

外格●人の心をつかむのが上手なうえに人望があります。リーダーとして活躍するでしょう。

地格●おっとりしていますが、行動力があるので、自然とみんなから頼りにされるでしょう。

総格●家庭も円満で、安定した後半生です。人望が厚く、実力もあり、リーダーとして活躍します。

20 社交下手／薄幸／別離 △

人格●意欲はあるのですが、優柔不断で、自分から悩みをつくり出してしまうところがあります。

外格●協調性に欠けるため、対人関係で孤立するかも。簡単に人を信じて損をすることも。

地格●頭はいいのに行動力が不足。物事がうまくいかないと、自分の不運や他人のせいにしがちです。

総格●働き者ですが、から回りが多く、実を結びません。人生を楽しむ心の余裕を持ちましょう。

17 積極性／地位／財産 ◎

人格●意志が強く、積極的で行動力があります。チャレンジ精神に富み、初志を貫徹します。

外格●指導力があり、対人関係においてもリーダー的存在に。謙虚さを心がけることが大切。

地格●行動力があり、体も丈夫ですが、自分の思いどおりにしないと気がすまないところもあります。

総格●強い意志と行動力で、希望を達成します。周囲の意見にはもう少し耳を貸すこと。

18 信頼性／忍耐／成功 ◎

人格●アイデアによって成功をつかみ取ります。精神的にもタフですが、強情な一面も。

外格●誠実なので、自己主張を抑え、相手のよさを認めれば、円滑な人間関係を保てるでしょう。

地格●独立心があり、何事もまず自分でやろうとします。健康にも恵まれ、あまり手がかかりません。

総格●非常に強い意志を持っていますが、他人にも厳しすぎます。周囲に気を配れば大成功します。

24 柔軟性 / 順調 / 家庭運 ◎

人格●才能があるうえに、性格もまじめで優しいので、人から慕われ、順調に発展します。

地格●素直で賢く、手がかからない。多くの友人に恵まれ、異性にも人気があります。

外格●温和で才能に恵まれているため、人望を得ることができます。周囲の助力も大きい。

総格●自分のペースで成果を積み重ねていきます。人望があるので、成功してもねたまれません。

21 独立 / 統率力 / 名誉 ◎

人格●頭脳明晰で、困難を切り開く強い精神力を持ち、目標に向かって着実に努力を重ねます。

地格●運動神経抜群で体力にも恵まれています。意志の強さと行動力を備え、困難を克服します。

外格●強い意志と実行力があるため、リーダー的立場につくことに。周囲からも信頼を集めます。

総格●若いころの苦労が糧になって、大きく発展します。名誉と地位を手にするでしょう。

画数から選ぶ名づけ

25 個性 / 才能 / 強運 ◎

人格●個性が強く、他人に合わせることは苦手。困難な状況に遭うと闘志を燃やすでしょう。

地格●勉強はできますが、周囲に自分を合わせることはしません。協調精神を養ってあげて。

外格●高い能力を持っていますが、頑固なところがあり、それが摩擦を生む原因になることも。

総格●競り勝って成功する暗示ですが、周囲とのトラブルを招くこともあります。謙虚さを忘れずに。

22 努力不足 / 衰退 / 無気力 △

人格●意志が弱く、才能はあるのに器用貧乏になりやすく、不平不満が多くなります。

地格●ささいなことを気に病んだり、人の顔色をうかがったりします。安心感を与えてあげて。

外格●他人の言動に左右されることが多いでしょう。共同して行うことは避けたほうが無難です。

総格●一つのことを追究するだけの気力に欠けています。あれこれ手を出さず、的を絞ることです。

23 成功 / 名誉 / 創造力 ◎

人格●創造力、企画力にすぐれ、日の出の勢いで発展します。明るい人柄で人の上位に立ちます。

地格●元気がよすぎて暴走することもありそう。持久力は不足ぎみで、我慢することは苦手です。

外格●自信過剰ぎみですが、頼もしさを慕って人が集まってきます。行動力があり、やり手。

総格●自分の地位を確実に築きます。いつまでも第一線で活躍でき、晩年は豊かで実り多いでしょう。

画数から選ぶ名づけ

26 波乱万丈／衝突／不安定 △

人格●自分の能力を過信するため、波乱の多い人生。一時的に成功しても長続きしません。

地格●体力がある分、無理をしがちです。まわりを見下したり、衝突を起こしがちな点には注意が必要です。

外格●傲慢な言動をとりやすく、それが人間関係にも波風を立てます。柔軟さも必要です。

総格●波乱傾向です。傲慢になったり、周囲と衝突したりで人が離れていくかもしれません。

29 厳格／才能／完全主義 ○

人格●知的でアイデアに富み、意欲もあるので成功します。他人に批判的なところは注意。

地格●周囲と仲よくしていくことを考えれば、友人にも恵まれます。しかし、うぬぼれは大敵です。

外格●すぐれた知性の持ち主です。物事に完全を求めず、相手の長所を認めれば運が向いてきます。

総格●他人をあまり批判しすぎると援助者を失います。寛容になれば運が開けるでしょう。

27 摩擦／孤立／頭脳明晰 ○

人格●自己主張が強いので、周囲との和を保つように気をつければ、成功も夢ではありません。

地格●才能があるうえに、強い意志を持っています。周囲と協調していけば、物事が好転します。

外格●才能と意志の強さを備えています。自己顕示欲を抑え、他人との調和を心がけて。

総格●他人を信頼しきれないので運勢的に伸びきれません。人間関係にも円滑さを欠きます。

30 苦境／浮沈／悲運 △

人格●なかなかの野心家で金銭に強い執着があります。地道さを嫌い、勝負に出るため、安定性を欠きます。

地格●他人の言動に左右されがちです。自分で物を考え、行動する習慣を身につけましょう。

外格●他人の言葉に左右されて、損をすることが。もっと自分の意思をしっかり持つことが大切。

総格●一攫千金をねらう傾向があります。そのため、中年期以降も人生が不安定でしょう。

28 翻弄（ほんろう）／誤解／不和 △

人格●偏った考えをしやすく、自己表現もへたで誤解をされがちです。言動に気を配ることが必要。

地格●わざと人の言うことに逆らうようなところが。体力がないので無理はききません。

外格●わがままで強情。対人関係でしばしば誤解されます。能力も正しく評価されにくい傾向が。

総格●手を広げすぎるため、すべて中途半端になってしまいがちです。目標を絞って力を集中して。

31 判断力／社交性／円満 ◎

人格●誠実な人柄のため人望に恵まれます。判断力もすぐれ、指導力を発揮して成功します。

地格●何にでも興味を示します。明るく健康的な家庭に育ち、温厚なため友人も多いでしょう。

外格●欲得抜きで他人に尽くします。周囲からも信頼されて、成功の糸口をつかみます。

総格●誠実で人情味があり、他人から信頼されるでしょう。晩年には地位と名声を手にするでしょう。

35 温厚／人望／安定

人格●温和な性格で、知的にすぐれています。芸術や文学、技術、学問などの分野で成功。

外格●裏表がなく義理堅いので、周囲の信用を得られます。人間関係に恵まれて発展します。

地格●平穏な家庭環境に恵まれ、人間関係も円満。聡明ですが、積極性には乏しいようです。

総格●精神的にも安定して、充実した後半生を送れます。面倒見がよく、周囲から慕われます。

32 独創性／金運／成功

人格●独創性があり、わが道を行くタイプ。チャンスや幸運を生かして成功するでしょう。

外格●駆け引きがうまく、思わぬチャンスを物にします。目上運は良好で、援助を得て運が開けます。

地格●自分の価値観にこだわるところがありますが、温和な性格のため、友人も多いでしょう。

総格●周囲に迎合せず、自分の道を追究します。不思議に運が強く、いつの間にか希望を実現します。

36 苦労／波乱／面倒見がいい

人格●自分を犠牲にしてでも他人に尽くします。面倒事に巻き込まれないように注意。

外格●面倒見はいいのですが、見守る心づかいも必要。グループよりも独力のほうが力を発揮。

地格●年下の面倒をよく見ますが、自分のことがおろそかになりがち。まずは自分を第一に。

総格●損とわかっていてもひと肌脱がなければ気がすみません。相手を見守るだけの余裕も必要。

33 開運／勇気／成功

人格●強い精神力と豊かな才能を備え、若いうちから頭角を現します。ただし慢心しないように。

外格●行動力はありますが、独断的な面も。リーダーの適性はあるので、周囲にも気配りを。

地格●才能を伸ばしていける家庭環境。若いうちからなんらかの分野で頭角を現すでしょう。

総格●全力で仕事に取り組むため、地位、財産を手に。その分、家庭生活がおろそかになりがちです。

37 現実的／才能／努力

人格●有能で人柄も誠実なため、周囲から慕われるように。努力を重ね目標を達成します。

外格●責任感が強く、人から信頼されます。周囲の協力や引き立てを受けて仕事も順調に発展します。

地格●熱中するとわき目も振らずに取り組みます。家庭ではワンマンですが、友人の間では人気者です。

総格●いつまでもチャレンジ精神を失わず、堅実に努力を重ねます。後半生は実りあるものになるでしょう。

34 繊細／災難／挫折

人格●あと一歩のところで障害に見舞われたり、一生懸命やったことが裏目に出たりします。

外格●失敗を他人のせいにしたり、他人をねたんだりするので、人望が得られません。

地格●体質的にも精神的にもデリケートです。物事がなかなかスムーズに運びません。

総格●人間関係でのもめ事が多いでしょう。肉親や親しい人との別離を経験するかもしれません。

41 温和／安定／実り ◎

人格●温厚誠実な人柄です。リーダーとしても尊敬され、堅実な努力を重ねて成功します。

地格●平穏な家庭環境に恵まれ、心身ともに健全に育ちます。何をやっても上手にこなします。

外格●健全なものの考え方をするため、目上からも目下からも慕われます。人脈も豊かになるでしょう。

総格●賢明で判断力にもすぐれています。また、人望もあるので、人の協力を得ることができます。

38 才能／挫折／意志薄弱 ◯

人格●豊かな才能を持ち、芸術方面に秀でます。成功するには意志の弱さを克服する必要があります。

地格●ストレスに弱いようです。落ち着いて物事に取り組めるように環境を整えてあげて。

外格●器用で、対人関係もそつなくこなします。交際範囲はあまり広げず自分に有益な人脈を育てて。

総格●あれこれ手を出しがちですが、成果を得にくいでしょう。得意分野を確立することです。

42 器用貧乏／未完成／頭脳明晰

人格●頭脳明晰。物事を最後まで完成させる意志力を養うことが、成功のカギです。

地格●才能はあるので、飽きっぽさやあきらめの早さを克服し、目標を絞りましょう。

外格●常識家で世渡りもそこそこ上手ですが、本当の信頼を得るには、ルーズな点を改めて。

総格●分析力があり、高度な知識があるので、粘り強く物事に取り組む力を養うことが大切です。

39 生命力／大物／成功 ◎

人格●雑草のようにたくましい生命力の持ち主。困難を糧にして大きく成長、発展します。

地格●自分のペースややり方にこだわり、負けず嫌いです。指導力があり、リーダー的存在になります。

外格●社交家ですが、距離を保ったつき合い方をします。人間関係の変化で好機をつかみます。

総格●気持ちが若く、常に新しいものを吸収しようと意欲的です。波乱を乗り越え、成功を収めます。

43 浪費／非現実的／迷い △

人格●経済観念に乏しく、見栄っ張りで浪費家。優柔不断なため、チャンスを逃しやすいでしょう。

地格●気持ちが優しい半面、依頼心が強く優柔不断です。非現実的なことばかり考えがち。

外格●交際で見栄を張る傾向があります。また親しくなると相手に依存しがちです。

総格●経済観念に乏しく、浪費が多いでしょう。人生を自分で切り開くだけの気力も不足しがちです。

40 自信過剰／異性トラブル／投機的 △

人格●頭がよく、度胸も十分。しかし、自信家で敵が多く、いざというときに助けがないということも。

地格●他人を自分の思いどおりにしようとします。怒りっぽいために、交友関係が不調和。

外格●自信過剰で、敵をつくりやすいでしょう。また、異性関係で問題を起こしがちです。

総格●一発をねらっていくため、浮き沈みが極端です。人生に常にリスクがつきまとうでしょう。

47 結実／円満／発展 ◎

人格●有能で忍耐強いために、努力が実を結びます。協力者や援助者にも恵まれるでしょう。

地格●家族や友人に恵まれ、健全な幼少年期を。性格が謙虚なため、常に周囲の助けがあります。

外格●協力者や援助者に恵まれ、発展の糸口をつかみます。元気で周囲の人を明るくします。

総格●健康で有意義な後半生を送ることができます。後継者や協力者に恵まれ、家庭生活も平穏。

 44 自滅／波乱／辛苦 △

人格●才能はあるのですが、企画倒れに終わったり、アイデアが実を結びません。

地格●計画的に行動することが苦手。精神面での弱さも目立つので、我慢することを覚えさせましょう。

外格●相手に見返りを期待し、かなえられないと失望します。大言壮語する傾向もあります。

総格●直感に頼って行動するため、運勢は波乱含み。能力はあるので、落ち着いて取り組むことです。

 48 人望／尊敬／社交的 ◎

人格●円満な常識家で、責任感があります。リーダーよりは、補佐的立場で才能を発揮。

地格●なかなかの社交上手です。高い能力がありますが、華やかな場に出ることは苦手。

外格●有能なうえに人柄も誠実で、多くの人から助力を得ることが可能です。人気運も備えています。

総格●有能で謙虚なので、信頼を集めます。危なげなく、安定した後半生が過ごせるでしょう。

 45 不言実行／達成／克服 ◎

人格●温厚な性格ですが、強い精神力も持っています。困難を乗り越え、不言実行で目標を達成します。

地格●友だちが多数。幼少年期の経験が社会生活でも生きてきます。長じても探究心旺盛。

外格●社交的で和を保ち、人間的な魅力も。困難に遭っても周囲の助力が期待できます。

総格●ふだんは温厚ですが、いざというときにはパワーを発揮します。家庭も円満で後半生は豊か。

 49 明暗／不安定／不和 △

人格●実力を省みず無謀なチャレンジをするでしょう。そのため、人生が不安定です。

地格●外面はよいのですが、家庭ではわがまま。甘やかさず、我慢することを教えましょう。

外格●人の好き嫌いが極端で、対人関係での衝突も頻繁。感情的になりやすいので、注意が必要です。

総格●繁栄と衰退が極端な運勢なので、無謀な試みに出ると、得たものを失いかねません。

 46 急転／明暗／苦労 △

人格●なぜかチャンスに恵まれません。あと一歩というところで、突然の障害や災難に遭います。

地格●勉強や苦しいことから逃避しようとします。うまくいきだすと、すぐに図に乗るところも。

外格●遊び友だち以外の苦楽をともにする友人ができません。友人から悪い影響を受けるかもしれません。

総格●物事にのめり込みすぎる傾向があります。波乱含みの運勢なので、安定をめざすこと。

画数から選ぶ名づけ

52 企画力／独創性／財運 ◎

人格● 先見性と度胸があり、チャンスをつかんで大きく飛躍します。企画力があり、独創性も優秀。

地格● 頭の回転が速く、人の気持ちを読むのが上手です。若いうちから人生の目標が定まります。

外格● 人を見る目があり、人間関係は平穏。益にならない相手とは交際を持ちません。

総格● 企画力やアイデアにすぐれているので、勢いに乗れば大財を得ることができます。

53 虚栄心／見栄／散財 ○

人格● 虚勢や見栄を張らず、堅実さを心がければ、運勢が安定します。自分にふさわしい人生設計を。

地格● 実際以上に評価される傾向があります。パフォーマンスに加えて実力が伴えば申し分ありません。

外格● 必要以上に背伸びをしても、いつかはボロが出ます。自然体で交際するようにして。

総格● 世間体を気にして背伸びをせず、現実に合わせたライフスタイルを考えましょう。

50 不安定／尻すぼみ／変動 ○

人格● 何事も初めは順調に進みますが、あとが続かず、尻すぼみになりがち。継続する努力が大切です。

地格● 熱中できるものを見つけてあげましょう。完成させれば喜びになります。

外格● 人間関係は初めよくても、それが長続きしない傾向が。交際相手を見極め人脈を育てて。

総格● 順調なように見えても、長続きしません。状況を見極め、変化に対応していくことが必要。

54 貧困／薄幸／トラブル △

人格● 努力が評価されず、成功の糸口をつかむのが困難。他人に尽くしても報われません。

地格● 能力はあるのに自分を過小評価する傾向があります。プレッシャーで力を出しきれないことも。

外格● 他人の助力が期待できず、面倒な問題を押しつけられたりも。協調精神も乏しい。

総格● 助けを当てにしても、いざというときには頼りにならないもの。健康管理には留意しましょう。

51 不安定／変化／危険 ○

人格● 若くして成功を収めても、おごらないことが大切。常に気を緩めず安定を心がけて。

地格● うまくいったときに気を引き締め、好調を持続させて。背伸びをしなければ物事は順調に進むでしょう。

外格● 人間関係が変わりやすいでしょう。腹を割って語り合える相手を見つけることです。

総格● 一度は大きな好機を得ます。チャンスに恵まれても気を緩めず、足場を固めて。

57 向上心 人望 地位 ◎

人格●目標に向かって努力を惜しみません。強い信念で困難を越え、確実に地歩を築きます。

地格●向上心に富み、努力家です。家族や友人に恵まれ、周囲からの助けも多いでしょう。

外格●穏健で、自然と周囲から慕われるようになります。人脈も年々豊かになっていくでしょう。

総格●向上心や向学心を持ち続けます。長年の経験や人脈を生かせば、後半生は恵まれたものになるでしょう。

55 欲張り 軽率 極端 △

人格●盛運と衰運が交互に訪れます。他人からはよく見えても内実は苦しいでしょう。

地格●やることが極端です。自分の気持ちをコントロールすることを学びましょう。

外格●初め仲がよくても、こじれると敵のような関係に。相手を傷つけたり怒らせたりしがちです。

総格●年齢に応じた生き方を心がけること。無理を重ねると、せっかくのチャンスを失います。

58 大器晩成 富貴 安定 ◎

人格●若いうちは苦労がありますが、それを糧に大きく飛躍します。結婚によって人生が安定します。

地格●期待されると頑張りすぎる傾向が。遊びや息抜きも必要です。家庭生活に恵まれます。

外格●対人関係で多くの有益な経験をするでしょう。苦楽をともにすることで絆が生まれます。

総格●困難や下積みを経験したあとに、境遇が安定してきます。中年期以降は着実に発展するでしょう。

56 無気力 不誠実 転落 △

人格●うまくいきかけると障害が持ち上がってしまいます。信念や行動力も不足しています。

地格●いつも人のあとからついていこうとします。何か得意なものを見つけて、自信をつけてあげて。

外格●保守的なために、人間関係では損をします。誤解されたり、他人に利用されることもあるでしょう。

総格●体力、気力が衰えてきます。現状を維持しようとしても、ズルズルと衰退します。

59 意志薄弱 敗北 あきらめ △

地格●我慢が苦手で、すぐにあきらめがち。大きな収穫は、忍耐のあとにやってくるものです。

外格●意思表示をはっきりしないと、金銭的な迷惑を被るかもしれません。愚痴の多さも人を遠ざけます。

総格●家庭や健康上の問題が生じやすいでしょう。困難を克服するだけの気力や忍耐力も不足しがちです。

63 温和／順調／家庭運

地格●家庭環境に恵まれ、素直に才能を発揮。のびのびした性格で、目上にかわいがられます。

外格●他人に好感を与えます。人間関係も円満で、周囲の協力や援助によって発展します。

総格●富と名声を得て平穏で充実した後半生に。配偶者や子どもにも恵まれて家庭生活も円満に。

60 不遇／悲観／破滅

地格●理屈よりも感情で動くところが……。物事の悪い面ばかりを考え、前に進まなくなります。

外格●人づき合いがへたで、他人の評価ばかりが気になります。交際を楽しめません。

総格●とても心配性です。健康状態がすぐれなかったり、人生の目標を見失ったりしがちです。

64 もろさ／衰退／トラブル

地格●体力がありそうで案外病弱。家庭生活に問題が起きやすいため、環境を整えてあげて。

外格●人を信用しないため、つき合いも悪く、初めは順調でも途中からぎくしゃくしてきます。

総格●人生後半はペースダウンを。強気に攻めると、思わぬアクシデントから物事が崩壊します。

61 うぬぼれ／不和／破滅

地格●うまくいくとすぐに得意になって、他人を小バカにするところがあります。和の大切さを教えて。

外格●自信過剰で、傲慢な態度をとるため、人間関係の不和を招きがちです。

総格●意欲も能力もありますが、うぬぼれが強いのが難です。人との和を大切にすれば幸運になります。

65 実り／包容力／幸運

地格●恵まれた家庭環境で育ちます。友人も多く、包容力があり、目下の面倒もよく見ます。

外格●包容力と面倒見のよさで自然と人に慕われます。目上の引き立てや周囲の援助も大きいでしょう。

総格●健康で長寿に恵まれます。明るい性格なので、おのずと人望も得て、吉運を呼び込みます。

62 貧困／心労／トラブル

地格●家庭の問題が性格形成に影響しやすいので、環境を整えて。物事は最後まで完成させてあげましょう。

外格●言動に裏表があるため、人から信用されません。人間関係においても、孤立無援に。

総格●今まで順調にきている人は、気を引き締める必要が。健康面でも体力を過信しないことです。

69 貧乏／災難／没落 △

地格●体質がデリケートで、無気力になりやすいところがあります。励ましてあげることが必要。

外格●愚痴や不満ばかりを口にするため、人から敬遠されます。他人に利用されやすい傾向もあります。

総格●金運が弱いので無理に追いかけると破綻を招くことに。自分に合った生き方を考えてあげましょう。

66 苦労／挫折／陰気 △

地格●体が丈夫でないかも。自分から友人をつくったり、何かに取り組む意欲に欠けます。

外格●悲観的で陰気な印象なため、人が寄りつきません。周囲から孤立しやすいでしょう。

総格●苦労や失敗を繰り返し、なかなか浮かび上がれません。人と気さくに接することも苦手です。

70 苦境／自滅／孤独 △

地格●学力や才能はあるので、ほめてあげることが大切。認められないと、反発します。

外格●世をすねたような言動が多く、まわりから相手にされません。反抗的な態度をとることも。

総格●才能や実力はありますが、好機を呼び込む努力が不足しています。困難を克服する意志を持って。

67 幸運／苦労知らず／前途洋洋 ◎

地格●子どもにしては大人びていて要領がよいでしょう。家庭環境に恵まれ、順調に成長。

外格●人間関係に恵まれて発展。人当たりがよく、目上からは信頼され、目下からは慕われます。

総格●順風満帆の後半生。元来が強い運を持っていて、あまり苦労しないでも成功をおさめます。

71 小心者／凡庸／平穏無事 ○

地格●家庭環境に恵まれ、平穏無事な幼少年期でしょう。しりごみしやすいので、何でもやらせてみて。

外格●人間関係は比較的順調ですが、大きな益もないでしょう。他人を補佐する能力にすぐれます。

総格●波風のない平穏な後半生でしょう。大それた野心をいだくと、墓穴を掘ることになります。気をつけて。

68 勤勉／集中力／潜在能力 ◎

地格●勉強はよくできるほうです。高い潜在能力を持っているので、才能を見いだしてあげて。

外格●思慮深く勤勉なため社会的信用を得ます。人間関係は順調で、周囲の協力も期待できるでしょう。

総格●知的能力が高く、どんな仕事でも成功。クリエイティブな分野ならさらに才能を発揮します。

72 明暗 / 不安定 / 消極的 ○

地格●障害に遭うとすぐにあきらめてしまいがちですが、指導者によって大きく変わります。

外格●他人を頼りにしすぎるところがあります。交際面で背伸びをしなければ信用を得られるでしょう。

総格●弱気になったり他人を頼りにすると、よくない結果に。自立自助の精神を忘れないで。

75 保守的 / 性急 / 失敗 △

地格●保守的で温和な性格ですが、分不相応なことに挑戦すると手痛い挫折を味わうことになります。

外格●親しみやすい性格ですが、安請け合いをしたり、やることが雑なために信頼を得にくいでしょう。

総格●守りの姿勢が強く、分をわきまえてさえいれば平穏な後半生を送れます。冒険心は波乱を招きます。

73 苦労 / 晩年幸福 / 誠実 ○

地格●才能は普通ですが、努力で能力を身につけます。幼少年期の経験が成人後に開花。

外格●初めは不調でも、誠意を持って人に接し、しだいに信用を得、人脈も広がるでしょう。

総格●後半生は運気が好転し、今までの経験が生きてきます。地道に暮らせば晩年は安定。

76 劣等感 / 陰気 / 孤立 △

地格●劣等感をいだきやすい性格なので、他人と比較してしかるといじけてしまうことが多いでしょう。

外格●ひがみやねたみばかりを口にするため、人間関係に円滑さを欠くようになります。

総格●人間関係が狭く、周囲の協力も得にくい。自信のなさから、自分で可能性を閉ざすことにも。

74 無気力 / 怠惰 / 無責任 △

地格●怠け癖があり、安易な道ばかりを選んだりします。頭はよいのですが、努力が不足。

外格●無責任だったり、失敗を人のせいにしたりするので、人間関係が破綻。誠実に対処して。

総格●年とともに無気力で怠惰になりがち。口先ばかりで、人生を自分で切り開く意欲が不足しがちです。

80 病弱 破綻 苦労 △

地格●体質的には弱いほう。物事を悲観的に考えやすいので、周囲が気をつけてあげて。

外格●非建設的な言動が多く、人が寄りつきません。人間関係でトラブルに巻き込まれることも。

総格●不運が重なり、苦労が絶えないでしょう。慎重に障害を克服していけば、道はきっと開けます。

77 吉凶運 不安定 明暗 ○

地格●交友関係や興味の対象が移りやすいでしょう。物事を完成させることで自信を得ます。

外格●熱しやすく冷めやすいため人間関係が変わりやすいでしょう。信頼できる人を見つけて。

総格●順調であっても、気を抜かないこと。計画性と見通しがあれば吉運が持続します。

81 大吉 幸運 繁栄 ◎

地格●探究心に富み、子どものころからリーダーシップを発揮するでしょう。家庭や健康にも恵まれます。

外格●パイオニア精神にあふれ、人間関係においても常にイニシアチブをとります。

総格●財産、地位、名誉のすべてを手に。向上心を失わず、常に前向きに努力します。

78 誠実 信念不足 もろさ ○

地格●環境の影響を受けやすいので、家庭生活に配慮する必要が。交友関係は広く浅い傾向があります。

外格●誠実ですが、要領の悪さも。その場の状況に流れされやすいので、自分の意思をはっきりとさせるように。

総格●才能はあってもピンチに弱いので、信念を貫くことが大切です。安易な妥協は避けるようにしましょう。

79 消極的 失敗 不安定 △

地格●実行力に欠けます。家庭環境にも恵まれない暗示なので、まずは生活を整えることが大切です。

外格●のらりくらりとその場だけの対応をするため、信頼を得ることは難しいでしょう。

総格●自信のなさが失敗を呼び込みがち。中年以降は優柔不断を改め、自分の意志を強く持つようにしましょう。

画数から選ぶ名づけ

自分の姓に合う名前の画数がわかる！

姓別吉数リスト

姓名学上から見て、その姓に調和する画数の組み合わせを一覧表にしました。画数が気になる人にはとても便利。自分の姓がサンプルにない人は、まず、その画数を調べるところから始めてください。

このリストの見方

１字名と２字名は指定した画数の名前が吉。３字名の（ ）内の数字は、下２文字の画数の合計を表します。たとえば、4・(11)の場合は、4・5・6でも4・8・3でも組み合わせは自由です。姓の代表例は一般的に多いものをサンプルにしました。「艹」（くさかんむり）はすべて３画で数えています。

※ここで紹介している画数の組み合わせは一部の例です。編集部への個別のご相談には、ご対応できませんので、あらかじめご了承ください。

姓の画数	2·7	2·6	2·5	2·4	2·3	1·10	1·6
姓の代表例	二村 入谷 人見	二羽 入吉 入江	力田 入矢 二石	八木 二木 八戸 乃木	二上 入川 入山	一宮	一色
1字名	4　6 14　16	5　7　10 15　17	6　10　16	7　12　17	2　10 12　20	なし	なし
2字名	1・5 1・14 1・15 4・11 4・19 10・5 10・6 11・4 11・5 14・1 14・9	9・14 9・15 9・16 10・5 10・6 10・13 10・14 10・15 11・4 11・5 11・14 12・4	2・14 3・13 10・6 10・14 10・15 11・5 11・6 11・13 11・14 12・4 12・13 13・3	1・16 3・4 7・11 9・6 11・4 11・14 12・5 14・3 14・11	3・13 3・15 4・14 5・11 5・13 8・5 10・6 12・4 12・6 13・3 13・5 14・4	1・4 1・5 1・12 1・20 3・2 3・10 6・7 11・2 11・10 14・7 14・10 22・2	1・15 2・14 9・7 9・15 9・16 10・6 10・7 10・14 10・15 11・5 11・14 12・4
3字名	1・(5) 1・(14) 1・(15) 4・(2) 4・(12) 4・(20) 4・(28) 10・(5) 14・(10) 14・(18)	1・(14) 1・(15) 2・(13) 2・(14) 5・(8) 5・(10) 5・(18) 5・(20) 11・(14) 12・(13)	2・(14) 3・(13) 3・(22) 10・(8) 10・(14) 10・(15) 11・(13) 11・(14) 12・(13) 13・(12)	2・(5) 3・(14) 3・(15) 4・(14) 7・(8) 7・(10) 9・(22) 12・(21)	2・(14) 3・(5) 3・(10) 3・(13) 3・(15) 4・(4) 4・(12) 4・(14) 5・(13)	1・(4) 1・(5) 3・(3) 3・(21) 5・(19) 11・(13) 13・(11) 15・(9)	2・(14) 9・(9) 9・(15) 9・(16) 10・(14) 10・(15) 11・(14) 12・(13)

画数から選ぶ名づけ　姓別吉数リスト

姓の画数	3・3・4	3・3	3・2	3・1・4	2・12・11	2・10	2・8
姓の代表例	小山内 三ツ井 三ツ木 山之内	山口 小川 丸山 小口 大山 三上	川又	山ノ内	二階堂	二宮 入倉	入岡 二松
1字名	3　13　14	なし	なし	3　9　13	6　14　22	5　6　23	5　7 15　23
2字名	3・11 4・1 4・10 4・11 7・8 7・16 13・1 14・1 17・6	2・3 3・4 4・3 5・10 8・3 10・5 10・8 12・3 12・5 13・4 14・3 15・3	3・10 3・13 3・15 4・12 4・14 5・13 6・10 6・12 9・4 11・5 13・5 14・4	2・13 3・12 4・11 11・6 11・12 11・13 12・3 12・11 12・12 13・2 13・11 14・10	2・10 4・3 4・8 4・10 5・9 6・8 6・10 7・9 10・2 12・2 13・1 14・2	1・4 1・5 1・22 3・3 3・22 11・14 14・9 14・11 21・4 22・1 22・3	3・3 3・22 5・16 7・14 8・13 9・6 9・16 10・1 10・3 10・5 10・11 10・15
3字名	3・(2) 3・(12) 4・(2) 4・(11) 7・(18) 13・(12) 14・(11) 17・(18)	3・(4) 3・(14) 4・(13) 5・(13) 8・(9) 10・(21) 12・(19) 13・(12)	1・(12) 3・(13) 4・(9) 4・(12) 4・(14) 5・(11) 5・(13) 6・(12) 11・(21)	2・(14) 3・(12) 3・(13) 4・(11) 4・(12) 4・(21) 11・(12) 11・(13) 11・(14) 12・(13)	2・(4) 4・(4) 4・(19) 5・(11) 5・(18) 6・(10) 7・(9) 12・(11) 13・(10) 13・(19)	1・(20) 3・(18) 3・(20) 5・(8) 5・(18) 5・(20) 11・(10) 11・(12) 11・(14) 13・(10)	3・(8) 3・(10) 3・(12) 3・(18) 5・(8) 5・(10) 5・(18) 8・(15) 13・(12) 15・(10)

画数から選ぶ名づけ

姓別吉数リスト

姓の画数	3・6	3・5・7	3・5・4	3・5	3・4	3・3・9	3・3・5
姓の代表例	大竹 大西 川西 久米 三宅 山名	三田村	小田切	上田 川本 大石 山田 山本 久田	大月 大友 土井 川内 山内 山中	大久保 小久保	小山田 下山田 三ケ尻
1字名	なし	なし	なし	なし	なし	6　9　16	6　13
2字名	1・15 5・2 5・3 7・8 9・15 10・5 10・14 11・4 11・5 11・12 12・3 15・8	6・14 6・16 8・9 8・14 8・16 9・8 9・15 10・7 10・14 11・6 14・6 14・8	3・9 4・8 4・16 7・16 9・14 11・9 11・12 12・8 13・7 14・6 14・9 17・6	1・12 3・10 6・10 8・15 10・3 10・14 11・2 11・4 12・4 12・12 13・2 16・8	1・15 3・8 3・14 4・12 7・10 9・8 11・5 12・4 12・5 13・12 14・2 17・8	2・8 4・16 6・11 7・10 8・9 9・1 14・8 15・1 16・4	2・4 3・1 3・17 6・4 6・8 10・14 11・11 12・8 13・11 18・6
3字名	2・(4) 2・(14) 5・(11) 9・(14) 10・(14) 11・(12) 11・(13) 12・(11)	6・(10) 8・(8) 8・(9) 8・(10) 8・(16) 9・(9) 9・(15) 16・(16)	1・(10) 2・(9) 3・(8) 3・(10) 4・(7) 4・(9) 4・(17) 7・(16) 9・(16) 12・(13)	3・(4) 3・(12) 6・(11) 8・(17) 10・(13) 11・(13) 12・(13) 12・(19)	2・(4) 3・(13) 4・(12) 7・(11) 11・(13) 11・(14) 12・(12) 13・(11)	2・(15) 4・(12) 6・(12) 6・(18) 7・(10) 7・(11) 9・(9) 14・(10)	1・(5) 2・(19) 3・(18) 6・(15) 8・(5) 10・(11) 11・(10) 12・(9)

画数から選ぶ名づけ　姓別吉数リスト

3・8・11	3・8・10	3・8・5	3・8・4	3・8	3・7	3・6・3	姓の画数
小松崎	大河原 小河原 小松原	大和田 小和田	大河内 小岩井 小金井 小長井	大岩 上松 小沼 小林 小松 山岡 土居	大坂 大沢 上杉 三谷 山谷 山村	小早川	姓の代表例
13	11 14	1 16 19	9	なし	なし	3 4 5 13 21	1字名
2・13 2・21 4・19 10・5 10・13 12・3 12・11 14・9 20・3 22・1	1・3 1・9 3・1 3・9 3・11 6・6 11・3 11・9 13・1 13・11	3・12 10・5 10・6 10・13 11・4 11・5 11・6 11・12 12・4 12・5 13・4 18・5	1・5 3・13 4・12 4・20 7・3 9・1 9・13 11・13 12・5 14・3 17・5	3・2 3・3 5・2 5・8 7・14 8・5 9・4 10・3 10・14 16・5 16・8	1・5 1・10 4・2 6・5 6・15 8・3 8・15 9・4 10・5 11・2 11・14	4・8 5・7 5・15 8・15 10・13 12・8 12・11 13・7 14・6 15・5 15・8 18・5	2字名
2 ・(13) 2 ・(21) 10・(5) 10・(13) 12・(13) 13・(10) 13・(12) 13・(22) 21・(14) 22・(13)	1 ・(10) 1 ・(30) 3 ・(13) 3 ・(21) 3 ・(28) 11・(13) 11・(20) 14・(10)	2 ・(13) 2 ・(14) 3 ・(12) 3 ・(13) 3 ・(14) 8 ・(13) 10・(13) 11・(12) 11・(14) 12・(13)	1 ・(5) 2 ・(6) 3 ・(14) 4 ・(12) 4 ・(14) 9 ・(7) 11・(6) 12・(12)	3 ・(2) 3 ・(4) 5 ・(19) 7 ・(17) 8 ・(13) 9 ・(12) 10・(14) 13・(11)	1 ・(7) 4 ・(7) 6 ・(9) 6 ・(19) 8 ・(13) 9 ・(12) 10・(13) 11・(12)	2 ・(9) 3 ・(8) 3 ・(22) 4 ・(7) 4 ・(9) 5 ・(6) 5 ・(8) 5 ・(16) 8 ・(15) 10・(15)	3字名

画数から選ぶ名づけ

姓別吉数リスト

	3・11・6	3・11	3・10・3	3・10	3・9・6	3・9・5	3・9	姓の画数
姓の代表例	小野寺	上野 大野 大堀 小野 川野 山野	小宮山	上原 小島 大島 川原 小宮 三浦	久保寺	久保田 万城目	大垣 大城 久保 小泉 山城 土屋	
1字名	1　5　11 15　19	なし	5　15　21	なし	なし	なし	なし	
2字名	2・10 5・10 7・8 7・10 9・3 9・6 9・8 10・2 11・1 11・6 12・3 15・2	2・5 4・3 4・14 5・2 5・12 6・5 7・4 7・10 10・8 12・5 13・8 14・3	4・11 5・10 5・11 12・4 12・11 13・3 13・4 13・10 14・2 14・3 15・1 15・2	1・2 1・10 3・2 3・8 5・3 6・5 6・12 8・3 8・10 11・13 14・4 15・3	1・4 2・3 2・12 9・5 9・8 10・4 10・5 11・3 11・4 12・2 12・3 19・4	1・3 2・4 3・4 3・12 8・8 10・5 11・4 11・11 12・12 13・2 18・2 20・2	2・3 4・4 6・5 6・15 7・14 7・18 8・3 8・5 8・15 9・2 9・4 12・13	
3字名	5・(10) 5・(27) 7・(10) 7・(18) 7・(25) 9・(23) 10・(11) 10・(27) 11・(21) 15・(17)	2・(9) 4・(14) 5・(13) 5・(20) 6・(11) 7・(11) 10・(7) 12・(11)	3・(12) 3・(20) 4・(11) 4・(12) 5・(10) 5・(11) 5・(12) 8・(24) 10・(11) 10・(22)	1・(4) 3・(2) 5・(13) 6・(12) 7・(11) 11・(7) 11・(13) 13・(11)	1・(4) 1・(5) 2・(3) 2・(4) 2・(13) 9・(6) 10・(5) 10・(13)	2・(5) 2・(6) 3・(4) 3・(5) 6・(12) 10・(6) 11・(13) 12・(12)	2・(3) 2・(4) 4・(7) 7・(14) 8・(13) 8・(17) 9・(12) 12・(11)	

画数から選ぶ名づけ

姓別吉数リスト

画数から選ぶ名づけ　姓別吉数リスト

姓の画数	3・13	3・12・10	3・12	3・11・10
姓の代表例	大滝 大園 大溝 山路 川路	大曾根 小曾根	大塚 大場 大森 小森 千葉 山森	小笠原
1字名	なし	6　14 22　23	なし	11　21
2字名	4・13 5・12 8・15 10・13 10・15 11・10 11・12 11・14 12・4 12・5 12・13	3・17 3・19 5・17 6・16 6・17 11・9 13・7 13・9 14・8 14・9 15・7 15・8	1・2 1・15 3・3 4・4 4・12 5・3 6・10 6・12 9・8 9・15 11・5 12・4	3・20 5・10 5・18 6・9 6・17 13・10 14・9 15・8 15・9 21・2
3字名	2・(14) 2・(21) 3・(13) 3・(14) 3・(20) 4・(11) 4・(12) 4・(21) 5・(11) 5・(20)	3・(20) 5・(18) 6・(10) 6・(17) 7・(9) 8・(8) 13・(10) 14・(9) 14・(18) 15・(8)	1・(7) 4・(4) 4・(12) 5・(12) 5・(19) 6・(11) 11・(13) 13・(11)	1・(10) 3・(10) 5・(10) 5・(18) 6・(7) 6・(9) 11・(10) 14・(7)

姓の画数	4·2·12	3·19	3·18	3·17	3·16	3·15	3·14
姓の代表例	五十嵐	川瀬 山瀬 大瀬	大藤 大藪 工藤 山藤 大類	大磯 小磯 小嶺 川鍋	大館 大橋 小橋 丸橋 土橋 三橋	大蔵 大槻 小幡 三輪	大熊 大関 川端 小暮 小関 山際
1字名	3　5 6　13	なし	なし	なし	なし	なし	なし
2字名	3・4 4・10 5・1 5・10 6・9 9・6 11・4 13・4	2・13 2・21 4・21 5・8 5・10 5・18 5・20 12・3 12・13 13・2 13・10 13・12	3・8 3・13 3・15 5・13 6・5 6・10 6・18 7・4 13・3 13・5 14・4 15・3	4・13 6・15 7・8 7・10 7・14 7・18 8・13 14・3 15・2 15・10 16・5 18・3	1・4 1・5 1・12 1・15 2・3 2・4 5・8 5・13 8・5 8・8 8・10 9・4	1・2 1・4 2・3 2・4 3・3 3・12 8・5 8・15 9・4 9・8 10・3 10・5	1・5 2・5 2・13 3・3 3・13 4・12 7・8 9・15 10・5 10・8 11・4 11・5
3字名	3・(10) 4・(9) 5・(10) 5・(18) 6・(11) 6・(15) 11・(10) 13・(10)	2・(11) 2・(13) 2・(21) 4・(9) 4・(19) 6・(7) 6・(9) 6・(17) 6・(19) 12・(13)	3・(13) 5・(11) 5・(13) 6・(12) 7・(9) 7・(11) 7・(17) 13・(11)	4・(13) 4・(17) 4・(21) 6・(9) 6・(11) 6・(19) 7・(14) 8・(9) 8・(13) 8・(17)	1・(4) 2・(3) 2・(4) 2・(11) 2・(14) 5・(11) 5・(13) 7・(11)	2・(3) 2・(4) 2・(13) 3・(3) 3・(12) 6・(7) 6・(9) 8・(13)	1・(7) 2・(4) 3・(12) 4・(2) 4・(12) 7・(11) 11・(7) 11・(13)

画数から選ぶ名づけ

姓別吉数リスト

4·9	4·8	4·7	4·6	4·5	4·4	4·3	姓の画数
今泉 今津 木津 中津 中畑 仁科	今枝 今岡 中居 中林 片岡 水沼	井沢 井村 今村 中条 中谷 戸村	天地 今西 中西 日向 日吉 元吉	井田 牛込 牛田 太田 今田 水田	井戸 今井 木内 木戸 木元 公文	天川 井川 井上 牛山 中川	姓の代表例
2　12　22	5	4　　6 10　14	5　7　15	2　12　16	7　　17	4　10　14	1字名
2・1 2・3 2・9 4・7 4・20 7・17 12・12 15・9 22・2	3・3 7・14 8・3 9・2 9・4 9・14 10・3 10・11 13・12 16・7 17・4	1・12 4・9 6・7 8・13 9・4 11・13 14・7 17・7	5・2 7・4 7・14 9・4 9・12 10・3 10・11 11・2 12・9	1・7 3・3 3・12 6・2 8・7 11・4 12・4 13・3 16・7	1・7 3・4 3・12 9・14 11・2 12・11 12・12 13・3 14・9	2・9 4・7 8・3 8・9 10・1 12・4 13・3 14・2 15・9	2字名
2・(3) 2・(30) 6・(18) 12・(12) 12・(20) 14・(10) 16・(19) 22・(13)	3・(2) 3・(10) 5・(16) 7・(6) 8・(13) 9・(12) 10・(13) 15・(10)	1・(6) 6・(18) 8・(13) 8・(16) 9・(12) 10・(11) 11・(13) 14・(10)	1・(6) 5・(16) 5・(18) 9・(12) 10・(13) 11・(12) 12・(11) 12・(13)	2・(6) 3・(13) 6・(18) 8・(8) 8・(16) 11・(13) 12・(12) 13・(11)	3・(10) 3・(12) 4・(12) 7・(10) 11・(13) 12・(12) 13・(10) 14・(10)	2・(6) 3・(13) 5・(11) 5・(12) 8・(8) 8・(16) 10・(8) 12・(12)	3字名

画数から選ぶ名づけ

姓別吉数リスト

姓の画数	4·16	4·15	4·14	4·13	4·12	4·11	4·10
姓の代表例	中橋 水橋 元橋	木幡	井熊 井関 今関 日暮 比嘉	犬飼 中園 中溝 日置	犬塚 木場 中塚 中森 戸塚 水落	天野 井深 片野 木野 木部 中野	井原 片桐 木原 日高 日原 水原
1字名	5　15	2　6　16 20　22	なし	4　22	5　23	6　10　20	7
2字名	1・4 2・3 2・13 5・12 5・20 7・4 8・3 8・9 9・4 15・2	1・17 2・11 2・14 3・13 6・7 6・12 9・4 9・7 9・9 10・3 16・2 17・1	1・2 2・1 2・3 2・13 3・2 3・3 4・1 4・2 4・11 11・2 11・4 11・12	2・13 3・3 3・4 3・13 4・11 4・12 5・1 5・11 12・4 12・12	1・14 3・2 4・3 4・4 5・11 6・9 9・12 11・12 12・9 19・4	4・12 5・11 5・13 6・2 7・9 10・14 12・4 13・11 14・3	3・4 5・2 6・1 6・11 7・4 8・3 11・12 13・12 14・7 14・9 15・2
3字名	1・(10) 2・(11) 2・(19) 5・(6) 5・(8) 7・(6) 7・(10) 9・(8)	1・(12) 2・(11) 2・(16) 3・(3) 3・(10) 3・(13) 6・(10) 6・(12) 8・(8) 8・(10)	3・(2) 3・(3) 3・(12) 4・(2) 4・(11) 7・(6) 7・(8) 7・(16)	2・(13) 3・(3) 3・(13) 4・(2) 4・(11) 5・(10) 5・(11) 12・(6)	3・(2) 3・(20) 4・(11) 4・(13) 5・(10) 5・(11) 6・(10) 13・(10)	2・(6) 5・(12) 6・(11) 7・(11) 10・(6) 12・(6) 13・(11) 14・(10)	3・(18) 5・(12) 5・(18) 6・(11) 7・(10) 7・(18) 8・(10) 11・(12)

画数から選ぶ名づけ　姓別吉数リスト

姓の画数	5·7	5·6	5·5	5·4	5·3	5	4·18
姓の代表例	石坂 市村 北沢 田坂 立花 矢沢	末次 永江 永吉 本庄 本多 本吉	生田 北田 正田 末田 田代 立石	石井 北井 田井 立木 平木 永井	石上 加山 白山 田子 田丸 古川	台 叶 北 平 田	木藤 木藪 内藤 仁藤
1字名	4　6	5　7　12	6	4　7　12　14	5　10　15	8　11　13　16　18	15　17　23
2字名	1・12 4・2 8・3 8・13 9・12 10・3 11・12 14・11 17・6 18・3	2・3 2・19 5・8 5・16 7・6 11・10 12・1 15・6 18・3	1・10 2・3 3・10 6・2 8・13 10・3 10・13 11・10 12・3 12・13 13・2	3・3 7・1 9・6 11・13 12・12 13・3 14・1 17・6	3・10 4・11 5・2 5・8 8・16 10・3 12・12 13・2 14・3	1・10 2・4 3・15 6・10 8・10 11・5 16・2	3・12 3・14 5・12 6・11 7・4 13・4 13・12 14・1 14・9 15・2
3字名	4・(2) 4・(9) 6・(15) 6・(19) 8・(15) 9・(12) 10・(15) 11・(10)	1・(5) 2・(11) 5・(19) 7・(17) 9・(12) 10・(11) 11・(10) 12・(9)	2・(5) 3・(5) 3・(12) 6・(15) 10・(11) 11・(10) 12・(9) 13・(10)	2・(5) 3・(12) 4・(12) 4・(19) 7・(9) 11・(12) 12・(12) 13・(11)	3・(10) 4・(9) 4・(12) 8・(15) 8・(17) 12・(11) 12・(19) 14・(10)	2・(6) 2・(14) 3・(3) 3・(5) 3・(15) 8・(5) 10・(6) 12・(6)	3・(8) 3・(20) 5・(6) 5・(8) 6・(11) 7・(8) 7・(16) 13・(10)

画数から選ぶ名づけ

姓別吉数リスト

右欄（縦書き）：画数から選ぶ名づけ／姓別吉数リスト

姓の画数	5·15	5·14	5·12	5·11	5·10	5·9	5·8
姓の代表例	田幡	石綿 石関 古関 田熊 田端 本領	石塚 石森 加賀 甲斐 田淵 永森	石黒 北野 平野 古野 矢野 矢部	石倉 加納 広島 永倉 田宮	石垣 石神 布施 古畑 氷室 本城	石岡 北岡 末松 平沼 平岩 平岡
1字名	17	2　4	4　6　20	5　7	6	2　7　23	10
2字名	1・16 3・18 6・11 8・13 9・6 9・8 9・12 9・16 10・11 16・1 17・8 18・3	2・3 3・2 3・10 4・1 4・12 7・6 7・11 10・6 10・8 11・2	3・12 4・3 4・12 5・10 6・2 9・6 11・13 12・12 13・11	4・11 5・3 5・11 6・10 7・8 7・16 10・6 10・11 12・11 13・8	1・16 3・13 5・11 6・2 6・11 6・18 7・10 8・8 8・16 11・6 11・13	2・19 4・19 7・11 7・18 8・10 9・12 12・11 12・13 15・8	3・8 5・3 5・19 7・11 8・10 8・16 9・2 10・8 13・11 15・3 16・8
3字名	2・(19) 3・(18) 6・(11) 6・(15) 6・(19) 8・(9) 8・(17) 9・(12) 10・(11) 10・(15)	2・(11) 3・(2) 3・(10) 4・(9) 7・(9) 7・(11) 9・(9) 11・(7)	3・(5) 3・(15) 4・(11) 4・(12) 5・(10) 6・(9) 9・(15) 12・(12)	2・(5) 4・(12) 5・(10) 5・(12) 6・(10) 6・(15) 10・(11) 12・(11)	1・(7) 3・(15) 5・(11) 5・(19) 6・(10) 7・(9) 8・(10) 13・(11)	2・(9) 4・(7) 6・(12) 7・(10) 8・(10) 9・(12) 12・(11) 14・(9)	3・(2) 5・(19) 7・(11) 7・(17) 8・(10) 13・(11) 13・(19) 15・(9)

姓の画数	6	5・19	5・18	5・16
姓の代表例	旭池芝仲西向	市瀬加瀬広瀬古瀬	加藤古藤本藤矢藤	石橋市橋広橋古館本橋
1字名	11　15	なし	14	2　16
2字名	1・14 2・23 5・6 7・4 9・6 9・16 10・5 10・15 11・7 12・5	2・11 4・11 5・8 5・18 6・11 12・3 12・11 13・8 13・11 14・10 16・8 18・6	3・13 5・3 5・13 6・10 6・12 7・11 13・12 14・11 15・3 15・10 17・8	1・10 5・6 7・11 8・3 8・10 9・2 15・3 16・8 17・1 21・3
3字名	1・(4) 2・(5) 2・(13) 9・(6) 10・(5) 11・(14) 12・(13) 19・(14)	4・(7) 4・(17) 5・(10) 5・(12) 5・(18) 6・(11) 6・(15) 12・(11)	3・(15) 5・(11) 6・(10) 6・(18) 7・(9) 7・(11) 13・(11) 14・(10)	1・(10) 2・(9) 5・(11) 5・(19) 7・(9) 7・(17) 8・(10) 9・(9)

画数から選ぶ名づけ
姓別吉数リスト

6・7・9	6・7	6・6	6・5・3	6・5	6・4	6・3
宇佐美 名児耶	有沢 安芸 池沢 寺村 成沢 早坂	有吉 安西 江守 寺西 吉池 吉江	宇田川 牟田口	有田 池辺 江本 竹本 西本 吉永	伊丹 江戸 西井 竹中 光井 吉井	有山 有川 老川 寺川 光山 西山

1字名

6・7・9	6・7	6・6	6・5・3	6・5	6・4	6・3
9 15 23	4 10	5 12	3 4	2 6 10 12	7 14	4 12 14 15

2字名

6・7・9	6・7	6・6	6・5・3	6・5	6・4	6・3
2・21	1・7	5・18	3・4	2・5	1・10	3・5
4・11	4・7	9・2	4・6	3・10	2・9	4・11
6・9	6・5	9・12	5・12	6・7	3・10	5・2
6・11	6・12	10・11	10・13	6・18	3・12	5・18
7・10	8・10	11・10	11・10	8・5	4・7	8・7
8・7	9・9	11・12	11・12	10・11	9・12	8・15
8・9	10・1	12・9	12・5	11・2	11・10	10・5
12・3	11・7	12・11	13・4	12・9	12・11	13・10
14・3	14・10	15・10	14・9		13・12	
	17・7	18・7			14・9	

3字名

6・7・9	6・7	6・6	6・5・3	6・5	6・4	6・3
2・(11)	1・(10)	5・(6)	2・(5)	1・(4)	2・(6)	2・(14)
4・(11)	4・(14)	5・(18)	3・(14)	2・(11)	3・(8)	3・(4)
6・(5)	6・(18)	7・(14)	3・(20)	3・(4)	3・(10)	4・(11)
6・(11)	8・(10)	9・(14)	4・(13)	3・(18)	4・(9)	5・(10)
7・(4)	8・(24)	11・(10)	4・(14)	10・(11)	7・(8)	5・(18)
7・(8)	9・(9)	11・(14)	5・(12)	11・(10)	9・(14)	8・(16)
7・(10)	10・(14)	12・(11)	8・(10)	12・(9)	11・(10)	10・(14)
8・(5)	14・(18)	15・(10)	13・(12)	13・(11)	12・(11)	13・(10)

画数から選ぶ名づけ

姓別吉数リスト

6·13	6·12·10	6·12	6·11	6·10	6·9	6·8	姓の画数
有働 安楽 伊勢 竹腰	伊集院	安達 有賀 江間 江森 宅間 西塚	安野 池野 西郷 寺崎 吉崎 吉野	安倍 有馬 伊原 寺島 西浦 吉原	安彦 会津 池畑 西海 西垣 米津	安東 江波 寺岡 光岡 吉岡 吉松	姓の代表例
4　5 12　20	なし	5　6	4　6 7　14	5　7　15	2　6　16	7　10　17	1字名
3・2 3・10 4・9 4・12 5・1 5・11 8・5 11・5	5・12 6・14 6・18 7・13 8・12 8・16 11・6 11・13 13・4 14・6 15・2 15・5	3・2 4・9 4・11 5・1 5・10 6・7 9・12 11・12 12・9 13・2	4・11 5・2 6・9 6・12 7・9 10・5 13・5 14・2	3・18 5・10 5・18 6・9 7・9 8・9 11・10 13・10 14・7	6・10 7・9 8・9 8・10 9・7 9・9 12・12 14・10 15・9	3・15 5・2 5・12 7・11 8・10 9・9 9・12 10・7 13・12	2字名
2・(4) 2・(11) 3・(10) 4・(9) 5・(8) 5・(11) 8・(8) 10・(6)	1・(6) 1・(23) 3・(14) 3・(21) 5・(6) 5・(19) 6・(7) 7・(17) 11・(13)	3・(10) 5・(10) 6・(9) 9・(6) 9・(14) 11・(10) 12・(11) 13・(8)	4・(4) 4・(14) 5・(10) 6・(10) 7・(8) 10・(8) 12・(6) 13・(11)	5・(10) 5・(18) 6・(9) 6・(11) 7・(9) 7・(18) 8・(8) 15・(10)	6・(10) 7・(9) 7・(11) 8・(8) 8・(10) 9・(8) 14・(10) 16・(8)	3・(4) 5・(16) 7・(10) 7・(14) 8・(10) 9・(8) 9・(14) 10・(8)	3字名

255

姓の画数	7·3	7·2	7	6·19	6·18	6·16	6·14
姓の代表例	赤川 尾山 阪口 近山 村山 谷口	坂入	沖 近 車 坂 杉 谷	成瀬 早瀬 安瀬	安藤 伊藤 江藤	安積 池橋 竹橋 寺橋	池端 江端
1字名	5 14 15	4 6 14 15 16 22 23	6 8 16	6 12 14 16	7 15 17	2 15 17 23	4 17
2字名	3・4 4・9 4・11 5・6 5・10 10・11 12・9 13・8 15・6	5・11 6・9 6・10 9・6 9・14 11・4 13・10 13・11 14・9 14・10 15・8 15・9	1・15 4・12 6・10 8・10 9・7 10・6 11・6 14・4 16・2	4・2 4・19 5・2 5・11 6・2 6・10 12・11 13・10	3・5 3・10 5・12 6・5 6・15 7・10 13・10 14・9 15・2	1・12 5・10 5・12 5・18 7・18 8・5 8・7 8・15 8・17 15・10 16・7 16・9	2・9 3・2 3・12 4・9 4・11 9・2 9・12 10・5 11・10
3字名	2・(5) 3・(10) 4・(9) 5・(8) 5・(16) 8・(13) 10・(13) 12・(9)	1・(15) 3・(13) 5・(10) 6・(9) 6・(10) 6・(17) 9・(15) 11・(13) 15・(17) 16・(16)	4・(4) 4・(14) 6・(11) 8・(16) 9・(9) 9・(16) 10・(14) 11・(13)	2・(4) 2・(14) 4・(4) 5・(11) 5・(18) 6・(10) 6・(17) 12・(11)	3・(10) 3・(14) 5・(8) 5・(10) 5・(16) 7・(8) 7・(10) 13・(10)	5・(6) 5・(8) 5・(10) 5・(18) 5・(30) 7・(16) 9・(14) 9・(16) 9・(26)	2・(11) 3・(8) 7・(4) 7・(6) 7・(10) 9・(6) 10・(11) 11・(10)

画数から選ぶ名づけ

姓別吉数リスト

	7·8	7·7	7·6	7·5	7·4	7·3·12	7·3·4
姓の代表例	赤沼 赤松 杉岡 杉林 別府 花岡	赤坂 尾沢 志村 谷沢 花形 村尾	赤池 坂西 佐竹 沢地 住吉 谷地	足立 児玉 坂田 角田 谷本 町田	赤井 坂元 杉井 花井 花木 村内	佐久間	佐々木 佐々井
1字名	10 16 17	4　10	5　10　12	6　12	4　7 12　14	なし	なし
2字名	5・1 7・9 7・11 8・9 8・10 9・8 10・8 13・11 15・9	4・17 6・17 8・9 8・10 9・8 9・9 9・14 10・8 11・10 14・11	2・6 2・16 5・6 7・11 9・9 10・14 12・6 15・9 18・6	1・4 2・9 3・8 3・18 10・11 11・10 12・9 13・8 13・10 16・9	2・4 3・10 3・18 4・9 7・6 11・10 12・9 13・11	1・14 3・12 4・6 4・13 5・10 6・4 9・14 11・6 11・12 12・5 13・4 13・10	1・6 2・5 3・7 3・14 4・13 7・10 9・14 11・6 11・12 12・5 13・10 17・6
3字名	3・(3) 3・(13) 5・(13) 7・(10) 7・(17) 8・(10) 8・(16) 15・(9)	4・(7) 6・(5) 8・(10) 8・(13) 9・(9) 10・(13) 11・(10) 14・(9)	1・(7) 2・(16) 5・(13) 7・(17) 9・(15) 10・(8) 11・(13) 15・(9)	2・(9) 3・(8) 6・(15) 8・(5) 8・(15) 10・(13) 12・(9) 12・(13)	2・(3) 3・(10) 4・(9) 4・(17) 7・(17) 9・(15) 11・(10) 12・(9)	3・(8) 3・(14) 4・(11) 5・(8) 6・(11) 9・(6) 9・(14) 12・(11)	1・(6) 2・(5) 3・(8) 3・(14) 4・(14) 9・(8) 11・(7) 17・(14)

画数から選ぶ名づけ　姓別吉数リスト

姓の画数

姓の画数	7·16	7·15	7·12	7·11	7·10·3	7·10	7·9
姓の代表例	村橋 杉橋	沢幡 志摩 花輪	赤塚 坂間 佐賀 志賀 杉森 花塚	沖野 坂崎 佐野 近野 花崎 芳野	吾孫子 利根川	赤倉 児島 杉浦 杉原 対馬 兵庫	赤津 赤星 更科 呉屋 花柳 坂巻
1字名	2　16	10　17	5　6 12　20	5　6　14	なし	6　7 14　15	7　15　16
2字名	5・11 7・9 7・17 8・16 9・9 9・16 15・1 15・9 15・10 16・8 16・9 19・6	2・9 2・11 3・8 3・14 6・9 6・11 8・9 9・4 9・6 10・1	4・9 5・8 5・11 6・10 9・4 9・9 12・4 12・6	4・9 5・8 5・16 6・9 7・10 10・11 12・9 13・4 14・9	2・3 2・13 2・15 3・14 4・13 5・7 8・7 10・5 10・7 12・3 12・5 14・3	3・4 5・10 6・9 6・18 7・8 8・10 11・4 13・11	2・14 4・4 6・9 7・8 7・9 8・8 9・8 12・9 15・6
3字名	5・(13) 7・(17) 8・(10) 8・(16) 8・(17) 9・(9) 9・(15) 9・(16)	1・(10) 2・(9) 2・(13) 3・(8) 3・(10) 6・(5) 8・(7) 10・(5)	3・(3) 3・(15) 4・(9) 5・(13) 6・(7) 6・(10) 9・(7) 11・(7)	2・(5) 4・(17) 5・(8) 5・(16) 6・(9) 7・(8) 10・(7) 12・(9)	2・(15) 3・(8) 3・(14) 5・(6) 5・(16) 8・(7) 10・(7) 13・(8)	3・(5) 3・(13) 5・(10) 5・(13) 6・(9) 7・(8) 8・(8) 8・(16)	2・(5) 4・(13) 6・(10) 7・(10) 8・(13) 9・(8) 14・(7) 15・(8)

画数から選ぶ名づけ

姓別吉数リスト

姓の画数	8・3	8	7・19	7・18
姓の代表例	阿川 青山 岡山 金子 東山 若山	東 岸 岡 武 所 林	貝瀬 佐瀬 村瀬	近藤 佐藤 谷藤 尾藤 兵藤
1字名	なし	7　8	5　6	6　7　14
2字名	2・5 3・10 4・9 5・8 5・16 8・5 8・13 10・3 12・9 14・10 15・9 18・3	3・4 5・2 5・12 7・6 8・7 9・6 9・15 10・7 13・4 16・7	2・4 2・11 4・9 4・17 5・6 5・8 6・9 12・1 12・9 13・8	3・4 5・11 5・18 6・10 7・9 7・16 13・10 14・9 15・8
3字名	2・(4) 3・(4) 4・(2) 4・(9) 5・(8) 8・(16) 10・(14) 12・(9)	3・(4) 3・(13) 5・(11) 8・(15) 9・(14) 9・(16) 10・(13) 10・(14)	2・(3) 2・(13) 4・(3) 4・(9) 5・(8) 5・(10) 6・(7) 12・(9)	3・(3) 3・(5) 3・(13) 6・(10) 7・(9) 13・(10) 15・(8) 17・(15)

画数から選ぶ名づけ　姓別吉数リスト

画数から選ぶ名づけ　姓別吉数リスト

姓の画数	8·8	8·7·3	8·7	8·6	8·5	8·4	8·3·9
姓の代表例	青沼 岩岡 岩波 岡林 松居 若林	長谷川 長谷山	岡村 河村 妹尾 奈良 宗形 松坂	青江 河合 河西 国安 松江 和光	青田 岩本 岡本 国広 東田 和田	青木 岩井 金井 国井 長井 若木	阿久津 金久保 長久保
1字名	なし	3　5　13	なし	なし	なし	なし	4　15
2字名	3・5 3・13 5・10 7・10 8・8 8・15 9・7 9・16 10・7 13・3 13・10 15・8	2・5 4・2 5・9 8・7 8・15 10・7 12・5 13・2 14・9	1・5 1・15 6・10 8・8 8・16 9・7 9・9 10・8 11・5 14・3 16・8 17・7	1・10 5・13 5・16 7・10 9・8 9・16 10・8 11・7 12・9 15・3 15・10 17・8	1・7 2・3 2・9 3・5 3・15 6・5 8・10 8・16 10・8 11・7 13・5 16・8	1・10 2・3 3・8 3・10 4・9 7・16 11・10 12・13 13・8 14・7 14・9 17・8	2・3 2・13 4・11 6・6 6・9 7・5 8・4 8・9 9・6 12・5
3字名	3・(4) 3・(14) 5・(12) 7・(8) 7・(14) 8・(8) 9・(12) 10・(6)	3・(3) 3・(10) 3・(18) 4・(9) 4・(17) 5・(10) 8・(9) 12・(9)	4・(4) 4・(12) 6・(12) 8・(8) 8・(16) 9・(9) 10・(7) 10・(14)	5・(6) 5・(16) 7・(14) 7・(16) 9・(8) 9・(12) 10・(7) 11・(12)	1・(7) 2・(6) 3・(8) 6・(12) 8・(16) 10・(8) 11・(7) 12・(12)	2・(4) 3・(8) 4・(7) 7・(6) 7・(14) 9・(12) 11・(12) 12・(9)	2・(13) 4・(7) 4・(13) 6・(5) 7・(6) 7・(10) 8・(7) 9・(6)

画数から選ぶ名づけ　姓別吉数リスト

	8·18	8·16	8·14	8·12	8·11	8·10	8·9	姓の画数
姓の代表例	阿藤 斉藤 周藤 松藤 武藤	板橋 松橋	長嶋 松嶋 岩熊	青葉 岩淵 岩間 金森 若葉 若森	阿野 阿部 青野 岡崎 東郷 松崎	青島 岩倉 金原 長原 松浦 若宮	青柳 和泉 河津 長屋 金城 若狭	
1字名	なし	なし	なし	なし	なし	なし	なし	
2字名	3・3	1・16	7・8	1・16	2・3	1・5	6・9	
	3・8	5・16	7・10	3・8	2・16	3・3	6・10	
	3・10	7・10	7・16	4・9	4・9	5・8	7・8	
	5・8	7・16	9・16	4・13	5・8	5・16	7・9	
	5・10	8・7	10・3	5・8	5・13	6・9	7・17	
	5・16	8・9	10・5	5・10	6・7	6・15	8・7	
	6・5	8・13	10・13	6・7	6・10	7・10	8・8	
	6・7	8・15	10・15	6・9	7・9	8・7	9・7	
	6・9	9・8	17・8	9・8	10・3	11・10	9・9	
	6・15	15・8	18・5	12・5	10・8	13・8	12・3	
	7・8	16・5	18・7	12・8	13・3	14・7	15・9	
	13・8	16・7		13・8	13・5	15・8	16・8	
3字名	3・(2)	5・(12)	3・(8)	1・(4)	2・(4)	1・(4)	6・(9)	
	3・(8)	5・(16)	3・(14)	3・(8)	2・(14)	3・(4)	6・(12)	
	3・(12)	7・(14)	4・(9)	3・(12)	4・(9)	3・(14)	7・(8)	
	5・(6)	7・(16)	7・(8)	4・(9)	5・(8)	5・(8)	8・(7)	
	5・(8)	8・(9)	7・(16)	5・(12)	6・(12)	5・(16)	8・(8)	
	6・(9)	8・(15)	9・(14)	6・(9)	7・(9)	6・(15)	9・(6)	
	8・(8)	8・(16)	9・(16)	9・(12)	10・(8)	7・(8)	12・(12)	
	7・(14)	9・(12)	10・(15)	11・(14)	12・(6)	8・(9)	16・(8)	
		9・(14)	11・(12)					
		9・(15)	11・(14)					

9・7	9・6	9・5	9・4	9・3	9	8・19	姓の画数
相沢 秋谷 浅見 神尾 保坂 柳沢	秋吉 秋好 香西 春名 星名 室伏	相田 浅田 信田 春田 室田 持田	秋元 浅井 香月 神戸 柏木 柳井	秋山 浅川 香川 品川 城山 柳川	泉 県 城 神 畑 南	岩瀬 長瀬 若瀬	姓の代表例
なし	なし	なし	なし	なし	7　8　15	なし	1字名
1・15 4・4 4・12 6・15 8・8 9・8 9・16 10・7 10・15 11・6 11・12 14・7	1・7 2・4 2・14 7・9 9・7 10・6 10・7 11・6 12・6 15・9 17・7 18・6	1・6 3・14 6・12 6・15 8・9 10・7 10・15 11・6 12・9 13・8 16・7	1・4 1・7 3・8 3・15 4・14 7・4 9・9 9・15 11・7 12・6 12・12 14・4	2・9 3・8 4・2 4・7 5・16 8・15 10・15 12・9 13・12 14・9 15・6 15・8	2・5 4・4 4・12 6・10 7・16 8・7 9・7 9・15 12・12	2・3 2・16 4・17 5・3 5・13 5・16 6・15 12・9 13・5 13・8 14・7 16・5	2字名
6・(11) 6・(15) 8・(8) 8・(15) 9・(6) 10・(6) 10・(15) 11・(14)	1・(5) 1・(15) 2・(6) 2・(14) 9・(7) 9・(8) 10・(7) 11・(7)	1・(6) 3・(8) 3・(14) 6・(15) 8・(13) 10・(11) 12・(6) 12・(11)	2・(3) 3・(5) 3・(8) 4・(7) 4・(14) 9・(15) 11・(13) 13・(11)	2・(3) 2・(11) 3・(8) 4・(7) 8・(13) 10・(11) 10・(15) 12・(11)	2・(4) 2・(6) 2・(13) 4・(4) 4・(11) 7・(9) 8・(15) 9・(14)	2・(4) 2・(16) 4・(4) 4・(14) 6・(12) 6・(15) 12・(6) 12・(9)	3字名

画数から選ぶ名づけ

姓別吉数リスト

画数から選ぶ名づけ

姓別吉数リスト

	9·18	9·16	9·12	9·11	9·10	9·9	9·8
姓の画数 / 姓の代表例	海藤 後藤 首藤 神藤	草薙 美濃 前橋 柳橋	相葉 秋間 浅間 風間 草間 南雲	秋野 浅野 草野 畑野 星野 春野	浅原 神原 春原 星島 秋庭 前原	浅海 浅香 神津 草柳 神保 前畑	浅岡 浅沼 信岡 室岡 柳岡 柳沼
1字名	なし	なし	なし	なし	なし	なし	なし
2字名	3・2 3・15 5・16 6・2 6・12 6・15 7・14 13・8 14・4 15・6 17・4 17・8	1・6 1・7 2・4 2・6 2・14 7・9 8・8 9・7 15・8 16・7 17・6 19・4	1・15 3・8 3・15 4・7 4・12 5・6 6・12 9・2 9・15 11・7 12・4 12・12	2・9 4・7 5・8 5・12 6・7 6・15 7・8 7・14 10・15 12・9 13・8 13・12	1・4 1・12 3・2 3・15 5・8 6・7 6・12 7・6 8・8 11・2 11・7 14・4	2・4 4・9 6・7 6・9 7・6 7・8 8・9 9・8 9・12 12・9 14・9 15・6	3・4 3・12 5・2 7・8 7・9 8・7 8・8 9・9 10・6 10・8 15・9 16・8
3字名	3・(3) 3・(5) 3・(15) 5・(13) 6・(15) 7・(11) 7・(14) 13・(8)	1・(5) 1・(6) 2・(5) 2・(6) 2・(14) 8・(8) 9・(7) 15・(8)	3・(8) 3・(15) 4・(7) 4・(14) 5・(11) 5・(13) 9・(15) 11・(13)	2・(13) 4・(7) 4・(13) 5・(6) 6・(11) 7・(8) 10・(7) 12・(13)	1・(5) 3・(3) 3・(15) 5・(11) 5・(13) 7・(11) 8・(8) 11・(7)	2・(5) 2・(13) 4・(11) 6・(7) 8・(5) 8・(13) 12・(11) 15・(8)	3・(5) 5・(3) 5・(13) 7・(8) 7・(11) 10・(5) 10・(14) 13・(11)

263

10·8	10·7	10·6	10·5	10·4	10·3	10	姓の画数
梅林 高岡 島岡 根岸 浜岡 浜松	梅沢 梅村 島村 高見 高村 宮尾	桑名 高安 宮地 宮西 浜地 浜名	家田 倉本 真田 柴田 原田 宮本	梅木 酒井 高井 桃井 速水 宮井	浦山 桐山 原口 宮口 宮下 宮川	荻 柴 島 峰 宮 原	姓の代表例
5 7 15	6 14 16	5 7 15 17	6 10 16	4 7 17	2 4 5 10 12	7 8 11	1字名
3・14 5・8 7・8 8・7 9・8 9・14 10・7 13・8 15・6	1・5 4・3 4・11 8・7 9・6 10・8 11・7 17・7 18・6	2・15 5・11 7・8 9・6 10・7 11・5 12・11 17・6	1・15 3・5 3・14 6・11 8・8 10・7 11・6 11・13 13・5	4・3 4・7 7・11 9・8 11・6 11・14 12・11 13・5 14・7	2・3 3・8 4・7 5・13 8・3 10・8 13・11	1・10 3・2 3・5 5・6 5・16 6・7 7・14 8・7 11・10	2字名
3・(4) 3・(12) 5・(12) 7・(6) 8・(13) 9・(12) 10・(13) 13・(10)	1・(7) 4・(12) 6・(10) 6・(12) 9・(6) 10・(6) 10・(14) 14・(10)	1・(4) 2・(5) 2・(13) 5・(10) 7・(10) 9・(12) 11・(6) 15・(10)	2・(6) 3・(13) 6・(10) 8・(10) 10・(6) 10・(7) 11・(13) 12・(6)	2・(5) 3・(4) 4・(14) 7・(10) 7・(14) 9・(14) 11・(12) 12・(6)	2・(6) 3・(5) 4・(4) 4・(14) 5・(6) 8・(10) 10・(14) 12・(12)	1・(6) 3・(4) 3・(5) 5・(16) 6・(15) 6・(19) 8・(13) 11・(14)	3字名

画数から選ぶ名づけ

姓別吉数リスト

姓の画数	10·9	10·10	10·11	10·12
姓の代表例	財津 島津 高城 高柳 根津 宮城	梅原 桐原 桜庭 島根 高原 宮脇	浦野 荻野 高野 浜崎 原野 宮崎	座間 残間 高須 高森 馬淵 宮森
1字名	2　12　22	5　15	4　10 12　14	なし
2字名	2・3 2・11 6・7 7・6 7・11 8・5 9・7 12・6 15・3	3・8 5・6 6・11 7・6 7・14 8・3 11・14 13・8 14・7 15・6	4・7 5・11 6・5 10・6 10・14 12・6 13・5 13・11	3・8 3・14 4・7 4・11 5・6 5・8 6・7 6・11 9・8 11・14 12・3 12・11
3字名	2・(4) 2・(14) 4・(12) 6・(10) 6・(12) 8・(10) 9・(7) 12・(6)	3・(10) 3・(14) 5・(10) 5・(12) 7・(10) 8・(13) 11・(6) 13・(12)	2・(14) 4・(12) 5・(6) 5・(13) 6・(10) 10・(6) 12・(6) 14・(10)	3・(10) 3・(12) 4・(7) 5・(10) 5・(12) 9・(6) 11・(12) 13・(10)

	11·4	11·3·7	11·3	11	10·17	10·16	10·13
姓の代表例	梶井 亀井 野木 堀井 堀木 望月	野々村	亀山 菊川 野口 深川 細川 笹川	乾 梶 菅 笹 都 郷	真鍋	倉橋 栗橋 高橋 根橋 馬橋	能勢 宮路 梅園 宮腰
1字名	なし	4 11 14 16	なし	5 7 13	4 6 14 20	5 7 15	2 10 12 22
2字名	1・5 3・13 4・4 4・12 7・10 9・7 11・6 12・5 12・12 13・5 14・4 14・10	4・10 4・16 6・8 6・10 8・6 8・8 10・6 10・10 11・1 11・3 11・9 14・2	3・4 3・14 5・6 8・10 8・13 10・13 12・6 13・5 13・12 14・7 15・6 15・10	4・2 5・16 6・7 6・15 7・6 10・14 12・12 14・7 14・10	4・14 6・15 7・1 7・11 7・14 8・13 14・7 14・11 15・3 15・6 16・5 18・3	2・5 2・11 5・6 7・8 7・14 8・3 8・7 9・6 16・5	3・13 3・15 4・14 5・11 5・13 8・8 10・6 10・8 10・14 11・5 11・7 12・6
3字名	2・(4) 3・(5) 3・(13) 4・(12) 7・(9) 9・(9) 11・(13) 12・(12)	4・(7) 4・(27) 6・(10) 6・(18) 6・(25) 8・(10) 8・(23) 9・(9) 10・(21) 14・(17)	2・(5) 4・(19) 5・(6) 5・(13) 8・(9) 10・(11) 12・(6) 12・(19)	2・(3) 2・(11) 4・(9) 5・(16) 6・(15) 7・(14) 10・(11) 12・(9)	4・(4) 4・(14) 4・(21) 6・(12) 7・(14) 8・(10) 8・(13) 15・(10)	1・(6) 2・(4) 2・(13) 5・(6) 7・(14) 8・(5) 8・(7) 9・(6)	3・(13) 4・(12) 4・(14) 4・(20) 5・(13) 8・(10) 10・(14) 11・(13) 11・(14) 12・(12)

画数から選ぶ名づけ　姓別吉数リスト

画数 から選ぶ名づけ

姓別吉数リスト

	11·12	11·11	11·10	11·8	11·7	11·6	11·5	姓の画数
姓の代表例	笠間 菊間 黒須 鹿間 鳥越 野間	鹿野 黒崎 紺野 笹野 船崎	笠原 梶原 菅家 菅原 野原 野島	猪股 亀岡 黒岩 菅沼 常松 盛岡	逸見 渋沢 渋谷 野村 野沢 深沢	菊地 菊池 鳥羽 野寺 堀江	亀田 菊本 黒田 袴田 深田 船田	姓の代表例
1字名	なし	なし	なし	なし	なし	なし	なし	1字名
2字名	3・13 4・12 6・10 9・7 11・5 11・7 11・13 12・4 12・6 12・12 13・5 13・12	4・7 4・13 5・10 5・12 6・7 7・4 7・10 10・7 10・13 12・5 13・4 13・10	1・10 3・13 5・6 6・10 6・12 7・4 8・10 11・7 11・13 13・5 14・4 14・10	3・2 3・10 3・13 5・13 7・6 8・5 8・10 9・4 9・7 10・6 13・5 16・2	1・4 4・2 6・7 8・7 8・13 9・12 10・7 11・6 11・10 14・7 16・7 17・4	1・7 2・5 5・10 5・13 9・6 10・5 10・14 11・7 12・6 12・12 17・7 18・6	1・4 3・4 3・12 6・10 8・13 10・7 11・5 11・12 12・5 12・13 13・10 16・5	2字名
3字名	3・(5) 3・(13) 4・(12) 4・(20) 11・(13) 12・(12) 12・(13) 13・(11)	2・(9) 2・(13) 4・(9) 4・(13) 5・(6) 6・(9) 10・(13) 12・(11)	3・(13) 5・(11) 5・(13) 6・(12) 7・(9) 7・(11) 11・(13) 13・(11)	3・(3) 3・(13) 5・(11) 5・(13) 7・(11) 9・(9) 10・(6) 13・(20)	1・(5) 4・(9) 4・(13) 6・(9) 8・(5) 8・(13) 9・(12) 10・(11)	2・(4) 2・(6) 5・(11) 5・(19) 7・(9) 9・(6) 10・(6) 11・(13)	2・(6) 3・(4) 3・(12) 3・(13) 6・(11) 8・(13) 10・(6) 12・(9)	3字名

267

姓の画数	12・5	12・4	12・3	12	11・19	11・18	11・13
姓の代表例	朝生 須田 富永 萩本 森田 森本	朝井 奥井 森井 森内 森木 森元	朝川 須山 富山 森川 森口 湯川	越 奥 堺 萩 湊 渡	清瀬 黒瀬 野瀬 深瀬 梁瀬	斎藤 進藤 清藤	淡路 設楽 鳥飼
1字名	6 16 20	7	2 10 20	5 6 13	なし	なし	なし
2字名	2・5 3・3 3・12 6・9 10・6 11・5 12・4 12・12 13・5	2・3 3・4 7・9 9・6 11・4 11・12 12・3 12・5 12・9 12・13 13・3	3・3 3・13 4・12 5・11 5・13 10・6 12・12 13・5 14・4	1・10 3・10 4・7 5・16 6・7 9・12 11・2 11・10 13・12	2・5 2・13 4・7 4・13 5・2 5・6 5・10 6・5 6・12 12・5 13・4 14・4	3・5 3・13 5・13 6・2 6・10 6・12 13・5 13・10 14・2 14・4 17・6 19・4	3・12 3・14 4・13 5・10 5・12 8・5 8・7 10・5 10・7 11・2 11・4 11・6
3字名	2・(5) 3・(4) 3・(12) 6・(10) 6・(12) 8・(8) 10・(8) 12・(12)	1・(4) 2・(5) 3・(5) 3・(12) 4・(11) 7・(10) 11・(12) 12・(11)	2・(4) 3・(5) 4・(12) 5・(11) 5・(19) 8・(8) 10・(8) 12・(12)	3・(3) 4・(19) 5・(6) 6・(15) 9・(14) 11・(14) 12・(9) 12・(11)	2・(3) 2・(9) 4・(3) 4・(11) 5・(6) 6・(5) 6・(9) 6・(11)	3・(3) 3・(5) 3・(13) 5・(11) 5・(13) 6・(12) 7・(9) 7・(11)	3・(12) 4・(9) 4・(11) 4・(13) 4・(19) 5・(12) 8・(9) 8・(13) 10・(11) 10・(13)

画数から選ぶ名づけ

姓別吉数リスト

	12・11	12・10	12・9	12・8・6	12・8	12・7	12・6	姓の画数
姓の代表例	植野 雲野 奥野 塚崎 塚野 森野	朝倉 須原 塚原 間島 森脇 湯原	植草 森泉 森垣 森屋 湯浅 結城	寒河江	朝岡 飯沼 勝沼 須長 富岡 森岡	植村 奥沢 森沢 森谷 湯沢 湯村	落合 喜多 椎名 森江 森安 渡会	
1字名	10 12 14	15	4 12 14	なし	5 15	4 6 14 16	5 7 15 17	
2字名	4・12 5・11 6・12 7・9 10・6 12・12 13・5 13・12 14・11	3・12 5・6 6・9 6・11 7・6 8・3 8・9 11・6 13・12 14・9 14・11	2・9 4・12 7・4 7・11 8・3 9・9 12・4 12・6 15・9	1・4 2・3 2・4 5・2 5・10 10・12 11・4 11・11 12・3 12・10 18・4 19・3	3・12 5・6 8・3 8・5 8・9 9・4 9・12 10・3 10・5 13・12	1・12 4・9 6・12 8・5 9・4 10・3 11・5 14・4	1・4 2・3 5・12 7・6 9・4 10・11 11・6 12・9	
3字名	4 ・(4) 5 ・(11) 6 ・(10) 6 ・(18) 7 ・(11) 10 ・(8) 12 ・(12) 13 ・(12)	3 ・(8) 3 ・(12) 5 ・(8) 5 ・(12) 6 ・(11) 6 ・(19) 7 ・(10) 11 ・(12)	4 ・(12) 6 ・(10) 6 ・(12) 6 ・(18) 7 ・(11) 12 ・(12) 14 ・(10) 16 ・(8)	1 ・(4) 1 ・(12) 2 ・(3) 2 ・(11) 2 ・(19) 7 ・(4) 9 ・(12) 10 ・(5)	3 ・(2) 3 ・(8) 3 ・(18) 5 ・(8) 5 ・(10) 7 ・(10) 8 ・(5) 13 ・(8)	1 ・(5) 4 ・(2) 4 ・(12) 6 ・(10) 8 ・(5) 8 ・(10) 10 ・(8) 11 ・(22)	2 ・(4) 2 ・(11) 5 ・(8) 5 ・(12) 7 ・(8) 9 ・(12) 11 ・(10) 12 ・(11)	

画数から選ぶ名づけ

姓別吉数リスト

画数から選ぶ名づけ　姓別吉数リスト

姓の画数	13·5	13·4	13·3	13	12·18	12·16	12·12
姓の代表例	愛甲 遠田 滝田 福田 福本 幕田	新木 塩井 鈴木 遠井 福井 福元	愛川 塩川 滝口 新山 福川 溝口	楠 園	須藤	棚橋 富樫	飯塚 飯森 越塚 須賀 塚越 番場
1字名	なし	なし	なし	3　5　8 11　18	5　7 15　17	5　7　17	なし
2字名	1・12 3・4 3・10 3・18 8・5 10・5 10・11 11・4 11・12 12・11 13・4 13・8	1・5 2・5 3・12 4・4 4・11 7・8 11・4 12・12 13・5 13・11 14・4 14・10	2・3 3・5 5・12 8・8 10・5 12・3 12・4 12・5 12・11 13・3 13・8 14・3	2・16 3・15 4・7 4・14 5・6 8・10 8・16 10・14 11・7 12・6 12・12 18・6	3・12 5・6 5・13 6・5 6・11 7・11 13・5 14・4	1・12 1・23 2・11 5・12 5・19 7・6 8・5 8・9 9・4 15・9 16・1 19・5	1・12 3・5 3・12 4・9 4・11 5・6 6・9 9・4 9・12 11・12 12・5 12・12
3字名	2・(4) 2・(11) 3・(4) 3・(10) 6・(9) 6・(11) 10・(11) 12・(9)	2・(4) 3・(4) 4・(4) 4・(11) 7・(9) 7・(17) 11・(7) 13・(11)	2・(3) 2・(21) 3・(4) 4・(11) 5・(10) 5・(11) 12・(11) 13・(10)	2・(16) 3・(15) 3・(21) 4・(14) 5・(13) 5・(19) 8・(16) 10・(14) 10・(22) 11・(13)	3・(2) 3・(8) 3・(12) 5・(10) 6・(11) 6・(12) 7・(8) 7・(11)	1・(10) 1・(12) 2・(5) 2・(11) 5・(8) 5・(12) 5・(19) 7・(10)	3・(4) 3・(10) 5・(10) 5・(18) 6・(11) 9・(8) 11・(10) 12・(11)

画数から選ぶ名づけ

姓別吉数リスト

姓の画数	13・10	13・9	13・8	13・7
姓の代表例	楠原 嵯峨 塩島 福島 福原	豊泉 新海 新保 新津 新美 福室	新居 殿岡 新妻 蓮沼 福岡 豊岡	塩谷 新谷 鈴村 新村 福沢 福村
1字名	なし	なし	なし	なし
2字名	3・5 5・11 6・10 6・12 7・11 7・18 8・8 11・5 13・5 13・11 14・10 15・10	2・11 4・11 4・19 7・4 7・8 8・3 8・5 9・4 9・8 12・3 12・5 12・11	3・8 5・11 7・4 7・11 8・3 8・8 8・10 9・2 10・8 13・3 15・3 16・2	1・10 4・11 6・11 8・5 9・4 9・8 10・5 10・11 11・10 14・11 17・8 18・3
3字名	1・(7) 5・(11) 6・(10) 6・(18) 7・(9) 8・(10) 11・(7) 13・(11)	2・(9) 2・(11) 4・(7) 4・(19) 6・(7) 6・(9) 7・(10) 12・(11)	5・(11) 7・(4) 7・(9) 8・(10) 9・(7) 9・(9) 13・(11) 15・(9)	1・(10) 4・(7) 4・(11) 6・(9) 6・(19) 8・(9) 10・(7) 11・(10)

姓の画数	14·7	14·5	14·4	14·3	14	13·18	13·11
姓の代表例	稲見 稲村 熊坂 関沢 種村 増村	稲田 榎本 熊本 徳田 徳本 増田	稲井 稲毛 稲木 緒方 熊井 徳井	稲山 熊川 関口 徳丸 増山	榎 窪 関 槙	遠藤 新藤	塩崎 塩野 新堀 園部 遠野 豊崎
1字名	4　10 14　16	6　12　16	7　14　17	4　14　15	7　11　17	なし	なし
2字名	4・7 6・10 8・3 8・10 9・7 9・9 11・7 14・2	2・11 3・10 6・7 6・10 8・10 11・7 12・4 13・3 16・2	2・3 3・10 4・3 4・9 7・10 9・4 11・4 12・3 13・10	3・4 4・11 5・3 8・7 8・10 12・4 13・2 14・4 15・9	1・10 2・5 3・14 4・7 7・10 9・12 10・7 11・6 17・4	3・5 3・18 5・11 5・12 6・10 6・11 7・10 13・4 13・8 14・3 15・2 17・4	2・11 4・11 5・8 5・10 7・4 7・8 10・3 10・5 12・3 12・5 12・11 13・8
3字名	4・(20) 6・(10) 6・(18) 8・(8) 8・(10) 8・(16) 14・(10) 16・(8)	2・(3) 3・(3) 3・(10) 6・(10) 8・(8) 10・(6) 10・(8) 12・(6)	3・(3) 3・(10) 4・(9) 7・(8) 7・(16) 9・(8) 11・(10) 12・(9)	3・(3) 4・(2) 5・(10) 8・(8) 8・(10) 8・(16) 10・(6) 12・(6)	2・(5) 3・(14) 4・(14) 7・(11) 9・(9) 9・(16) 10・(11) 11・(14)	3・(3) 3・(18) 5・(3) 5・(11) 6・(10) 6・(11) 7・(9) 7・(10)	2・(9) 4・(4) 4・(11) 5・(3) 6・(9) 7・(10) 10・(11) 12・(11)

画数から選ぶ名づけ　姓別吉数リスト

画数から選ぶ名づけ

姓別吉数リスト

姓の画数	15·5	15·4	15·3	14·12	14·11	14·10	14·9
姓の代表例	熱田 蔵田 駒田 箱田 諸田 横田	駒井	影山 澄川 横川 横山	稲葉 関塚 徳富 徳間 増淵	綾部 綾野 熊崎 境野 熊野 綿貫	漆原 関根 関原 徳原 徳島 箕浦	稲垣 漆畑 関屋 徳重
1字名	12	2 4 12 14 20	5 14 15	5 6	6 10 12 14	7 15	12 14 16
2字名	1・2 1・10 2・9 3・8 3・18 6・9 10・3 11・6 12・9 13・8 16・9	1・17 2・16 3・10 4・9 7・6 7・9 9・9 11・2 12・1 12・6 13・3 14・2	2・3 3・10 4・9 5・8 5・16 8・9 13・8 14・9 15・6	1・10 3・4 3・18 4・7 4・11 5・10 6・7 6・9 9・2 12・9	2・4 4・3 5・3 6・10 7・9 12・4 12・11 13・10	3・10 5・3 5・10 6・7 6・11 7・4 8・7 11・4 13・10 14・7	4・4 6・10 7・9 7・11 8・10 12・4 14・10 15・3 16・9
3字名	2・(9) 2・(15) 3・(8) 6・(15) 8・(7) 10・(7) 12・(9) 16・(9)	1・(15) 1・(17) 2・(16) 3・(15) 4・(9) 4・(29) 7・(9) 9・(9) 12・(21) 14・(19)	2・(5) 4・(9) 4・(19) 5・(16) 8・(9) 8・(15) 10・(7) 12・(9)	1・(6) 3・(8) 3・(18) 4・(9) 5・(8) 5・(16) 9・(6) 12・(9)	2・(6) 4・(2) 4・(3) 5・(3) 5・(18) 6・(10) 7・(9) 13・(10)	3・(8) 3・(10) 5・(8) 5・(16) 7・(8) 7・(10) 8・(16) 11・(10)	2・(6) 6・(10) 7・(9) 8・(8) 8・(10) 9・(9) 12・(6) 14・(10)

16・5	16・4	16・3	16	15・11	15・10	15・7	姓の画数
薄田 繁田 積田 橋田 橋立 橋本	薄井 鴨井 薄木 橋爪 橋内 橋元	鮎川 鴨川 鴨下 橘川 館山 築山	橘 橋 壇 黛	嬉野 駒野 権堂 諏訪 箱野 横野	駒宮 横倉 横島 横浜 輪島	潮来 駒形 駒沢 駒村 横尾 横沢	姓の代表例
10　12　16	4　12　17	4　5 12　14	5　7　8 15　16　17 21　23	5　6　7	6　7　14	10	1字名
1・15 2・9 3・8 3・15 6・5 8・8 10・8 11・7 13・5	2・9 3・8 4・9 7・8 9・8 9・16 12・9 13・8 14・7	4・9 5・1 5・8 8・5 8・8 10・8 13・5 14・2	1・4 1・14 1・15 2・14 2・23 9・6 9・7 9・14 9・16 19・4 19・6 21・4	2・3 4・9 5・8 6・1 6・9 7・6 7・8 10・3 12・9	3・3 5・1 5・3 6・10 7・1 7・9 8・8 13・3 14・2	4・9 6・9 6・17 8・3 8・9 9・2 9・6 9・8 10・3 14・9 17・6	2字名
2・(14) 3・(8) 6・(18) 8・(8) 10・(6) 10・(14) 11・(7) 12・(6)	2・(15) 3・(8) 3・(14) 4・(7) 7・(8) 9・(6) 9・(16) 11・(14)	2・(4) 3・(15) 4・(14) 5・(8) 8・(8) 10・(6) 10・(8) 12・(6)	1・(4) 1・(14) 1・(15) 2・(3) 2・(13) 2・(14) 2・(23) 9・(6) 9・(14) 9・(16)	2・(5) 4・(2) 4・(7) 4・(9) 5・(8) 6・(9) 7・(8)	3・(29) 6・(17) 7・(9) 8・(8) 11・(21) 13・(19) 14・(9) 15・(8)	4・(7) 4・(9) 4・(19) 6・(5) 6・(7) 6・(17) 8・(5) 8・(15)	3字名

画数から選ぶ名づけ

姓別吉数リスト

18·4	17·11	17·10	17·7	17·5	16·10	16·7	姓の画数
藤井 藤木 藤戸 藤元 藪内	磯崎 磯野 磯部 鴻巣 霜鳥	鮫島 鍋島 篠原	磯貝 磯村 磯谷 篠沢	磯田 磯辺 輿石 霜田 鍋田	橘高 鴨原 樽原	鮎沢 壁谷 樽見 橋村 築沢	姓の代表例
なし	4　5 7　20	5　6　14	17	2　10	5　6 7　15	14	1字名
1・14 3・14 4・7 4・13 7・6 9・6 9・14 11・6 12・5 12・13 14・3 17・6	2・1 4・1 4・7 5・6 5・8 7・4 10・7 13・4	1・7 3・15 5・1 5・16 6・15 7・14 11・7 13・8 14・7	1・7 1・14 4・7 6・7 8・7 8・15 9・4 9・6 9・8 10・7 11・4	2・1 3・8 3・14 6・7 8・7 10・1 10・7 11・6 13・4 16・1	1・5 3・2 3・8 5・8 6・5 6・7 8・5 11・2	4・21 8・8 8・16 8・17 9・7 9・15 9・16 14・2 16・8 17・7 18・7	2字名
2・(13) 3・(12) 3・(14) 4・(13) 7・(16) 7・(18) 9・(6) 11・(12)	2・(3) 2・(5) 4・(3) 4・(13) 5・(6) 6・(7) 7・(6) 10・(7)	3・(15) 5・(13) 6・(15) 7・(14) 8・(13) 8・(17) 11・(7) 11・(14)	1・(6) 4・(7) 6・(7) 8・(13) 9・(6) 10・(7) 11・(13) 14・(7)	1・(14) 2・(13) 3・(14) 6・(7) 8・(5) 8・(7) 10・(7) 11・(6)	1・(6) 3・(8) 3・(18) 5・(6) 6・(15) 7・(6) 8・(7) 13・(8)	4・(20) 6・(18) 8・(8) 8・(16) 9・(7) 9・(15) 9・(16) 16・(8)	3字名

画数から選ぶ名づけ

姓別吉数リスト

姓の画数	18·12	18·11	18·10	18·9	18·8	18·7	18·5
姓の代表例	鯉淵 額賀 藤塚 藤間 藤森 藪塚	鵜野 藤堂 藤掛 藤崎 藤野 藪崎	藍原 鎌倉 藤浦 藤倉 藤島 藤原	藤咲 藤城 藤巻 藤屋	鯉沼 難波 藤枝 藤岡 藤沼 藤林	鵜沢 鎌形 藤尾 藤沢 藤谷 藤村	織田 鎌田 藤代 藤田 藤永 藤本
1字名	なし	なし	なし	なし	なし	なし	なし
2字名	1・6 1・14 3・14 4・3 4・7 5・6 6・5 9・6 11・6 12・3 12・5 13・5	2・6 2・14 4・14 4・19 5・3 5・13 6・17 10・6 10・13 12・6 13・3 13・5	1・6 3・14 3・21 5・6 6・5 7・6 8・3 8・5 11・6 11・13 14・3	2・3 2・6 2・19 4・14 4・17 6・15 7・14 8・13 12・6 14・7 15・3 16・5	3・3 5・6 7・6 7・14 8・3 8・5 8・7 9・6 10・3 10・5 15・6 16・5	1・5 1・6 1・7 1・15 4・19 6・17 8・15 9・7 9・14 10・6 11・5 16・7	1・7 3・5 3・13 10・6 10・14 11・5 11・13 12・6 12・13 13・3 13・5 18・6
3字名	1・(4) 3・(4) 3・(12) 4・(13) 5・(6) 6・(5) 9・(6) 11・(6)	2・(4) 2・(14) 4・(12) 5・(13) 5・(18) 6・(12) 10・(6) 10・(13)	1・(4) 3・(2) 3・(14) 5・(6) 5・(12) 6・(18) 7・(6) 8・(16)	2・(6) 2・(16) 4・(2) 4・(14) 6・(12) 7・(14) 9・(12) 12・(6)	3・(2) 3・(12) 5・(6) 7・(4) 7・(6) 8・(5) 9・(6) 10・(5)	1・(5) 1・(6) 4・(28) 6・(26) 9・(14) 10・(6) 14・(18) 16・(16)	2・(6) 2・(14) 3・(13) 6・(12) 8・(16) 10・(6) 11・(13) 12・(6)

画数から選ぶ名づけ

姓別吉数リスト

姓の画数	19	19・4	19・7	21・4
姓の代表例	鏡	鏑木 鯨井 瀬戸	瀬尾 瀬良	露木
1字名	5　6　13 16　18	なし	なし	なし
2字名	4・2 4・12 4・14 6・7 6・10 6・12 12・4 12・6 13・5 14・2 14・4 16・2	2・6 2・14 3・5 3・13 4・4 4・12 7・18 9・16 11・5 12・4 13・5 14・2	1・4 1・12 4・2 6・5 8・5 8・13 9・2 9・6 10・5 11・2 11・4 16・5	2・14 3・4 3・20 4・3 4・4 4・12 7・16 9・14 11・12 12・4 13・3 14・2
3字名	2・(11) 2・(14) 2・(16) 4・(9) 4・(14) 4・(29) 5・(11) 5・(13) 12・(21) 14・(19)	1・(15) 3・(5) 3・(13) 4・(4) 4・(12) 7・(11) 9・(15) 11・(13)	1・(5) 1・(12) 4・(3) 6・(5) 8・(5) 8・(13) 9・(12) 10・(5)	1・(15) 3・(13) 4・(19) 7・(9) 7・(25) 9・(23) 12・(11) 13・(19)

名前には使わないほうがいい漢字

たくさんの漢字のなかには、悪いイメージや暗い印象が強い漢字もあります。
赤ちゃんの明るい将来のためにも名前に使うのは避けてあげたいですね。

あ行	哀悪暗胃違芋姻飲陰隠疫液煙鉛汚凹殴翁
か行	化仮過嫁禍暇寡蚊餓灰戒怪拐悔塊壊劫害殻隔嚇喝渇割干汗陥患喚棺顔肌危忌飢鬼棄偽欺疑戯擬犠却逆虐旧吸朽泣糾窮去拒虚凶狂狭恐胸脅凝菌禁苦愚屈刑傾警撃欠穴血券嫌限減枯娯誤抗拘降慌絞溝拷酷獄骨困恨婚
さ行	唆詐鎖災砕裁剤罪削酢搾錯殺擦皿蚕惨産散酸死刺肢脂歯失疾湿捨赦斜煮遮邪蛇借酌弱囚臭終醜襲汁渋獣縮殉除床消症訟焼焦硝傷障衝償礁冗蒸触辱辛侵唇娠浸寝刃衰酔睡遂牲逝斥責切拙窃舌絶栓戦阻粗疎訴争葬燥騒憎臓属賊損
た行	打堕惰駄怠胎退逮滞濁奪嘆断遅恥痴畜窒嫡虫弔脹腸懲沈朕賃墜痛潰底泥滴敵迭吐怒逃倒討悼盗痘踏匿毒凸豚曇
な行	難肉乳尿妊燃悩脳
は行	破婆背肺排廃売賠縛爆髪伐罰閥抜犯煩蛮皮否卑疲被悲費碑罷避鼻匹泌病貧怖負腐膚侮封腹覆払仏紛墳憤閉弊癖片偏捕墓泡胞崩亡乏妨冒剖捧暴膨謀撲没
ま行	魔埋膜抹漫眠迷毛妄耗匁
や行	厄油癒幽憂溶腰抑
ら行	裸落乱濫痢略虜療涙戻霊隷劣老労漏
わ行	惑枠

278

姓に合った
名前が見つかる！

画数
組み合わせ
リスト

姓別吉数リストで姓に合う画数がわかったら、
このリストで名前を探しましょう。

このリストの見方

名前の1文字目の画数がインデックスになっています。まずはこのインデックスで、1文字目の画数を見つけます。次に、大きい色文字の部分「1-2」「1（4）」で、名前の画数の組み合わせを探します。（ ）内は、2文字目以降の画数を合計したものです。1字ごとの画数は、1字名と2字名の場合は、大きい色文字（「5」「1-2」など）をご覧ください。3字名の場合、文字のすぐ右にある小さい文字をご覧ください。

279 ※ここでは「仮成数」を加えて吉数にする場合も考えて、画数としてそのままでは吉数ではない名前例も掲載しています

画数組み合わせリスト
女の子の名前

画数から選ぶ名づけ　女の子名

1文字目の画数：1画

- 一花 1-7 いちか
- 一希 1-7 いちか
- 一華 1-10 いちか
- 一華 1-10 かずは
- 乙華 1-10 おとか
- 一姫 1-10 いちか
- 乙葉 1-12 おとは
- 一葉 1-12 かずは
- くるみ 1-6-3
- しおり 1-4-2

1文字目の画数：2画

- のどか 1-7
- しほり 1-7
- のぞみ 1-8
- しずか 1-8
- つばさ 1-9-3
- りの 2-1
- うの 2-1
- めい 2-2
- りん 2-3
- りさ 2-3
- 七々 2-3 なな
- とわ 2-4
- りか 2-4
- うた 2-4
- りお 2-5
- ひな 2-5
- 七未 2-5 ななみ
- 乃衣 2-6 のい
- 七帆 2-6 ななほ
- 七海 2-9 ななみ
- 七美 2-9 ななみ
- 七音 2-9 ななね
- 七香 2-9 ななか
- 乃映 2-9 のえ
- 七菜 2-11 なな
- 七望 2-11 ななみ
- 乃彩 2-13 のあ
- 乃愛 2-13 のあ
- 二瑚 2-13 にこ
- 七聖 2-14 ななせ
- 七緒 2-14 ななお
- 七歌 ななか
- いのり 2-3
- ことの 2-3
- このみ 2-4
- こころ 2-4
- このは 2-5
- ひより 2-5
- ひかり 2-5
- いつき 2-4-1
- りょう 2-4-4
- ことは 2-6

画数から選ぶ名づけ
女の子名
1文字目の画数 2〜3画

1文字目の画数 2画

2-11 乃々果 ののか	2-9 りり花 りりか	2-7 こゆき	2-4 ひなの	ひまり	うらら	ひかる	いろは	ここね				
七々実 ななみ	ひなた	こはる										
十和子 とわこ												

1文字目の画数 3画

2-13 乃々華 ののか　七々夏 ななか

ゆめ 3-2　にこ　ゆい　みう　わこ　千乃 ゆきの　そら 3-3　もも

ゆあ　あみ　えみ　さら 3-4　さき　弓月 ゆづき　みお 3-5　ゆず　かほ　万由 まゆ　千加 ちか　千花 ちか 3-7　万里 まり

千果 ちか 3-8　夕奈 ゆうな　万実 まみ　小春 こはる 3-9　千咲 ちさき　久美 くみ　千紘 ちひろ 3-10　千紗 ちさ　小梅 こうめ　小夏 こなつ　小雪 こゆき 3-11　万理 まり

千尋 ちひろ 3-12　千晴 ちはる　万結 まゆ　小暖 こはる 3-13　千聖 ちさと　千歳 ちとせ　万緒 まお 3-14　千歌 ちか　千穂 ちほ 3-15　万穂 まほ　万優 まゆ 3-17

千優 ちひろ 3-(3)　みのり　かのん　さくら 3-(4)　ゆうり　あいり　ちひろ　さつき 3-(5)　あかり　あさひ　ゆかり　やよい　みさと

画数から選ぶ名づけ　女の子名　1文字目の画数 ③〜④画

1文字目の画数 3画（続き）

- かれん　2
- すみれ　3(6)
- さやか
- さおり　5
- ちなつ　1
- あおい
- あい　5
- かんな　3(7)
- みやび　5
- あかね
- あやび
- ちはる
- みなみ　3(8)
- あやな
- 万由子（まゆこ）

- すずね
- わかば　3(9)
- もも花（ももか）　3(10)
- 万里子（まりこ）
- 万由花（まゆか）　3(12)
- すず花（すずか）
- 小百合（さゆり）
- 千咲子（ちさこ）
- 万由佳（まゆか）　3(13)
- 千紗子（ちさこ）
- 千亜希（ちあき）　3(14)

- 万梨子（まりこ）
- 小羽音（こはね）　3(15)
- 万結子（まゆこ）

1文字目の画数 4画

- 心（こころ）　4
- 文（あや）
- きい　4-2
- まい
- 文乃（ふみの）
- はる　4-3

- まゆ
- まや
- 文子（あやこ）　4-4
- まお
- ねね
- はな　4-5
- まほ
- 心花（このか）　4-7
- 仁那（にな）
- 友里（ゆり）
- 文花（あやか）
- 日和（ひより）　4-8

- 文奈（あやな）
- 友佳（ゆうか）　4-9
- 心春（こはる）
- 心咲（みさき）
- 仁美（ひとみ）
- 天音（あまね）
- 友香（ともか）
- 心桜（みお）　4-10
- 文華（あやか）
- 心恵（ともえ）
- 日菜（ひな）
- 心菜（ここな）　4-11
- 友菜（ゆうな）

- 仁菜（にいな）
- 心結（みゆ）　4-12
- 心晴（こはる）
- 心遥（こはる）
- 双葉（ふたば）　4-13
- 心愛（ここあ）
- 心暖（こはる）
- 心寧（ここね）　4-14
- 友歌（ゆうか）
- 天寧（あまね）
- 心優（みゆ）　4-17
- 友優（ゆう）

画数から選ぶ名づけ
女の子名
1文字目の画数 4〜5画

1文字目の画数 4画

まひろ 4（4）
ねいろ 4
まいか 4
まりあ 4（5）
まいか 4（6）
はるか 4
きよら 4
はんな 4（7）
まりな 4
まどか 4
今日子 4（8） きょうこ
はるな 4

たまき
日向子 4（9） ひなこ
友希乃 ゆきの
まゆ花 4（10） まゆか
友里子 ゆりこ
まり香 4（11） まりか
はる奈 はるな
日奈子 ひなこ
友加里 4（12） ゆかり
日南子 ひなこ
今日香 4（13） きょうか

日夏子 ひなこ
日菜乃 4（14） ひなの
仁衣奈 にいな
日奈多 ひなた
友里亜 ゆりあ
日菜子 4（15） ひなこ
友里奈 ゆりな
日茉里 ひまり
ふた葉 4（16） ふたば
友里香 4（17） ゆりか
仁衣菜 にいな
友紀奈 ゆきな

日真里 ひまり
日菜多 4（18） ひなた
日茉莉 ひまり
友梨花 4（19） ゆりか
日茉理 ひまり
友梨奈 ゆりな
友里愛 4（20） ゆりあ
日香梨 ひかり
友莉菜 4（21） ゆりな
友理恵 ゆりえ
友梨恵 ゆりえ

1文字目の画数 5画

礼 5 れい
史 ふみ
由乃 5・2 よしの
礼乃 あやの
史乃 ふみの
由子 5・3 ゆうこ
未久 みく
由月 5・4 ゆづき
なお

未央 5・5 みお
由加 ゆか
未羽 5・6 みう
史帆 しほ
未来 5・7 みく
由花 ゆうか
由芽 5・8 ゆめ
史歩 しほ
加奈 かな
由香 5・9 ゆか
冬音 ふゆね

画数から選ぶ名づけ 女の子名 1文字目の画数 5～6画

1文字目の画数 5画

漢字	画数	読み
未桜	5-10	みお
由莉	5-10	ゆり
永麻	5-11	えま
可梨	5-11	かりん
未結	5-12	みゆ
由貴	5-12	ゆうき
由愛	5-13	ゆあ
可蓮	5-13	かれん
未緒	5-14	みお
史穂	5-15	しほ

漢字	画数	読み
可凛	5-15	かりん
未樹	5-16	みき
可憐	5-16	かれん
未優	5-17	みゆ
未織	5-18	みおり
史織	5-18	しおり
未麗	5-19	みれい
由蘭	5-19	ゆら
ほの花	5(8)-7	ほのか
ななみ	5-1	ななみ
由衣乃	5-1	ゆいの

漢字	画数	読み
由衣子	5(9)	ゆいこ
なぎさ	5-8	なぎさ
由里子	5-10	ゆりこ
加奈子	5-11	かなこ
未乃莉	5-12	みのり
可南子	5-10	かなこ
なな実	5(13)	ななみ
由衣花	5-8	ゆいか
由衣奈	5(14)	ゆいな
可菜子	5-8	かなこ

漢字	画数	読み
由佳里	5(15)	ゆかり
由香里	5(16)	ゆかり
可奈恵	5(18)	かなえ
由莉奈	5-10	ゆりな

1文字目の画数
6画

1文字目の画数 6画

漢字	画数	読み
灯	6	あかり
凪	6	なぎ
圭	6	けい
帆乃	6-2	ほの

漢字	画数	読み
羽乃	6	はの
百々	6-3	もも
圭子	6-3	けいこ
羽叶	6-5	わかな
百加	6-5	ももか
羽衣	6-6	うい
早妃	6-6	さき
百花	6-7	ももか
早希	6-7	さき
汐里	6-7	しおり
妃奈	6-8	ひな

漢字	画数	読み
帆佳	6-9	ほのか
朱音	6-9	あかね
百香	6-9	ももか
成美	6-9	なるみ
羽奏	6-9	わかな
帆南	6-9	ほなみ
百華	6-10	ももか
朱莉	6-10	あかり
汐莉	6-10	しおり
凪紗	6-10	なぎさ
吏紗	6-10	りさ
早姫	6-10	さき
妃菜	6-11	ひな

284

画数から選ぶ名づけ

女の子名

1文字目の画数 6〜7画

1文字目の画数 6画

成穂 なるほ ／ 朱璃 あかり 6-15 ／ 羽瑠 はる ／ 朱寧 あかね 6-14 ／ 妃愛 ひな ／ 羽詩 うた 6-13 ／ 百絵 ももえ ／ 有稀 ゆうき ／ 早瑛 さえ ／ 早智 さち 6-12 ／ 朱梨 あかり ／ 有彩 ありさ

百々佳 ももか ／ 帆乃香 ほのか 6-(11) ／ 早也伽 さやか ／ 百々花 ももか ／ 帆乃佳 ほのか 6-(10) ／ 妃那乃 ひなの ／ 帆乃花 ほのか 6-(9) ／ 早羅 さら ／ 羽麗 うらら 6-19 ／ 妃織 ひおり ／ 伊織 いおり 6-18

向日葵 ひまり 6-(16) ／ 有里奈 ゆりな ／ 百々葉 ももは 6-(15) ／ 妃菜子 ひなこ ／ 百々菜 ももな 6-(14) ／ 妃菜乃 ひなの ／ 百合花 ゆりか 6-(13) ／ 有加里 ゆかり ／ 早也香 さやか ／ 帆乃華 ほのか 6-(12) ／ 有紀乃 ゆきの

希 のぞみ ／ 花 はな ／ 杏 あん 7

1文字目の画数 7画

江梨花 えりか ／ 有美香 ゆみか ／ 妃茉莉 ひまり 6-(18) ／ 伊桜里 いおり ／ 江玲奈 えれな ／ 早弥香 さやか 6-(17) ／ 百合夏 ゆりか

里央 りお ／ 沙世 さよ ／ 希未 のぞみ ／ 亜未 あみ 7-5 ／ 沙月 さつき ／ 希心 のぞみ 7-4 ／ 寿々 すず ／ 亜子 あこ ／ 希子 きこ 7-3 ／ 里乃 りの ／ 志乃 しの 7-2 ／ 妙 たえ

希実 のぞみ ／ 杏奈 あんな 7-8 ／ 里花 りか ／ 亜希 あき ／ 芹那 せりな ／ 沙良 さら ／ 杏花 きょうか ／ 花那 かな 7-7 ／ 里帆 りほ ／ 沙羽 さわ ／ 希衣 きい ／ 志帆 しほ ／ 花帆 かほ 7-6

画数から選ぶ名づけ　女の子名　1文字目の画数　7〜7画

里咲 りさ／亜美 あみ／希美 のぞみ／花音 かのん　**7・9**／利佳 りか／伶依 れみ／亜依 あい／希和 きわ／沙季 さき／杏実 あみ／花奈 かな／沙弥 さや／里奈 りな／那奈 なな／志歩 しほ

里紗 りさ／杏珠 あんじゅ／希恵 きえ／花恋 かれん／杏莉 あんり／里桜 りお　**7・10**／伶美 れみ／冴香 さえか／沙耶 さや／沙紀 さき／志保 しほ／初音 はつね／佑香 ゆうか／杏南 あんな／寿音 ことね

沙絵 さえ　**7・12**／志麻 しま／里彩 りさ／杏理 あんり／希望 のぞみ／花梨 かりん／那菜 なな／花菜 かな／里菜 りな／杏菜 あんな　**7・11**／利紗 りさ／亜純 あずみ／沙笑 さえ／佑莉 ゆうり

杏璃 あんり　**7・15**／那緒 なお／沙綾 さあや／花寧 はなね／李緒 りお　**7・14**／亜瑚 あこ／花鈴 かりん／花蓮 かれん／杏慈 あんじ／花楓 かえで　**7・13**／里湖 りこ／沙葵 さき／沙稀 さき

沙羅 さら　**7・19**／沙織 さおり／志織 しおり　**7・18**／里穂 りほ／亜優 あゆ　**7・17**／里穏 りおん／亜樹 あき／沙樹 さき／杏樹 あんじゅ　**7・16**／花澄 かすみ／希穂 きほ／沙輝 さき

里香子 りかこ／沙也香 さやか／寿々音 すずね　**7・(12)**／佐和子 さわこ／里佳子 りかこ／沙也果 さやか　**7・(11)**／里花子 りかこ／沙也伽 さやか／希々花 ののか　**7・(10)**／亜由子 あゆこ／沙也加 さやか　**7・(8)**／沙蘭 さら

画数から選ぶ名づけ　女の子名　1文字目の画数 7〜8画

1文字目の画数 7画

7(13)　寿々夏 すずか／亜由実 あゆみ
7(14)　亜矢香 あやか／杏里沙 ありさ
7(15)　亜衣香 あいか／沙弥花 さやか
7(16)　里央菜 りおな／沙弥佳 さやか／亜香里 あかり
7(17)　亜花莉 あかり／志桜里 しおり

7(18)　里依紗 りいさ／沙耶香 さやか／里梨花 りりか
7(19)　亜香莉 あかり／沙理奈 さりな
7(20)　亜香梨 あかり／那菜美 ななみ
7(21)　花菜恵 かなえ／亜梨紗 ありさ
7(22)　玖瑠実 くるみ／志穂里 しほり

1文字目の画数 8画

8　空 そら／和 あい／怜 れい／歩 あゆみ
8·2　幸乃 ゆきの／果乃 かの
8·3　奈々 なな／佳子 かこ／幸子 さちこ／怜子 れいこ／侑子 ゆうこ／茉弓 まゆみ
8·4　茉友 まゆ／奈月 なつき／実友 みゆ
8·5　芽生 めい／奈央 なお／弥生 やよい／怜可 れいか／京加 きょうか／茉由 まゆ／幸代 ゆきよ／実加 みか／朋世 ともよ／知代 ちよ／和加 わか
8·6　芽衣 めい／明衣 めい／怜衣 れい／果帆 かほ
8·7　明里 あかり／和花 わか／侑希 ゆうき／実玖 みく／奈那 なな／怜那 れな／知沙 ちさ／朋花 ともか／実沙 みさ／京花 きょうか／茉里 まり
8·8　怜奈 れいな／明依 めい／果歩 かほ／若奈 わかな／侑奈 ゆうな／茉実 まみ／直佳 なおか／知佳 ともか
8·9　和奏 わかな／実咲 みさき

画数から選ぶ名づけ　女の子名　1文字目の画数　8〜8画

明音 あかね／奈南 なな／佳音 かのん／知香 ちか／弥紅 みく／怜香 れいか／直美 なおみ／京香 きょうか／侑香 ゆうか／奈海 なみ

8-10　明莉 あかり／奈桜 なお／知紗 ちさ／実夏 みか／明紗 めいさ

祈莉 いのり／京華 きょうか／和夏 わか

8-11　若菜 わかな／芽彩 めい／明梨 あかり／佳菜 かな／朋菜 ともな

8-12　若葉 わかば／芽結 めい／知尋 ちひろ／佳琳 かりん

8-13　果暖 かのん

実愛 みぁ／知聖 ちさと／和瑚 わこ／弥鈴 みすず／佳蓮 かれん

8-14　実緒 みお／波瑠 はる／和歌 わか

8-15　果穂 かほ／茉穂 まほ／実璃 みのり／佳凛 かりん

8-16　実樹 みき

果穂 かのん

8-17　実優 みゆ／茉優 まゆ／佳穂 かほ

8-18　依織 いおり／佳織 かおり

8(5)　奈七子 ななこ

8(6)　佳也乃 かやの／奈々子 ななこ

8(8)　奈乃羽 なのは／茉由子 まゆこ

8(9)　明日加 あすか

8(10)　芽衣子 めいこ／歩乃佳 ほのか／英里子 えりこ

8(11)　佳弥乃 かやの／明日花 あすか

8(12)　実和子 みわこ／実乃莉 みのり／奈々香 ななか／和香子 わかこ

8(13)　明日香 あすか

茉由佳 まゆか

8(14)　明日夏 あすか／芽衣奈 めいな

8(15)　佳菜子 かなこ／茉里奈 まりな／明佳里 あかり

8(16)　佳央理 かおり／和佳奈 わかな

8(17)　明香里 あかり／奈々緒 ななお／明花莉 あかり／英玲奈 えれな

画数から選ぶ名づけ　女の子名　1文字目の画数 8〜9画

佳菜恵 かなえ｜実咲稀 みさき 8（21）｜茉優子 まゆこ 8（20）｜奈菜香 ななか｜和香菜 わかな 8（20）｜佳菜実 かなみ｜茉莉香 まりか｜明佳理 あかり 8（19）｜奈津美 なつみ｜和花菜 わかな｜明花梨 あかり 8（18）｜知紗希 ちさき

1文字目の画数 9画

咲 さき 9｜柚 ゆず｜茜 あかね｜泉 いずみ｜香 かおり｜玲 れい｜紅 べに｜柚乃 ゆずの 9・2｜星七 せいな｜柚子 ゆず 9・3

奏子 かなこ｜音々 ねね｜美夕 みゆ｜美月 みづき 9・4｜柚月 ゆづき｜咲月 さつき｜美友 みゆ｜美央 みお 9・5｜美礼 みれい｜玲加 れいか｜美羽 みう 9・6｜柚羽 ゆずは｜咲妃 さき

音羽 おとは｜咲帆 さきほ｜玲衣 れい｜美有 みゆう｜南帆 みなほ｜香名 かな｜咲希 さき 9・7｜柚希 ゆずき｜咲良 さくら｜柚花 ゆずか｜春花 はるか｜風花 ふうか｜美玖 みく｜柚那 ゆずな｜美里 みさと

咲来 さくら｜星那 せな｜祐希 ゆうき｜玲花 れいか｜美伶 みれい｜星良 せいら｜柊花 しゅうか｜美沙 みさ｜美希 みき｜紀花 のりか｜娃李 あいり｜俐花 りか｜宥那 ゆうな｜春那 はるな｜映里 えり｜柚良 ゆら

紅亜 くれあ｜祐里 ゆり｜美那 みな｜奏那 かな｜郁花 あやか｜9・8｜美空 みく｜柚奈 ゆずな｜玲奈 れな｜咲空 さくら｜咲奈 さきな｜咲季 さき｜咲幸 さゆき｜星奈 せいな｜美和 みわ｜春佳 はるか

289

画数から選ぶ名づけ　女の子名　1文字目の画数 9〜9画

柚季 ゆずき／美怜 みれい／香奈 かな／星來 せいら／美波 みなみ／美奈 みな／奏弥 かなみ／香佳 きょうか／美苑 みその／美季 みき

9·9
美咲 みさき／奏音 かのん／美音 みお／咲南 さな／玲美 れみ

9·10
美春 みはる／咲耶 さや／春香 はるか／玲香 れいか／美玲 みれい／咲香 さきか／美南 みなみ／美紀 みき／映美 えみ／紀香 のりか／祐紀 ゆき／弥音 ねね／美香 みか／美桜 みお／郁音 あやね

9·11
胡桃 くるみ／咲恵 さえ／美莉 みり／咲姫 さき／香恋 かれん／柚華 ゆずか／香恵 かえ／香純 かすみ／祐夏 ゆか／美華 みか／美紗 みさ／美夏 みか／柑菜 かんな／玲菜 れな／柚菜 ゆずな

9·12
咲菜 さな／美悠 みゆう／娃菜 あいな／香梨 かりん／祐梨 ゆり／美菜 みな／美結 みゆ／美琴 みこと／柚葉 ゆずは／美晴 みはる／美遥 みはる／咲葵 さき／春陽 はるひ／柚稀 ゆずき／海琴 みこと

9·13
美尋 みひろ／美陽 みはる／咲絢 さあや／柚葵 ゆずき／美智 みち／咲貴 さき／奏絵 かなえ／香遥 こはる／紅愛 くれあ／奏楽 そら／咲楽 さくら／香鈴 かりん／美瑚 みこ／美鈴 みすず／香蓮 かれん

9·14
美緒 みお／咲綾 さあや／柚歌 ゆずか／春瑠 はる／俐緒 りお／美歌 みか／音寧 ねね

9·15
香穂 かほ／香澄 かすみ／柚穂 ゆずほ／美璃 みり／美慧 みさと／咲輝 さき／香凛 かりん

女の子名 1文字目の画数 9～10画

9-16
- 香凛 かりん
- 咲樂 さら
- 美穏 みおん
- 香憐 かれん
- 美樹 みき

9-17
- 美優 みゆ
- 美嶺 みれい

9-18
- 美織 みおり
- 香織 かおり
- 美藍 みらん

9-19
- 咲羅 さくら
- 咲蘭 さら

9-6
- 星羅 せいら
- 美麗 みれい
- 南々子 ななこ
- 美也子 みやこ

9-9
- 美乃里 みのり
- 美羽子 みわこ

9-10
- 美花子 みかこ

9-11
- 咲希子 さきこ
- 香奈子 かなこ
- 美佳子 みかこ

9-12
- 玲央那 れおな

9-13
- 祐香子 ゆかこ
- 美央里 みおり
- 玲央奈 れおな
- 美桜子 みおこ

9-14
- 香乃葉 このは
- 玲衣奈 れいな
- 美沙希 みさき
- 映里奈 えりな
- 香里奈 かりな

9-15
- 咲葉子 さよこ
- 玲央菜 れおな
- 美咲希 みさき

9-16

9-17
- 保奈美 ほなみ
- 美桜里 みおり
- 美紗希 みさき
- 美沙都 みさと
- 香莉奈 かりな
- 美梨亜 みりあ
- 美沙稀 みきこ
- 美樹子 みきこ
- 香菜美 かなみ
- 美彩紀 みさき
- 美紗都 みさと

9-18

9-19

9-20

9-21

9-22
- 香緒里 かおり
- 美知瑠 みちる
- 玲緒奈 れおな

1文字目の画数 10画

- 桜 さくら
- 栞 しおり
- 桃 もも
- 華 はな
- 恋 れん
- 夏 なつ
- 莉乃 りの

10-2

10-3
- 栞七 かんな
- 紘乃 ひろの
- 夏乃 なつの
- 莉子 りこ
- 桃子 ももこ
- 桜子 さくらこ
- 莉々 りり
- 恵子 けいこ
- 紗夕 さゆ
- 紗千 さち
- 恵万 えま
- 真弓 まゆみ
- 夏子 なつこ

10-4
- 莉心 りこ

291

画数から選ぶ名づけ　女の子名

1文字目の画数　10〜10画

10-5

| 夏月 なつき | 真友 まゆ | 紗月 さつき | | 莉央 りお | 真央 まお | 真由 まゆ | 真白 ましろ | 莉世 りせ | 桃加 ももか | 珠央 たまお | 紗世 さよ | 真矢 まや | 眞央 まお | 倫世 ともよ | 夏未 なつみ |

10-6 / 10-7

| 真帆 まほ | 真衣 まい | 紗衣 さえ | 華帆 かほ | 紗江 さえ | 莉帆 りほ | 栞名 かんな | 珠羽 みう | 眞衣 まい | 夏帆 かほ | 真有 まゆ | 紗羽 さわ | 夏妃 なつき | 桃花 ももか |

| 紗良 さら | 紗希 さき | 桜希 さき | 紗那 さな | 莉杏 りあん | 栞里 しおり | 珠寿 すず | 姫花 ひめか | 桜来 さくら | 留里 るり | 珠希 たまき | 眞希 まき | 笑里 えみり | 莉沙 りさ | 莉亜 りあ | 恭花 きょうか |

10-8

| 恵那 えな | 晏里 あんり | 純花 じゅんか | 真里 まり | 夏希 なつき | | 莉奈 りな | 紗弥 さや | 真奈 まな | 栞奈 かんな | 恵奈 えな | 桃佳 ももか | 桜來 さくら | 紗和 さわ | 桃果 ももか | 真依 まい |

10-9

| 紗英 さえ | 莉歩 りほ | 留奈 るな | 純怜 すみれ | 夏奈 かな | 真知 まち | | 桃香 ももか | 莉音 りおん | 華音 かのん | 恵美 えみ | 莉胡 りこ | 真耶 まや | 珠美 たまみ | 紗南 さな | 莉香 りか |

10-10 / 10-11

| 莉美 りみ | | 莉桜 りお | 莉紗 りさ | 紗恵 さえ | 桃夏 ももか | 真夏 まなつ | 夏姫 なつき | 莉恵 りえ | | 紗菜 さな | 紗彩 さあや | 莉菜 りな | 桃菜 ももな | 紗雪 さゆき | 真悠 まゆ |

女の子名 1文字目の画数 10〜11画

10-12
- 恵麻 えま
- 恵菜 えな
- 純菜 じゅんな
- 晏梨 あんり
- 真理 まり
- 真結 まゆ
- 紗葵 さき
- 真湖 まこ
- 珠葵 たまき
- 紗貴 さき
- 華琳 かりん
- 10-13 莉愛 りあ
- 華蓮 かれん
- 栞愛 かんな

10-14
- 純蓮 すみれ
- 華鈴 かりん
- 真緒 まお
- 莉緒 りお
- 紗綾 さあや
- 桃寧 ももね
- 桃歌 ももか
- 珠緒 たまお
- 眞緒 まお
- 紗綺 さき
- 10-15 栞璃 しおり
- 真穂 まほ
- 紗穂 さほ
- 夏凛 かりん

10-16
- 真樹 まき
- 夏樹 なつき
- 10-17 真優 まゆ
- 珠優 みゆ
- 夏織 かおり
- 姫織 ひおり
- 10-18 夏織 かおり
- 10-19 紗羅 さら
- 純麗 すみれ
- 10(5) 夏乃子 かのこ
- 華乃子 かのこ
- 紗也乃 さやの

10(8)
- 紗也加 さやか
- 真由子 まゆこ
- 10(10) 紗久良 さくら
- 莉々花 りりか
- 10(11) 紗友里 さゆり
- 紗和子 さわこ
- 真依子 まいこ
- 莉佳子 りかこ
- 10(12) 紗也香 さやか
- 真由花 まゆか
- 10(13) 紗也夏 さやか

10(14)
- 恵礼奈 えれな
- 莉衣那 りいな
- 莉衣奈 りいな
- 恵衣花 えりか
- 恵里奈 えりな
- 10(15) 真由莉 まゆり
- 真理子 まりこ
- 10(16) 恵里香 えりか
- 恵里奈 えりな
- 真奈実 まなみ
- 紗耶花 さやか
- 10(17) 真奈美 まなみ
- 紗弥香 さやか

10(18)
- 紗耶音 さやね
- 恵莉奈 えりな
- 10(19) 真理亜 まりあ
- 恵梨奈 えりな
- 真梨佳 まりか
- 10(20) 恵梨香 えりか
- 真菜美 まなみ

11画 1文字目の画数

- 唯 ゆい
- 彩 あや

画数から選ぶ名づけ　女の子名　1文字目の画数　11〜11画

11画（1文字）
紬（つむぎ）　悠（はるか）　渚（なぎさ）　菫（すみれ）　雪（ゆき）　梓（あずさ）　望（のぞみ）　都（みやこ）

11・2
彩乃（あやの）　梨乃（りの）　雪乃（ゆきの）　理乃（りの）　悠乃（はるの）　彩七（あやな）　梨七（りな）

11・3
菜々（なな）　理子（りこ）　彩子（あやこ）　啓子（けいこ）　梨子（りこ）

11・4
菜月（なつき）　悠月（ゆづき）　麻友（まゆ）　彩巴（いろは）　皐月（さつき）

11・5
理央（りお）　麻央（まお）　菜央（なお）　理代（りよ）　梨加（りか）　彩禾（あやか）　理世（りよ）　麻矢（まや）　萌生（めい）

11・6
彩羽（いろは）　萌衣（めい）　麻衣（まい）　菜名（なな）　麻有（まゆ）　梨帆（りほ）

11・7
彩花（あやか）　梨花（りんか）　清花（さやか）　麻那（まな）　理那（りな）　麻希（まき）　彩里（あやり）　彩那（あやな）　悠希（ゆうき）　彩良（さら）　悠花（ゆうか）　萌花（もえか）　琉花（るか）　琉那（るな）　唯花（ゆいか）　菜那（なな）

11・8
彩芽（あやめ）　梨果（りか）　麻弥（まや）　理奈（りな）　悠佳（ゆうか）　悠奈（ゆうな）　萌依（めい）　彩佳（あやか）

11・9
梨砂（りさ）　悠香（ゆうか）　彩映（さえ）　理香（りか）　彩海（あやみ）　彩香（あやか）　梨音（りお）　彩音（あやね）

11・10
理桜（りお）　菜桜（なお）　唯華（ゆいか）　彩華（あやか）　彩恵（さえ）　理紗（りさ）　梨紗（りさ）　麻姫（まき）

11・11
彩菜（あやな）　悠菜（ゆうな）　唯菜（ゆいな）　絆菜（はんな）　麻理（まり）　理彩（りさ）

画数から選ぶ名づけ　女の子名　1文字目の画数 ⑪〜⑫画

1文字目の画数 11画

11·11
- 菜都 なつ

11·12
- 梨絵 りえ
- 麻結 まゆ
- 彩貴 さき
- 萌結 もえ
- 望結 みゆ
- 彩葉 いろは

11·13
- 爽楽 そら
- 麻鈴 まりん
- 梨愛 りあ
- 彩愛 さえ

11·14
- 菜緒 なお
- 梨緒 りお

11·15
- 彩寧 あやね
- 理緒 りお
- 彩歌 あやか
- 唯歌 ゆいか
- 雪寧 ゆきね
- 菜穂 なほ
- 麻穂 まほ
- 麻凛 まりん
- 涼穂 すずほ

11·16
- 麻樹 まき
- 梨薗 りおん

11·17
- 望優 みゆ
- 麻優 まゆ

11·18
- 彩織 さおり
- 麻織 まお

11·19
- 彩蘭 さら
- 梨羅 りら

3文字の名前
- 菜々子 ⑥ ななこ
- 梨々子 りりこ
- 菜々巴 ななは
- 菜友子 ⑦ まゆこ
- 野乃花 ⑨ ののか
- 菜乃花 なのか
- 麻衣子 ⑪ まいこ

- 萌々華 ⑬ ももか
- 理咲子 りさこ
- 梨香子 りかこ
- 彩央里 さおり
- 麻由花 まゆか
- 菜々美 ⑫ ななみ
- 梨佳子 りかこ
- 菜々実 ⑪ ななみ
- 麻里子 まりこ
- 菜那子 ⑩ ななこ
- 菜々花 ななか
- 萌々花 ももか

- 麻奈美 ⑰ まなみ
- 麻里香 まりか
- 理衣紗 ⑯ りいさ
- 菜奈花 ななか
- 麻里奈 まりな
- 菜々葉 ⑮ ななは
- 菜都子 なつこ
- 梨里花 ⑭ りりか
- 麻由香 まゆか
- 麻衣花 まいか
- 麻由佳 まゆか
- 菜々華 ななか

- 菜津実 なつみ
- 梨桜奈 ⑱ りおな
- 理穂子 りほこ

1文字目の画数 12画

- 景 けい
- 恵 めぐみ
- 絢 あや
- 琳 りん
- 陽 はる
- 結 ゆい
- 遥 はるか
- 葵 あおい

295

画数から選ぶ名づけ　女の子名　1文字目の画数　12〜12画

晶 あき	葉 よう	12·2	琴乃 ことの	陽乃 はるの	絢乃 あやの	晴乃 はるの	12·3	琴子 ことこ	結子 ゆうこ	葵子 きこ	景子 けいこ	智子 ともこ	12·4	結月 ゆづき	琴心 ことみ

晴日 はるひ	琴巴 ことは	葉月 はづき	12·5	琴未 ことみ	智代 ともよ	結加 ゆうか	12·6	結衣 ゆい	葵羽 ことは	結羽 ゆう	結妃 ゆき	結名 ゆいな	紫帆 しほ	絢羽 あやは

結花 ゆいか	12·7	結那 ゆいな	陽花 はるか	智花 ともか	智沙 ちさ	温花 はるか	瑛那 えな	瑛里 えり	琴那 ことな	琳花 りんか	結里 ゆうり	結亜 ゆあ	絵里 えり	12·8	結奈 ゆな

陽奈 ひな	陽依 ひより	結佳 ゆうか	琴実 ことみ	結実 ゆみ	遥奈 はるな	12·9	琴音 ことね	結香 ゆいか	陽咲 ひなた	絢音 あやね	陽香 はるか	智香 ちさき	晴香 はるか	琴美 ことみ	智香 ちか

結音 ゆいね	結南 ゆな	絢美 あやみ	裕美 ひろみ	智美 ともみ	琳香 りんか	12·10	結華 ゆいか	陽莉 ひまり	結珠 ゆず	智紗 ちさ	12·11	陽菜 ひな	結菜 ゆうな	陽彩 ひいろ	絢菜 あやな

結唯 ゆい	結梨 ゆり	結彩 ゆい	惺菜 せいな	晴菜 はるな	景都 けいと	絵麻 えま	結梛 ゆうな	裕梨 ゆうり	12·12	陽葵 ひまり	琴葉 ことは	遥陽 はるひ	朝陽 あさひ	絢葉 あやは

画数から選ぶ名づけ　女の子名　1文字目の画数 12〜13画

12・13

漢字	よみ
結喜	ゆき
結稀	ゆき
結葵	ゆうき
結貴	ゆうき
智遥	ちはる
結愛	ゆあ
陽愛	ひより
陽詩	ひなた
結夢	ゆめ
智愛	ちえ
結楽	ゆら
裕愛	ゆあ
智聖	ちさと
琴瑚	ことこ
絵蓮	えれん

漢字	よみ
葉湖	はこ
12・14 琴寧	ことね
絢寧	あやね
晴寧	はるね
結歌	ゆいか
葉瑠	はる
12・15 結舞	ゆま
貴穂	きほ
紫穂	しほ
12・17 結優	ゆう
智優	ちひろ
12・21 智鶴	ちづる

漢字	よみ
結鶴	ゆづ
結衣子 **12(9)**	ゆいこ
陽向子 **12(10)**	ひなこ
瑛里子 **12(10)**	えりこ
陽奈乃 **12(12)**	ひなの
琳々香 **12(12)**	りりか
陽央里 **12(13)**	ひおり
詠美子 **12(13)**	えみこ
陽万莉 **12(13)**	ひまり
結衣花 **12(10)**	ゆいか
陽菜乃 **12(11)**	ひなの
結唯乃 **12(11)**	ゆいの

漢字	よみ
絵里花 **12(14)**	えりか
陽菜子 **12(15)**	ひなこ
満里奈 **12(15)**	まりな
陽依里 **12(16)**	ひより
絵里香 **12(16)**	えりか
瑛美里 **12(16)**	えみり
結衣梨 **12(17)**	ゆいり
智奈美 **12(17)**	ちなみ
陽茉莉 **12(18)**	ひまり
陽菜花 **12(18)**	ひなか
絵梨花 **12(18)**	えりか

1文字目の画数 13画

漢字	よみ
智紗都	ちさと
陽真理 **12(21)**	ひまり
絵梨香 **12(20)**	えりか
陽菜香 **12(20)**	ひなか
絵梨奈 **12(20)**	えりな
陽茉梨 **12(19)**	ひまり

漢字	よみ
楓	かえで
愛	あい
詩	うた

漢字	よみ
夢	ゆめ
稟	りん
椿	つばき
鈴	りん
雅	みやび
暖	はる
睦	むつみ
楽	らく・りょう
稜	りょう
聖	せい
13・2 詩乃	しの
夢乃	ゆめの
愛乃	あいの
愛七	あいな
聖七	せいな

297

画数から選ぶ名づけ ／ 女の子名 ／ 1文字目の画数 ⑬〜⑬画

稟乃 りの

13-3
愛子 あいこ　瑚子 ここ　愛巳 まなみ　愛弓 あゆみ　詩子 うたこ

13-4
愛心 まなみ　瑞月 みづき

13-5
夢叶 ゆめか　愛生 めい　愛未 まなみ　愛央 まお　瑞生 みずき

13-6
愛衣 あい　詩帆 しほ　瑞帆 みずほ

13-7
愛花 あいか　楓花 ふうか　瑞希 みずき　聖那 せいな　鈴花 すずか

13-8
蒼空 そら　愛奈 あいな　愛実 まなみ　愛來 あいく　聖奈 せな　瑞季 みずき　暖佳 はるか　楓佳 ふうか　瑞歩 みずほ　聖來 せいら　蒼依 あおい　蓮奈 れんな　暖奈 はるな　鈴佳 すずか

13-9
詩音 しおん　愛美 まなみ　愛香 まなか　鈴音 すずね　夢香 ゆめか　瑞紀 みずき　聖香 せいか

13-10
愛莉 あいり　愛華 ふうか　楓華 まなみ　愛珠 みお　瑞桜 みずき　瑞姫 あいか　愛夏 あいか　愛紗 あいさ　暖華 はるか　瑞恵 みずえ

13-11
愛梨 あいり　愛菜 あいな　愛理 あいり　楓菜 ふうな　聖菜 せな　新菜 にいな　瑚都 こと　鈴菜 すずな

13-12
愛結 あゆ　瑞葉 みずは　瑞葵 みずき

13-14
愛瑠 あいる　楓歌 ふうか　鈴歌 すずか

13-15
愛穂 まなほ　瑞穂 みずほ

13-16
詩穏 しおん　瑞樹 みずき

13-18
詩織 しおり

13-19
聖羅 せいら　聖蘭 せいら

詩央里 しおり（13-5-7）
愛加里 あかり（13-5-⑫-7）
瑚々菜 ここな（13-⑭-11）
詩衣奈 しいな（13-⑭-8）
愛依菜 あいな（13-8-⑲-11）

1文字目の画数 14画

漢字	画数	読み
愛結里	13・12・7	あゆり
詩桜莉	13・10・10	しおり
愛菜美	13・11・9	まなみ
詩穂里	13・15・7	しおり
詩穂里	13(22)	しほり
碧	14	あおい
翠		みどり
歌		うた
静		しずか
綾乃	14・2	あやの

碧乃		あおの
歌乃		うたの
寧々	14・3	ねね
歌子		うたこ
颯月	14・4	さつき
維月		いつき
綾禾	14・5	あやか
瑠加	14・6	るか
綾衣		あやは
綾羽	14・7	あやは
瑠花		るか

綾花		あやか
緋那		ひな
颯良		そら
綾那	14・8	あやな
瑠奈		るな
緋奈		ひな
碧依		あおい
綾芽		あやめ
寧音	14・9	ねね
綾美		あやみ
綾音		あやね
聡美		さとみ
瑠香		るか
歌音		かのん

瑠美		るみ
静香		しずか
綾香	14・10	あやか
瑠華		るか
瑠莉		るり
歌純		かすみ
颯姫		さつき
瑠菜	14・11	るな
寧彩		ねいろ
緋菜		ひな
綾菜		あやな
瑠梨		るり
碧葉	14・12	あおば

1文字目の画数 15画

颯葵		さつき
瑠璃	14・15	るり
歌凛		かりん
凜	15	りん
舞		まい
慧		けい
凛乃		りの
璃乃	15・2	りの
穂乃		ほの
凛乃		りの

璃子	15・3	りこ
舞々		まいこ
璃子		りり
凛子		りこ
璃帆	15・6	りほ
舞衣		まい
穂花	15・7	ほのか
舞花		まいか
凛花		りんか
穂佳	15・8	ほのか
璃奈		りな
舞依		まい

15画

15・9
- 穂香 ほのか
- 璃音 りおん
- 舞香 まいか
- 璃咲 りさ
- 璃海 りみ
- 摩耶 まや
- 澄香 すみか

15・10
- 舞桜 まお
- 璃桜 りお
- 舞華 まいか
- 凛華 りんか
- 舞彩 まや
- 凛菜 りんな

15・13
- 璃愛 りあ
- 澄鈴 すみれ
- 璃瑚 りこ

15・6
- 璃々子 りりこ
- 凛々子 りりこ

15・9
- 穂乃花 ほのか
- 舞衣子 まいこ

15・10
- 穂乃佳 ほのか

15・11
- 璃々花 りりか
- 穂乃香 ほのか
- 舞依子 まいこ

16画

16
- 澪 みお
- 薫 かおる
- 樹 いつき

16・3
- 橙子 とうこ
- 薫子 かおるこ

16・7
- 樹里 じゅり
- 澪那 みおな

16・8
- 樹季 いつき
- 澪奈 みおな

16・11
- 樹菜 じゅな
- 樹梨 じゅり

17画

17
- 優 ゆう
- 瞳 ひとみ
- 翼 つばさ

17・2
- 優乃 ゆうの

17・3
- 優子 ゆうこ

17・4
- 優月 ゆづき

17・5
- 優心 ゆうみ (優心 → ゆうみ?)
- 優末 ゆうみ

17・5
- 優加 ゆうか

17・6
- 優衣 ゆい
- 優羽 ゆう
- 優帆 ゆうほ

17・7
- 優花 ゆうか
- 優希 ゆき
- 優那 ゆうな
- 優里 ゆり
- 環那 かんな

17・8
- 優奈 ゆうな

17・9
- 優芽 ゆめ
- 優佳 ゆうか
- 優依 ゆい
- 環奈 かんな
- 優香 ゆうか

17・10
- 瞳美 ひとみ
- 優海 ゆうみ
- 優華 ゆうか
- 優真 ゆうま

17・11
- 優姫 ゆうき
- 環菜 かんな
- 優梨 ゆり

女の子名　1文字目の画数 15〜17画

漢字	よみ
優衣奈 17-8-8	ゆいな
優芽乃 17-8-2	ゆめの
優璃 17-15	ゆうり
優舞 17-15	ゆま
優歌 17-14	ゆうか
優維 17-14	ゆい
優楽 17-13	ゆら
優愛 17-13	ゆあ
優稀 17-12	ゆうき
優陽 17-12	ゆうひ

1文字目の画数 18画

漢字	よみ
雛乃 18-2	ひなの
雛	ひな
繭	まゆ
藍 18	らん
優里菜 17-7-11	ゆりな
優希菜 17-7-11	ゆきな
優衣奈 17-6-8	ゆいな
優衣香 17-6-9	ゆいか
優里那 17-7-7	ゆりな

1文字目の画数 19画

漢字	よみ
麗	うらら
蘭 19	らん
藍花	あいか
藍那	あいな
藍里 18-7	あいり
織羽	おりは
藍衣 18-6	あい
藍子	あいこ
雛子 18-3	ひなこ
蘭奈	らんな
麗奈 19-8	れいな
麗花	れいか
麗那	れな
瀬里	せり
麗未 19-7	れみ
麗加	れいか
蘭子 19-5	らんこ
麗子	れいこ
蘭乃 19-3	らんの
麗乃 19-2	れの

1文字目の画数 20画

漢字	よみ
馨 20	かおり
瀬梨	せり
麗菜 19-11	れな
瀬莉	せり
麗華 19-10	れいか
麗美	れいみ
麗香 19-9	れいか
瀬奈	せな
麗佳	れいか

1文字目の画数 21画

漢字	よみ
櫻子 21-3	さくらこ
櫻 21	さくら
響花	きょうか
響希	ひびき
耀子 20-7	ようこ
馨子 20-3	かおるこ
響	ひびき
耀	あき

画数から選ぶ名づけ
女の子名 1文字目の画数 17〜21画

男の子の名前 —画数組み合わせリスト—

1文字目の画数 1画

漢字	画数	よみ
一	1	はじめ
一也	1-3	かずや
一久	1-3	かずひさ
一心	1-4	かずしん
一太	1-4	いった
一仁	1-4	かずひと
一平	1-5	いっぺい
一生	1-5	いっせい
一史	1-5	かずし
一成	1-6	かずなり
一帆	1-6	かずほ
一希	1-7	かずき
一汰	1-7	いちた
一沙	1-7	いっさ
一弥	1-8	かずや
一幸	1-8	かずゆき
一星	1-9	いっせい
一郎	1-9	いちろう
一紀	1-9	かずのり
一真	1-10	かずま
一馬	1-10	かずま
一晃	1-10	かずあき
一隆	1-11	かずたか
一清	1-11	いっせい
一翔	1-12	かずと
一稀	1-12	かずき
一聖	1-13	いっせい
一誠	1-13	いっせい
一綺	1-14	いちき
一徳	1-14	かずのり
一輝	1-15	かずき
一慶	1-15	かずよし
一樹	1-16	いつき
一磨	1-16	かずま
一護	1-20	いちご
一耀	1-20	かずあき

1文字目の画数 2画

漢字	画数	よみ
力	2	りき
了	2	りょう
力丸	2-3	りきまる
力也	2-3	りきや
力斗	2-4	りきと
了介	2-4	りょうすけ
七海	2-9	ななみ
力哉	2-9	りきや
七聖	2-13	ななせ
十夢	2-13	とむ
力駆	2-14	りく
力輝	2-15	りき
七輝	2-16	ななき
七樹	2-16	ななき

302

画数から選ぶ名づけ　男の子名　1文字目の画数 4〜4画

4-1
友 とも / 元 はじめ / 太一 たいち / 公一 こういち / 友一 ゆういち

4-2
心人 しんと / 文人 あやと

4-3
友也 ゆうや / 文也 ふみや / 友之 ともゆき

4-4
文太 ぶんた / 仁太 じんた

4-5
天斗 たかと / 元太 げんた / 友介 ゆうすけ / 友斗 ゆうと / 心平 しんぺい / 斗矢 とうや / 公平 こうへい

4-6
天成 てんせい / 日向 ひなた / 元気 げんき / 仁成 じんせい

4-7
太志 たいし / 友希 ともき

4-8
斗亜 とあ / 友吾 ゆうご / 友宏 ともひろ / 斗弥 とうや / 友幸 ともゆき / 文弥 ふみや / 友和 ともかず

4-9
友哉 ともや / 友亮 ゆうすけ / 太郎 たろう / 元春 もとはる / 文彦 ふみひこ

4-10
斗真 とうま

4-11
天馬 てんま / 太晟 たいせい / 太朗 たろう / 斗馬 とうま / 友朗 ともろう / 友都 ゆうと / 友悠 ともはる / 公基 こうき / 元規 もとき

4-12
太陽 たいよう / 太智 たいち / 友翔 ゆうと / 友貴 ともき / 仁稀 ひとき

4-13
元貴 もとき / 友晴 ともはる / 友博 ともひろ / 友聖 ゆうせい / 友寛 ともひろ / 仁嗣 ひとし

4-14
公輔 こうすけ / 友彰 ともあき

4-15
友輝 ともき / 天舞 てんま / 斗輝 とき

4-16
友樹 ともき

4-17
太樹 たいじゅ / 斗磨 とうま / 心優 みゆう

4-20
元彌 もとや / 太耀 たいよう

4-(7)
心護 しんご / 心之介 しんのすけ / 仁之介 じんのすけ

4-(10) 7
心之助 しんのすけ

4 6 7
日向太 ひなた

4-(13) 9
心太郎 しんたろう

304

1文字目の画数 5画

漢字	読み
仁太郎 4/4/9	じんたろう
日南太 4/8/4	ひなた
心太朗 4/4/10 (14)	しんたろう
日那汰 4/7/7	ひなた

5-1
- 弘一 5/1 こういち
- 功 こう
- 玄 げん
- 弘 ひろし
- 巧 たくみ
- 司 つかさ

5-2
- 功一 こういち
- 正人 まさと
- 弘人 ひろと
- 由人 ゆうと
- 史人 ふみと

5-3
- 広大 こうだい
- 弘也 ひろや
- 弘己 ひろき
- 巧也 たくや

5-4
- 正太 しょうた
- 功太 こうた
- 功介 こうすけ
- 弘斗 ひろと

5-5
- 正弘 まさひろ
- 礼央 れお
- 功平 こうへい
- 正成 まさなり

5-6
- 史行 ふみゆき
- 弘行 ひろゆき

5-7
- 弘希 こうき
- 正孝 まさたか
- 由伸 よしのぶ
- 功志 こうし

5-8
- 未來 みらい
- 叶芽 かなめ

5-9
- 正哉 せいや
- 史哉 ふみや
- 史明 ふみあき
- 巧弥 たくや
- 弘季 ひろき
- 主弥 かずや
- 正明 まさあき
- 弘明 ひろあき
- 正英 こうえい

5-10
- 冬真 とうま
- 冬馬 とうま
- 巧真 たくま
- 正俊 まさとし
- 巧海 たくみ
- 史哉 ふみや

5-11
- 司恩 しおん
- 巧望 たくみ
- 広都 ひろと
- 弘隆 ひろたか
- 正基 まさき
- 史都 ふみと

5-12
- 永翔 えいと
- 叶翔 かなと
- 正貴 まさき
- 由晴 よしはる
- 冬偉 とうい
- 正裕 まさひろ
- 功貴 こうき
- 正悟 しょうご

5-13
- 広夢 ひろむ
- 弘誠 こうせい
- 永慈 えいじ
- 功誠 こうせい

5-14
- 央輔 おうすけ
- 正徳 まさのり

5-15
- 弘輝 ひろき
- 正輝 まさき

5-16
- 正樹 まさき
- 広樹 ひろき
- 冬磨 とうま
- 史穏 しおん

正太郎 5・13 しょうたろう
由希斗 5・9 ゆきと
正一朗 5・11 しょういちろう
未来也 5・7 みきや
正一郎 5・10 しょういちろう
正護 5・20 しょうこ
由羅 ゆら
世羅 5・19 せら
正優 5・17 まさひろ
巧磨 たくま

守 まもる
有 ゆう
圭 けい
旬 しゅん
迅 じん
旭 あさひ
匠 6 たくみ

1文字目の画数 6画

功太朗 こうたろう
正太朗 5・10 しょうたろう
由太郎 5・14 ゆうたろう
弘太郎 こうたろう

成也 6・3 せいや
圭人 けいと
凪人 6・2 なぎと
圭一 けいいち
光一 6・1 こういち
壮 そう
充 みつる
至 いたる
成 なる
匡 まさし
亘 わたる
光 ひかる
凪 なぎ

圭吾 けいご
光希 6・7 こうき
朱羽 しゅう
光成 6・6 こうせい
圭史 けいし
光弘 みつひろ
吉平 きっぺい
光生 6・5 こうき
匠斗 たくと
成仁 なりひと
圭太 6・4 けいた
壮大 そうた

匠海 たくみ
圭祐 6・9 けいすけ
壮弥 そうや
成明 なりあき
羽空 6・8 わく
羽玖 はく
壮良 そら
充希 あつき
光寿 みつとし
成希 なるき
光志 こうし
壮志 そうし
伊吹 いぶき
光佑 こうすけ

旭陽 あさひ
光稀 6・12 みつき
成基 なるき
圭都 けいと
羽琉 6・11 はる
有悟 ゆうご
壮馬 そうま
光峨 こうが
壮真 そうま
圭悟 6・10 けいご
匡亮 きょうすけ
匠音 たくと

画数から選ぶ名づけ
男の子名
1文字目の画数 5〜6画

画数から選ぶ名づけ　男の子名　1文字目の画数 6〜7画

1文字目の画数 6画

- 光喜 こうき
- 【6-13】好誠 こうせい ／ 光雅 こうが
- 【6-14】羽瑠 はる ／ 圭輔 けいすけ ／ 光瑠 ひかる ／ 壮輔 そうすけ
- 【6-15】光輝 こうき ／ 有毅 ゆうき ／ 匡輝 まさき
- 【6-16】成樹 なるき ／ 充樹 みつき

- 壮磨 そうま
- 【6-18】伊織 いおり ／ 光騎 こうき
- 【6-10】光一郎 こういちろう ／ 圭一郎 けいいちろう
- 【6-13】光太郎 こうたろう ／ 壮太郎 そうたろう
- 【6-14】圭太朗 けいたろう ／ 伊吹希 いぶき
- 【6-15】壮史朗 そうしろう ／ 羽琉斗 はると

- 【6-17】光汰朗 こうたろう ／ 伊桜里 いおり

1文字目の画数 7画

- 【7】希 のぞむ ／ 快 かい ／ 秀 しゅう ／ 佑 ゆう ／ 孝 たかし ／ 寿 ひさし ／ 亨 とおる
- 【7-1】汰一 たいち ／ 希一 きいち ／ 宏一 こういち ／ 伸一 しんいち
- 【7-2】快人 かいと ／ 秀人 しゅうと ／ 孝人 たかと
- 【7-3】佑大 ゆうだい ／ 秀也 しゅうや ／ 良之 よしゆき ／ 克也 かつや
- 【7-4】快斗 かいと ／ 孝太 こうた ／ 宏太 こうた ／ 佑太 ゆうた ／ 佑介 ゆうすけ ／ 佑斗 ゆうと ／ 孝介 こうすけ ／ 秀太 しゅうた ／ 良介 りょうすけ
- 【7-5】芯平 しんぺい ／ 秀司 しゅうじ ／ 良平 りょうへい ／ 孝弘 たかひろ ／ 那生 なお
- 【7-6】佑成 ゆうせい ／ 秀行 ひでゆき ／ 克成 かつなり ／ 孝多 こうた
- 【7-7】秀寿 ひでとし ／ 佑汰 ゆうた ／ 良希 よしき ／ 孝宏 たかひろ
- 【7-8】杜和 とわ ／ 秀虎 ひでとら ／ 秀弥 しゅうや ／ 良弥 りょうや ／ 克弥 かつや
- 【7-9】志音 しおん ／ 秀哉 しゅうや ／ 克哉 かつや

画数から選ぶ名づけ　男の子名　1文字目の画数 7〜8画

7・10
良亮 りょうすけ／佑真 ゆうま／快晟 かいせい／秀真 しゅうま／良馬 りょうま／孝浩 たかひろ

7・11
希望 のぞみ／芭琉 はる／快理 かいり／秀都 しゅうと／佑都 ゆうと

7・12
快晴 かいせい／志温 しおん

7・13
宏貴 ひろき／孝裕 たかひろ／汰雅 たいが／孝誠 こうせい／宏夢 ひろむ／孝寛 たかひろ

7・14
那緒 なお／良輔 りょうすけ

7・15
快輝 かいき／秀蔵 しゅうぞう

7・16
宏樹 ひろき／孝樹 こうき

辰樹 たつき／寿樹 としき／佑樹 ゆうき／良磨 りょうま

7・20
壱護 いちご／佑護 ゆうご

7（7）
利久斗 りくと／伸之介 しんのすけ

7（10）
佑一郎 ゆういちろう／伸之助 しんのすけ

7（11）
伸一朗 しんいちろう／里玖斗 りくと

7（13）
孝太郎 こうたろう

7（14）
佑太郎 ゆうたろう／孝太朗 こうたろう／伸太朗 しんたろう

7（17）
伸之輔 しんのすけ／孝志朗 こうしろう

8
歩 あゆむ／岳 がく／怜 れい

1文字目の画数

8画

8・1
昊 こう／空 そら／明 あきら／周 しゅう／直 すなお／弦 げん／昇 のぼる／武 たけし／拓 たく／実 みのる／卓 たく／宗一 そういち／幸一 こういち／征一 せいいち／侑一 ゆういち

8・2
幸人 ゆきと／岳人 がくと／明人 あきと／直人 なおと

8・4
幸太 こうた／明仁 あきひと／旺介 おうすけ／旺太 おうた／明斗 あきと／岳斗 がくと／和仁 かずひと／弦太 げんた／怜太 れいた／武文 たけふみ

308

画数から選ぶ名づけ　男の子名　1文字目の画数 8〜8画

京介 きょうすけ

8·5
- 怜央 れお
- 直生 なおき
- 幸平 こうへい
- 周平 しゅうへい
- 知広 ともひろ
- 和史 かずふみ
- 卓矢 たくや

8·6
- 幸成 ゆきなり
- 尚行 なおゆき
- 佳光 よしみつ
- 和成 かずなり

8·7
- 和希 かずき
- 幸希 こうき
- 空良 そら
- 英汰 えいた
- 和玖 わく
- 幸助 こうすけ
- 朋希 ともき
- 英寿 ひでとし
- 怜汰 れいた
- 尚孝 なおたか
- 尚吾 しょうご
- 明希 はるき
- 京吾 きょうご
- 周作 しゅうさく

8·8
- 拓実 たくみ
- 歩武 あゆむ
- 和弥 かずや
- 宗治 むねはる
- 昊空 そら
- 和季 かずき
- 拓弥 たくや
- 朋佳 ともよし
- 直季 なおき
- 英治 えいじ
- 知明 ともあき

8·9
- 拓海 たくみ
- 旺祐 おうすけ
- 怜音 れおん
- 知紀 ともき
- 和哉 かずや
- 歩音 あゆと
- 幸俊 ゆきとし
- 直政 なおまさ
- 宗則 むねのり
- 忠信 ただのぶ
- 直哉 なおや

8·10
- 和真 かずま
- 拓真 たくま
- 拓馬 たくま
- 侑真 ゆうま
- 明真 はるま
- 侑馬 ゆうま
- 拓朗 たくろう
- 和馬 かずま
- 和浩 かずひろ
- 和晃 かずあき

8·11
- 武琉 たける
- 拓都 たくと
- 和隆 かずたか

8·12
- 幸翔 なおき
- 尚貴 ゆきと
- 武陽 たけはる
- 佳裕 よしひろ

8·13
- 歩夢 あゆむ
- 拓夢 たくむ
- 幸誠 こうせい
- 知聖 ちさと
- 忠寛 ただひろ
- 和雅 かずまさ

8·14
- 波瑠 はる
- 幸輔 こうすけ
- 知徳 とものり

8·15
- 幸輝 こうき
- 朋輝 ともき
- 直輝 なおき
- 武蔵 むさし
- 知慧 ちさと

8·16
- 拓磨 たくま
- 直樹 なおき
- 和樹 かずき
- 朋樹 ともき
- 英樹 えいき

画数から選ぶ名づけ 男の子名

1文字目の画数 8画

- 和優 8-17 かずまさ
- 幸優 8 ゆきまさ
- 和駿 8 かずとし
- 依織 8-18 いおり
- 和騎 8 かずき
- 虎之介 8(7) とらのすけ
- 直央人 8(10) なおと
- 宗一郎 8(10) そういちろう
- 幸之助 8 こうのすけ
- 昊一朗 8(11) こういちろう
- 京一朗 8 きょういちろう

- 宗士郎 8(12) そうしろう
- 幸之亮 8 こうのすけ
- 幸乃進 8(13) ゆきのしん
- 幸士朗 8 こうしろう
- 虎太郎 8 こたろう
- 直太郎 8 なおたろう
- 宗太朗 8(14) そうたろう
- 幸太朗 8 こうたろう
- 明日真 8 あすま
- 直太朗 8 なおたろう
- 幸史朗 8(15) こうしろう
- 幸司朗 8 こうしろう

- 直次郎 なおじろう
- 幸多朗 8(16) こうたろう
- 旺志郎 おうしろう
- 昊之輔 8(17) こうのすけ
- 旺志朗 おうしろう

1文字目の画数 9画

- 奏 そう
- 柊 しゅう
- 海 かい
- 洸 こう
- 昴 すばる

9-1

- 亮 りょう
- 祐 ゆう
- 宥 ゆう
- 恒 わたる
- 信 しん
- 柊一 しゅういち
- 勇一 ゆういち
- 亮一 りょういち

9-2

- 咲人 さくと
- 勇人 ゆうと
- 祐人 ゆうと
- 春人 はると
- 柊二 しゅうじ
- 海人 かいと

9-3

- 研人 けんと
- 亮人 あきと
- 奏人 かなと
- 洸大 こうた
- 奏大 かなた
- 虹大 こうた
- 柊也 しゅうや
- 亮也 りょうや

9-4

- 奏太 そうた
- 海斗 かいと
- 春斗 はると
- 勇太 ゆうた
- 柊太 しゅうた
- 洋太 ようた

- 奏介 そうすけ
- 俊太 しゅんた
- 亮太 りょうた
- 春仁 はると
- 祐斗 ゆうと
- 俊介 しゅんすけ
- 虹太 こうた
- 郁斗 いくと

9-5

- 洸生 こうき
- 玲央 れお
- 俊平 しゅんぺい

9-6

- 奏多 かなた
- 勇成 ゆうせい
- 亮成 りょうせい

画数から選ぶ名づけ 男の子名 1文字目の画数 9〜10画

9-7
漢字	読み
柊羽	しゅう
祐丞	ゆうすけ
祐成	ゆうせい
亮多	りょうた
柚希	ゆずき
奏汰	かなた
春希	はるき
奏志	そうし
洸希	こうき
俐玖	りく
亮佑	りょうすけ
奏良	そら
勇志	ゆうじ
栄作	えいさく
洋希	ひろき

9-8
漢字	読み
柊弥	しゅうや
俐空	りく
音弥	おとや
春弥	しゅんや
政宗	まさむね
俊弥	しゅんや
咲弥	さくや

9-9
漢字	読み
柊哉	しゅうや
奏音	かなと
海音	かいと
星哉	せいや
玲音	れおん
春哉	はるや
咲哉	さくや

9-10
漢字	読み
春紀	はるき
亮祐	りょうすけ
勇祐	ゆうすけ
音哉	おとや
春馬	はるま
柊真	しゅうま
春眞	はるま
春眞	ゆうご
勇眞	ゆうま
勇馬	ゆうま

9-11
漢字	読み
咲都	さくと
春琉	はる
玲凰	れお
飛鳥	あすか

9-12
漢字	読み
海翔	かいと
春翔	はると
柚稀	ゆずき
春陽	はるひ
奏翔	かなと
海晴	かいせい
律貴	りつき
春喜	はるき
春稀	はるき
政博	まさひろ

9-13
漢字	読み
奏詩	そうた
恒雅	こうが
亮雅	りょうが
勇聖	ゆうせい

9-14
漢字	読み
俊輔	しゅんすけ
春瑠	はる
亮輔	りょうすけ

9-15
漢字	読み
春輝	はるき
柚輝	ゆずき
勇輝	ゆうき
海璃	かいり
祐輝	ゆうき

9-16
漢字	読み
春樹	はるき
柊磨	しゅうま
柚樹	ゆずき
春磨	はるま
勇樹	ゆうき

9-13
漢字	読み
咲太郎	さくたろう
春太郎	しゅんたろう
海南斗	みなと
亮太朗	りょうたろう
咲太朗	さくたろう
奏太朗	そうたろう
奏史朗	そうしろう
海唯斗	かいと

1文字目の画数 10画

10
漢字	読み
朔	さく

眞 まこと　朗 あきら　晋 しん　透 とおる　剛 つよし　修 しゅう　竜 りゅう　真 まこと　祥 しょう　凌 りょう　峻 しゅん　将 しょう　悟 さとる　晃 あきら　航 こう　隼 しゅん

10-1
泰一 たいち　恵一 けいいち　修一 しゅういち　凌一 りょういち　真一 しんいち　竜一 りゅういち　航一 こういち

10-2
隼人 はやと　将人 まさと　恵人 けいと　真人 まさと　竜人 りゅうと　紘人 ひろと　浩二 こうじ

10-3
朔也 さくや　航大 こうた　凌大 りょうた　将大 まさひろ　凌久 りく　眞大 まひろ　透也 とうや　隼士 しゅんや　隼也 はやと　竜也 りゅうた　恵大 けいた　泰千 たいち　航也 こうや　竜也 たつや　修士 しゅうと

10-4
修也 しゅうや　哲也 てつや　航太 こうた　隼斗 はやと　桜介 おうすけ　凌太 りょうた　桜太 おうた　晃太 こうた　真斗 まなと　恵太 けいた　将斗 まさと　恵介 けいすけ　祥太 しょうた

10-5
航平 こうへい

真矢 まさや　泰史 たいし　時生 ときお　晃弘 あきひろ　恵司 けいじ　将生 まさき　修平 しゅうへい　恭平 きょうへい　隼平 しゅんぺい　莉生 りお　晃生 こうき　純平 じゅんぺい　泰生 たいき　竜生 たつき　哲平 てっぺい　桔平 きっぺい

10-6
竜成 りゅうせい

10-7
航希 こうき

晃希 こうき　桜佑 おうすけ　恭佑 きょうすけ　息吹 いぶき　凌佑 りょうすけ　隼汰 しゅんた　莉玖 りく　修伍 しゅうご　泰成 たいせい　恭伍 きょうご　将成 しょうご　倫弘 ともひろ

画数から選ぶ名づけ
男の子名
1文字目の画数 10〜10画

画数から選ぶ名づけ

男の子名

1文字目の画数 ⑩〜⑩画

将吾 しょうご ／ 倖希 こうき ／ 航汰 こうた ／ 泰我 たいが

10-8
泰知 たいち ／ 朔弥 さくや ／ 真幸 まさき ／ 莉空 りく ／ 将明 まさあき ／ 桜弥 おうや ／ 竜弥 りゅうや

10-9
将紀 まさき ／ 晃紀 こうき ／ 時哉 ときや ／ 泰祐 たいすけ ／ 竜哉 たつや ／ 竜星 りゅうせい ／ 純哉 じゅんや

10-10
将真 しょうま ／ 透真 とうま ／ 祥真 しょうま ／ 修真 しゅうま ／ 朔馬 さくま ／ 泰晟 たいせい ／ 竜真 たつま ／ 竜馬 りょうま ／ 凌真 りょうま

10-11
将隆 まさたか ／ 泰隆 やすたか ／ 耕基 こうき ／ 晃都 あきと ／ 恵都 けいと ／ 恵梧 けいご

10-12
真翔 まなと ／ 恵翔 けいと ／ 航晴 こうせい ／ 将博 まさひろ ／ 将貴 まさたか

10-13
竜聖 りゅうせい ／ 桜雅 おうが ／ 泰誠 たいせい ／ 晃暉 こうき ／ 晃誠 こうせい ／ 竜誠 りゅうせい ／ 将誠 しょうせい ／ 将暉 まさき ／ 晃聖 こうせい ／ 紘夢 ひろむ

10-14
恭輔 きょうすけ ／ 桜輔 おうすけ ／ 浩輔 こうすけ ／ 高徳 たかのり ／ 真彰 まさあき ／ 泰輔 たいすけ ／ 耕輔 こうすけ

10-15
泰蔵 たいぞう ／ 真慶 まさよし ／ 紘輝 ひろき ／ 晃輝 こうき ／ 恵蔵 けいぞう ／ 将輝 まさき ／ 凌駕 りょうが ／ 竜輝 たつき

10-16
将磨 しょうま ／ 竜樹 たいき ／ 航樹 こうき ／ 夏樹 なつき

10-18
竜騎 りゅうき ／ 将騎 まさき

10-20
将護 しょうご ／ 真護 しんご

10-⑨
真央人 まおと ／ 真希人 まきと ／ 真那人 まなと

10-⑦
竜之介 りゅうのすけ ／ 晋之介 しんのすけ ／ 真之介 しんのすけ ／ 晃之介 こうのすけ ／ 航之介 こうのすけ

10-⑥
真七斗 まなと ／ 竜乃介 りゅうのすけ

画数から選ぶ名づけ 男の子名

1文字目の画数 10～11画

10⑩
- 恵一郎 けいいちろう
- 竜一郎 りゅういちろう
- 純一郎 じゅんいちろう
- 真一郎 しんいちろう

10⑪
- 純之助 じゅんのすけ
- 竜之助 りゅうのすけ
- 恵一朗 けいいちろう
- 眞那斗 まなと
- 莉玖斗 りくと

10⑫
- 晃士郎 こうしろう
- 真之亮 しんのすけ
- 航士郎 こうしろう

10⑬
- 晃士朗 こうしろう

10⑭
- 朔士朗 さくたろう
- 航太朗 こうたろう
- 倫太郎 りんたろう
- 真太郎 しんたろう
- 祥太郎 しょうたろう
- 竜太郎 りょうたろう
- 航太朗 こうたろう
- 将太朗 しょうたろう
- 恵太朗 けいたろう
- 朔太朗 さくたろう
- 桜太朗 おうたろう
- 航史郎 こうしろう
- 真稀人 まきと

1文字目の画数 11画

- 陸 りく
- 悠 ゆう
- 健 たける
- 渉 わたる
- 琉 りゅう
- 絆 きずな
- 爽 そう
- 涼 りょう
- 望 のぞむ
- 理 おさむ
- 淳 じゅん
- 羚 れい

11・1
- 啓 けい
- 陵 りょう
- 進 すすむ
- 康 こう
- 脩 しゅう
- 隆 たかし
- 雫 しずく
- 悠一 ゆういち
- 理一 りいち
- 康一 こういち
- 淳一 じゅんいち
- 啓一 けいいち

11・2
- 悠人 ゆうと
- 陸人 りくと

11・3
- 唯人 ゆいと
- 理人 りひと
- 健人 けんと
- 隆人 りゅうと
- 彩人 あやと
- 琉人 りゅうと
- 章人 あきと
- 啓人 ひろと
- 悠二 ゆうじ
- 悠大 ゆうだい
- 理久 りく
- 陸也 りくや
- 康己 こうき
- 悠士 ゆうし
- 隆之 たかゆき

11・4
- 悠斗 ゆうと
- 陸斗 りくと
- 悠仁 ゆうと
- 悠太 ゆうた
- 琉斗 りゅうと
- 健心 けんしん
- 康太 こうた
- 悠月 ゆづき
- 悠介 ゆうすけ
- 健斗 けんと
- 涼介 りょうすけ
- 健太 けんた
- 彩斗 あやと
- 康介 こうすけ

画数から選ぶ名づけ

男の子名

1文字目の画数 ⑪〜⑪画

理仁 りひと／涼太 りょうた／貫太 かんた／脩斗 しゅうと／悠天 はるたか／章斗 あきと／勘太 かんた／隆太 りゅうた／爽太 そうた／琉仁 りゅう／健介 けんすけ／啓介 けいすけ／唯文 ゆいと／進太 しんた／隆文 たかふみ／雪斗 ゆきと

11·5

陵介 りょうすけ／琉生 るい／悠生 はるき／理央 りお／康平 こうへい／理功 りく／理広 たかひろ／康生 こうせい／隆史 ゆうし／悠平 ゆうへい／悠世 ゆうせい／彩生 あやき／琉矢 りゅうや

11·6

琉衣 るい

11·7

隆成 りゅうせい／康成 こうせい／悠有 ゆう／基成 もとなり／悠希 はるき／悠吾 ゆうご／健吾 けんご／悠佑 ゆうすけ／悠里 ゆうり／健汰 けんた／隆汰 りゅうた／悠杜 はると／惟吹 いぶき／理玖 りく／康希 こうき

11·8

爽良 そら／琉玖 りく／章吾 しょうご／啓吾 けいご／悠河 ゆうが／梨空 りく／清弥 せいや／健治 けんじ／琉星 りゅうせい

11·9

康祐 こうすけ／悠音 ゆうと／唯音 ゆいと／悠星 ゆうせい／清春 きよはる

11·10

悠真 ゆうま／悠馬 ゆうま／悠悟 ゆうご／琉真 りゅうせい／悠晟 ゆうせい／隆真 りゅうま／琉晟 りゅうせい／脩真 しゅうま／琉馬 りゅうま／涼真 りょうま／康晃 やすあき／隆晃 たかあき／隆浩 たかひろ

11·11

琉唯 るい

11·12

健琉 たける／悠都 ゆうと／康基 こうき／悠翔 ゆうと／琉翔 りゅうせい／琉惺 りゅうき／悠貴 ゆうき／悠陽 ゆうひ／悠登 ゆうと／琉偉 るい／琉晴 りゅうせい／涼晴 りょうせい／悠稀 ゆうき／麻陽 あさひ／康晴 こうせい

画数から選ぶ名づけ　男の子名　1文字目の画数 11〜12画

11·13

清貴 きよたか／健登 けんと／隆晴 たかはる／彩登 あやと／悠聖 ゆうせい／悠雅 ゆうが／琉雅 りゅうが／琉聖 りゅうせい／康誠 こうせい／理夢 りむ／涼雅 りょうが／隆誠 りゅうせい／悠慎 ゆうしん／悠嗣 ゆうし／悠誠 ゆうせい

11·14

琉暉 りゅうき／啓夢 ひろむ／望夢 のぞむ／悠輔 ゆうすけ／爽輔 そうすけ／理駆 りく／健輔 けんすけ／啓輔 けいすけ／隆徳 たかのり

11·15

悠輝 ゆうき／琉輝 りゅうき／理輝 りき

11·16

悠樹 ゆうき

11·18

悠磨 ゆうま／琢磨 たくま／理樹 りき／隆樹 りゅうき／唯織 いおり／琉騎 りゅうき／隆騎 りゅうき

11·(7)

隆之介 りゅうのすけ／悠之介 ゆうのすけ／淳之介 じゅんのすけ／理久斗 りくと／理央人 りおと

11·(10)

悠一郎 ゆういちろう

11·(13)

康一郎 こういちろう／隆之助 りゅうのすけ／悠之眞 ゆうのしん

11·(14)

健太郎 けんたろう／悠太郎 ゆうたろう／隆太郎 りゅうたろう／章太郎 しょうたろう／啓太郎 けいたろう／琉太朗 りゅうたろう／健太朗 けんたろう

11·(16)

清史郎 せいしろう／清志郎 きよしろう／康志郎 こうしろう

1文字目の画数 12画

湊 みなと／翔 しょう／陽 はる／晴 はる／尊 たける／葵 あおい／遥 はる／善 ぜん／暁 あきら／然 ぜん／温 はる／尋 ひろ

12·1

開 かい／惺 さとる／晶 あきら／敬 けい／敦 あつし／瑛 あきら／竣 しゅん／塁 るい／創 そう／雄 ゆう／順 じゅん／智 さとし／敢 かん／裕 ひろし／貴一 きいち

画数から選ぶ名づけ

男の子名

1文字目の画数 12〜12画

皓一（こういち）　翔一（しょういち）　智一（ともかず）

12-2

結人（ゆいと）　湊人（みなと）　陽人（はると）　遥人（はると）　瑛人（えいと）　晴人（はると）　裕人（ひろと）　温人（はると）　絢人（あやと）　博人（ひろと）　智人（ともひと）　裕二（ゆうじ）

12-3

翔大（しょうた）　陽大（はると）　遥大（はると）　雄大（ゆうだい）　瑛大（えいた）　湊大（みなと）　達士（たつや）　瑛士（えいじ）　智也（ともや）　遥也（はるや）　遥士（はると）　絢士（あやと）　結大（ゆいと）　創士（そうし）　雄士（ゆうし）

智士（さとし）　結也（ゆうや）　翔也（しょうや）　凱士（かいと）　智大（ともひろ）　晴也（せいや）　陽久（はるひさ）　晴久（はるひさ）　敦士（あつし）　湊也（そうや）　智久（ともひさ）　晴之（たかゆき）　敬之（たかゆき）　裕己（ゆうき）　裕之（ひろゆき）　裕也（ゆうや）

雄也（ゆうや）　貴久（たかひさ）

12-4

陽斗（はると）　翔太（しょうた）　遥斗（はると）　瑛太（えいた）　結斗（ゆいと）　陽太（はると）　晴斗（ひなた）　陽仁（はるひと）　晴太（はると）　瑛仁（えいと）　湊斗（みなと）　結仁（ゆいと）　絢斗（けんと）

創太（そうた）　晴仁（はるひと）　敬太（けいた）　陽介（ようすけ）　雄介（ゆうと）　遥太（はるた）　暁斗（あきと）　竣太（しゅんた）　結太（ゆうた）　博斗（ひろと）　敢太（かんた）　智仁（ともひと）　晴天（はるたか）　琳太（りんた）　瑛仁（えいと）

湊太（そうた）　創介（そうすけ）　勝太（しょうた）　裕介（ゆうすけ）　裕斗（ゆうと）　雄太（ゆうた）　絢太（けんた）　惠太（けいた）　惺太（せいた）　瑛介（えいすけ）　絢心（けんしん）　絢介（けんすけ）　葵斗（あおと）　智文（ともふみ）　景介（けいすけ）　敬介（けいすけ）

画数から選ぶ名づけ　男の子名　1文字目の画数 12〜12画

12·5

雄介 ゆうすけ
陽生 はるき
翔生 しょう
結生 ゆうせい
創史 そうし
陽平 ようへい
結叶 ゆいと
惺矢 せいや
尊弘 たかひろ
智史 さとし
晴矢 はるや
智弘 ともひろ
智生 ともき
敦弘 あつひろ
敦司 あつし

12·6

椋平 りょうへい
敦史 あつし
皓生 こうき
翔平 しょうへい
達矢 たつや
陽向 ひなた
葵羽 あおば
晴成 はるなり
瑛次 えいじ
琥羽 こう
翔成 しょうせい
翔伍 しょうご
雄成 ゆうせい
陽成 ようせい
貴行 たかゆき

12·7

智行 ともゆき
陽希 はるき
晴希 はるき
翔汰 しょうた
遥希 はるき
智希 ともき
翔吾 しょうご
惺希 せいき
翔希 しょうき
智宏 ともひろ
敬吾 けいご
敬汰 けいた
瑛志 えいし
瑛汰 えいた
絢汰 けんた

12·8

翔和 とわ
晴空 はるく
智英 ともひで
智明 ともあき
景虎 かげとら
翔英 しょうえい
翔弥 しょうや
結弦 ゆづる
雄河 ゆうが
智和 ともかず

12·9

智哉 ともや
琥珀 こはく
陽音 はると
裕哉 ゆうや
朝飛 あさひ
晴哉 はるや
雄飛 ゆうひ
湊音 みなと
竣星 しゅんせい
翔哉 しょうや
陽祐 ようすけ
遥音 はると
結音 ゆうと
尊哉 たかや
晴海 はるみ
晴紀 はるき
晴信 はるのぶ
遥紀 はるき
晴彦 はるひこ
雄星 ゆうせい

12·10

達哉 たつや
翔真 しょうま
翔馬 しょうま
陽真 はるま
晴真 はるま
晴馬 はるま
遥馬 はるま
結真 ゆうま
智朗 ともろう
瑛真 えいしん
陽眞 はるま
智晃 ともあき
景悟 けいご

12·11

翔琉 かける

画数から選ぶ名づけ 男の子名 1文字目の画数 12〜13画

漢字	よみ
瑛都	えいと
陽都	はると
尊琉	たける
智基	ともき
湊都	みなと
結都	ゆいと
遥都	はると
晴悠	はるひさ
晴彬	はるあき
晴規	はるき
皓基	こうき
裕基	ゆうき
陽翔 12・12	はると
朝陽	あさひ
結翔	ゆいと

晴翔	はると
遥翔	はると
晴貴	はるき
晴登	はると
瑛翔	えいと
陽葵	はるき
陽登	はると
陽貴	はると
遥翔	はると
晴道	はるみち
晴喜	はるき
湊渡	みなと
結陽	ゆうひ
裕貴	ひろき

陽稀	はるき
遥貴	はるき
智博	ともひろ
晴陽	はるあき
翔裕	ちひろ
結登	ゆうと
裕登	ゆうと
智尋	ともはる
智晴	ともき
智稀	ともき
博貴	ひろき
陽詩 12・13	ひなた
翔夢	しょうむ
雄聖	ゆうせい

智寛	ともひろ
瑛輔 12・14	えいすけ
陽瑠	はる
裕輔	ゆうすけ
陽輝 12・15	
晴輝	はるき
裕輝	ゆうき
智輝	ともき
智慧	ちさと
敬蔵	けいぞう
陽樹 12・16	はるき
晴樹	はるき
智樹	ともき

晴磨	はるま
陽一朗 12(11)	よういちろう
結希斗 12	ゆきと
瑛二朗 12(12)	えいじろう
湊士郎	そうしろう
琥太郎 12(13)	こたろう
翔太郎	しょうたろう
晴太郎	せいたろう
琥太朗	こたろう
瑛太郎 12(14)	えいたろう

敬太朗	けいたろう

1文字目の画数 13画

蓮 れん
蒼 あおい
新 あらた
楓 かえで
暖 はる
廉 れん
煌 こう
舜 しゅん
誠 まこと
慎 しん
聖 ひじり

画数から選ぶ名づけ　男の子名　1文字目の画数　13〜13画

想 そう／雅 みやび／楽 がく／楷 かい／滉 こう／禅 ぜん／幹 かん／寛 ひろし／稜 りょう／稔 みのる／**13-1**／慎一 しんいち／誠一 せいいち／**13-2**／暖人 はると／蓮人 れんと

蒼人 あおと／寛人 ひろと／睦人 むつと／聖人 まさと／義人 よしと／雅人 まさと／幹人 みきと／廉人 れんと／楽人 がくと／誠二 せいじ／**13-3**／蒼大 そうた／煌大 こうた／寛大 かんた／聖也 せいや／蒼也 そうや

雅久 がく／雅也 まさや／幹大 かんた／慎也 しんや／滉大 こうだい／奨也 しょうや／義久 よしひさ／**13-4**／蒼太 そうた／蓮太 れんと／寛太 かんた／幹太 かんた／煌太 こうた／蒼斗 あおと／蒼介 そうすけ／愛斗 まなと

煌介 こうすけ／新太 あらた／想太 そうた／楓太 ふうた／楓斗 ふうと／暖斗 はると／聖斗 まさと／稜太 りょうた／蓮介 れんすけ／蓮太 れんた／鉄心 てっしん／義仁 よしと／想介 そうすけ／寛仁 ひろと／源斗 げんと／聖太 せいた

鉄太 てった／雅斗 まさと／幹仁 みきひと／**13-5**／煌生 こうせい／蒼生 あおい／煌平 こうへい／瑞生 みずき／聖矢 せいや／蒼矢 そうや／蒼史 そうし／鉄生 てっしょう／誠矢 せいや／慎平 しんぺい／寛生 ひろき／暖生 はるき

新平 しんぺい／稜平 りょうへい／鉄平 てっぺい／雅生 まさき／蓮生 れん／**13-6**／煌成 こうせい／寛多 かんた／**13-7**／蒼汰 そうた／新汰 あらた／蒼佑 そうすけ／蒼志 そうし／想佑 そうすけ／暖希 はるき／瑞希 みずき

画数から選ぶ名づけ 男の子名 1文字目の画数 13〜14画

13-8
- 雅希 まさき
- 蒼空 そら
- 煌明 こうめい
- 聖弥 せいや
- 誠治 せいじ
- 蒼弥 そうや
- 想弥 そうや
- 慎弥 しんじ
- 義明 よしあき
- 義知 よしとも
- 蒼典 そうすけ
- 靖弥 せいや
- 寛幸 ひろゆき
- 寛明 ひろあき
- 雅弥 まさや

13-9
- 蒼祐 そうすけ
- 蓮音 れんと
- 詩音 しおん
- 寛紀 ひろき
- 雅紀 まさき
- 雅哉 まさや
- 慎哉 しんや
- 蒼哉 そうや
- 楓真 ふうま
- 暖真 はるま
- 蒼真 そうま
- 想真 そうま
- 楓馬 ふうま
- 獅恩 しおん

13-10

13-11
- 稜真 りょうま
- 蒼眞 そうま
- 瑞記 みずき
- 煌真 こうま
- 寛晃 ひろあき
- 義朗 よしろう
- 蒼唯 あおい
- 義基 よしき
- 雅基 まさたか
- 雅隆 まさたか
- 愛翔 まなと
- 蓮翔 れんと
- 煌貴 こうき
- 瑞貴 みずき

13-12

13-13
- 蒼偉 あおい
- 寛貴 ひろき
- 獅童 しどう
- 義智 よしとも
- 雅貴 まさき
- 楓雅 ふうが
- 煌雅 こうが
- 煌聖 こうせい
- 雅義 まさよし
- 稜輔 りょうすけ
- 蒼輔 そうすけ
- 瑞輝 みずき
- 雅毅 まさき

13-14

13-15

13-16
- 煌樹 こうき
- 瑞樹 みずき
- 雅樹 まさき
- 慎一郎 しんいちろう
- 蒼一郎 そういちろう
- 慎之助 しんのすけ
- 誠之助 せいのすけ
- 煌一朗 こういちろう
- 慎一朗 しんいちろう
- 煌太郎 こうたろう
- 蒼太郎 そうたろう
- 慎太郎 しんたろう

13(10)
13(11)
13(13)

1文字目の画数 14画

13(14)
- 蓮太朗 れんたろう
- 誠史朗 せいしろう

14-1
- 颯 そう
- 碧 あおい
- 聡 さとし
- 魁 かい
- 肇 はじめ
- 豪 ごう
- 彰 あきら
- 嘉一 かいち

画数から選ぶ名づけ ― 男の子名 ― 1文字目の画数 14～15画

14画

漢字	よみ
聡一	そういち
颯一	そういち
14・2	
颯人	はやと
綾人	あやと
彰人	あきと
碧人	あおと
嘉人	よしと
魁人	かいと
14・3	
颯大	そうた
颯士	そうし
聡也	そうや
彰久	あきひさ
14・4	
颯太	そうた

碧介	そうすけ
碧斗	あおと
聡太	そうた
聡介	そうすけ
綾斗	りょうた
綾太	あやと
彰太	しょうた
豪太	ごうた
14・5	
総司	そうし
碧生	あおい
聡史	さとし
聡司	さとし
14・6	
瑠衣	るい
碧羽	あおば

颯汰	そうた
14・7	
颯志	そうし
維吹	いぶき
颯佑	そうすけ
颯希	そうき
颯助	そうすけ
聡佑	そうすけ
颯良	そら
彰吾	しょうご
彰宏	あきひろ
嘉孝	よしたか
14・8	
颯弥	そうや
颯空	そら
銀河	ぎんが

聡祐	そうすけ
颯祐	そうすけ
瑠星	りゅうせい
颯亮	そうすけ
彰則	あきのり
彰哉	しょうや
14・10	
颯真	そうま
聡真	そうま
颯馬	そうま
聡馬	そうま
碧真	あおま
徳晃	のりあき
14・11	
瑠唯	るい

駆琉	かける
14・12	
颯貴	そうき
瑠偉	るい
碧偉	あおい
14・14	
颯輔	そうすけ
聡輔	そうすけ
14・15	
瑠輝	るき
銀蔵	ぎんぞう
14・16	
颯磨	そうま
遙樹	はるき
14(7)	
颯之介 3・4	そうのすけ

15画

彰之介 14・3・4	しょうのすけ
総一郎 14(10)・9	そういちろう
聡一郎 14(11)・9	そういちろう
総一朗 14(10)	そういちろう
聡一朗 14(11)	そういちろう
総太郎 14(13)・9	そうたろう
颯太郎 14・9	そうたろう
聡太郎 14・9	そうたろう

諒	りょう
輝	ひかる

画数から選ぶ名づけ 男の子名 1文字目の画数 15〜16画

15-1
- 遼 りょう
- 慧 さとし
- 潤 じゅん
- 慶 けい
- 駈 かける
- 徹 とおる
- 毅 たけし
- 輝一 きいち
- 慶一 けいいち
- 潤一 じゅんいち
- 諒一 りょういち

15-2
- 璃人 りひと
- 慧人 けいと
- 遼人 はると

15-3
- 諒人 あきと
- 慶二 けいじ
- 璃久 りく
- 遼大 りょうた
- 遼也 りょうや
- 慶久 よしひさ
- 輝之 てるゆき

15-4
- 慧太 けいた
- 慶太 けいた
- 諒太 りょうた
- 慧斗 けいと
- 遼介 りょうすけ

15-5
- 潤矢 じゅんや

15-6
- 遼央 りょう
- 諒平 りょうへい
- 慶次 けいじ
- 慧伍 りょうせい
- 諒成 けいた
- 慶汰 けいご
- 慶吾 けいじ
- 遼佑 りょうすけ
- 慶志 けいじ

15-7
- 璃空 りく
- 輝幸 てるゆき
- 慧典 けいすけ

15-8
- 凛空 りく

15-9
- 慶祐 けいすけ
- 璃音 りおん
- 慶彦 よしひこ
- 潤哉 じゅんや
- 慶悟 けいご

15-10
- 穂高 ほだか
- 遼馬 りょうま
- 諒真 けいしん
- 慶真 けいと
- 慶都 たける

15-11
- 毅琉 たける

15-12
- 慧翔 けいと

15-9
- 慶晴 よしはる
- 輝道 てるみち

15-10
- 慶一郎 けいいちろう
- 潤之助 じゅんのすけ
- 蔵之助 くらのすけ

15-11
- 慶一朗 けいいちろう
- 璃玖斗 りくと

15-13
- 遼太郎 りょうたろう
- 慶太郎 けいたろう
- 凛太郎 りんたろう

15-14
- 遼太朗 りょうたろう
- 凛太朗 りんたろう

1文字目の画数 16画

16
- 樹 いつき
- 龍 りゅう
- 薫 かおる
- 澪 れい
- 衛 まもる
- 篤 あつし
- 錬 れん
- 諧 かい
- 賢 けん

16-1
- 龍一 りゅういち
- 樹一 きいち

画数から選ぶ名づけ　男の子名　1文字目の画数　16〜16画

16-2
- 賢一 けんいち
- 龍人 りゅうと
- 篤人 あつと
- 賢人 けんと

16-3
- 龍己 りゅうき
- 龍也 たつや
- 篤士 あつし

16-4
- 龍斗 りゅうと
- 龍太 りゅうた
- 龍心 りゅうしん
- 賢太 けんた
- 篤斗 あつと
- 憲太 けんた

16-5
- 龍生 りゅうせい
- 樹生 いつき
- 龍平 りゅうへい
- 龍司 りゅうじ
- 龍矢 りゅうや
- 篤弘 あつひろ
- 賢司 けんじ
- 龍広 たつひろ
- 篤史 あつし
- 篤司 あつし

16-6
- 龍成 りゅうせい
- 龍羽 りゅう
- 橙伍 とうご
- 篤成 あつなり

16-7
- 龍希 りゅうき
- 龍志 りゅうじ
- 樹希 いつき
- 龍我 りゅうが
- 龍汰 りょうた
- 龍臣 たつおみ
- 篤志 あつし
- 賢志 けんし
- 賢吾 けんご
- 憲吾 けんご
- 篤宏 あつひろ

16-8
- 龍空 りゅうく
- 龍治 りゅうじ
- 橙弥 とうや

16-9
- 龍青 りゅうせい
- 憲明 のりあき
- 賢治 けんじ
- 龍星 りゅうせい
- 龍彦 たつひこ
- 篤紀 あつき
- 賢祐 けんすけ
- 篤郎 あつろう

16-10
- 龍馬 りょうま
- 橙馬 とうま
- 賢悟 けんご
- 龍眞 りゅうま

16-12
- 龍翔 りゅうと

16-13
- 龍惺 りゅうせい
- 篤貴 あつき
- 賢登 けんと
- 龍聖 りゅうせい
- 龍誠 りゅうせい
- 龍雅 りゅうが

16-14
- 龍輔 りゅうすけ
- 賢輔 けんすけ

16-15
- 龍輝 りゅうき
- 龍毅 たつき
- 篤輝 あつき
- 憲蔵 けんぞう
- 賢蔵 けんぞう

16-16
- 龍樹 たつき
- 篤樹 あつき
- 龍磨 りゅうま
- 龍乃介 (16・2・6) りゅうのすけ
- 龍之介 (16・3・4) りゅうのすけ
- 龍乃助 (16・2・9) りゅうのすけ
- 龍一郎 (16・1・10) りゅういちろう
- 龍之助 (16・3・9) りゅうのすけ
- 龍太郎 (16・4・13) りゅうたろう
- 賢太郎 (16・4・9) けんたろう

1文字目の画数 17画

漢字	読み
龍之進 16/4/10	りゅうのしん
憲太朗 16/3/11	けんたろう
翼	つばさ
駿	しゅん
優	ゆう
謙	けん
嶺	りょう
17-1 優一	ゆういち
謙一	けんいち
駿一	しゅんいち

17-2 優人 ゆうと
- 謙人 けんと
- 17-3 優大 ゆうだい
- 優士 ゆうと
- 優也 ゆうや
- 駿也 しゅんや
- 17-4 優斗 ゆうと
- 優太 ゆうた
- 駿太 しゅんた
- 優介 ゆうすけ
- 優心 ゆうしん
- 駿斗 しゅんと
- 優月 ゆづき

17-5 駿介 しゅんすけ
- 優仁 ゆうと
- 謙心 けんしん
- 應介 おうすけ
- 謙太 けんた
- 謙介 けんすけ
- 駿平 しゅんぺい
- 優矢 ゆうや
- 優司 ゆうじ
- 17-6 優成 ゆうせい
- 優羽 ゆうわ
- 駿多 しゅんた
- 17-7 優希 ゆうき

優吾 ゆうご
- 優杜 ゆうと
- 優志 ゆうし
- 駿希 しゅんき
- 謙吾 けんご
- 17-8 鴻明 こうめい
- 駿弥 しゅんや
- 優季 ゆうき
- 優音 ゆうと
- 17-9 駿祐 しゅんすけ
- 17-10 優真 ゆうせい
- 優晟 ゆうせい
- 優眞 ゆうま

優悟 ゆうご
- 謙真 けんしん
- 優馬 ゆうま
- 謙悟 けんご
- 17-11 謙進 けんしん
- 優都 ゆうと
- 17-12 優翔 ゆうと
- 優貴 ゆうき
- 優陽 ゆうひ
- 優晴 ゆうき
- 駿貴 しゅんき
- 17-13 優聖 ゆうせい
- 優雅 ゆうが

優誠 ゆうせい
- 17-14 駿輔 しゅんすけ
- 優輔 ゆうすけ
- 17-15 優輝 ゆうき
- 謙蔵 けんぞう
- 17-16 優樹 ゆうき
- 駿樹 とし
- 優磨 ゆうま
- 17-20 優護 ゆうご
- 17-(7) 駿之介 しゅんのすけ
- 優之介 ゆうのすけ

画数から選ぶ名づけ 男の子名 1文字目の画数 17〜20画

1文字目の画数 18画

漢字	画数	読み
耀		かい
瞬	18	しゅん
優一郎	17(10)	ゆういちろう
駿之助	17(3)	しゅんのすけ
駿太郎	17(13)	しゅんたろう
謙太郎	17	けんたろう
優太郎	17(14)	ゆうたろう
駿太朗	17(4)10	しゅんたろう
謙太朗	17(4)10	けんたろう

漢字	画数	読み
耀		よう
類		るい
織人	18・2	おりと
藍人		あいと
藍斗	18・4	あいと
瞬介		しゅんすけ
藍介	18・5	あいすけ
耀叶		かいと
藍生		あおい
耀平		ようへい
顕司		けんじ
藍希	18・7	あいき

漢字	画数	読み
藤吾		とうご
藍琉	18・11	あいる
耀都		かいと
藍都		あいと

1文字目の画数 19画

漢字	画数	読み
蘭丸	19・3	らんまる
麗斗	19・4	れいと
麗太		れいた
麗矢	19・5	れいや
麗央		れお

漢字	画数	読み
麗志	19・7	れいじ
瀬那	19・9	せな
麗音		れおん

1文字目の画数 20画

漢字	画数	読み
響	20	ひびき
護		まもる
耀		てる
譲		じょう
耀一	20・1	よういち

漢字	画数	読み
響一		きょういち
耀大	20・3	ようた
響己		ひびき
響也		きょうや
響介	20・4	きょうすけ
耀斗		あきと
響太		きょうた
響平	20・5	きょうへい
譲司		じょうじ
耀司		ようじ
響希	20・7	ひびき
耀汰		ようた

漢字	画数	読み
耀星	20・9	ようせい
響哉		きょうや
響起	20・10	ひびき
響真		きょうま
耀登	20・12	あきと
響稀		ひびき
譲一郎	20(10)	じょういちろう
響一郎	20(11)	きょういちろう
耀一朗	20(1)10	よういちろう
響太郎	20(4)9	きょうたろう

326

第4章

おすすめ漢字
から選ぶ名づけ

この章では、名前に使えるおすすめ漢字の読みや画数、意味、
そしてその漢字に込めたいママやパパの願い、
イメージのふくらませ方などを紹介しています。
「音の響き」や「イメージ」で名前を決めかねているときや、
最初から漢字にこだわった名づけをするときに活用してください。

【 このリストの見方 】

名づけで使うおすすめ漢字を画数順に570字掲載しました。「画数と主な読み」「主な意味と(その漢字に)込めたい願い」、そして「名前例」を紹介しています。「主な意味と込めたい願い」では、漢字の意味の中でもよいイメージをふくらませて、ポジティブな印象となるように記述しました。なお、漢字は辞書によって意味が異なることもあるので、必ずほかの辞書も参考にしながら最終的に判断することをおすすめします。

※ここでは「仮成数」を加えて吉数にする場合も考えて、画数としてそのままでは吉数ではない名前例も掲載しています

おすすめ漢字 1〜2画

一 (1画)

主な読み: イチ・イツ・おさむ・かず・かつ・はじめ・ひ・ひで・ひと

意味: ①いち。ひとつ。②はじめ。最初。③最上のもの。④まとめる。⑤同じ。等しい。⑥みょう。⑦あるひとつの。⑧わずか。⑨まじりけがない。

願い: トップをめざし、物事を一つにまとめられるリーダーシップを発揮できる人にと願って。また、ママとパパにとってかけがえのない大切な子という思いも込めて。

女の子の名前例: 一姫(いちひ)／一葉(かずは)／一花(いちか)
男の子の名前例: 太一(たいち)／一真(かずま)／一樹(いつき)

乙 (1画)

主な読み: イツ・オツ・お・おと・き・たか・つぎ・と・とどむ

意味: ①きのと。②数の名。十干の二番目。物事の二番目。③気がきいている。しゃれている。変だ。みょうだ。④幼い。「美しい」「愛らしい」などの意味を表す接頭語。

願い: 響きと字体に古風な魅力が感じられる人にみんなから愛される人に成長するようにとの願いを込めて。

女の子の名前例: 乙葉(おとは)／乙音(おとね)／梨乙(りお)
男の子の名前例: 乙樹(いつき)／駿乙(しゅんと)／乙輝(いつき)

七 (2画)

主な読み: シチ・シツ・かず・な・な・なの

意味: ①しち。なな。②数の名。③数の多いよう。④ななつ。むかしの時刻のよび名。現在の午前四時または午後四時ごろ。

願い: たくさんの数を表す縁起のよい数字であり、「ラッキーセブン」といつ言葉で知られるように、多くの幸運が訪れる人生を送れますようにとの願いを込めて。

女の子の名前例: 七緒(なお)／七菜(なな)／七海(ななみ)
男の子の名前例: 星七(せな)／海七斗(みなと)／七斗(ななと)

人 (2画)

主な読み: ジン・ニン・きよ・さね・たみ・と・ひと・ひとし・ふとめ

意味: ①ひと。人間。②他人。③りっぱな人物。④別の。⑤官位の低い役人。職人。⑥人数をかぞえることば。⑦人民。

願い: 人間の行動や状態、人柄も表すことから個性的な名の止め字に人気。人望が厚く、立派な人になってほしい、人の見本となるような、優れた人格を持った人になってほしいという気持ちを込めて使われる。

男の子の名前例: 悠人(ゆうと)／隼人(はやと)／暖人(はると)

二 (2画)

主な読み: ジ・ニ・かず・さ・すすむ・つぎ・つぐ・ふ・ぶ・ふた

意味: ①ふたつ。に。②ふたたび。③二番目。つぎ。つぐ。④別の。異なる。それなのに。逆接する。匹敵する。

願い: つぎという意味があることから、人生の扉を次々に開けて幸せをつかんでほしいと願って。また、二番目の子によく使う文字。上の子と手を取り合って仲よく育ってほしいという思いも込めて。

女の子の名前例: 二千翔(にちか)／二葉(ふたば)／二瑚(にこ)
男の子の名前例: 誠二(せいじ)／瑛二朗(えいじろう)／柊二(しゅうじ)

乃 (2画)

主な読み: ダイ・ナイ・いまし・おさむ・の

意味: ①すなわち。接続詞。②そこで。そして。③そうではあるが。それなのに。逆接を表す。④なんじ。おまえ。⑤格助詞の「の」に当てる。⑥二人称の代名詞。

願い: 古風なイメージを持つことから、内に秘めた強さを持つ人に。「乃」は「の」の平仮名の字書体からできた字。

女の子の名前例: 雪乃(ゆきの)／梨乃(りの)／彩乃(あやの)
男の子の名前例: 洸乃介(こうのすけ)／竜乃介(りゅうのすけ)／晴乃介(はるのすけ)

おすすめ漢字 2〜3画

男の子の名前例	女の子の名前例	主な意味と込めたい願い	主な読み	画数・漢字
八雲（やくも） 八紘（やひろ） 八尋（やひろ）	八重（やえ）	**意味** ①やつ。やっつ。や。②数の名。数の多いこと。③ひじょうに長い年月。④やつ。むかしの時刻のよび名。現在の午前二時または午後二時ごろ。 **願い** 末広がりで縁起のよい字とされることから、素晴らしい未来が広がるようにと願って。人と人との結びつきを広げていける人にという祈りを込めて。	ハチ・ハツ・かず・や・やつ・やっ・よう・わ・わか	八 ②画
了介（りょうすけ） 了太（りょうた） 了（りょう）		**意味** ①おわる。すむ。②あきらか。はっきりする。③さとる。よくわかる。 **願い** よくわかるなどの意味にも使われることから、人の気持ちを思いやり、理解して行動できる人になることを願って。	リョウ・あき・あきら・さとる	了 ②画
力斗（りきと） 力輝（りき） 力（りき）		**意味** ①ちから。②働き。作用、能力。③いきおい。④つとめる。精を出す。⑤りきむ。ちからをこめる。⑥力の分量を表すことば。 **願い** 生命力、精神力などあらゆる強さや勢いを感じさせる漢字。頑張り屋で、体も心も力強くたくましく、優しさも併せ持った人に育ってほしいとの願いを込めて。	リキ・リョク・いさお・いさむ・か・ちか・ちから・つとむ・よし	力 ②画
久典（ひさのり） 久遠（くおん） 璃久（りく）	久子（ひさこ） 未久（みく） 実久（みく）	**意味** ①ひさしい。長い間。ずっと変わらない。②以前からの。古い。 **願い** 先が長いという意味をもつことから、健康と長寿への祈りと、繁栄がいつまでも続くようにと願って。また、自分の決めた道に向かってあきらめずに進み続ける持久力のある人にという気持ちも込めて。	キュウ・ク・つね・なが・ひさ・ひさし	久 ③画
弓槻（ゆづき） 弓弦（ゆづる） 弓月（ゆづき）	愛弓（あいみ） 弓花（ゆみか） 弓月（ゆづき）	**意味** ①ゆみ。つるをはり、矢をつがえて射る武器。②ゆみなり。ゆみの形に曲がったもの。③弓矢の距離をはかる単位。一弓は一・三五メートル。 **願い** 弓がしなる様子から、強さとしなやかさの両面を持つイメージ。何事にもくじけず、常に明るさを持って困難に立ち向かっていける人に成長することを期待して。	キュウ・ゆみ	弓 ③画
侑己（ゆうき） 知己（ともき） 直己（なおき）	亜己（あこ） 栞己（かんな） 夏己（なつき）	**意味** ①自分。私。②相手をののしってよぶこと。③つちのと。十干の六番目。 **願い** 自分の道を突き進む探究心や可能性にあふれた人に。また、自分を大切にし、まわりの人たちも大切にできる人になってほしいと願って。	キ・コ・おと・おのれ・な	己 ③画

おすすめ漢字 3〜3画

画数・漢字	主な読み	主な意味と込めたい願い	女の子の名前例	男の子の名前例
三 3画	サン・かず・さぶ・さむ・そう・ぞう・ただ・なお・み・みつ	**意味** ①さん。みっつ。み。②数の多さ。③数の名。回数の多いようす。むかしは、しばしば、何度も。 **願い** 数の多いようすを表すことから、多くの幸運を引き寄せる人生を送れますようにという願いを込めて。また、子孫繁栄や家の繁栄の祈りも込めて。	三奈 みな 三結 みゆ 三千花 みちか	拓三 たくみ 泰三 たいぞう 三郎 さぶろう
士 3画	シ・ジ・あき・あきら・おさむ・ただ・つかさ・と・ひと	**意味** ①おとこ。りっぱな男子。成年の男子。むかしの四民（士・農・工・商）の一つ。②役人。周代、諸侯・大夫につぐ位のもの。③一定の資格のある人。技能や才能のある人などを表す。④爵位の第四位。 **願い** きりりとしたイメージがある漢字。高い志を持ち、しんの通った才能あふれるりりしい子になるように願って。		蒼士 そうし 湊士 みなと 瑛士 えいじ
子 3画	シ・ス・こ・しげ・たか・ただ・ちか・つぐ・とし・ね・み・やす	**意味** ①こども。②女子。③男子の名にそえる語。④あなた。きみ。⑤実。たね。たまご。⑥小さいものや道具の名に用いる接尾語。⑦爵位の第四位。⑧ね。十二支の一番目。動物ではねずみ、時刻では午前零時または午後十一時から午前一時ごろまで。方位では北。 **願い** わが子を慈しむ親の思いを込めて。	莉子 りこ 桃子 ももこ 桜子 さくらこ	子龍 しりゅう
小 3画	ショウ・お・こ・さ・さき・ちい・ちいさ	**意味** ①ちいさい。こまかい。形、規模が小さい。②少ない。わずかな。ちょっとした。③身分が低い。④若い。幼い。⑤自分に関係することがらにつけてへりくだる意味を表すことば。⑥「ちいさい」「すこし」の意味を表す接頭語。⑦ほぼ。おおよそ。 **願い** 小さくかわいらしいイメージ。多くの人に愛される人にと願って。	小春 こはる 小雪 こゆき 小百合 さゆり	小太郎 こたろう 小次郎 こじろう
丈 3画	ジョウ・たけ・ひろ・ます	**意味** ①尺貫法の長さの単位。一丈は約三・○三メートル。②身のたけ。③一人前の男子。④歌舞伎役者などの芸名につける敬称。⑤だけ。ものの分量や程度などの限定を示す語。 **願い** 健康で丈夫、強く、たくましく、明るく、がっちりとしたというイメージを持つ漢字。健やかにたくましく育つよう期待を込めて。		丈 じょう 丈哉 ひろや 丈瑠 たける
千 3画	セン・かず・ち・ゆき	**意味** ①数の単位。百の十倍。②数の多いこと。たくさん。 **願い** 数の多いことを表すことから、豊かで実り多い人生を歩み、大きな愛ですべてを包み込む人になってほしいという祈りを込めて。	千尋 ちひろ 千穂 ちほ 千紗 ちさ	泰千 たいち 千翔 ゆきと 千裕 ちひろ

330

おすすめ漢字（3〜3画）

男の子の名前例	女の子の名前例	主な意味と込めたい願い	主な読み	画数・漢字
大翔（ひろと） 大和（やまと） 大地（だいち）		**意味**①おおきい。広い。②強い。③多い。④重要な。たいせつな。⑤おお。はなはだ。⑥すぐれている。りっぱな。⑦いちばん。最高位を示すことば。⑧おおよそ。 **願い**末広がりで、のびのびとした印象を与える字。大きな広い心を持ち、地位や人格などが立派で、優れた人になってほしいという願いを込めて。	タイ・ダイ・お・おお・た・かし・たけし・はる・ひろ・ひろし	**大** 3画
龍之介（りゅうのすけ） 慎之助（しんのすけ） 淳之介（じゅんのすけ）		**意味**①これ。この。指示代名詞。また、語調を整えたり、強調したりすることば。②ゆく。おもむく。至る。③・の。主語や所有を示すことば。④平仮名の「し」は、「之」の草書体からできた字。 **願い**自らの意思で積極的に物事を進める人にと願って。	シ・いたる・これ・の・ひで・ゆき・よし	**之** 3画
晴万（はるま） 万里（ばんり） 将万（しょうま）	万結（まゆ） 万優（まひろ） 万里子（まりこ）	**意味**①数の単位。千の十倍。②数の多いよう。いろいろの。③決して。必ず。 **願い**数がとても多い、かならずといった意味を持つことから、さまざまな才能にあふれた輝く人になってほしい、また、あふれるほどの幸せを手にしてほしいという願いを込めて。	バン・マン・かず・かつ・すすむ・たか・つもる・ま・よろず	**万** 3画
拓巳（たくみ） 竜巳（たつみ） 和巳（かずみ）	愛巳（まなみ） 巳琴（みこと） 真巳（まみ）	**意味**み。十二支の六番目。動物ではへび、時刻では午前十時。または、午前九時から十一時ごろまで。方位では南南東。 **願い**動物なら蛇、五行なら火を表すとともに、水や知性の神に通じている漢字。内面に情熱的な心を持ちながらも物事にスマートに対処できる、神秘的な人に成長することを期待して。	シ・み	**巳** 3画
朔也（さくや） 達也（たつや） 智也（ともや）	彩也香（さやか） 紗也（さや） 美也子（みやこ）	**意味**①…である。文末に用いて、断定の意味を表す。②や。か。文末に用いて、疑問・反語などの意味を表す。③…は。句末に用いて、強調・提示の意味を表す。④平仮名の「や」は「也」の草書体からできた字。 **願い**断定や強調を表すことから、毅然と、かつさわやかで気持ちのよい人にと願って。	ヤ・あり・ただ・なり	**也** 3画
夕真（ゆうま） 夕陽（ゆうひ） 夕稀（ゆうき）	夕奈（ゆうな） 真夕（まゆ） 夕茉（ゆま）	**意味**ゆうべ。日ぐれ。 **願い**夕焼けで赤く大きく見える太陽のように、一つのことに心を燃やせる情熱的な人になってほしい。そして、その道を極めてほしい。また、夕暮れの太陽のような大きな心を持ち、人の心を癒やすことができる人になってほしいという祈りを込めて。	セキ・ゆ・ゆう	**夕** 3画

おすすめ漢字 4〜4画

円 4画

主な読み: エン・オン・つぶら・のぶ・まど・まどか・まる・み・つ

意味: ①まるい。まる。②まるい形。輪の形。③まるい板状のもの。④まるくて立体的なもの。⑤なめらか。⑥満ちている。⑦欠けたところがない。一帯。⑧日本の貨幣の単位。一銭の百倍あたり。⑨第一人者。

願い: すべてにおいて満ち足りた、豊かな人生が送れるようにとの願いを込めて。

女の子の名前例:
- 円 まどか
- 円香 まどか
- 円花 まどか

王 4画

主な読み: オウ・きみ・たか・み・わ・わか

意味: ①かしら。おさ。②きみ。天子。諸侯。③皇族の男子の称。④将棋の駒の一つ。⑤礼によって天下を治める人。⑥第一人者、階級で、国司の四等官のうちの二番目の地位。

願い: 何か一つでも、最高位まで上り詰め、まわりの人から尊敬や信頼を得られる人になるよう願って。

男の子の名前例:
- 俐王 りお
- 怜王 れお

介 4画

主な読み: カイ・ケ・あき・かたし・すけ・たすく

意味: ①はさまる。②間にはいってなかだちをする。なかだち。③助ける。④むかしの役人の階級で、国司の四等官のうちの二番目の地位。⑤貝がら。

願い: 心身共に強くたくましく、人を助ける勇気と優しさを持つ人になることを願って。

男の子の名前例:
- 龍之介 りゅうのすけ
- 悠介 ゆうすけ
- 蒼介 そうすけ

月 4画

主な読み: ガツ・ゲツ・つき

意味: ①つき。②一か月。③七曜の一つ。

願い: 月の光のように、優しく穏やかな魅力を放つ人に育ってほしいと願って。止め字としても使い人生が送れる、幸運の多い人生が送れるようにとの祈りも込めて。

女の子の名前例:
- 優月 ゆづき
- 美月 みづき
- 菜月 なつき

男の子の名前例:
- 悠月 ゆづき
- 維月 いつき
- 偉月 いつき

元 4画

主な読み: ガン・ゲン・つかさ・なが・はじめ・はる・もと・ゆき・よし

意味: ①もと。おおもと。②はじめ。最初。③おさ。④あたま。かしら。⑤年号。年号のはじめの年。⑥もとになるものが二つ以上、またはいくさんあること。⑦げん。中国の王朝名。

願い: 始まりを表すことから、チャレンジ精神旺盛で、物事の本質を見極めることができる人に。先駆者や革新者と呼ばれるような人にと願って。

女の子の名前例:
- 元子 もとこ
- 元香 もとか
- 元乃 ゆきの

男の子の名前例:
- 元気 げんき
- 元貴 はるき
- 元春 もとはる

公 4画

主な読み: コウ・きみ・きん・ただ・ただし・とおる・とも・ひろ・まさ

意味: ①国家。政府。②共有の。③社会一般。④かたよらない。⑤天子。諸侯。五段階に分けた爵位（公侯伯子男）の最上位。⑥敬って（年長者や同輩に）つけることば。⑦年長者や同輩を敬ってつけることば。⑧親しみを込めてつけることば。

願い: 公平で正義感を持った人にと願って。また、バランス感覚に優れ、多くの人に尊敬される人にという気持ちも込めて。

女の子の名前例:
- 公子 きみこ
- 公香 きみか

男の子の名前例:
- 公輝 こうき
- 公貴 きみたか
- 公一 こういち

男の子の名前例	女の子の名前例	主な意味と込めたい願い	主な読み	画数・漢字
璃孔 りく 成孔 なるよし 孔太 こうた		**意味** ①あな。つきぬけたあな。すきま。②「孔子」のこと。 **願い** 中国の偉大な思想家・孔子（こうし）にちなんで、知性や風格を連想させる字。また、深い穴という意味から、思慮深く何事にも熱心に取り組む人になってほしいという願いを込めて。	ク・コウ・ただ・みち・よ・し	孔 ④画
心太郎 しんたろう 健心 けんしん 心 しん	心菜 ここな 心結 みゆ 心春 こはる	**意味** ①精神。胸のうち。②考え。意志。③思いやり。④おもむき。⑤おもむきを解するこころ。⑥しんぞう。⑦まんなか。たいせつなところ。 **願い** 思いやりに満ちあふれ、相手の身になって考えることのできる優しい人にと願って。また、物事の中心となる人物になれるようにという期待も込めて。	シン・きよ・こころ・さね・なか・み・むね・もと	心 ④画
陽仁 はるひと 悠仁 ゆうと 仁 じん	仁美 ひとみ 仁菜 にいな 仁香 にこ	**意味** ①いつくしみ。いつくしむ。②親しみ。親しむ。③思いやり。あわれみ。④儒教で、人道のもととする徳の高い人。⑤ひと。⑥果実の核のなかみ。 **願い** 人をいつくしむ心や、他人を思いやることのできる仁徳のある人に。また、人生の困難に立ち向かい、それを自分の徳にできる度量の大きな人にと願って。	ジン・ニ・きみ・ただし・と・ひさし・ひと・ひとし・ひろし	仁 ④画
水稀 みずき 主水 もんど	水希 みずき 泉水 いずみ	**意味** ①酸素と水素の化合物。②相撲が長びいたときの中休み。③間にははなはだしい。④さえい。⑤かわ。⑥五行（木・火・土・金・水）の一つ。時節では冬、方位では北。⑦七曜の一つ。⑧水のようなもの。液体。 **願い** 人の心や社会に潤いを与えられる人になってほしいと願って。	スイ・たいら・な・なか・み・みず・ゆ・ゆく	水 ④画
太陽 たいよう 太一 たいち 颯太 そうた		**意味** ①ふとい。ふとる。肥える。②ふとい。豊かである。③はじめ。始め。④尊んで言うときにそえることば。⑤まごころ。 **願い** 大きくたくましく、明朗な印象があり、気が強い、いちばん尊いなど、男の子の止め字にも人気。明朗活発で、勇気があり、豊かでおおらかな人になるように願って。	タ・タイ・おお・しろ・た・か・と・ひろ・ふと・ふとし・み・もと	太 ④画
	丹菜 にな 丹衣菜 にいな	**意味** ①あか。あかい。に。朱。②たん。丹砂。③まごころ。 **願い** 「丹精」「丹念」など、まごころを込めて念入りに行うことを表す漢字。周囲の人に思いやりを持って接することができる、気持ちの温かな人に育ってほしいという祈りを込めて。	タン・あかし・あきら・に・まこと	丹 ④画

おすすめ漢字 4〜4画

おすすめ漢字 4〜4画

画数・漢字	主な読み	主な意味と込めたい願い	女の子の名前例	男の子の名前例
天 4画	テン・あま・あめ・たか・たかし	意味 ①あめ。そら。②天の神。③自然。自然の道。また、その力。④めぐりあわせ。運命。⑤自然の。生まれつきの。⑥神の国。⑦いただき。てっぺん。⑧天子や天皇に関することがらにつけることば。 願い 広がる空のように、心の広い人に。また、てっぺんを表すことから、どの道に進んでも頂点に立つ人にと願って。	天音⁴⁹ あまね／天祢⁴⁵ あまね／天香⁴⁹ てんか	天斗⁴⁴ たかと／天馬⁴¹⁰ てんま／晴天¹²⁴ はるたか
斗 4画	ト・トウ・け・はかる・ます	意味 ①ます。物の量をはかるつつの総称。②ひしゃく。ひしゃくの形をしたもの。③容量の単位。酒・油・穀物をはかるのに使う。一斗は十升で、約一八リットル。④ひしゃく形の星座の名。⑤小さい。わずか。 願い 止め字として人気の漢字。星空のように社大で、広い心を持つ人になることを願って。	千咲斗³⁹⁴ ちさと	斗真⁴¹⁰ とうま／陸斗¹¹⁴ りくと／悠斗¹¹⁴ ゆうと
日 4画	ジツ・ニチ・あき・か・は・ひ・ひる	意味 ①ひ。太陽。②昼間。一日。一昼夜。③昼。④七曜の一つ。⑤日々。日ましに。⑥「日本」の略。⑦日数をかぞえることば。 願い 朝日が昇っていくような勢いよく進む人生であるようにと願って。また、周囲の人を明るく照らすことのできる温かい心を持った人に育ってほしいという気持ちも込めて。	日和⁴⁸ ひより／向日葵⁶⁴¹² ひまり／日菜⁴¹¹ ひな	日向⁴⁶ ひなた／日奈太⁴⁸⁴ ひなた／明日真⁸⁴¹⁰ あすま
巴 4画	ハ・とも・ともえ	意味 ①うずまき。②うずまき形のもよう。 願い うずまきのように、周囲の人たちがいつのまにか引き込まれてしまうほどの魅力を持った人になってほしい。まわりの人と力を合わせ、大きなことを成し遂げることのできる素晴らしい人に育ってほしいという願いを込めて。	巴菜⁴¹¹ はな／彩巴¹¹⁴ いろは／琴巴¹²⁴ ことは	巴瑠⁴¹⁴ はる／巴樹⁴¹⁶ ともき／巴哉⁴⁹ ともや
比 4画	ヒ・くら・たか・たすく・ちか・とも・なみ・ひさ	意味 ①くらべる。並べて検討する。②並べる。③親しむ。近づく。④なかま。⑤語のことば。成人の男子。③労働に従う男子。④それ。発語のことば。⑤かの。その。⑥かな。句末につけて詠嘆を表すことば。 願い だれからも愛されて、親しい友人にも恵まれる豊かな人生を歩んでほしいと願って。人との関係を大切にできる人に育ってほしいという気持ちも込めて。	比菜⁴¹¹ ひな／比奈子⁴⁸³ ひなこ／比奈乃⁴⁸² ひなの	比呂⁴⁷ ひろ／比呂斗⁴⁷⁴ ひろと
夫 4画	フ・ブ・フウ・あき・お・おっと・すけ	意味 ①おっと。②おとこ。成人の男子。③労働に従う男子。④それ。発語のことば。⑤かの。その。事物を指し示すこと。⑥かな。句末につけて詠嘆を表すことば。 願い 安心感を与える男の子の止め字として人気。優しく穏やかで、包み込むような優しさを持った人になることを願って。		貴夫¹²⁴ たかお／章夫¹¹⁴ あきお／将夫¹⁰⁴ まさお

334

おすすめ漢字 4〜5画

男の子の名前例	女の子の名前例	主な意味と込めたい願い	主な読み	画数・漢字

文 （4画）

主な読み：ブン・モン・あき・あや・とき・のぶ・のり・ひとし・ふみ

意味 ①あや。もよう。かざり。②文字。ことば。③ふみ。手紙。④本。記録。⑤学問や芸術。⑥いれずみ。⑦もん。⑧むかしの貨幣の単位。⑨もん。たびやくつなどの大きさの単位。

願い 学問の道を究めていくような、知的で教養ある人に。精神の引き締まった品格ある人に育ってほしいという願いを込めて。

男の子の名前例：文哉 ふみや／文人 あやと／文太 ぶんた
女の子の名前例：文香 あやか／文奈 あやな／文乃 ふみの

木 （4画）

主な読み：ボク・モク・き・こ・しげ

意味 ①き。立ち木。②物をつくる材料となる木。また、木でつくったもの。③五行（木・火・土・金・水）の一つ。時節では春、方位では東。④星の名。木星のこと。⑤七曜の一つ。⑥ありのまま。かざりけがない。

願い 空に向かって伸びる木のように、高みに向かい、心身共にすくすくと成長することを願って。

男の子の名前例：木春 こはる
女の子の名前例：木乃美 このみ／木乃花 このか／木乃 このは

友 （4画）

主な読み：ユウ・すけ・とも

意味 ①とも。仲間。友だち。②ともとする。親しむ。仲がよい。仲よく助けあう。③味方。

願い 困っている友がいたら救うことのできる優しい人に。また、困ったときには手を差し伸べてくれる友もいる、多くの友人に恵まれた人生を送ってほしいという気持ちを込めて。

男の子の名前例：友亮 ゆうすけ／友樹 ともき／友輝 ともき
女の子の名前例：友香 ともか／友菜 ゆうな／麻友 まゆ

以 （5画）

主な読み：イ・これ・さね・しげ・と・も・もち・ゆき

意味 ①…によって。…で。目的・手段・原因・対象を示すことば。②…から。…より。範囲や方向を示すことば。③もって。用いる。④おもう。理由。⑤ゆえ。理由。⑥率いる。⑦平仮名の「い」は「以」の草書体からできた字。

願い 明確な目的を持って取り組み、結果を残せる人に。また、責任感の強い人にと願って。

男の子の名前例：琉以 るい／瑠以 るい
女の子の名前例：留以 るい／結以 ゆい／芽以 めい

右 （5画）

主な読み：ウ・ユウ・あき・すけ・たか・たすく・みぎ

意味 ①みぎ。みぎがわ。②かみ。上位。③考えが保守的なこと。④たっとぶ。重んじる。⑤助ける。

願い 尊ぶ、大事にする、助ける、穏健といった深い意味を持つ漢字。人やものを大切に思い、いつでも冷静に物事を判断することができる道徳心を持ち、人格的に優れた人になることを願って。

男の子の名前例：悠右 ゆうすけ／右京 うきょう／圭右 けいすけ

永 （5画）

主な読み：エイ・ヨウ・とお・なが・のり・はるか・ひさ・ひら

意味 ①距離が長い。遠い。はるか。②時間が長い。また、その時間。とこしえ。限りなく。

願い 川の流れが分かれている様子から形づくられた漢字。たくさんの人に恵みをもたらすような、社会に貢献できる人に育ってほしいと願って。長く限りなく続く幸福な人生であってほしいという祈りも込めて。

男の子の名前例：永太 えいた／永真 はるま／永翔 えいと
女の子の名前例：彩永 さえ／永茉 えま／永愛 とあ

画数・漢字	主な読み	主な意味と込めたい願い	女の子の名前例	男の子の名前例
央 ⑤画	オウ・ヨウ・あきら・ちか・てる・なか・ひさ・ひさし・ひろ	**意味** ①なかば。まんなか。中心。②つきる。なくなる。 **願い** 世界の中央、舞台の中央など、どの道を選択しても、華々しい活躍ができるようにと願って。また、どこへ行っても注目されるような素晴らしい人に育ってほしいという期待も込めて。	莉央 りお10 真央 まお10 奈央 なお8	怜央 れお13 尚央 なお13 央輔 おうすけ19
加 ⑤画	カ・くわ・ます	**意味** ①くわえる。たす。②くわわる。増す。仲間にはいる。③増やす。④「加陀（カナダ）」の略。「加奈陀」の「か」は「加」の草書体からできた字。⑤平仮名 **願い** 何事もプラスにできる明るく前向きな性格を持ち、だれからも愛される社交的な人にと願って。「か」の一音とシンプルな字形で、ほかの字と組み合わせやすい。	麗加 れいか19 桃加 ももか15 加奈子 かなこ10	瑠加 るか14 琉加 るか16
可 ⑤画	カ・コク・あり・とき・よし	**意味** ①よい。まあまあよい。②よいとする。③べし。…することができる。…するがよい。…してよろしい。…だろう。④気持ちを表す語につける接頭語。 **願い** 寛容で大きな心の持ち主になってほしいという気持ちを込めて、自分の実力や魅力を思う存分発揮することのできる人に成長してくれると信じて。	愛可 まなか13 怜可 れいか13 可奈子 かなこ5	遥可 はるか17 可夢偉 かむい18 可偉 かい17
禾 ⑤画	カ・いね・のぎ	**意味** ①稲。②イネ科の植物。または、穀物類の総称。③わら。④のぎ。稲や麦などの花の外側に生じる針のような突起。 **願い** 植物の穂の形からできており、豊かな実りを象徴する漢字。幸せで恵まれた人生を送ることができるようにとの願いを込めて。	愛禾 あいか13 禾蓮 かれん5 唯禾 ゆいか11	
叶 ⑤画	キョウ・かな	**意味** ①あう。あわせる。②願いどおりになる。③やわらぐ。 **願い** 大きな夢や目標を持ち、かならず望みをかなえる充実した人生を送ってほしいと願って。また、柔軟な心で、周囲の人たちと心を合わせることのできる協調性のある人に。バランス感覚の素晴らしい人に育ってほしいという気持ちも込めて。	夢叶 ゆめか13 羽叶 わかな11 叶恵 かなえ5	叶芽 かなめ13 叶翔 かなと17 叶太 かなた5
玄 ⑤画	ゲン・しず・しずか・つね・のり・はじめ・はる・はるか・ひろ	**意味** ①黒い。やや赤みをおびた黒。②奥深い。深遠な。③やしゃご。ひまごの子。 **願い** 糸の形からできた字であることから、織り上げてさまざまな形態になる糸のように、無限の可能性と柔軟性を持ってほしいと願って。また、物事を注意深く、十分に考えることのできる思慮深い人になってほしいという願いも込めて。	玄稀 げんき14 玄真 はるま10 玄 げん5	

おすすめ漢字 ⑤〜⑤画

336

おすすめ漢字　5〜5画

男の子の名前例	女の子の名前例	主な意味と込めたい願い	主な読み	画数・漢字
優乎 ゆうや 悠乎 ゆうや 乎南 こなん	乎梅 こうめ 乎春 こはる 乎雪 こゆき	**意味** ①か。や。文末に用いて疑問・反語などの意味を表す。②や。名詞につけて呼びかけの意味を表す。③かな。文末に用いて詠嘆の意味を表す。④形容する語につけてその状態を強調する。⑤に。より。前置詞的に用いて場所・時間・比較などの意味を表す。 **願い** 個性が感じられる字。人々の印象に残るようにと願って。	コ・か・や	乎 5画
理乎 りく 乎太 こうた 乎介 こうすけ		**意味** ①いさお。てがら。②仕事。つとめ。働き。③ききめ。できあがり。 **願い** 自分の選んだ道で努力を惜しまずに鍛練し、素晴らしい結果を残せる人になってほしい。その道で成功をおさめてほしいという願いを込めて。	ク・コウ・いさ・いさお・かつ・こと・つとむ・なり・なる・のり	功 5画
巧 たくみ 巧真 たくま 巧斗 たくと		**意味** ①たくみ。ひじょうに上手なこと。②わざ。腕前。手ぎわ。③うまくつくろう。口先がうまい。④かしこい。 **願い** 技術を磨くことに努力を惜しまず、常に前向きで、向上心を持ち、業を怠らない。いつも創意工夫をするのが得意な、職人魂を持った人になるよう願って。	コウ・たえ・たく・たくみ・よし	巧 5画
広大 こうだい 広夢 ひろむ 広樹 ひろき	千広 ちひろ 広果 ひろか 広美 ひろみ	**意味** ①面積や範囲などがひろい。②ひろまる。ひろめる。ひろがる。 **願い** 心の広いおおらかな人に。世界に広く知れ渡るような活躍をしてほしいという期待を込めて。また、大きな活躍を表す字でもあることから、家族をきちんと守れる人に育ってほしいという思いも込めて。	コウ・お・たけ・とう・ひろ・ひろし	広 5画
弘武 ひろむ 弘輝 ひろき 弘明 こうめい	弘奈 ひろな 弘子 ひろこ 弘佳 ひろか	**意味** ①ひろい。大きい。②ひろめる。いきわたらせる。ひろまる。 **願い** 世界に広く知れ渡るような活躍をしてほしいという期待を込めて。また、弓を引いて弦をいっぱいに張る様子を表すことから、何事にもくじけず、困難に立ち向かっていける強さとしなやかさの両面を持った人に育ってほしいと願って。	グ・コウ・お・ひろ・ひろし・ひろむ・みつ	弘 5画
甲樹 こうき 甲介 こうすけ 甲太郎 こうたろう		**意味** ①こうら。からだをおおう、かたいから。②きのえ。十干の一番目。③順序や等級の第一。④よろい。⑤かぶと。⑥声の調子の高いよう。 **願い** 順位や成績の第一位の意味を持つ誇り高い漢字。何事に対しても常に高みをめざし、向上心を持って努力できる人になってほしいという期待を込めて。	カン・コウ・か・かつ・き・きのえ・まさる	甲 5画

337

おすすめ漢字 5〜5画

画数・漢字	主な読み	主な意味と込めたい願い	女の子の名前例	男の子の名前例
司 5画	シ・おさむ・かず・つかさ・つとむ・もと・もり	意味 ①つかさどる。管理する。職務として行う。②つかさ。つとむ。役目。役所。役人。 願い 人の上に立つことのできる度量を持った人になってほしいと願って。また、面倒見がよく、多くの人に慕われる存在であってほしいという気持ちも込めて。	司帆 しほ	司 つかさ／龍司 りゅうじ／真司 かずま
史 5画	シ・ちか・ちかし・ふひと・ふみ・み	意味 ①ふびと。天子の言行や国家の記録をつかさどる役人。②王朝や時代のできごとの移り変わりを記録した書物。さかん。むかしの役人の階級で、太政官と神祇官の四等官のうちの四番目の地位。 願い 教養があり内面から輝く人に。また、文学の才能に恵まれ活躍できるようにと願って。歴史に残る活躍を期待して。	史帆 しほ／史華 ふみか／史織 しおり	聡史 さとし／史哉 ふみや／史温 しおん
市 5画	シ・いち・ち・まち	意味 ①いち。いちば。品物の売り買いをする所。②売り買い。取り引き。③あるじ。人家が多く、にぎやかなところ。④市制をしいている地方自治体。 願い 人が集まる場所だと示すことから、明るく楽しい人柄で、多くの人を引きつける魅力ある存在にと願って。また、経済力や商才にも恵まれるようにという期待も込めて。	市華 いちか／市佳 いちか	宗市 そういち／悠市 ゆういち／喜市 きいち
主 5画	シュ・ス・おも・かず・つかさ・ぬし・もり	意味 ①ぬし。所有者。社会。②古くから住んでいる者。③あるじ。神や客をもてなす側の長。④おもな。おもに。⑤中心となる人や物。 願い 火ともし台の上で燃える炎の形からきていることから、心の中に炎のような熱い闘志を持ち、何事にも一生懸命、率先して取り組み、リーダーシップのある人になることを願って。		主弥 かずや／主晴 すばる／主税 ちから
世 5画	セ・セイ・つぎ・つぐ・とき・とし・よ	意味 ①世の中。浮き世。社会。②時代。とき。③人の一生。一代（三十年）。④ひとりの君主が統治する期間。⑤血のつながりや相続の数を示す。 願い 自らの力で時代を築き上げる人に。また、先人から引き継いだものをさらに大きくしていくことのできる立派な人に育ってほしいという気持ちも込めて。	世奈 せな／莉世 りせ／紗世 さよ	煌世 こうせい／琉世 りゅうせい／世羅 せら
正 5画	ショウ・セイ・あきら・きみ・ただ・ただし・まさ・まさし	意味 ①まちがっていない。ただす。ただしく する。②まさに。ちょうど。たしかに。④ほんとう。⑤長官。かみ。主となるもの。⑥年のはじめ。⑦ゼロより大きい数。 願い 善悪を見分けることのできる冷静な判断力を持った人に。本物を見いだすことを込めて。価値のある人に見いだすことのできる人と願って。	正美 まさみ	正太 しょうた／正太郎 しょうたろう／正樹 まさき

338

おすすめ漢字 5〜5画

生（5画）

主な読み：ショウ・セイ・い・いき・いく・う・お・おき・き・たか・なり

意味：①はえる。草木が芽を出す。②うむ。うまれる。③いきる。いかす。④じゅうぶんに熟さない。⑤とりたての。⑥うまれながら。⑦いのち。⑧暮らし。⑨いきいきしている。⑩純粋なこと。⑪ひ材料。⑫男子が自分をへりくだっていうことば。⑬ういういしい。

願い：純粋な心を持ち、日々をいきいきと過ごす人にと願って。

女の子の名前例：芽生（めい）・弥生（やよい）・結生（ゆい）

男の子の名前例：龍生（りゅうせい）・琉生（るい）・悠生（はるき）

代（5画）

主な読み：タイ・ダイ・か・しろ・とし・のり・よ

意味：①入れかわる。②かわるがわる。③人のかわりに行う。④位をうけつぐ順位。⑤歴史上のある時代・ある期間。⑥人の一生。⑦数や年齢のはばを表す。⑧「時代」「世代」⑨ねだん。⑩田地。

願い：脈々と引き継がれる時間の流れを感じさせる漢字。いつまでも若々しく、生命力にあふれる人に。

女の子の名前例：千代（ちよ）・幸代（さちよ）・桃代（ももよ）

冬（5画）

主な読み：トウ・かず・とし・ふゆ

意味：四季の一つ。立冬から立春までの間。太陽暦では十二・一・二月。

願い：冬の澄みきった空気のような、透明感あふれる人に成長してほしいと願って。また、どんなに厳しい状況でも我慢強く、それを人生の糧にできる生命力あふれた人になってほしいという気持ちも込めて。

女の子の名前例：冬音（ふゆね）・美冬（みふゆ）・冬香（ふゆか）

男の子の名前例：冬真（とうま）・冬馬（とうま）・冬希（ふゆき）

白（5画）

主な読み：ハク・ビャク・あき・あきら・きよ・きよし・し・しら・しろ・ひら

意味：①しろい色。②け。③しろくす。④明らか。⑤明るい。⑥はっきりしている。⑦おだやか。述べる。⑧何も書いてない。

願い：清く、正しく、気品ある人にと願って。また、人生まっさぎよく、自分の考えを明確にはっきりと伝えることのできる快活な人に育ってほしいという期待も込めて。

女の子の名前例：真白（ましろ）・瑚白（こはく）・茉白（ましろ）

平（5画）

主な読み：ビョウ・ヘイ・おさむ・たいら・とし・なる・ひとし・ひら

意味：①たいら。ひらた い。②ふつう。なみ。③ひたすら。しきりに。④しずめる。討ちしずめる。⑤等しい。かたよりがない。⑥おだやか。⑦やさしい。⑧平家のこと。

願い：活発で健康的な響きが人気。だれに対しても優しく穏やかに接して人の意見を素直に聞くことができる、落ち着いた人に。波風が立たない平和な人生をと願って。

男の子の名前例：航平（こうへい）・桔平（きっぺい）・平蔵（へいぞう）

未（5画）

主な読み：ビ・ミ・ひつじ

意味：①まだ…しない。否定をあらわすことば。②ひつじ。十二支の八番目。動物では羊。時刻は午後一時から三時まで。方位では南南西。

願い：木の枝葉をかたどり、枝葉が茂る意味を表す漢字であることから、のびやかに育ってほしいと願って。また、無限の可能性を秘めた人に。

女の子の名前例：未央（みお）・未羽（みう）・未来（みく）

男の子の名前例：未來（みらい）・拓未（たくみ）・未来哉（みきや）

おすすめ漢字 5〜6画

矢 ⑤画
主な読み: シ・ただ・ちかう・なお・や

意味: ①弓のつるにかけて射るもの。武具・狩猟具の一つ。②矢のようにはやい。③ちかう。約束を固く守る。

願い: 正月の縁起物である破魔矢（はまや）のように、悪しきものを寄せつけない清く正しい人に。また、まっすぐに飛ぶ矢のように、勢いのある人生が送れるようにという祈りも込めて。

女の子の名前例: 麻矢（まや）／沙矢（さや）／亜矢（あや）
男の子の名前例: 聖矢（せいや）／蒼矢（そうや）／龍矢（りゅうや）

由 ⑤画
主な読み: ユ・ユイ・ユウ・ただ・ゆき・よし・より

意味: ①よりどころ。わけ。原因。②方法。手がかり。③人から伝え聞いたことを表すことば。④…から。動作・時間の起点を表す。⑤もとづく。⑥平仮名の「ゆ」は、「由」の草書体からできた字。

願い: 人々の手本となる人にと願って。また、原因や起点を表すことから、物事を論理的に考えることのできる人に。

女の子の名前例: 由芽（ゆめ）／由莉（ゆり）／由依（ゆい）
男の子の名前例: 由飛（ゆうひ）／由真（ゆうま）／由晴（よしはる）

立 ⑤画
主な読み: リツ・リュウ・た・たか・たかし・たち・たつる

意味: ①まっすぐに立つ。②起こす。起こる。③たちどころに。ただちに。④たちどころ。始め。⑤リットル。長官。⑥容積の単位。

願い: 独立心旺盛で行動力があり、頼もしい人に育ってほしいと願って。また、地に足をつけて、人生をしっかりと歩んでほしいという気持ちも込めて。

女の子の名前例: 立花（りつか）／立夏（りつか）
男の子の名前例: 立貴（りつき）／立成（りゅうせい）／立樹（たつき）

令 ⑤画
主な読み: リョウ・レイ・なり・のり・はる・よし

意味: ①言いつける。言いつけ。②教え。いましめ。③法律。きまり。④よい。美しい。⑤他人の肉親を敬っていうことば。⑦…させる。⑧もし。たとい。仮定の意味を表す。使役の意味を表す。

願い: まっすぐに生き、信頼を寄せられ、多くの人に慕われる人にと願って。また、清らかな心を持った人に。

女の子の名前例: 令菜（れな）／令華（れいか）／令奈（れいな）
男の子の名前例: 令（れい）／令真（りょうま）／令（りょう）

礼 ⑤画
主な読み: ライ・レイ・あきら・あや・のり・ひろ・ひろし・ま・さ・まさし

意味: ①のり。人のふみ行うべききまり。②生活上の儀式・作法。③敬意を表す動作。おじぎ。④感謝の気持ち。また、その品物。

願い: 作法や礼儀を重んじる、気品ある人に。感謝の気持ちを忘れない謙虚な人になってほしいと願って。そして多くの人に感謝される心の優しい人になってほしいという気持ちも込めて。

女の子の名前例: 美礼（みれい）／礼乃（あやの）／礼（れい）
男の子の名前例: 礼人（あやと）／礼央（れお）／礼志（れいじ）

旭 ⑥画
主な読み: キョク・あき・あきら・あ・さ・あさひ・てる

意味: ①朝日。②明らか。

願い: 太陽が地平線から出て一気に上昇するイメージから、勢いのある人生に。大地を照らし、恵みをもたらす太陽のように、周囲の人たちを幸せにできる人になってほしいと願って。また、健康で生命力あふれるようにという気持ちも込めて。

女の子の名前例: 旭夏（あさか）／旭陽（あさひ）／旭妃（あさひ）
男の子の名前例: 旭陽（あさひ）／旭（あさひ）／旭（あきら）

おすすめ漢字 6〜6画

男の子の名前例	女の子の名前例	主な意味と込めたい願い	主な読み	画数・漢字
安慈 あんじ 安里 あさと	安那 あんな 安純 あずみ 安莉 あんり	意味①やすい。やすらか。②品物の価値が低い。③簡単にできる。たやすい。④やすんじる。⑤楽しむ。甘んじる。⑥する。置く。⑦いずくんぞ。疑問や反語を表すことば。 願い 温和で穏やかな人柄に。安心感を与える器の大きな人にと願って。また、安定した人生であるようにと祈りを込めて。	アン・あ・やす・やすし	安 6画
伊織 いおり 伊吹 いぶき 琉伊 るい	伊桜里 いおり 由伊 ゆい 伊万里 いまり	意味①これ。この。②かれ。かの。③「伊太利〈イタリア〉」の略。 願い イタリアの略称として使われ、モダンでおしゃれなイメージから、服飾やクリエイティブな世界で活躍してほしいという気持ちを育ってほしいという気持ちを込めて。	イ・いさ・これ・ただ・よ	伊 6画
由衣斗 ゆいと 琉衣 るい 瑠衣 るい	結衣 ゆい 真衣 まい 紗衣 さえ	意味①着物。着るもの。②着る。着物を身につける。 願い 立派な着物を着るような、富や財に恵まれるようにと祈って。衣服を表すことから、モダンでおしゃれな印象から、創造力に富み、服飾やデザインなどの芸術の世界で活躍できるようにという気持ちも込めて。経験という衣をたくさんまとった人にと願って。	イ・エ・きぬ・ころも・そ・みそ	衣 6画
悠宇 ゆう 弘宇 ひろたか 宇一郎 ういちろう	美宇 みう 由宇 ゆう 宇海 うみ	意味①ひさし。のきした。②屋根。③家。④建物をかぞえることば。そら。天。⑥天下。天地四方。⑦たましい。⑧平仮名の「う」は「宇」の草書体からできた字。 願い 屋根や家のように、家族を守れる、芯のある人にと願って。天下、天地四方のすべての空間、事柄を表すことから、すべてを受け入れる広く大きな心を持った人に。	ウ・うま・たか・のき	宇 6画
悠羽 ゆう 羽琉 はる 優羽 ゆうわ	美羽 みう 彩羽 いろは 優羽 ゆう	意味①鳥や虫のはね。②中国古代の音階を表す五音〈宮・商・角・徴・羽〉の一つ。③鳥などをかぞえることば。 願い 世界にはばたいて活躍できるような人になってほしいと願って。また、自由にのびのびと育ち、自分の個性を発揮してほしいという気持ちも込めて。	ウ・は・はね・わ・わね	羽 6画
晴気 はるき 悠気 ゆうき	元気 げんき	意味①水蒸気、空気。ガス。②天地間の自然現象。③息。呼吸。④目に見えない力。勢い。⑤気だて。生まれつきの性質。⑥気持ち。心持ち。⑦一年を二十四等分したその一期間。 願い 生きていくことや目標を達成するパワーにあふれた人に。空気や天地の自然を表すことから、生命力にあふれ、健康に恵まれるように。	キ・ケ・おき	気 6画

男の子の名前例	女の子の名前例	主な意味と込めたい願い	主な読み	画数・漢字
匡亮 きょうすけ / 匡志 まさし / 匡貴 まさき		**意味** ①ただす。正しくする。正しい。②救う。助ける。 **願い** 堅実で頼りがいがあり落ち着いた賢い人を思わせるイメージがある漢字。物事を落ち着いて判断することができ、正義感が強く、人から信頼される人になるように、まじめで堅実な人に育つように願って。	キョウ・たすく・ただ・ただし・ただす・ただす・まさ・まさし	匡 6画
圭祐 けいすけ / 圭吾 けいご / 圭 けい	圭織 かおり / 圭子 けいこ / 圭都 けいと	**意味** ①むかし中国で、天子が諸侯に領土を賜るしるしとして与えた玉。②かど。玉のとがった角。 **願い** 玉が積み重なっていくことをイメージして、喜びや財が拡大していくようにと願って。また、主君から領土を賜った臣下のように、切磋琢磨し、結果を残せる人になってほしいという願いも込めて。	ケイ・か・かど・きよ・き・よし・たま・ひとし	圭 6画
将伍 しょうご / 大伍 だいご / 伍希 いつき		**意味** ①いつつ。②組み。③組む。④軍隊などの列。 **願い** 多くの友だち、よい仲間、親友に恵まれることのできる活力にあふれた人に。どんなときでも向上心を持ち、輝きを失わない人になってから、豊かな人間関係に恵まれ、いつも人の輪の中になるような人生になるように願って。	ゴ・あつむ・いつ・くみ・ひとし	伍 6画
光輝 こうすけ / 光佑 みつき / 光 ひかる	光希 みつき / 光莉 ひかり / 光穂 みつほ	**意味** ①輝く。照らす。②ひかり。③つや。④ほまれ。名声。⑤けしき。⑥時間。 **願い** 周囲を明るく照らすことのできる活力にあふれた人に。どんなときでも向上心を持ち、輝きを失わない人に。また、周囲の人たちの希望の光となる存在になってほしいという祈りの気持ちも込めて。	コウ・あき・あきら・てる・ひかり・ひかる・ひろし・みつ	光 6画
陽向 ひなた / 日向太 ひなた / 向希 こうき	向日葵 ひまり / 日向子 ひなこ / 日向 ひなた	**意味** ①面する。その方にむく。②おもむき。傾く。③先。以前。④適す。 **願い** 夢や目標に向かってひたむきで純粋な人に育つようにと願って。また、明るく前向きで、多くの人たちから慕われる人になってほしいという気持ちも込めて。	キョウ・コウ・ひさ・む・むか・むき・むけ	向 6画
好誠 こうせい / 好輝 こうき / 好生 よしき	好花 このか / 好葉 このは / 好乃 よしの	**意味** ①このむ。すく。このみ。②このみ。③よい。④美しい。⑤このましい。⑥うまく。たくみに。 **願い** だれからも好かれる人に育ってほしいと願って。また、世の中によい結果を残せるような人物になってほしいという気持ちを込めて。	コウ・この・このみ・す・たか・み・よし・よしみ	好 6画

おすすめ漢字 6〜6画

男の子の名前例	女の子の名前例	主な意味と込めたい願い	主な読み	画数・漢字
	紗江 さえ 江玲奈 えれな 江梨 えり	意味①中国の川の名。長江のこと。②大きな川。③いりえ。海や湖が陸地に入りこんだ部分。願いゆったりとした水の流れをイメージすることから、おおらかで穏やかな人に育つことを願って。以前は女の子の止め字として使われることが多かったが、すっきりとした字形は止め字以外に使ってもほかの字に合わせやすい。	コウ・ゴウ・え・きみ・ただ・のぶ	江 6画
善行 よしゆき 行人 ゆきと 貴行 たかゆき		意味①ゆく。歩く。進む。②おこなう。おこない。③心身をきたえるおこない。④旅。⑤並び。⑥漢字の書体の一つ。⑦めぐり動く天地の成り立つもの。⑧店。問屋。商社。願い決めた方向にひたすら進んでいく意志の強さと行動力を持ち、成功をつかむ人に育つよう願って。	アン・ギョウ・コウ・き・つら・のり・ひら・みち・やす・ゆき	行 6画
	百合香 ゆりか 小百合 さゆり 百合 ゆり	意味①あう。あわせる。②かなう。③集まる。集める。④容量の単位。一升の十分の一。⑤土地の面積の単位。一坪の十分の一。⑥山の高さを十に分けた一つ。願い一つにぴったり合う、集めるなどの意味を表すことから、人との出会いに恵まれるように、また、よい人間関係をつくることができるようにとの思いを込めて。	カッ・ガッ・コウ・ゴウ・あ・あい・かい・はる・よ・し	合 6画
至穏 しおん 康至 こうし 至 いたる		意味①いたる。届く。到着する。②いたり。き。③いたって。きわめる。願い矢が到達したことを表し、至るという意味に。きわめる、最高の意味もある。常に高い目標とそれを成し遂げる向上心を持ち、成果にも恵まれる人になることを願って。	シ・いた・いたる・ちか・のり・みち・ゆき・よし	至 6画
慶次 けいじ 瑛次 えいじ 幸次郎 こうじろう		意味①つぐ。つぎ。二番目。②ついで。順番。順序。③回数を表すこと。④宿る。宿屋。願いしばらく立ち止まって休息する、充電してまた始めるといった意味もある。壁にぶつかっても、自分できちんと立ち上がる強さを持ち、次々と夢をかなえていける人になってほしいと期待して。	シ・ジ・ちか・つ・つぎ・つぐ・やどる	次 6画
汐穏 しおん 汐恩 しおん	汐里 しおり 汐莉 しおり 汐梨 しおり	意味しお。うしお。夕方に起こるしおのみちひ。願いきれいな夕日が水面に光るロマンチックな情景をイメージすることから、優しい人に育ってほしいという願いを込めて。海を連想する字の中でも、ひときわ繊細な印象の漢字。	セキ・きよ・しお	汐 6画

おすすめ漢字 ⑥〜⑥画

朱 ⑥画
主な読み: シュ・あけ・あけみ・あや

意味: ①赤。②江戸時代の貨幣の単位。一両の十六分の一。③しゅずみ。赤い墨。

願い: 鳥居や和食器などに使われる明るい赤色のことで、伝統を感じさせる落ち着いた人に。温かみのある色なので、人を癒やすことのできる包容力と豊かな心を持った人に育ってほしいという願いを込めて。

女の子の名前例:
- 朱莉 ⁶⁺¹⁰ あかり
- 朱音 ⁶⁺⁹ あかね
- 朱香 ⁶⁺⁹ あやか

男の子の名前例:
- 朱里 ⁶⁺⁷ しゅり
- 朱羽 ⁶⁺⁶ しゅう

充 ⑥画
主な読み: ジュウ・あ・あつ・たか・まこと・み・みち・みつ・みつる

意味: ①みちる。みたす。あてる。あてがう。③ふさぐ。ふさがる。

願い: 充実した人生を歩んでほしいと願って。また、子どもがすくすくと健康に育ち、困難に打ち勝って、一人で立ち上がる強さを持った人にという気持ちも込めて。

女の子の名前例:
- 充結 ⁶⁺¹² みゆ
- 充希 ⁶⁺⁷ みつき
- 充咲 ⁶⁺⁹ みさき

男の子の名前例:
- 充孝 ⁶⁺⁷ みつたか
- 充貴 ⁶⁺¹² あつき
- 充 ⁶ みつる

旬 ⑥画
主な読み: シュン・ジュン・とき・ひとし

意味: ①十日間。一か月を三分したうちの一つ。②十年。③満ちる。いっぱいになる。④しゅん。野菜や魚などのもっとも味のよい時期。

願い: 物事の旬の時期、チャンスのときを見逃さず、夢や目標を実現できる実行力ある人にと願って。いつまでもフレッシュさを持ったさわやかな人に育ってほしいという気持ちも込めて。

女の子の名前例:
- 旬華 ⁶⁺¹⁰ じゅんか
- 旬那 ⁶⁺⁷ じゅんな

男の子の名前例:
- 旬 ⁶ しゅん
- 旬哉 ⁶⁺⁹ しゅんや
- 旬平 ⁶⁺⁵ じゅんぺい

匠 ⑥画
主な読み: ショウ・たくみ

意味: ①たくみ。職人。②先生。学問・芸術にすぐれた人。③趣向などをこらすこと。

願い: 技術を身につけ、美しいものや、世の中の役に立つものをつくり出せる人に育ってほしいと願って。また、芸術的な才能にも恵まれるようにという思いを込めて。

男の子の名前例:
- 匠 ⁶ たくみ
- 匠海 ⁶⁺⁹ たくみ
- 匠平 ⁶⁺⁵ しょうへい

丞 ⑥画
主な読み: ショウ・ジョウ・すけ・す・すむ

意味: ①助ける。補佐する。②じょう。むかしの役人の階級で、八省の四等官のうちの三番目の地位。

願い: 穴に落ちた人を救い上げる、助けるなどの意味を持つ漢字。正義感が強く、困っている人を見過ごせない優しさを持ち、常に人の立場に立って動ける人に。人から信頼される人になれるよう願って。

女の子の名前例:
- 心之丞 ⁴⁺³⁺⁶ しんのすけ
- 祐丞 ⁹⁺⁶ ゆうすけ
- 丞 ⁶ じょう

色 ⑥画
主な読み: シキ・ショク・いろ・しこ

意味: ①いろどり。②男女間の愛情。③愛人。④ひびき。調子。⑤おまけ。⑥顔かたち。表情。⑦よす。おもむき。⑧仏教で、形あるものすべて。

願い: 美しく愛情の深い人に成長することを願って。また、種類という意味もあることから、さまざまな可能性を持った人に育ってほしいという期待を込めて。

女の子の名前例:
- 陽色 ¹²⁺⁶ ひいろ
- 色葉 ⁶⁺¹² いろは
- 音色 ⁹⁺⁶ ねいろ

男の子の名前例	女の子の名前例	主な意味と込めたい願い	主な読み	画数・漢字
迅哉（ときや） 迅士（はやと） 迅（じん）		**意味** ①はやい。②激しい。 **願い** 「卂」の部分は鳥のハヤブサの飛ぶ形を表し、そこから速い、激しい、の意味になった。頭の回転のよさと機敏さ、能力の高い人をイメージさせる漢字。気持ちに爽快さや力強さを持った、元気で活発で行動力のある人になることを願って。	シン・ジン・とき・はや	**迅** ⑥画
成希（しげき） 成也（せいや） 龍成（りゅうせい）	成穂（なるほ） 成実（なるみ） 成美（なるみ）	**意味** ①できあがる。実る。②なしとげる。しあげる。③まとまった形になる。 **願い** どんな道を歩んでも、かならず成功するように、物事をあきらめずに成し遂げる立派な人になってほしいと願って。責任感のある落ち着いた雰囲気を持った人に育ってほしいという気持ちも込めて。	ジョウ・セイ・おさむ・さだ・しげ・しげる・なり・なる	**成** ⑥画
壮真（そうま） 壮志（そうし） 壮（たけし）		**意味** ①さかん。②元気のよい三十歳前後の男。③強い。勇ましい。④り **願い** 身も心も健全で生命力にあふれ、意気揚々とした力がみなぎっているイメージ。勇気を持って前へ進んでいける志の高い人に育ってほしいと期待して。	ソウ・あき・お・さかり・さ・もり	**壮** ⑥画
早太（そうた） 早汰（そうた） 早翔（はやと）	早希（さき） 早智（さち） 早穂（さほ）	**意味** ①はやい。②すみやか。急ぐ。③若い。④ **願い** 早朝、早春という言葉から連想するような、いつまでも若々しいフレッシュな人に。生命力あふれる人になってほしいという願いを込めて。	サッ・ソウ・はや	**早** ⑥画
亮多（りょうた） 駿多（しゅんた） 奏多（かなた）	日菜多（ひなた） 優多（うた） 多恵（たえ）	**意味** ①おおい。たくさん。②増す。増やす。③功績を認める。ほめる。④ありがたく思う。 **願い** 多くの功績を残せる人になってほしい。多くの人に幸福を与える人になってほしい。そして、多くの幸福を手にする人生を送ってほしいという気持ちも込めて。	タ・おお・おおし・とみ・な・まさ・まさる	**多** ⑥画
海地（かいち） 泰地（たいち） 大地（だいち）		**意味** ①土地。②国。③ところ。場所。④身分。⑤その土地。⑥本性。もと。⑦文章の中で会話以外の部分。 **願い** 度量と器の大きさを連想させることから、おおらかな心で人を受け止め、大地にしっかり足をつけて、すくすくと成長していくように願って。	ジ・チ・くに・ただ	**地** ⑥画

おすすめ漢字

6〜6画

おすすめ漢字 6〜6画

男の子の名前例	女の子の名前例	主な意味と込めたい願い	主な読み	画数・漢字
灯真 とうま	灯 あかり / 灯里 あかり / 灯子 とうこ	**意味** ひ。ともしび。 **願い** 元は、ろうそく立ての上の火を表したことから、優しく人を包んでくれる温かな光を連想させる字。人の心をホッと和ませるような、優しい人に成長してほしいと願って。	テイ・チン・トウ・ひ	灯 6画
世凪 せな / 凪人 なぎと / 凪 なぎ	凪紗 なぎさ / 栞凪 かんな / 彩凪 あやな	**意味** ①なぐ。海上の風や波が穏やかになる。②なぎ。波風がすこしもない状態。 **願い** 波風の立たない平穏な様子を表すことから、どんなときでも冷静で度量の大きな人になってほしいと願って。また、平和で穏やかな人生を送ってほしいという気持ちも込めて。	なぎ・なぐ	凪 6画
一帆 かずほ / 和帆 かずほ / 帆貴 ほだか	真帆 まほ / 花帆 かほ / 帆南 ほなみ	**意味** 風を受けて船を進ませる布。ほかけ船。 **願い** 大海原を進む帆船をイメージすることから、活発で行動力ある人に。さわやかで快活な人柄で多くの人に親しまれる人に育ってほしいと願って。また、順風満帆な人生を歩んでほしいという祈りも込めて。	ハン・ほ	帆 6画
	妃菜 ひな / 咲妃 さき / 妃織 ひおり	**意味** ①つれあい。妻。②きさき。皇后の次に位する女性。③皇太子や皇族の妻。 **願い** 「王妃」「后妃」などと使われるように、元はとくに天子の正妻・皇后を表す高貴で育ちのよさを感じさせる漢字。気品がただよう優美な人に育つようにとの願いを込めて。	ハイ・ヒ・き・ひめ	妃 6画
	百花 ももか / 百華 ももか / 百音 もね	**意味** ①十の十倍の数。②じゅうぶん。すべて。③もろもろ。多数の。さまざまな。あらゆる。 **願い** 数が多いことを意味する縁起のよい字。友だちや幸せ、才能などに恵まれるようにとの願いを込めて。「もも」の音の響きもかわいらしく、女性の名前に人気。	ハク・ヒャク・お・と・は・げむ・も・もも	百 6画
世名 せな / 星名 せな / 晴名 せな	菜名 なな / 栞名 かんな / 名桜 なお	**意味** ①なまえ。呼び名。②なのる。自分のなまえを言う。③なづける。③ほまれ。評判。なだかい。すぐれた。④人数をかぞえることば。 **願い** 自分の名を名乗って相手に知らせるという意味を持つことから、自分の考えを明確に表現できる人に。名声・名誉など、世界に名をはせる活躍ができる人にという期待も込めて。	ミョウ・メイ・あきら・な・なづく	名 6画

おすすめ漢字 6〜7画

男の子の名前例	女の子の名前例	主な意味と込めたい願い	主な読み	画数・漢字
有悟（ゆうご） 悠有（ゆう） 有（ゆう）	有紗（ありさ） 有真（ゆま） 有紀（ゆき）	**意味** ①ある。存在する。②持つ。持ち続ける。③また。さらに。その上に。 **願い** 存在感があり、上をめざしていける向上心のある人に。才能、知力、体力、たくさんの能力に恵まれて、豊かな人生が歩めるようにという祈りを込めて。	ウ・ユウ・あ・あり・たも・つ・なお・みち・もち・り	**有** 6画
吏玖（りく） 勇吏（ゆうり） 快吏（かいり）	吏夏（りか） 悠吏（ゆうり） 吏咲（りさ）	**意味** 役人。官吏。 **願い** 役人や仕事をする人の意味に用いることから、社会に貢献できる人に、平和な世にするために力を注げる人になってほしいと願って。また、安定した堅実な人生を歩んでほしいという気持ちも込めて。	リ	**吏** 6画
亘稀（こうき） 亘佑（こうすけ） 亘（わたる）		**意味** ①わたる。両端までおよぶ。②めぐる。めぐらす。 **願い** あちこちにわたるという広がりを示す漢字であることから、誠実で信念を持ち、多くの人に親しまれる人に。また多彩な分野で活躍の場を持ち、大きな視野で自分の世界をどんどん広げていける人になるよう期待して。	コウ・セン・とおる・わたり・わたる	**亘** 6画
斗亜（とあ） 颯亜（そうあ） 瑠亜（るあ）	亜子（あこ） 未莉亜（みりあ） 亜美（あみ）	**意味** ①次ぐ。二番目。準じる。②亜細亜（アジア）の略。 **願い** 次ぐという意味から、親や先人を敬う人に、伝統を重んじる人に育ってほしいと願って。また、アジア全体をイメージし、大陸的でおおらかな人に育ってほしいという気持ちも込めて。	ア・アツ・オウ・つぎ・つぐ	**亜** 7画
杏介（きょうすけ） 杏哉（きょうや） 杏輔（きょうすけ）	杏花（きょうか） 杏（あん） 杏奈（あんな）	**意味** あんず。からもも。 **願い** 杏はバラ科の落葉高木。杏は花は美しく実はおいしいことから、中身も容姿も素晴らしい人がえのないオンリーワン、かけがえのない大切な子という思いを込めて。また、果実がたくさんなる豊かな木のように、実りある人生を送れるようにという気持ちも込めて。	アン・キョウ・コウ・あん	**杏** 7画
龍壱（りゅういち） 壱護（いちご） 壱樹（いつき）		**意味** ①ひとつ。②もっぱら。ひたすら。 **願い** ママとパパにとってのオンリーワン、かけがえのない大切な子という思いを込めて。ひとつのことにひたすらに取り組む強い精神力を持ち、夢をかならずかなえてほしいと願って。	イチ・イツ・かず	**壱** 7画

347

おすすめ漢字 7〜7画

伽 (7画)

主な読み: カ・ガ・キャ

意味: ①梵語「カ・ガ・キャ」の音訳に用いる。②人の退屈をまぎらわすこと。③病人の世話をすること。

願い: おもしろみのあることを考える創造力を持った人に。エンターテインメントの世界で活躍できるようにと願って。また、人を楽しませて明るい笑顔を引き出せる心豊かな人になってほしいという気持ちを込めて。

女の子の名前例: 桃伽（ももか）／彩伽（あやか）／伽奈（かな）

男の子の名前例: 瑠伽（るか）／琉伽（るか）／伽維（かい）

花 (7画)

主な読み: カ・ケ・はな・はる

意味: ①草木の花。②奈良時代は梅の花、平安時代以降は桜の花をさす。③美しい。華やか。④芸人などに与える祝儀。⑤花の形をしたもの。⑥花に執着する心。

願い: 華やかさや美しさを表すことができる漢字。組み合わせる字によって多彩な意味に通じることから、強い信念を持ち、自分自身を大切にして、慎ましいながらも自分の存在を上手にアピールできる人に。また、野山に咲く花の持つ素朴な愛らしさもイメージできる。可憐な人にとの願いを込めて。

女の子の名前例: 花音（かのん）／優花（ゆうか）／花（はな）

男の子の名前例: 花道（はなみち）

我 (7画)

主な読み: ガ・わ・われ

意味: ①わたくし。われ。②わたしの。自分。③わが。われわれの。④自分勝手。⑤自分。

願い: 元は刃がギザギザの鋸を意味したが、自身を表す漢字に。強さや慎み深さなど多彩な意味もある。さっぱりとした気持ちを表す漢字で、速い、鋭いの意味もある。さっぱりと晴れ上がった空に輝く、太陽のような明るい人に。魅力的な人柄で人気を集め、健康的で頭のよい人になるように願って。

男の子の名前例: 龍我（りゅうが）／泰我（たいが）／我玖（がく）

快 (7画)

主な読み: カイ・ケ・こころよ・はや・やす・よし

意味: ①気持ちがよい。②病気がない。③はやい。④よく切れる。

願い: おもしろい、充実感、晴ればれする、鋭いの意味を持つ。はやい、すばらしいという意味もある。

女の子の名前例: 快斗（かいと）／快晴（かいせい）／快理（かいり）

希 (7画)

主な読み: キ・ケ・まれ

意味: ①まれ。少ない。年長。②こいねがう。③薄い。まばら。望む。

願い: 類いまれなる才能を持った人に。夢や目標に向かって、前向きに進める人に育ってほしいと願って。また、輝かしい未来を予感させるイメージがあるので、夢を実現できる素晴らしい人生を歩んでほしいという祈りも込めて。

女の子の名前例: 咲希（さき）／柚希（ゆずき）／希美（のぞみ）

男の子の名前例: 陽希（はるき）／和希（かずき）／悠希（ゆうき）

芹 (7画)

主な読み: キン・せり

意味: せり。セリ科の多年草。湿地や水辺に生え、葉はよいかおりがあり食用にする。春の七草の一つ。

願い: せりは独特の芳香を持つ春の七草の一つ。早春のイメージと音の響きから、明るい人に育ってほしいという願いを込めて。

女の子の名前例: 芹菜（せりな）／芹奈（せりな）／芹夏（せりか）

男の子の名前例: 芹（せり）

男の子の名前例	女の子の名前例	主な意味と込めたい願い	主な読み	画数・漢字
莉玖 りく 和玖 わく 龍玖 りゅうく	美玖 みく 実玖 みく／りく 理玖 りく	**意味** ①黒色の美しい玉。②書類などで、数字の「九」の代わりに用いる。 **願い** 吸い込まれるように輝く玉のように、高貴な印象を与える人に。圧倒的な気高さを持った人に育ってほしいという願いを込めて。	キュウ・ク	玖 7画
拓見 たくみ 匠見 たくみ	彩見 あやみ 見優 みゆ 菜々見 ななみ	**意味** ①自然に目にふれる。②考える。思う。知る。③お目にかかる。会して親しみの気持ちを表すことば。④隠れていたものが出てくる。 **願い** 目に留まる、考えるという意味を持つ漢字。周囲を幅広く見渡しながら、物事の本質をしっかりと見据えることができる賢い人、まわりの人に細やかな気配りができる人になることを願って。	ケン・ゲン・あき・あきら・ちか・み	見 7画
圭吾 けいご 悠吾 ゆうご 吾郎 ごろう		**意味** ①われ。わが。自分。自分の。②他人に対して親しみの気持ちを表すことば。 **願い** 自己を表すほか、守る、防ぐの意味もあり、どっしりと安定した印象がある漢字。他人に対して親しみの気持ちを表す親しみの気持ちを表す人に。思いやりがあり、家族や友だちを大切に守っていける人になることを願って。	ゴ・あ・ごろう・みち・わ・わが・われ	吾 7画
孝太 こうた 孝樹 こうき 尚孝 なおたか	孝美 たかみ 孝子 たかこ	**意味** ①父母や目上の人によく仕える。真心をもって仕える。②祖先に飲食物を供えてまつる。 **願い** 親や師などの目上の人に感謝の気持ちを忘れない道徳心をしっかり持った人に。思いやりにあふれ、多くの人に慕われ尊敬される人になってほしいという気持ちを込めて。	キョウ・コウ・たか・たかし・のり・みち・ゆき・よ	孝 7画
宏太 こうた 宏樹 ひろき 智宏 ともひろ	弥宏 みひろ 宏佳 ひろか 千宏 ちひろ	**意味** 場所や規模、人物や物の度量が広くて大きい。りっぱである。 **願い** 音が響き渡るほどの大きな建物を表すことから、心にゆとりのある人になってほしいという願いを込めて。	コウ・あつ・ひろ・ひろし	宏 7画
	更紗 さらさ 更 さら 更彩 さらさ	**意味** ①改める。かえる。②かわるがわる。③むかしの時刻のよび名で、午前五時から午後七時までを五つに分けたもの。④ふける。夜遅くなる。⑤たけなわになる。⑥年をとる。⑦さらに。その上に。⑧生きかえる。 **願い** 未知の物事にも臆することなく立ち向かう、向上心にあふれた人にとの期待を込めて。	コウ・さら・のぶ・ふ	更 7画

おすすめ漢字

7〜7画

おすすめ漢字 7〜7画

画数・漢字	主な読み	主な意味と込めたい願い	女の子の名前例	男の子の名前例
克 7画	コク・いそし・かつ・かつみ・すぐる・たえ・なり・まさる・よし	**意味** ①自分の欲望や苦しみにうちかつ。②むずかしい物事や敵にうちかつ。③乗り越える。④相手にうちかつ。⑤よくする。⑥たえる。たえしのぶ。 **願い** 能力がある、成し遂げる、勝つなどの意味があることから、強い意志を思わせる漢字に。困難を乗り越え、運命を切り開いて最後までやり遂げる人に。		将克 まさかつ 克佳 かつよし 克哉 かつや
佐 7画	サ・すけ・たすく・よし	**意味** ①助ける。②助け。③助ける人。④軍人で二番目の地位。⑤むかしの役人の階級で、衛門府などの四等官のうちの将官につぐ階級。 **願い** 周囲の人に信頼されて、それにこたえて人を助けることのできる人に育ってほしいと願って。また、互いに助け合う友に恵まれるようにといい祈りの気持ちも込めて。	佐奈 さな 梨佐 りさ 理佐子 りさこ	和佐 かずさ 佐京 さきょう 真佐樹 まさき
沙 7画	サ・シャ・いさ・す・すな	**意味** ①砂。②物事のよしあしや真偽を見極める。 **願い** しあしを定める。砂のように、柔軟な心で対処できる人に。物事の美意識を持った洞察力、技術・学問、芸術・分野で才能を発揮して活躍できる人になってほしいと願って。	沙羅 さら 沙樹 さき 沙弥 さや	和沙 かずさ 真沙斗 まさと 渚沙 なぎさ
冴 7画	コ・ゴ・さえ	**意味** ①さえる。冷える。澄みわたる。さえわたる。②凍る。寒い。 **願い** 知性と感性を兼ね備えた人に。研ぎ澄まされた感性により、芸術・技術・学問、あらゆる分野で才能を発揮して活躍できる人になってほしいと願って。	冴 さえ 冴子 さえこ 冴香 さえか	琉冴 りゅうご 翔冴 しょうご 悠冴 ゆうご
作 7画	サ・サク・つく・つくり・き・とも・なり	**意味** ①つくる。②書物などを書きあらわす。こしらえたもの。③しるす。書きしるしたもの。④耕す。⑤成す。行う。⑥おこす。⑦おこる。盛んになる。⑧かまえ。構造。⑨よそおい。⑩働く。仕事。⑪働き。⑫振るまい。 **願い** 地道に努力を積み上げていくことができる人に。		幸作 こうさく 俊作 しゅんさく 栄作 えいさく
志 7画	シ・こころざし・こころざす・さね・しるす・むね・ゆ	**意味** ①心が目的に向かう。②ある目的への気持ち。意志・信念。③しるす。書きしるしたもの。 **願い** 夢や目的に向かって強い信念を持って進める人に育ってほしいと願って。また、筋の通ったすがすがしい人に育ってほしいという気持ちも込めて。	志歩 しほ 志乃 しの 志織 しおり	龍志 りゅうし 太志 たいし 颯志 そうし

350

画数・漢字	主な読み	主な意味と込めたい願い	女の子の名前例	男の子の名前例
秀 7画	シュウ・さかえ・しげる・ひで・ほ・ほず・みのる・よし	**意味** ①ひいでる。抜きん出てすぐれている。②ひじょうにすぐれた人や物。③美しさや高さの目立つもの。 **願い** 精神・容姿・知性・感性など、あらゆることに抜きんでているように願って。また、秀でた能力を持っていてもおごり高ぶらない人柄で、多くの人に慕われ、尊敬される人になってほしいという気持ちを込めて。	秀華 しゅうか 秀香 しゅうか 秀美 ひでみ	秀樹 ひでき 秀虎 ひでとら 秀哉 しゅうや
初 7画	ショ・ソ・うい・そ・はじ・はじめ・はつ・もと	**意味** ①物事のおこりはじめ。②はじめて。③はつ。④うぶ。世間ずれしていないこと。 **願い** フレッシュさが連想できる漢字。いつまでもかしの初心を忘れず物事に真剣に取り組む人、未来に向かって元気に明るく歩んでいく人に成長することを願って。	初奈 はつな 初華 ういか 初音 はつね	
助 7画	ショ・ジョ・すけ・たすく	**意味** ①たすける。力を貸す。救う。②たすけ。主となる者を手伝う人。③たすかる。④すけ。む。⑤手伝い。昔の殿寮の四等官の階級で、二番目の地位。 **願い** 心が広く包容力があり、人のために努力を惜しまず、弱い者や困っている人に力を貸せる人になることを期待して。人から好かれる存在になることを願って。		幸助 こうすけ 颯助 そうすけ 慎之助 しんのすけ
伸 7画	シン・ただ・の・のぶ・のぶる・のぼる	**意味** ①のびをする。②長くなる。③まっすぐになる。④広くなる。⑤述べる。申し述べる。⑥のばして広げる。⑦勢力が強くなる。 **願い** 素直な心を持った人に、夢や希望に向かってまっすぐに進んでいく願いを込めて。また、のびのびと心のある人に向上心のある人にという祈りの気持ちも込めて。	伸枝 のぶえ 伸子 のぶこ	伸一朗 しんいちろう 篤伸 あつのぶ 憲伸 けんしん
臣 7画	シン・ジン・お・おみ・おん・しげ・とみ・み・みつ	**意味** ①家来。主君に仕える人。②家来になる。③主君に対して臣下が使う自称のことば。④たみ。人民。 **願い** 人の考えをよく聞き、人のために尽くすことを忘れず、人の道を正しく歩むことを願って。		臣吾 しんご 雅臣 まさおみ 龍臣 たつおみ
吹 7画	スイ・ふ・ふき・ふけ	**意味** ①息をはき出す。②管楽器をふき鳴らす。 **願い** 風が吹く、芽吹くということから連想されるように、力強い生命力とさわやかさの両面を持った人に育ってほしいという願いを込めて。	美吹 みぶき 芽吹 めぶき 維吹 いぶき	息吹 いぶき 惟吹 いぶき 勇吹 いぶき

おすすめ漢字 7〜7画

画数・漢字	主な読み	主な意味と込めたい願い	女の子の名前例	男の子の名前例
汰 7画	タ・タイ	意味 ①より分け。細かいものを洗い分ける。②不用のものをのぞく。 願い 豊か、豊かさにあふれる漢字。豊かさに恵まれ、幸多く、活発で前向きに生きていけることを願って。また、大切な子であるという気持ちを込めて。		颯汰 そうた 奏汰 かなた 翔汰 しょうた
辰 7画	シン・ジン・たつ・とき・のぶ・のぶる	意味 ①たつ。十二支の五番目。動物では竜、時刻では午前八時。または、午前七時から九時ごろまで。方位では東南東。②星。③天体。日、月、星。時節。 願い 大空に向かってどこまでも昇っていく竜のように、上昇志向の強い人になることを願って。		辰樹 たつき 辰弥 たつや 辰成 たつなり
杜 7画	ズ・ト・ド・もり	意味 ①やまなし。バラ科の落葉果樹。山野に自生する。②ふさぐ。閉じる。③神社のある森。 願い 自然の場所で実をつける木を表すことから、実りある豊かな人生をと願って。木々のそよぶようなさわやかさと透明感のある人に。また、神社の神聖な森をイメージして、高貴で気品ある人になってほしいという気持ちも込めて。	圭杜 けいと 美杜 みもり	悠杜 はると 杜和 とわ 優杜 ゆうと
那 7画	ダ・ナ・とも・ふゆ・やす	意味 ①西方の異民族の国の名。現在の中国の四川省にあった。②なんぞ。いかんぞ。いかん。疑問や反語を表すことば。③あの。あれ。④どこ。どのあたり。⑤梵語の「ナ」の音訳に用いる。 願い 疑問や反語を意味することから、自分の意見をはっきりと伝えることができる人に。	優那 ゆうな 莉那 りな 那奈 なな	星那 せな 眞那斗 まなと 那緒 なお
芙 7画	フ・はす	意味 はすの花。はちす。 願い 清らかで美しいはすの花のように、清純さと美しさを兼ね備えた人に成長することを願って。左右対称の落ち着いた字形からも、バランスのとれたしっとりとした雰囲気が感じられる。	美芙由 みふゆ 芙優 ふゆ 芙美 ふみ	
芳 7画	ホウ・か・かおる・かんば・みち・よし	意味 ①かんばしい。かおりがよい。②評判がよい。名声が高い。てがら。③美しい。④他人の物事につけて敬意を表すことば。 願い 香りがよいことを表すことから、そばにいるだけで癒やされるようなすてきな人に。美しい容姿とたたずまいで評判もよく、多くの人の心をつかむ人になってほしいという気持ちを込めて。	彩芳 あやか 芳香 よしか 芳乃 よしの	芳樹 よしき 芳紀 よしき 芳明 よしあき

352

男の子の名前例	女の子の名前例	主な意味と込めたい願い	主な読み	画数・漢字
邦崇 くにたか 邦明 くにあき 邦仁 くにひと		意味 ①領土。②わが国。日本の。 願い 故郷や環境を愛しながらも、雄大な視野を持ち、感謝の気持ちを忘れない人になるように。国際人になることを願って。	ホウ・くに	邦 ⑦画
	妙華 たえか 妙子 たえこ 妙 たえ	意味 ①たえなる。この上なく美しい。②言うに言われないおもむき。みな。③ふしぎな。④わかい。 願い 美しい心や姿を持ち、人の気持ちの機微を察する細やかな心づかいができる人に成長してほしいという思いを込めて。	ビョウ・ミョウ・たえ	妙 ⑦画
颯佑 そうすけ 光佑 こうすけ 佑真 ゆうま	佑香 ゆうか 実佑 みゆ 佑奈 ゆうな	意味 助ける。助け。さと。 願い 人を助けることのできる思いやりや愛情にあふれた人に。助け合える友にも恵まれるように。また、素直で心優しい人に成長してほしいという願いも込めて。	ウ・ユウ・すけ・たすく	佑 ⑦画
幸邑 ゆきむら 邑眞 ゆうま	邑 ゆう 邑佳 ゆうか	意味 ①国都。領地。②さと。 願い 字形や音からも素朴で温かなイメージが伝わる字。故郷や両親をいつまでも大切に思って。人生を送ってほしいと願って。わが子に明るく輝く未来が訪れるようにという思いを込めて。	オウ・ユウ・くに・さとし・すみ・むら	邑 ⑦画
来夢 らいむ 春来 はるき 光来 みらい	未来 みく 来実 くるみ 咲来 さくら	意味 ①こちらに近づく。②招く。次の。これから先。③つごうがよい。④このかた。今まで。 願い 幸運を招き寄せる人生を送ってほしいと願って。わが子に明るく輝く未来が訪れるようにという思いを込めて。	ライ・き・きた・く・ゆき	来 ⑦画
悠利 ゆうり 利玖 りく 利仁 としひと	利奈 りな 優利 ゆうり 恵利 えり	意味 ①鋭い。よく切れる。②はやい。すばやい。③つごうがよい。役にたつ。収益。④もうけ。りし。りそく。⑤勝つ。⑥よく働く。⑦作用・効果があらわれる。 願い 物事をスムーズに運ぶことのできる、聡明で活発な人にと願って。また、気配り上手で商才に長け、富や財を築けるようにという期待も込めて。	リ・き・さと・とおる・とし・まさ・みのる・よし	利 ⑦画

画数・漢字	主な読み	主な意味と込めたい願い	女の子の名前例	男の子の名前例
李 7画	リ・すもも・もも	**意味** ①すもも。産のバラ科の落葉高木。春に白い花をつける。②おさめる。③姓の一つ。 **願い** 木と子の字からなり、子を生む意味を表すことから、子孫繁栄を願って。また、豊かで実りのある人生を送れるようにという気持ちも込めて。	李果 ももか／李咲 りさ／李緒 りお	魁李 かいり／悠李 ゆうり／桃李 とうり
里 7画	リ・さと・さとし	**意味** ①むらざと。ふるさと。②育ち。また、自分の家。嫁の実家。③子どもの養育を依頼した家。④道のり。また、道のりをはかる単位。日本では、一里は三六町。約四キロメートル。 **願い** ふるさとを思い出させるような、長い道のりをあきらめることなく進む人にという気持ちも込めて。	里桜 りお／樹里 じゅり／朱里 あかり	悠里 ゆうり／海里 かいり／里來 りく
良 7画	リョウ・あきら・お・かず・よ・よし・たか・つかさ・まこと・ら	**意味** ①できがよい。すぐれている。②穏やかな。③やや。しばらくして。④生まれつき正しい。⑤まことに。⑥妻が夫をよぶことば。 **願い** あらゆる面で優れた能力を発揮し、周囲の人たちのよきお手本になるような人になってほしいと願って。誠実で穏やかな人柄で、多くの人に好感を持たれるようにという願いも込めて。	咲良 さくら／紗良 さら／星良 せいら	空良 そら／良弥 りょうや／良仁 よしひと
伶 7画	リョウ・レイ	**意味** ①音楽の才能などに恵まれた人。演奏者。②俳優。③召し使い。④かしこい。利口。 **願い** 芸術的な才能や知性と、人々を魅了する容姿を持った人に育ちますようにという気持ちも込めて。	美伶 みれい／伶菜 れな／伶 れい	伶斗 れいと／伶汰 りょうた／伶介 りょうすけ
呂 7画	リョ・ロ・とも・なが	**意味** ①中国の古代の音楽や雅楽の調子。②こと ばの調子。平仮名の「ろ」は「呂」の草書体からできた字。 **願い** 音楽や言語に関する才能に恵まれるように。また、背骨の意味もあり、しんの強さ、人を支える強い心を持った人に成長できるようにという祈りを込めて。	比呂 ひろ／比呂斗 ひろと	
阿 8画	ア・あ・くま	**意味** ①山やおかの入り くんだところ。②大きなおか。③おもねる。④家のひさし。⑤梵語や外国語などの「ア」の音訳に用いる。「女子の名まえの上につける愛称。 **願い** 人生は、入り組んだ道や山や谷を歩いていくようなもの。柔軟な考えと健康な体で、しなやかに歩んでほしい、たくましい人に育ってほしいという思いを込めて。	阿依 あい／阿香里 あかり／阿紗子 あさこ	阿紋 あもん／斗阿 とあ／阿門 あもん

おすすめ漢字 8〜8画

男の子の名前例	女の子の名前例	主な意味と込めたい願い	主な読み	画数・漢字
依吹（いぶき） 怜依（れい） 依織（いおり）	芽依（めい） 陽依（ひより） 依茉（えま）	**意味**①よりかかる。頼る。②従う。③もとづく。④もとのまま。⑤木のおいしげるよう。 **願い** 人に頼られる度量を持ち、一方では頼りになる存在にも恵まれ、豊かな愛情の中で生涯を送れるようにと願って。また、自然のままの飾らない人柄で多くの人に愛されるように。人の和を大切にするすてきな人にという願いも込めて。	イ・エ・より	**依** ⑧画
育真（いくま） 育人（いくと） 育哉（いくや）	育海（いくみ） 育美（いくみ） 育歩（いくほ）	**意味**①そだてる。養う。②そだつ。成長する。③ひいでる。生まれた後の環境。 **願い** わが子の成長を見守り、あふれるほどの愛情を注ぐという親の気持ちをいっぱい込めて。また、すくすくと健康に育ち、元気で活発な、明るい人に成長するようにと願って。	イク・そだ・なり・やす	**育** ⑧画
翔英（しょうえい） 英汰（えいた） 英寿（ひでとし）	紗英（さえ） 英里子（えりこ） 英那（えな）	**意味**①はなぶさ。実のならない花。②ひいでる。すぐれる。③英吉利（イギリス）の略。 **願い** 英知にあふれた、優れた人になってほしいという気持ちを込めて。人の心を癒やしてくれる花のように、人が自然と集まる求心力のある魅力あふれた人になってほしいと願って。	エイ・あや・すぐる・たけし・てる・とし・ひで・ふさ・よし	**英** ⑧画
璃苑（りおん） 怜苑（れおん） 士苑（しおん）	志苑（しおん） 苑子（そのこ） 苑花（そのか）	**意味**①庭。草木を植えた庭や畑。②まきば。囲いをもうけて、動物を放し飼いにするところ。③いろいろな物事の集まるところ。 **願い** 洗練された庭園のイメージから、品格が高く、多くの人に支持される人にと願って。また、人が集まる大きな舞台に立てる人に、華やかな世界で活躍できるようにという気持ちも込めて。	エン・オン・その	**苑** ⑧画
音於（ねお） 伶於（れお） 怜於（れお）	真於（まお） 奈於（なお） 莉於（りお）	**意味**①ああ。嘆息・感嘆のことば。②おいて。を。場所・時間などを表す。③に。を。より。前置詞的に用いて、場所・比較などの意味を表す。④平仮名の「お」は、「於」の草書体からできた字。 **願い** 感嘆を表すことかひいては、芸術やスポーツの分野で輝かしい活躍ができるようにという願いを込めて。	ウ・オ	**於** ⑧画
旺佑（おうすけ） 旺志朗（おうしろう） 旺太（おうた）	茉旺（まお） 美旺（みお） 莉旺（りお）	**意味**①盛んなようす。②美しい光。 **願い** 元気で活動的で、多くの人の中にいても注目を集める存在感のある人になってほしいと願って。また、スポットライトを浴びるような、芸術やエンターテインメントの世界で活躍する人になってほしいという気持ちも込めて。	オウ	**旺** ⑧画

おすすめ漢字　8〜8画

男の子の名前例	女の子の名前例	主な意味と込めたい願い	主な読み	画数・漢字
優佳 ゆうか 佳大 けいた 佳介 けいすけ 佳輝 よしき	佳子 かこ 佳歩 かほ	**意味** ①美しい。②すぐれている。③めでたい。④おいしい。 **願い** 内面もたたずまいも美しい聡明な人に。だれからも愛されるような人になってほしいと願って。優れた能力を生かして成功し、幸せをつかんで喜びの多い人生を送ってほしいという願いも込めて。	カ・カイ・ケ・よし・さ	佳 8画
果歩 かほ	果歩 かほ 愛果 まなか 桃果 ももか	**意味** ①くだもの。木の実。②はたす。しとげる。③善悪のむくい。④思い切りがよい。⑤はたして。⑥はて。⑦はて。終わり。 **願い** 小さな木の実やフレッシュな果物のように、愛らしい人にという期待を込めて。また、成し遂げるという意味から、何かを成功させ、実り多き人生を送れるようにとの願いも託して。	カ・あきら・は・はた・まさる	果 8画
悠河 ゆうが 龍河 りょうが 大河 たいが	美河 みか	**意味** ①大きな川。②川に似たもの。③中国の川の名。黄河のこと。 **願い** 大河のように、ゆったりと落ち着きのある人になってほしいと願って。また、人々に恵みの水をもたらす川のように、多くの人に幸福をもたらすことのできる、社会に貢献できる人に育ってほしいという気持ちも込めて。	カ・ガ・かわ	河 8画
竜芽 りゅうが 幸芽 こうが 叶芽 かなめ	芽咲 めいさ 彩芽 あやめ 芽依 めい	**意味** ①草木のめ。②めばえる。物事の起こり。 **願い** 新しい感性を持った人になってほしいという気持ちを込めて。無からパワーを生み出す、未来の可能性を感じさせる人に。そして、目を見張るほどの活躍をする人に育ってほしいという願いを込めて。	ガ・ゲ・め・めい	芽 8画
学 まなぶ 学斗 がくと 学杜 まなと		**意味** ①習う。教えを受ける。勉強する。②まなびや。学校。③教育、まなぶ者、研究する者。④知識の体系。 **願い** 指導者と弟子の交流という意味もある。あふれる探究心を象徴する、奥深さを持つ漢字。尊敬する師に出会い、常に謙虚な姿勢で教えを請い、生涯学び続けることを忘れない人になることを期待して。	ガク・あきら・さと・さとる・たか・のり・まな・まなぶ・みち	学 8画
岳斗 がくと 岳大 たけひろ 岳 がく		**意味** ①大きくて高い山。②ごつごつしていかめしい。③妻の父のよび名に用いる。 **願い** 雄大で崇高な誇り高いイメージの漢字。雄大な風景や何事にも動じない堂々とした人物を連想させる。スケールの大きな夢を持ち、それに向かって一歩一歩頑張る人に。困難にも立ち向かっていく強さを持った人になるよう願って。	ガク・おか・たか・たかし・たけ	岳 8画

おすすめ漢字 8〜8画

男の子の名前例	女の子の名前例	主な意味と込めたい願い	主な読み	画数・漢字
優祈 ゆうき 瑞祈 みずき 晴祈 はるき	祈里 いのり 実祈 みのり 美祈 みき	**意味** ①いのる。願う。②いのり。 **願い** 神に願って幸いを求める。人の幸せを祈ることのできる、あふれるほどの愛情を持った人に。めざすところに向かって努力を重ねていく意志の強い人に。謙虚で、平和と正義を愛する人に育ってほしいと願って。	キ・いの	**祈** ⑧画
佑季 ゆうき 佳季 よしき 樹季 いつき	紗季 さき 柚季 ゆずき 瑞季 みずき	**意味** ①きょうだいの中でいちばん年下の者。末っ子。②四季の終わりの月。③とき。時節。一年を四つに分けた三か月。春夏秋冬。 **願い** 四季の美しさをいとおしむ感性の豊かな人に。また、年少者を気にかける優しさや、育てることのできる包容力のある人になってほしいという気持ちも込めて。	キ・すえ・とき・とし・み・のる	**季** ⑧画
享介 きょうすけ 享平 きょうへい 享太郎 きょうたろう	享佳 きょうか 享華 きょうか 享子 きょうこ	**意味** ①うける。自分に与えられたものをすなおに受け入れる。授かる。②もてなす。供え物をして神をまつる。 **願い** どんな場所、どんな地位になっても、置かれたところで自分を輝かせることのできる人に。また、多くのものを授かることのできる幸運な人生を歩んでほしいという願いを込めて。	キョウ・すすむ・たか・つら・ゆき	**享** ⑧画
佑京 うきょう 京 けい 京斗 けいと	京果 きょうか 京子 きょうこ 京香 きょうか	**意味** ①みやこ。首都。②京都のこと。③東京のこと。④数の単位。兆の一万倍。⑤大きい。高い。 **願い** 情報・流行・経済・政治など、あらゆる分野の最先端が集まる都のように、物事を発信する力を持って、社会の中心となれる人物をめざして。また、上品さが感じられる古風な一面を持った人にも育ってほしいという願いも込めて。	キョウ・ケイ・おさむ・たかし・ちか・ひろし	**京** ⑧画
蒼空 そら 璃空 りく 空良 そら	蒼空 そら 美空 みく 空 そら	**意味** ①あな。②大空。つる。③天候。④方角。方向。⑤落ち着かないこと。欠けた月。⑥からっぽ。⑦いつわり。⑧中身がなくなる。⑨さびしい。人の気配がない。⑩役に立たない。⑪むなしく。むだに。⑫そらごと。いつわり。⑬からになる。⑭航空の略。 **願い** 大空にはばたくイメージから、世界で活躍してほしいと願って。	ク・クウ・コウ・あ・から・そら	**空** ⑧画
弦汰 げんた 弦 げん 結弦 ゆづる	小弦 こいと	**意味** ①弓に張る糸。ゆづる。②半月。半分ほど欠けた月。③バイオリン・ギター・琴などの楽器。また、それらの楽器。④円周上の二点を結ぶ直線。また、直角三角形の斜辺。 **願い** 月と楽器を連想させ、弾力的でのびやかな強さが感じられる漢字。弓のように鋭く、弦のようにしなやかに、人生を闊歩(かっぽ)していける人にと願って。	ゲン・いと・つる	**弦** ⑧画

おすすめ漢字 8〜8画

男の子の名前例	女の子の名前例	主な意味と込めたい願い	主な読み	画数・漢字
亜呼 あこ	呼春 こはる 璃呼 りこ	**意味** ①さけぶ。大声でよぶ。②名づける。③息をはく。④ああ。ため息の声。 **願い** 口から息をはく様子から、生命力を感じさせる漢字。物おじせず、自分の意思を伝えることができるハキハキした人に成長することを願って。	コ・うん・よ	**呼** ⑧画
虎太郎 こたろう 秀虎 ひでとら 虎之介 とらのすけ		**意味** ①とら。食肉目ネコ科の動物。鋭いきばと、黄色と黒色のしまがある。②よっぱらい。③強くおそろしいもののたとえ。④かわいがる。⑤ひじょうに危険なものや場所のたとえ。 **願い** 美しい勇猛さを象微する存在のとらにあやかってつけたい。強く勇ましく威風堂々。どんな困難も俊敏さとしなやかさで切り抜ける、パワフルな人にと願って。	コ・たけ・とら	**虎** ⑧画
幸輝 こうき 幸平 こうへい 幸太郎 こうたろう	咲幸 さゆき 幸希 さき 幸子 さちこ	**意味** ①さいわい。しあわせ。②さち。恵み。自然界からとれたもの。③さいわいに。運よく。④かわいがる。気に入る。⑤みゆき。天子のおでまし。 **願い** 幸せになってほしいという親の愛情をいっぱいに込めて。幸運が次々にやってくる、笑顔の多い幸せな人生を送ってほしいという願いを込めて。	コウ・さい・さき・さち・たか・ひで・みゆき・ゆき・よし	**幸** ⑧画
昂大 こうだい 昂汰 こうた 昂輝 こうき	昂奈 こうな	**意味** ①あがる。のぼる。②気がたかぶる。③たかい。高くなる。意気があがる。 **願い** 高まる、上がるなどの勢いを感じさせること。また、意欲的で上をめざしていく意志の強い人に成長してほしいと願う。豊かな感受性を持ち、いろいろな分野で活躍してほしいという思いも込めて。	コウ・ゴウ・あき・あきら・たか・たかし・のぼる	**昂** ⑧画
	采音 ことね 采花 あやか 采芽 あやめ	**意味** ①とる。つみとる。選びとる。②いろどり。あや。もよう。③すがた。④知行所・領地。⑤仕事。つとめ。役目。⑥さいころ。 **願い** 音や字体に趣がある字。元は手を合わせて草木の芽や実を取るという意味があることから、多くの幸せを手に入れ華やかな人生を送ることを願って。	サイ・あや・うね・こと	**采** ⑧画
	紗枝 さえ 朋枝 ともえ 枝里子 えりこ	**意味** ①木のえだ。②分かれ出たもの。 **願い** 細くても、しっかりと葉を茂らせて果実をつける枝のイメージから、しなやかさとたくましさを兼ね備えた、しんの強い人になってほしいとの期待を込めて。女の子の止め字として使われることが多いが、「え」の一音は、先頭字や中間字としても使ってもほかの字とマッチしやすい。	キ・シ・え・えだ・しげ	**枝** ⑧画

358

おすすめ漢字　8〜8画

男の子の名前例	女の子の名前例	主な意味と込めたい願い	主な読み	画数・漢字
龍侍 りゅうじ 銀侍 ぎんじ 勇侍 ゆうじ		**意味**①武士。②目上の人や高貴な人のそば近くに仕える。また、仕える人。③「ある」「いる」の丁寧語。 **願い**忠誠、名誉、礼節などを重んじる「さむらい」の意味にも使うことから、武士道精神を期待して、文武両道で礼儀正しく、勇敢でまっすぐな誇り高い人になるようにと願って。	シ・ジ・さむらい	**侍** 8画
治希 はるき 龍治 りゅうじ 誠治 せいじ	治美 はるみ	**意味**①物事の乱れを整える。国をおさめる。②なおる。なおす。③いとなむ。管理する。 **願い**事業を営んだり、好きなことで身を立てることができる人に育ってほしいという気持ちを込めて。心や体を治す研究者や医療の道など、人の役に立てる人にという願いを込めて。	ジ・チ・おさ・おさむ・さだ・ただす・つぐ・なお・はる・よし	**治** 8画
拓実 たくみ 実樹 みつき 実 みのる	実咲 みさき 愛実 まなみ 実香 みか	**意味**①草や木の、み。くだもの。②みのり。草や木のみが熟す。③満たす。なかみ。④じゅうぶんにある。⑤ほんとう。まこと。 **願い**努力が実を結ぶようにと願って。まごころのある人に出会い、豊かな家族をつくれるようにという祈りも込めて。	シツ・ジツ・さね・なお・のり・まこと・み・みつ・みの・みのる	**実** 8画
	若菜 わかな 若奈 わかな 若葉 わかば	**意味**①わかい。幼い。②もし。仮定を表すこと。③もしくは。④ごとし。…のようだ。⑤状態。⑥いくらか。すこし。⑦なんじ。二人称代名詞。 **願い**若さや幼さを意味することから、生命力を感じさせる漢字。いつまでも変わらない、みずみずしい気持ちや若々しい容姿を持ち続けることを願って。	ジャ・ジャク・ニャ・ニャク・も・より・わか・わく	**若** 8画
周 しゅう 周平 しゅうへい 周作 しゅうさく	周音 あまね 周子 ちかこ 周華 しゅうか	**意味**①まわり。②めぐる。物のまわりをひとまわりしてくる。③あまねく。広く行きわたる。④中国古代の王朝名。 **願い**素晴らしい気配りで、一緒にいる人が心休まる思いやりにあふれた人に。周囲を隅々まで見渡せる視野の広い人に。また、まわりに祝福されることの多い人生をといい気持ちも込めて。	シュウ・あまね・いたる・ただ・ちか・のり・ひろし・まこと	**周** 8画
宗太郎 そうたろう 宗志 そうし 政宗 まさむね		**意味**①おさ。かしら。②たっとぶ。その道の第一人者。③神や仏の教え。④おたまや。祖先のたましいをまつるところ。⑤おおもと。祖先。本家。 **願い**どの道を歩んでも、指導者や先駆者になれるような器の大きい人にと願って。また、祖先を敬い、家を大事にする優しい人であるようにという気持ちも込めて。	シュウ・ソウ・たかし・とき・むね・もと	**宗** 8画

おすすめ漢字 8〜8画

尚 (8画)

主な読み: ショウ・たか・たかし・なお・なか・なり・ひさ・ひ・さし・まさ

意味: ①まだ。そのうえ。②たっとぶ。とうとぶ。重んじる。③好み。④高くする。高い。⑤加える。重ねる。⑥久しい。古い。

願い: より高きをめざしていくことのできる、強い精神力を持った人になってほしいと願った。まだ、古いことを重んじ、人を敬い、品格に満ちあふれた人にという期待を込めて。

女の子の名前例:
- 尚香 なおか
- 尚子 なおこ
- 尚美 なおみ

男の子の名前例:
- 尚央 なお
- 尚也 なおや
- 尚吾 しょうご

昇 (8画)

主な読み: ショウ・すすむ・のぼる・のり

意味: ①上にあがる。官位や序列があがる。②のぼる。③おだやか。

願い: 繁栄や発展をイメージさせる力強い漢字。常に向上心を持ち、ひたむきな姿勢で、努力を惜しまず前進していける人になるようにと願って。

男の子の名前例:
- 昇大 しょうた
- 昇矢 しょうや
- 昇平 しょうへい

昌 (8画)

主な読み: ショウ・あき・あきら・さかえ・すけ・まさ・まさし・まさる

意味: ①勢いが強い。栄える。②よい。美しい。③明らか。

願い: なんでも意欲的に取り組む活力あふれる人に育ってほしいと願って。また、太陽が昇ることから形づくられた字であることから、周囲を明るくする朗らかな人になってほしいという思いも込めて。

女の子の名前例:
- 昌奈 あきな
- 昌美 まさみ

男の子の名前例:
- 昌汰 しょうた
- 昌悟 しょうご
- 昌輝 まさき

征 (8画)

主な読み: セイ・さち・そ・ただし・ただす・まさ・ゆき・ゆく

意味: ①進んで行く。旅に出る。②うつ。あやまりや不正を武力でただす。

願い: 人生の困難が目の前に立ちはだかっても、前に突き進むたくましさを持った芯の強い人に育ってほしいと願って。ひたむきに進んでいき、夢を実現してほしいという思いも込めて。

男の子の名前例:
- 龍征 りゅうせい
- 征樹 まさき
- 征士 せいじ

青 (8画)

主な読み: ショウ・セイ・チン・あお・きよ・はる

意味: ①あお。あおい。②若い。年少の。③黒い毛の馬。また、馬の俗称。④未熟。

願い: 澄みきった空の青や、深い海の青をイメージして、若々しいさわやかさと思慮深さの両面を持った人に育ってほしいという願いを込めて。けがれのない澄んだ心、広く大きな心を持った人に育ってほしいという気持ちを込めて。

女の子の名前例:
- 青依 あおい
- 玉青 たまお
- 青葉 あおば

男の子の名前例:
- 龍青 りゅうせい
- 青矢 せいや
- 悠青 ゆうせい

卓 (8画)

主な読み: タク・すぐる・たか・たかし・まこと・まさる

意味: ①つくえ。台。テーブル。②すぐれる。ひときわすぐれている。③高い。

願い: すっきりとした知的な印象を持つ漢字。どこでも高い志を持ち、抜群の才能を生かしながら成功をつかみとる人になることを願って。だれにも負けないひときわ優れていることを一つでも持ち、それを輝かせることができる人になることを期待して。

男の子の名前例:
- 卓馬 たくま
- 卓都 たくと
- 卓矢 たくや

おすすめ漢字 8〜8画

男の子の名前例	女の子の名前例	主な意味と込めたい願い	主な読み	画数・漢字
拓海 たくみ 拓真 たくま 拓也 たくや		**意味** ①切り開く。広げる。②石碑の文字などを紙に刷りとる。石ずり。 **願い** 未知の分野でも積極的に挑んでいける心の強さを持ち、未来を自分で切り開くことのできる人に。かつても自分にぶつかっても自分で解決できるパワーを持ったたくましい人に育つようにと願って。	タク・ひらく・ひろ・ひろ・し	拓 ⑧画
泰知 たいち 知輝 ともき 知広 ともひろ	知咲 ちさ 知香 ちか 知美 ともみ	**意味** ①感じとる。覚える。見分ける。②ちえ。さとい。かしこいこと。③しらせる。しらせ。④友人。⑤もてなし。⑥治める。あし **願い** 知性を感じさせ、学問の道に精進する優秀な人に。素晴らしい友人に恵まれるように願って。また、人よりも多くのことに気づく、豊かな感性を持った人にという気持ちも込めて。	チ・あき・あきら・さと・さとし・さとる・とし・とも・はる	知 ⑧画
宙 そら 宙輝 ひろき 宙士 ひろと	千宙 ちひろ 美宙 みひろ 真宙 まひろ	**意味** ①空。大空。空間。②そらんじる。③空中。 **願い** 小さなことにこだわらない心の広い人に。包容力にあふれた人になってほしいと願って。また、自然科学の分野で、宇宙に飛び出すほどの活躍をしてほしいという期待も込めて。	チュウ・おき・ひろし・み・ち	宙 ⑧画
直樹 なおき 直太郎 なおたろう 直人 なおと	直緒 なお 直美 なおみ 直子 なおこ	**意味** ①なおす。まっすぐにする。正しくする。②なおる。正しくなる。③じか。直接。④やがて。まもなく。⑤つかさどる。⑥つとめの番に当たる。とのい。⑦ただ。すぐに。⑧ただ。⑨あたい。値段。価値。⑩値うちがある。 **願い** 実直な人柄で、周囲の信頼を集める人に。	ジキ・チョク・すぐ・すな・お・ただ・ちか・なお・な・おき・なおし	直 ⑧画
弘典 こうすけ 桜典 おうすけ 典之 のりゆき	典華 のりか 美典 みのり 典子 のりこ	**意味** ①書物。手本となる書物。②規則。法律。③儀式。作法。④しきたり。⑤つかさどる。⑥さかん。むかしの役人の階級で、大宰府の四等官のうちの四番目の地位。 **願い** 思慮深くて礼儀正しい人になってほしいと願って。物事に対してまじめに取り組み、努力を続けて成功するようにという気持ちを込めて。	テン・おき・すけ・つかさ・つね・のり・ふみ・みち・よし	典 ⑧画
東吾 とうご 東真 とうま 東磨 とうま	東子 とうこ	**意味** ①ひがし。②東へ行く。③あずま。東の地方。京都から関より東の地方をさしていう。 **願い** 太陽が昇ってくる方角を指すことから、生命力や意欲に満ちあふれた人に育ってほしいと願って。	トウ・あきら・あず・あずま・はじめ・はる・ひがし・ひで	東 ⑧画

おすすめ漢字 8〜8画

奈（8画）

主な読み: ダイ・ナ・ナイ・なに

意味: ①いかん。いかんぞ。なに。疑問を表すことば。②平仮名の「な」は「奈」の草書体からできた字。

願い: 大きい実のなる木を表す字であり、実り多き人生を送ってほしいという気持ちを込めて。また、疑問を表す意味であることから、意見をはっきりと伝えることのできる快活な人に育ってほしいと願って。

女の子の名前例:
- 奈央 なお
- 奈々 なな
- 杏奈 あんな

男の子の名前例:
- 日奈太 ひなた
- 真奈斗 まなと
- 奈吾 だいご

杷（8画）

主な読み: ハ

意味: ①さらい。かき集める農具。穀物をかき集めるのに使う、くまで。②ならし。土をならす農具。③〔枇杷（びわ）〕は、バラ科の常緑高木の果樹。

願い: 穀物を集めたりする農具のような、かわいらしさをもった人に育つことを期待して。果物の枇杷にも使う漢字。穏やかで堅実な性格を備え、枇杷の実のように、さわやかな人に育ってほしいという気持ちを込めて。

女の子の名前例:
- 杷奈 はな
- 杷月 はづき
- 杷琉 はる

波（8画）

主な読み: ハ・ヒ・なみ

意味: ①水の起伏。②波のようになっておしよせてくるもの。また、その動き。③物事の上がり下がり。④もめごと。乱れる。⑤まなざし。

願い: 青く光り輝く波のように、さわやかな人に育ってほしいという気持ちを込めて。

女の子の名前例:
- 波奈 はな
- 帆波 ほなみ
- 美波 みなみ

男の子の名前例:
- 波音 なみと
- 波瑠 はる
- 蒼波 あおは

枇（8画）

主な読み: ビ・ヒ

意味: 〔枇杷（びわ）〕は、バラ科の常緑高木の果樹。

願い: 枇杷（びわ）が持つ淡い甘さとコロンとした温かみのある形を思い起こさせる漢字。素直で素朴な、かわいらしさを持った人に育ってほしいという願いを込めて。

女の子の名前例:
- 枇咲 ひさ
- 枇奈 ひな
- 枇那 ひな

男の子の名前例:
- 枇天 ひだか
- 悠枇 ゆうび

苗（8画）

主な読み: ビョウ・ミョウ・え・たね・なえ・なり・なわ・みつ

意味: ①種子からのび出たばかりの植物。②すじ。子孫。③すじ。ちすじ。④なえ。

願い: 稲の苗のように、すくすくと太陽に向かって育ってほしいという思いを込めて。また、幸せな結婚をして、よき母として子宝に恵まれますようにと願って。

女の子の名前例:
- 早苗 さなえ
- 香苗 かなえ
- 奈苗 ななえ

武（8画）

主な読み: ブ・ム・いさ・いさむ・た け・たけし・たける

意味: ①強い。勇ましい。②いくさ。戦い。戦争。戦いの術。③兵器。④ひとまたぎ。半歩。

願い: 武士や武士道など、勇ましく力強いイメージの漢字。前向きな強さ、精神的たくましさを秘めて、強くて勇敢な人になるように願って。文武両道でまじめな人になるよう期待して。

男の子の名前例:
- 歩武 あゆむ
- 武蔵 むさし
- 武琉 たける

362

男の子の名前例	女の子の名前例	主な意味と込めたい願い	主な読み	画数・漢字

歩（8画）

主な読み： フ・ブ・ホ・あゆ・あゆみ・ある・すすむ

意味 ①あるく。②物事の進みぐあい。なりゆき。③足を出して歩くことをかぞえることば。④土地の面積の単位。一歩は約三・三平方メートル。⑤利率の単位。一歩は一割の十分の一。⑥将棋の駒の名。⑦手数料。

願い どんなときでも前に進んでいく明るい人に。最初の一歩を踏み出す勇気を持ち、夢をつかんでほしいと願って。

- 男の子：瑞歩（みずほ）・歩夢（あゆむ）・歩武（あゆむ）
- 女の子：歩実（あゆみ）・果歩（かほ）・志歩（しほ）

宝（8画）

主な読み： ホウ・たか・たかし・たから・たけ・とみ・とも・み・よし

意味 ①たからもの。きわめて価値のあるもの。金・銀・珠玉の類。②貨幣。金銭。③たいせつにする。たっとぶ。④天子や仏に関することがらに添えることば。

願い 大切なかけがえのない子どという思いを込めて。光り輝く存在となり、社会で活躍してほしいと願って。また、財や富にも恵まれますようにという気持ちも込めて。

- 男の子：宝良（たから）・宝生（ほうせい）・宝（たから）
- 女の子：宝来（たから）・咲宝（さほ）・李宝（りほ）

朋（8画）

主な読み： ホウ・とも

意味 ①友だち。同じ先生につく学友。②仲間。③めぐり合わせ。

願い 心許せるよき友人に恵まれた、豊かな人生を送れるように願って。また、ひもでつないだ2つの貝の形からできた字で、古代の財貨を表すことから、富や財にも恵まれるようにという思いも込めて。

- 男の子：朋大（ともひろ）・朋也（ともや）・朋輝（ともき）
- 女の子：真朋（まほ）・朋花（ともか）・朋美（ともみ）

命（8画）

主な読み： ミョウ・メイ・いのち・とし・なが・のぶ・のり・ま・こと・み・みこと・みち・よし

意味 ①いのち。②おおせ。言いつけ。言いつける。③めぐり合わせ。④人としてのつとめ。⑤みこと。むかし、神や貴人につけてよんだことば。⑥人がよく見える。⑦戸籍簿。⑧かしこい。

願い 健やかに長生きできるようにという願いをストレートに伝える字。また、自分のなすべきことを一途にやり遂げる強い気持ちを持った人にという願いを込めて。

- 男の子：命（みこと）
- 女の子：美命（みこと）

明（8画）

主な読み： ミョウ・メイ・あ・あか・あかり・あきら・あけ・きよ・てる

意味 ①あかるい。あき。あかるく光る。②目がよく見える。さとい。③目立ってあらわれる。④さえる。⑤夜をあかす。⑥夜があける。⑦あきらかにする。⑧あす。あした。⑨あかり。⑩始まる。⑪⑫すきま。ひま。⑬みん。中国の王朝名で、明朗快活で、だれからも好かれる人に。明るい未来を願って。

願い 明

- 男の子：煌明（こうめい）・明真（はるま）・明仁（あきひと）
- 女の子：明日香（あすか）・明依（めい）・明莉（あかり）

茂（8画）

主な読み： モ・しげ・しげし・しげみ・しげる・とお・とよ・もち・もと・ゆたか

意味 ①しげる。しげり。草木が盛んにのびる。②しげみ。草木の盛んに生えているところ。③さかんなありさま。④すぐれてりっぱである。

願い 草木が生い茂っているさまは、豊かさと成長の証し。健康に育ち、自分の能力を存分に発揮して夢をつかんでほしいという願いを込めて。

- 男の子：茂樹（しげき）・一茂（かずしげ）・正茂（まさしげ）
- 女の子：茂音（もね）・茂奈（もな）・茂果（もか）

おすすめ漢字 8〜8画

おすすめ漢字

夜 (8画)

主な読み: ヤ・よ・よる

意味: ①日没から日の出までの暗い時間。②よふけ。よなか。

願い: 星や月を想像させることから、自然を愛する情緒豊かな人に。考えが深く、気づかいのできる人になってほしいと願って。また、天文学などの自然科学の分野で活躍してほしいという思いも込めて。

女の子の名前例:
- 桜夜(さや)10
- 小夜子(さよこ)
- 沙夜(さや)

男の子の名前例:
- 龍夜(りゅうや)16
- 星夜(せいや)

弥 (8画)

主な読み: ビ・ミ・いよ・ひさ・ひさし・ひろ・みつ・や・よし・わたる

意味: ①いよいよ。ます。②広くゆきわたる。③久しい。長い間。④つくろう。とじ合わせる。⑤いや。いよいよ、ます。⑥梵語「ミ」の音訳に用いますの意味の接頭語。

願い: 大きく広がっていく様子を表すことから、おおらかな人に。また、周囲を広く見渡し、深い洞察力で人生を切り開いてほしいと願って。

女の子の名前例:
- 紗弥(さや)10
- 弥生(やよい)
- 弥咲(みさき)

男の子の名前例:
- 柊弥(しゅうや)9
- 聖弥(せいや)13
- 和弥(かずや)

怜 (8画)

主な読み: リョウ・レイ・レン・さと・さとし・とき

意味: さとい。かしこい。

願い: 思慮深く理知的で、多くの人に尊敬されるようになってほしいと願って。また、人の心の痛みを察することのできる知性を持ち、思いやりにあふれた人になってほしいという気持ちも込めて。

女の子の名前例:
- 怜奈(れいな)8
- 怜佳(れいか)8
- 美怜(みれい)

男の子の名前例:
- 怜(れい)
- 怜央(れお)
- 怜慈(れいじ)

和 (8画)

主な読み: オ・ワ・かず・かつ・ちか・とも・な・なご・のどか・ひとし

意味: ①声や調子を合わせる。②やわらぐ。なごむ。気が合い、親しむ。③なごやか。穏やかな。④あえる。まぜ合わせる。⑤穏やかになる。⑥数学で、二つ以上の数を加えたもの。⑦日本の。⑧なぐ。なぎ。風雨がなく海が穏やかなこと。

願い: 人の和を大切にする人に。

女の子の名前例:
- 和奏(わかな)
- 日和(ひより)
- 美和(みわ)

男の子の名前例:
- 大和(やまと)3
- 和真(かずま)
- 和樹(かずき)

侑 (8画)

主な読み: ウ・ユウ・あつむ・すすむ

意味: ①すすめる。ごちそうをすすめる。②助ける。③むくいる。

願い: 進んで人を助けた人に。また、支えることのできる人に。感謝の気持ちを忘れない人間味豊かな人になってほしいという気持ちも込めて。

女の子の名前例:
- 侑希(ゆき)7
- 侑莉(ゆうり)
- 侑奈(ゆうな)

男の子の名前例:
- 侑輝(ゆうき)15
- 侑真(ゆうま)
- 侑大(ゆうだい)

來 (8画)

主な読み: ライ・き・きた・く・ゆき

意味: (「来」の旧字体) ①こちらに近づく。②招く。③次の。これから先。④このかた。今まで。

願い: うれしいことがやってくる幸運な人生を祈って。そして、明日への喜びや期待を感じることのできる、明るく元気な人に育ってほしいという願いを込めて。

女の子の名前例:
- 愛來(あいく)13
- 桜來(さくら)
- 未來(みく)

男の子の名前例:
- 未來(みらい)
- 龍來(りゅうき)16
- 來暉(らいき)

おすすめ漢字 8〜9画

男の子の名前例	女の子の名前例	主な意味と込めたい願い	主な読み	画数・漢字
昊（そら） 昊輝（こうき） 昊汰（こうた）	昊良（そら） 美昊（みそら）	**意味** ①空。大空。②大きい。 **願い** 青く広がる大空のように、さわやかで周囲の人を笑顔にすることのできるすてきな人になってほしいと願って。大空にはばたくように、のびのびと健やかに育ってほしい、広く世界で活動できるようになってほしいという気持ちを込めて。	コウ・あきら・そら・ひろ・ひろし	昊（8画）
	苺香（まいか） 苺花（いちか） 苺果（まいか）	**意味** いちご。バラ科の多年草。実は食用となり赤くて甘い。きいちご。 **願い** 赤く小さないちごの実のように、かわいらしくだれからも愛される人に育ってほしいという思いを込めて。一文字の「いちご」の音のほか、「マイ」の音も人気。	バイ・マイ・いちご	苺（8画）
蒼茉（そうま） 悠茉（ゆうま） 茉弘（まひろ）	陽茉莉（ひまり） 茉優（まゆ） 茉奈（まな）	**意味** 〔茉莉（まつり）〕は、モクセイ科の常緑低木。ジャスミンの一種。花は白く、かおりが高い。 **願い** 優しい芳香で人を癒やすようなたたずまいである半面、心穏やかで人を受け入れることのできる包容力も併せ持った、素晴らしい人になってほしいと願って。	バツ・マ・マツ	茉（8画）
	茜（あかね） 茜里（あかり） 茜音（あかね）	**意味** ①あかね草。アカネ科の多年草。根から赤い染料をとる。②赤。あかね色。やや黒ずんだ赤。 **願い** 夕暮れどきの空の色にたとえられる落ち着いた赤色を表す字。穏やかで人を包み込むような温かい心を持った人になってほしいという祈りを込めて。	セン・あかね	茜（9画）
威（たける）	瑠威（るい） 威織（いおり）	**意味** ①おそれさす。②いきおい。権力。③いかめしい。おごそかな。 **願い** 人を従わせる強さとおごそかな品格を感じさせる漢字。勢いがあり、堂々とした風格をイメージさせることから、自分を信じて、正しいことには自信を持って歩んでいく人になることを願って。	イ・たか・たけ・たけし・たける・とし・なり	威（9画）
郁（かおる） 郁斗（いくと） 郁士（あやと）	彩郁（あやか） 郁子（いくこ） 郁香（あやか）	**意味** ①文物や文化の盛んなようす。②香気の強いようす。 **願い** 文化が盛んである様子を表すことから、学問や芸術、精神など、さまざまな事柄に詳しい教養のある人になってほしいと願って。また、おしゃれでたたずまいも洗練された人になるようにという気持ちも込めて。	イク・あや・か・かおる・たかし	郁（9画）

おすすめ漢字

映 9画

主な読み: エイ・ヨウ・あき・あきら・うつ・てる・は・みつ

意味: ①かげがうつる。②日の光に照らされて色があざやかに見える。③照り輝く。

願い: きらきらと輝くように、注目される人になってほしいと願って。映像や色彩などの芸術的な才能にも恵まれるように、また、勢いがあって陽気な性格で、周囲を明るく照らすことのできる人にという気持ちも込めて。

女の子の名前例:
- 映里奈 えりな
- 佳映 かえ
- 早映 さえ

男の子の名前例:
- 映汰 えいた
- 映斗 えいと
- 映輝 えいき

栄 9画

主な読み: エイ・さかえ・しげ・しげる・はる・ひさ・ひさし・ひで・ひろ

意味: ①さかえる。栄える、繁栄するもの。②ほまれ。名誉。③盛んにする。④地位や名声があがる。

願い: 愛情も富も得られるような豊かなイメージから、幸福に満ちあふれた人生を送ってほしいと願って。また、どの分野でも価値あることを成し遂げる人になってほしいと期待して。

女の子の名前例:
- 紗栄 さえ
- 栄里 えり
- 栄美 えみ

男の子の名前例:
- 栄心 えいしん
- 栄輝 えいき
- 栄作 えいさく

音 9画

主な読み: イン・オン・お・おと・と・ね

意味: ①おと。ね。声。ひびき。②ねいろ。ふし。③おん。漢字の読み方の一つ。むかしの中国の発音にもとづいているもの。④おとずれ。たより。

願い: 音楽の才能に恵まれるように。人を楽しませたり、癒やしたりできる人にと願って。また、文化・芸術全般にきらめく才能を発揮してほしいという気持ちも込めて。

女の子の名前例:
- 花音 かのん
- 寧音 ねね
- 音羽 おとは

男の子の名前例:
- 陽音 はると
- 奏音 かなと
- 怜音 れおん

架 9画

主な読み: カ・か

意味: ①物をのせる台。②かける。かけわたす。

願い: 元は橋をかけるという意味があり、物おじせず前に進むイメージ。自分の可能性を信じてさまざまなことにチャレンジできる人に成長してほしいという期待を込めて。

女の子の名前例:
- 瑠架 るか
- 明日架 あすか
- 優架 ゆうか

珂 9画

主な読み: カ

意味: ①宝石の名。白めのう。②くつわ貝。③くつわ貝でつくった馬のくつわの飾り。

願い: パワーストーンとしても知られる白めのうは、心が洗われるような輝きを放つ石。進んだ道に対して、純粋で誇り高くあってほしい。気品があって、落ち着きのある凛とした人になってほしいという願いを込めて。

女の子の名前例:
- 珂織 かおり
- 亜珂里 あかり
- 珂穂 かほ

男の子の名前例:
- 瑠珂 るか
- 珂惟 かい
- 琉珂 るか

海 9画

主な読み: カイ・あま・うな・うみ・み

意味: ①うみ。地球の表面上の塩水をたたえた広い場所。②すずりの水をためるところ。③大きく広い。④ものが多く集まるところ。

願い: 海のように大きな愛情がある人に成長してほしいと願って。また、波が動くように、元気で活発な、生命力にあふれる人になってほしいという気持ちも込めて。

女の子の名前例:
- 七海 ななみ
- 美海 みう
- 海咲 みさき

男の子の名前例:
- 海翔 かいと
- 拓海 たくみ
- 海成 かいせい

男の子の名前例	女の子の名前例	主な意味と込めたい願い	主な読み	画数・漢字
柑司 かんじ 柑悟 かんご 柑吾 かんご	柑那 かんな 柑菜 かんな 柑奈 かんな	**意味** みかん。こうじ。ミカン科の常緑樹。 **願い** みかんのようにみんなに愛される人に育ってほしいという祈りを込めて。また、みかんの甘酸っぱい香りから、さわやかで明るい人に成長してほしいという願いも。	カン	柑 ⑨画
紀之 のりゆき 将紀 まさき 知紀 ともき	紀花 のりか 瑞紀 みずき 有紀 ゆき	**意味** ①すじ道をたてて記録する。②のり。みち。③いとぐち。始まり。④小さなつな。細いつな。⑤とし。歳月。⑥「日本書紀」の略。 **願い** 人として正しい道を歩み、間違ったことを正せる人になってほしいと願って。また、文学の才能が花開くように。書物や歴史に記されるような活躍をしてほしいという気持ちも込めて。	キ・おさむ・かなめ・しるす・ただし・とし・のり・はじめ・もと	紀 ⑨画
建人 けんと 建伸 けんしん 建 たける		**意味** ①たてる。たつ。つくる。②意見をさし出す。 **願い** 自分の意思をしっかり表明し、ゆるぎない人生を堂々と歩んでいく強さのある人に。新しいことにチャレンジし続け、大きな仕事をなし遂げる人になることを願って。	ケン・コン・た・たけ・たけし・たける・たつる・た	建 ⑨画
研太 けんた 研吾 けんご 研人 けんと		**意味** ①とぐ。すりみがく。②きわめる。物事を深く調べる。③墨をする。すずり。 **願い** 鋭い感性とシャープな頭のよさを感じさせる漢字。自分の感性を磨き、本質を追求する姿勢を常に持ち、物事を極めるための努力を惜しまない人になることを願って。	ケン・ゲン・あき・きし・きよ・と	研 ⑨画
大胡 だいご 胡汰郎 こたろう 胡太郎 こたろう 胡桃 くるみ	莉胡 りこ 仁胡 にこ	**意味** ①えびす。古代中国の北方または西方に住んでいた民族。②なんぞ。どうして。疑問を示すことば。③でたらめ。いいかげんな。 **願い** 古代中国の異民族に由来する大陸的でエキゾチックな漢字。世界にはばたく個性的な人に成長することを期待して。	ウ・コ・ゴ	胡 ⑨画
厚介 こうすけ 厚太 こうた 厚希 あつき		**意味** ①ぶあつい。物の積み重なっているようす。②てあつい。ねんごろ。③豊かにする。④あつか…⑤たいそう。 **願い** 人の痛みを想像できる、人情豊かな情の厚い人になってほしいと願って。物事をていねいに行える人に。また、ぶあつい、積み重なるなどのイメージから、豊かな富を築けるようにという気持ちも込めて。	グ・コウ・あつ・あつし・ひろ・ひろし	厚 ⑨画

おすすめ漢字

9〜9画

367

おすすめ漢字 9〜9画

恒 (9画)

主な読み: コウ・ゴウ・つね・ひさ・ひさし・ひとし

意味: ①いつまでも変わらない。久しい。②常に。

願い: 長い時間を経ても変わらない安定感をそなえることば。初心を忘れることなく、自分の目標に向かって強い信念を貫き通せる人になることを願って。また、強い意志をイメージさせる漢字。常にピンと張りつめて、たゆまぬ強い意志を感じさせ

男の子の名前例:
- 恒輝 こうき
- 恒介 こうすけ
- 恒汰 こうた

皇 (9画)

主な読み: オウ・コウ・すべ・すめら

意味: ①きみ。おおきみ。天子。②大きい。③王室や天子にかかわる事物にそえることば。④すめら。天皇の古い言い方。

願い: 崇高で気高いイメージに満ちた漢字。品があり、誇り高く、広い視野で物事を見ることのできる人に。スマートに人生を歩いていける人になることを願って。

男の子の名前例:
- 皇 こう
- 怜皇 れお
- 皇輝 こうき

紅 (9画)

主な読み: ク・コウ・あか・くれない・べに・もみ

意味: ①くれない。あざやかな赤色。②べに。べにばなから作る赤い顔料や染料。③女性についていうことば。

願い: 情熱の色をイメージし、熱意と使命感によって成功を収めてほしいと願って。また、紅色のように人を引きつける力があり、芸術や芸能の世界で活躍できるようにという願いを込めて。

男の子の名前例:
- 紅輝 こうき
- 紅太 こうた
- 璃紅 りく

女の子の名前例:
- 紅音 あかね
- 美紅 みく
- 紅愛 くれあ

香 (9画)

主な読み: キョウ・コウ・か・かお・かおり・かおる・かが・た・か・よし

意味: ①よいにおい。②かんばしい。においがよい。③たきものなどのかおりをかぎ分ける遊び。香合わせ。④「香車」の略。将棋の駒の一つ。

願い: かぐわしいにおいのように、人を引きつける魅力があり、自然に人が集まってくるチャーミングな人になることを願って。

男の子の名前例:
- 香介 こうすけ
- 香輝 こうき
- 香月 かづき

女の子の名前例:
- 香 かおり
- 香穂 かほ
- 桃香 ももか

哉 (9画)

主な読み: サイ・えい・か・かな・き・すけ・ちか・とし・はじめ・や

意味: ①かな。詠嘆・感嘆を表すことば。②や。疑問・反語を表すことば。

願い: 感嘆する感性を持ち、みずみずしい感性で注目を集める人になってほしいと願って。また、疑問や反対の気持ちをしっかりと相手に伝えることのできる、強い意志を持った人に育ってほしいという気持ちを込めて。

男の子の名前例:
- 晴哉 せいや
- 哉太 かなた
- 智哉 ともや

女の子の名前例:
- 沙哉 さや
- 美哉 みや
- 早哉香 さやか

咲 (9画)

主な読み: ショウ・さ・さき

意味: ①花が開く。②笑う。

願い: 笑うという意味を表し、周囲の人を笑顔にすることのできる朗らかな人になってほしいと願って。また、小さなことにこだわらないおおらかさと、花のような魅力的な笑顔で、人を引きつけることのできる人に育ってほしいという願いを込めて。

男の子の名前例:
- 真咲 まさき
- 咲人 さくと
- 咲太郎 さくたろう

女の子の名前例:
- 咲希 さき
- 美咲 みさき
- 咲良 さくら

画数・漢字	主な読み	主な意味と込めたい願い	女の子の名前例	男の子の名前例
思 9画	シ・おも・こと	意味 ①考える。心をはたらかせる。②したう。 願い 相手の気持ちを思いやることのできる人になってほしいと願って。また、先を見通したり、慎重にじっくりと考えることができる、思慮深い人に育ってほしいという気持ちを込めて。	思緒俐 しおり／思乃 しの／美思 みこと	蒼思 そうし／大思 たいし／思温 しおん
秋 9画	シュウ・あき・おさむ・き・みのる・とし	意味 ①四季の一つ。立秋から立冬までの間。太陽暦では九・十・十一月。②穀物の実りの季節。としつき。年月。③たいせつな時期。 願い 紅葉の美しい情緒に富んだ時期をイメージして、落ち着いた雰囲気の人に。また、実り多い豊かな人生を歩んでほしいという祈りを込めて。	秋花 しゅうか／秋穂 あきほ／千秋 ちあき	秋也 しゅうや／秋人 あきと／秋哉 しゅうや
俊 9画	シュン・すぐる・たかし・とし・まさる・よし	意味 ①才能や知識がすぐれる。②すぐれた才能や知識が目立ってすぐれた人。③高い。大きい。 願い 何事に対しても、冷静かつ機敏な判断をできるような人に。心身共に抜きんでた才能を持つ賢い人になることを願って。頭の回転が速く、瞬発力と行動力のある人になることを期待して。		俊輔 しゅんすけ／俊太 しゅんた／幸俊 ゆきとし
春 9画	シュン・あずま・かず・す・とき・はじめ・はる	意味 ①四季の一つ。立春から立夏までの間。太陽暦では三・四・五月。②年のはじめ。正月。③青年期。④とし。としつ き。 願い 植物が芽吹いたり、生きものが誕生する春のイメージから、生命力に満ちあふれた人に。また、春の日ざしが満ちた心を温かくする人に育ってほしいという気持ちも込めて。	心春 こはる／春花 はるか／春奈 はるな	春樹 はるき／春斗 はると／春馬 はるま
昭 9画	ショウ・あき・あきら・てる・はる	意味 ①明らか。明るい。②明らかにする。 願い 周囲の人たちを明るく照らすことのできる、快活でおおらかな人に育ってほしいと願って。また、社会で輝かしい活躍をしてほしいという気持ちも込めて。	昭予 あきよ／昭香 はるか	昭 あきら／昭太 しょうた／智昭 ともあき
城 9画	ジョウ・セイ・き・くに・しげ・しろ・なり・むら	意味 ①しろ。城壁をめぐらした町。②大名の住居。とりで。 願い 綿密な計算のもとに築きあげた強固な城をイメージして、聡明な人になってほしいと願って。また、一国一城の主にトップ・代表者・指導者になってほしいという気持ちも込めて。		瑞城 みずき／陽城 はるき／城司 じょうじ

おすすめ漢字 9〜9画

画数・漢字	主な読み	主な意味と込めたい願い	女の子の名前例	男の子の名前例
信 9画	シン・あき・あきら・さだ・しげ・しの・のぶ・のぶる・まこと	**意味** ①誠実。うそいつわりのないこと。②しん じる。③しるし。あかし。証拠。④わりふ。手形。⑤伝達の合図。めじるし。たより。手紙。 **願い** 誠実な人柄で、信頼を裏切らない人望の厚い人に育ってほしいと願って。互いに信頼し合える仲間に恵まれて、豊かな人生が送れるようにという気持ちも込めて。	信乃 しの 信保 しほ 信歩 しほ	晴信 はるのぶ 龍信 りゅうしん 信太 しんた
政 9画	ショウ・セイ・おさ・ただ・ただし・ただす・のり・まさ・まさし	**意味** ①まつりごと。国を治めること。②ととのえおさめること。 **願い** まじめできちんとした印象を与える字。心がまっすぐで、まわりの意見に惑わされず、自分の意見をしっかり言える人に。統率力と行動力を兼ね備え、正しいこと、間違ったことの判断ができるようなリーダーシップを発揮できる人になることを願って。		政宗 まさむね 政博 まさひろ 龍政 りゅうせい
星 9画	ショウ・セイ・とし・ほし	**意味** ①空に光るほし。②小さな点。ぽち。③思うつぼ。④犯人。⑤年月。時の流れ。⑥重要な人物のたとえ。 **願い** どの道に進んでも、輝く才能を発揮できるようにと願って。その名のとおり、スターや世の中の重要人物になってほしいという期待も込めて。	星那 せな 星奈 せいな 星良 せいら	龍星 りゅうせい 星哉 せいや 竣星 しゅんせい
泉 9画	セン・い・いずみ・きよし・ずみ・み・みず・もと	**意味** ①いずみ。地中からわき出る水。②温泉・鉱泉のこと。③滝。④みなもと。⑤地下。冥土。あの世。 **願い** 尽きることなくわき上がってくる知恵やひらめき、才能に恵まれるようにと願って。生まれ持った魅力や能力を生かして、社会に貢献できる人にと期待して。	七泉 ななみ 瑠泉 るい 泉 いずみ	泉吹 いぶき 拓泉 たくみ 泉里 せんり
奏 9画	ソウ・かな	**意味** ①すすめる。さしあげる。②申す。③申し上げる。君主に。④かなでる。楽器を鳴らす。⑤なし遂げる。 **願い** 音楽のように、楽しい気分にさせたり和ませたり、人を癒やすことのできる人にと願って。周囲の人たちと調和をとることができる、バランス力と統率力の両方を兼ね備えた人にといる気持ちを込めて。	和奏 わかな 奏音 かのん 奏 かなで	奏太 そうた 奏汰 かなた 奏介 そうすけ
則 9画	ソク・つね・とき・のり	**意味** ①自然の道理。すじみち。②きまり。③のっとる。手本とする。④規定する。⑤すなわち。接続詞。 **願い** ルールを守り、周囲の手本となるような、まじめな人に。道理をわきまえて行動し、努力を惜しまない、立派な人になることを願って。	宗則 むねのり 智則 とものり	孝則 たかのり

おすすめ漢字 9〜9画

画数・漢字	主な読み	主な意味と込めたい願い	女の子の名前例	男の子の名前例
津 9画	シン・つ	**意味** ①港。渡し場。船着き場。②しみ出る。にじみあふれる。 **願い** 港や岸という意味を持つことから、人が集まってにぎわうイメージ。人から信頼され、たくさんの友人に囲まれて充実した人生を送ることができるようにという願いを託して。	夢津美 むつみ 紗津季 さつき 奈津 なつ	
南 9画	ダン・ナ・ナン・あけ・なみ・みな・みなみ・よし	**意味** ①みなみ。②南の方向へ行く。 **願い** 南の国の豊富な果実と広がる花々のイメージから、すくすくと元気に成長し、実り多い豊かな人生を送ってほしいと願って。また、明るくおおらかな人に育ってほしいという気持ちも込めて。	咲南 さな 杏南 あんな 南帆 みなほ	晴南 せな 日南汰 ひなた 南翔 みなと
虹 9画	コウ・にじ	**意味** ①雨あがりなどに、空気中の水滴に日光があたって生じる現象。七色にまつわる花や弓形の光を放つ。②長い橋のたとえ。 **願い** 夢や栄光に向かっていくイメージがあり、努力を惜しまずに頑張れる人に。成功や栄光を手にしてほしいと願って。また、世の中に夢を与えられるような、国や人のかけ橋になってほしいという気持ちも込めて。	虹羽 こはね 杏虹 あこ 虹花 にじか	虹太 こうた 虹輝 こうき 虹大 こうだい
祢 9画	ネ・デイ	**意味** ①父の霊をまつったところ。親の廟。②廟。③神職者のこと。④平仮名の「ね」は、「祢」の草書体。 **願い** 父のために建てた廟（びょう）を意味することから、祖先を敬い、伝統を重んじる子になるようにという願いを込めて。また、いつまでも変わらない父子の深い絆を願う気持ちを託して。	朱祢 あかね 綾祢 あやね 祢音 ねね	
飛 9画	ヒ・と	**意味** ①空中をかけまわる。また、かけめぐらせる。②順序を経ずにぬかして進む。③とびあがる。④空中にかけのぼる。⑤高い。そびえる。 **願い** 大空を自由自在に飛んでいく鳥のように、自由を愛し、輝く未来の希望へ向かって大きくはばたいていけるような人になることを願って。	飛奈 ひな 飛鳥 あすか 優飛 ゆうひ	雄飛 ゆうひ 飛和 とわ 朝飛 あさひ
美 9画	ビ・ミ・うつく・うま・う・まし・きよし・とみ・はる・ふみ・よし	**意味** ①うつくしい。きれい。見た目がよい。②おいしい。③よい。りっぱな。正しい。④ほめる。 **願い** 好ましい意味をいくつも備えた人気の字。美しい容姿ときれいな心を併せ持った人に成長することを願って。字形も整っているので、止め字、中間字のいずれに使っても収まりがよい。	美咲 みさき 美桜 みお 美結 みゆ	拓美 たくみ 達美 たつみ 美孝 よしたか

男の子の名前例	女の子の名前例	主な意味と込めたい願い	主な読み	画数・漢字
柊真 しゅうま 柊哉 しゅうや 柊 しゅう	柊花 しゅうか 柊華 しゅうか 柊 ひいらぎ	**意味** ひいらぎ。モクセイ科の常緑小高木。かたく光沢のある葉は、先にとげのようなふちがあり、節分の夜には魔よけとして用いる。 **願い** 柊の花は冬の季語なので、冬生まれの子の名前に使われる漢字。柊にあやかって、いつまでも強く優しく、健やかにすくすくと成長することを願って。	シュウ・ひいらぎ	柊 9画
和彦 かずひこ 彦太 げんた 龍彦 たつひこ		**意味** ①男子の美称。才能やおこないのすぐれた男子。②美男子。 **願い** 美男子を意味することから、品を感じさせるイメージの漢字。容姿ほのかに美しく。おもむきがある。	ゲン・お・さと・ひこ・やす・よし	彦 9画
風人 ふうと 風雅 ふうが 風真 ふうま	風子 ふうこ 風香 ふうか 風花 ふうか	**意味** ①かぜ。②ならわし。習慣。③教え導く。④すがた。ようす。⑤けしき。⑥うわさ。⑦味わい。おもむき。⑧遠まわしに言う。⑨うた。 **願い** 風のようにどこにでも行ける人にと願って。のびのびとした行動力と、さわやかな人に。風をイメージさせるさわやかな人に。	フ・フウ・かざ・かぜ	風 9画
保孝 やすたか 保弘 やすひろ 保 たもつ	美保 みほ 花保 かほ 志保 しほ	**意味** ①たもつ。もつ。②養い育てる。また、子守り役。つきそい。③かばい守る。④からだを休める。弱いものを助け守る。⑤平仮名の「ほ」は「保」の草書体からできた字。 **願い** 助ける、育てることを表す。自分より弱いものを守ることを表す。慈愛に満ちた優しい人に育つようにとの思いを込めて。	ホ・ホウ・お・たもつ・まもる・もち・もり・やす・やすし	保 9画
柾人 まさと 柾貴 まさたか 柾樹 まさき		**意味** まさ。まさめ。縦に切った材の木目が平行な直線でそろっているもの。 **願い** 木目が縦にまっすぐ並んでいるものを表すことから、まっすぐ素直にのびのびと育っていくことと願って。曲がったことが嫌いで、一本筋の通った人になることを期待して。	まさ	柾 9画
智耶 ともや 誠耶 せいや 尚耶 なおや	沙耶香 さやか 茉耶 まや 咲耶 さや	**意味** ①や。か。句末につけて、疑問・反語・感嘆などの意味を示すことば。②父をよぶことば。 **願い** 疑問や反語・意志を表すことから、意見や意志をきちんと伝えられる人になってほしい、自分を信じて個性を伸ばしていける人にと願って。また、感嘆を表す漢字でもあるので、豊かな感性を持った人間味あふれる人にという気持ちも込めて。	ジャ・ヤ	耶 9画

おすすめ**漢字** 9〜9画

おすすめ漢字 9〜9画

男の子の名前例	女の子の名前例	主な意味と込めたい願い	主な読み	画数・漢字
勇太 ゆうた 勇人 はやと 勇成 ゆうせい		**意味** ①いさむ。ふるいたつ。②いさましい。強い。③いさぎよい。思いきりがよい。④いきおいこむこと。⑤おとこだて。おとこぎ。 **願い** 周囲が躊躇するときでも、恐怖や不安な気持ちを抑えて気持ちを奮い立たせることのできる勇ましい人に。心身共にたくましく、自信を持ってわが道を進める人に成長してくれると信じて。	ユウ・いさ・いさお・いさみ・いさむ・お・たけ・た・けし・はや	勇 ⑨画
宥人 ひろと 宥吾 ゆうご 宥那 ゆうな	千宥 ちひろ 宥里 ゆうり	**意味** ①許す。大目にみる。②なだめる。やわらげしずめる。 **願い** 懐が深く、人を包み込むことのできる寛大な心を持った人に育ってほしいと願って。また、説得したり、なだめたり、おさめたりすることのできる人になってほしいという気持ちも込めて。	ユウ・すけ・ひろ	宥 ⑨画
柚樹 ゆずき 柚稀 ゆずき 柚太 ゆうた	柚 ゆず 柚花 ゆずか 柚希 ゆずき	**意味** ①ゆず。ミカン科の常緑小高木。柑橘類の一種で、かおりのよい実は調味料として用いられる。②たてまき。織物の縦糸をまく道具。 **願い** ゆずの果実のようにみずみずしい感覚を持った人に。いつまでもみずみずしい感覚を持った人に。また、自らの魅力を発揮しながら、まわりの人のよいところを引き出すことのできる、包容力のある人にと願って。	ジク・ユ・ユウ・ゆず	柚 ⑨画
圭祐 けいすけ 祐人 ゆうと 聡祐 そうすけ	祐香 ゆうか 祐菜 ゆうな 祐希 ゆうき	**意味** ①助ける。天や神が助ける。人が助ける。②助ける。さいわい。天や神の与える助け。また、幸福。 **願い** 大きな力に守られ、幸運やチャンスの多い恵まれた人生を歩んでほしいと願って。また、人を助け、人に助けられる徳のある人に育ってほしいという気持ちを込めて。	ユウ・さち・すけ・たすく・よし	祐 ⑨画
洋助 ようすけ 洋希 ひろき 洋太 ようた	千洋 ちひろ 洋子 ようこ 洋香 ひろか	**意味** ①大海。そとうみ。②広々としたようす。③西洋の。④西洋に分ける。 **願い** 海のように、広く大きな心を持った包容力のある人になってほしいと願って。また、世界を駆けめぐって活躍できるようにという願いも込めて。	ヨウ・うみ・きよ・なみ・ひろ・ひろし・み	洋 ⑨画
要輔 ようすけ 要斗 かなと 要太 ようた	要 かなめ 要央里 いおり	**意味** ①かんじんなところ。もっとも大切なところ。②扇のもとの部分。③しめくくる。しめくくり。文章などをかんたんにまとめたもの。あらまし。④望む。 **願い** どのような道を進んでも重要な人物に。物事の最も大切な部分を担う人になってほしいと願って。人をまとめることができるようにという気持ちを込めて。	ヨウ・い・かなめ・とし・め・もとむ・やす	要 ⑨画

おすすめ漢字 9〜9画

律 (9画)

主な読み: リチ・リツ・ただし・ただす・のり

意味: ①おきて。法令や刑罰に関するきまり。②のっとる。基準や法則に従う。③学問上などの法則。④僧が守るべきいましめ。⑤音楽の調子。⑥漢詩の一形式。

願い: 目標に向かって、自分を厳しく律することができる精神力の強い人に願って、学問や才能を究めたり、芸術的な才能にも恵まれるようにという願いも込めて。

女の子の名前例:
- 律子 りつこ
- 律 りつ

男の子の名前例:
- 律人 りつと
- 律希 りつき
- 律貴 りつき

亮 (9画)

主な読み: リョウ・あき・あきら・きよし・すけ・とおる・まこと・よし

意味: ①明らか。はっきりしている。②すけ。むかしの役人の階級で、職・坊の四等官のうちの二番目の地位。

願い: 自分の意見をはっきりと伝えることのできる積極性を持った人になってほしいと願って、明るく朗らかで、ふれた人に思いやりにもあふれた人に育ってほしいという思いも込めて。

女の子の名前例:
- 亮子 りょうこ

男の子の名前例:
- 亮太 りょうた
- 友亮 ゆうすけ
- 亮人 あきと

玲 (9画)

主な読み: リョウ・レイ・たま

意味: ①玉や金属がふれあって鳴る音。②透き通るように美しいようす。

願い: 玉が触れ合ったときの美しい音をイメージして、涼やかで透明感のあるたたずまいの人に。純粋で清廉、実直な人になってほしいという願いを込めて。

女の子の名前例:
- 玲奈 れな
- 玲花 れいか
- 美玲 みれい

男の子の名前例:
- 玲音 れおん
- 玲生 れお
- 玲太 りょうた

郎 (9画)

主な読み: ロウ・お

意味: ①若者。若い男子をよぶことば。②夫。③仕が夫をよぶことば。④官えている人。家来。⑤男子の名につける。

願い: 清らかな男子という意味もあり、伝統的な男らしい響きの名前に。好感度が抜群で、いつまでも若々しいさわやかな人になることを願って。

女の子の名前例: （なし）

男の子の名前例:
- 琥太郎 こたろう
- 遼太郎 りょうたろう
- 翔太郎 しょうたろう

俐 (9画)

主な読み: リ・さと・さとし

意味: かしこい。さかし。

願い: 知的で落ち着いた人に。素晴らしい洞察力と知恵で人生を切り開く、気品あふれる賢い人に育ってほしいと願って。

女の子の名前例:
- 思緒俐 しおり
- 俐央 りお
- 俐奈 りな

男の子の名前例:
- 俐空 りく
- 優俐 ゆうり
- 俐希 りき

昴 (9画)

主な読み: ボウ・すばる

意味: すばる。星座の名。二十八宿の一つ。牡牛座のプレアデス星団ともされた気高い印象がある。王のように多くの人の支えとなり、星の名前を表す漢字。

願い: 古くは王者の象徴ともされた気高い印象がある。王のように多くの人の支えとなり、まわりを明るく照らしながらも、ひときわ輝きを放つ人になることを願って。星のように輝き続ける人生を歩んでいけるように。

女の子の名前例: （なし）

男の子の名前例:
- 昴 すばる
- 昴瑠 すばる
- 昴琉 すばる

おすすめ漢字 9〜10画

男の子の名前例	女の子の名前例	主な意味と込めたい願い	主な読み	画数・漢字
洸（こう） 洸希（こうき） 洸斗（ひろと）	真洸（まひろ） 美洸（みひろ） 千洸（ちひろ）	**意味** ①水がわきたつようす。②勇ましいようす。③水が深く広いようす。 **願い** わき立つ水が広がっていくように、勢いがあってエネルギーに満ちあふれた人に。また、透明感があってフレッシュで、まぶしい笑顔の人に育ってほしいという思いも込めて。	コウ・たけし・ひろ・ひろし・ふかし	洸 ⑨画
洵（しゅん） 洵哉（じゅんや） 洵太（じゅんた）	洵子（のぶこ）	**意味** ①まことに。まこと。②ひとしい。③うずまく水。 **願い** 清らかな水の流れのように澄んだ心と穏やかな性格の人に育とうとの思いを込めて。「シュン」や「ジュン」の音を持つ字としてはそれほど使われていないので、印象的な名前をつけることができる。	シュン・ジュン・のぶ・まこと	洵 ⑨画
珈惟（かい） 珈伊（かい）	珈織（かおり） 亜珈里（あかり） 美珈（みか）	**意味** ①女性の髪飾り。玉をつけたかんざし。②オランダ語 koffie の音訳。〔珈琲（コーヒー）〕は、 **願い** コーヒーのあて字〔珈琲〕にも使われる漢字。読みやすいが、一般的にはあまり使われない珍しさもポイント。古風でしゃれたイメージから、個性的でおしゃれな人になることを期待して。	カ	珈 ⑨画
珀斗（はくと） 珀久（はく） 珀仁（はくと）	琥珀（こはく） 小珀（こはく） 瑚珀（こはく）	**意味** 〔琥珀（こはく）〕は、樹脂が化石となったもの。黄色で、つやがある。 **願い** 古来から貴重なものとして大事にされ、長い月日をかけてできた宝石をイメージして、世の中の宝となるような人に。また、歴史に残るようなことを成し遂げてほしいという期待も込めて。	ハク	珀 ⑨画
玖恩（くおん） 士恩（しおん） 獅恩（しおん）	華恩（かのん） 詩恩（しおん） 理恩（りおん）	**意味** ①恵む。恵み。②いつくしむ。いつくしみ。③情け。 **願い** 「オン」という優しい響きや字体から、愛情や思いやりを感じさせ、優しい人のイメージ。情に厚く、人から受けた恩を忘れず受け止め、その優しさをきちんと与えることができる人に。	オン・おき・めぐみ	恩 ⑩画
琉夏（るか） 夏希（なつき） 夏輝（なつき）	小夏（こなつ） 彩夏（あやか） 夏帆（かほ）	**意味** ①四季の一つ。立夏から立秋までの間。太陽暦では六・七・八月。②か。③むかしの中国の自称。③中国最古の王朝名。 **願い** 元気で躍動的なイメージがある漢字。夏は生命活動が最も活発な時期であることから、明るく活動的、いきいきと輝きながら人生を闊歩（かっぽ）していく人になることを願って。	カ・ゲ・なつ	夏 ⑩画

おすすめ漢字 10〜10画

華（10画）

主な読み: カ・ケ・は・はな・はる

意味: ①草木の花。②はなやか。にぎやか。③栄える。④すぐれている。⑤中国の美称。⑥おしろい。粉。

願い: 美しく咲きほこった花を意味することから、ゴージャスなイメージがある字。人を引きつける魅力を持った、きらびやかな人に育ってほしいという期待を込めて。

女の子の名前例: 華（はな）／華音（かのん）／百華（ももか）

男の子の名前例: 華威（かい）／瑠華（るか）／華輝（はるき）

浬（10画）

主な読み: リ・かいり

意味: 海里。海上での距離の単位。一浬は一八五二メートル。

願い: 航海上での距離の単位である「海里」を表す字。大海原を船が悠然と進むイメージから、自分のペースを守りながら、大きな夢に向かって人生を歩んでいけるようにという願いを込めて。

女の子の名前例: 優浬（ゆり）／万浬（まり）／浬緒（りお）

男の子の名前例: 浬（かいり）／浬恩（りおん）／悠浬（ゆうり）

莞（10画）

主な読み: カン

意味: ①カヤツリグサ科の多年草。むしろを織るのに用いる。②にっこり笑うようす。

願い: 穏やかで素直、いつもニコニコしている人間のあふれた人になれるように。優しくて、だれとでも円満な人間関係を築くことができる純粋な人になれるよう願って。

女の子の名前例: 莞菜（かんな）／莞奈（かんな）

男の子の名前例: 莞太（かんた）／莞介（かんすけ）／莞太朗（かんたろう）

起（10画）

主な読み: キ・おき・かず・たつ

意味: ①おき上がる。立つ。②身をおこす。③始める。④起こす。気づかせる。⑤始まる。⑥盛んになる。⑦物事のはじめ。

願い: 始めるという意味から、先見の明を持ち、行動力を発揮しながら先駆者、開拓者になっていける人に。新しいものを生み出すパワーを持ち、目標に向かって自ら行動を起こす人にと願って。

女の子の名前例: 由起（ゆき）／真起（まき）／由起奈（ゆきな）

男の子の名前例: 悠起（ゆうき）／直起（なおき）／和起（かずき）

桔（10画）

主な読み: キツ・ケツ

意味: 【桔梗（ききょう）】は、キキョウ科の多年草。秋に白または紫色の花をつけ、根はせきどめの薬として用いる。日本では、桔梗は山野で白や紫のかわいらしい花を咲かせる日本古来の植物。秋の七草の一つ。

願い: 桔梗は山野で白や紫のかわいらしい花を咲かせる様子から、清楚でしんの強さを持った人に成長することを願って。

女の子の名前例: 桔花（きっか）／桔梗（ききょう）／瑞桔（みずき）

男の子の名前例: 桔平（きっぺい）／桔兵（きっぺい）

恭（10画）

主な読み: キョウ・たか・たかし・ただ・ただし・のり・やす・やすし・よし

意味: ①うやうやしい。うやまいかしこまる。つつしむ。つつしみ深い。②謙虚な気持ちを忘れずに、冷静に自分を見つめることができるイメージ。真の自信を胸に秘め、礼儀正しく、まわりから愛され、信頼される人気者になることを願って。

女の子の名前例: 恭（きょう）／恭子（きょうこ）／恭果（きょうか）

男の子の名前例: 恭平（きょうへい）／恭佑（きょうすけ）／恭太朗（きょうたろう）

376

おすすめ漢字 10〜10画

男の子の名前例	女の子の名前例	主な意味と込めたい願い	主な読み	画数・漢字
桐斗 きりと 桐真 とうま 桐也 とうや	桐奈 きりな 桐花 きりか 桐子 とうこ	**意味** きりの木。ゴマノハグサ科の落葉高木。材は軽く、木目も美しいので、家具・げた・琴などの材料に用いる。 **願い** まっすぐに伸びる桐の特徴や「きり」という響きから、りりしい印象の名前に。素直な人柄で、心身共にしなやかに、まっすぐのびのびと育つことを願って。	トウ・ドウ・きり	桐 ⑩画
恵介 けいすけ 恵太朗 けいたろう 恵人 けいと	恵美 めぐみ 恵衣 えい 恵奈 えな	**意味** ①めぐむ。ほどこす。あわれむ。②かしこい。 **願い** 穏やかさと温かさのイメージがある漢字。人間の本質的な優しさを持ち、だれに対しても分け隔てなく接することのできる人に。素直で賢く、思いやりに満ちた人生を歩めることを願って。	エ・ケイ・あや・さとし・しげ・とし・めぐ・めぐみ・やす・よし	恵 ⑩画
桂輔 けいすけ 桂吾 けいご 桂汰 けいた	桂子 けいこ 桂奈 けいな 桂 けい	**意味** ①にっけい・もく。せいなど、かおりのよい木の総称。②中国の伝説で月に生えているという木。そこから「月」の別名。③カツラ科の落葉高木。良質の建材として建築・家具などに用いる。④「桂馬」の略。将棋の駒の一つ。 **願い** 月桂樹にあやかり、日々の努力が実り栄誉に輝く人に。人々をひきつける魅力がある人に。	ケイ・かつ・かつら・よし	桂 ⑩画
兼大 けんた 兼伸 けんしん 兼続 かねつぐ		**意味** ①合わせてもつ。合わせる。②遠慮する。③…しがたい。…できない。④かねて。前もって。 **願い** 二つのものを併せ持つことから、多くの才能に恵まれることを願って。たくさんの友人に恵まれるように。	ケン・か・かね・とも	兼 ⑩画
剣太 けんた 剣士 はやと 剣心 けんしん		**意味** ①つるぎ。両側から刃をつけた、まっすぐで先のとがった刀。②あい。かじい。③剣を用いるわざ。 **願い** 力強さとシャープさを併せ持つ漢字。剣のように重厚な輝きを胸に秘め、研ぎ澄まされた感性とひらめき、しんの強さを持った人になることを願って。	ケン・あきら・つとむ・つるぎ・はや	剣 ⑩画
大悟 だいご 悟 さとる 圭悟 けいご		**意味** ①さとる。さとり。②さとす。③さとい。かしこい。 **願い** 知的で落ち着いたイメージのある漢字。道理がわかる、会得するなどの意味から物事の本質を見極める力を持ち、自分の信じた道を迷わず進んでいけるように願いを込めて。	ゴ・さと・さとし・さとる	悟 ⑩画

377

おすすめ漢字 10〜10画

画数・漢字	主な読み	主な意味と込めたい願い	女の子の名前例	男の子の名前例
倖 10画	コウ・さいわい・さち	**意味** さいわい。思いがけないしあわせ。 **願い** 個性と古風な雰囲気を感じさせ、幸せがあふれるイメージの漢字。運が強く小さな幸せを大切にしながら、大きな幸せもつかむ人生を歩めるように。多くの愛情に恵まれ、その恵みをまわりの人にも分け与えられる人になることを願って。	倖羽 こはね 倖花 さちか	倖良 さら 倖希 こうき 倖士朗 こうしろう 倖太 こうた
晃 10画	コウ・あき・あきら・きら・よし・そら・てる・ひかる・ひろ・ひろし・みつ	**意味** ①明らか。②輝く。③光。 **願い** 日光がまぶしく輝いている様子を表す。いつも陽気で朗らかで、だれからも愛されるような性格になるようにという願いを込めて。まぶしいくらい輝かしい人生を自分でつかんで歩んでいけることを期待して。	千晃 ちあき 晃子 あきこ 晃里 ひかり	晃 あきら 晃汰 こうた 晃誠 こうせい
浩 10画	コウ・いさむ・おおい・き・よし・はる・ひろ・ひろし・ゆたか	**意味** ①広く大きい。②豊か。分量が多い。 **願い** 広々と広がる水面を表すことから、広い心を持ち、人生が豊かにのびのびと広がっていくよう、ゆったりとしたおおらかな心を持つ人に成長するよう願いを込めて。	浩美 ひろみ 浩菜 ひろな 浩華 ひろか	浩輝 ひろき 浩太 こうた 智浩 ともひろ
紘 10画	コウ・ひろ・ひろし	**意味** ①ひも。冠のひも。②つな。大づな。③はて。境界。④大きい。広い。 **願い** 鋼のように長く続くことを表すことから、縁起のよいイメージを持つ漢字。好きなことを長く続ける集中力や粘り強さを持ち、あきらめることのないスケールの大きい人になることを願って。	千紘 ちひろ 万紘 まひろ 麻紘 まひろ	紘夢 ひろむ 紘希 こうき 紘人 ひろと
耕 10画	コウ・おさむ・たがやす・つとむ・やす	**意味** ①田畑の土をすきで掘り起こす。農業をする。②働いて生計を立てる。 **願い** 物事の土台を大切にし、一生懸命努力を重ねる意味もあることから、自分の夢や才能の種をまき、コツコツと育てていくことができる人に。ひたむきに物事に取り組む人になることを願って。		耕一 こういち 耕太朗 こうたろう 耕基 こうき
航 10画	コウ・わたる	**意味** ①舟で水を渡る。②空中を飛ぶ。 **願い** スケールが大きくて前向きなイメージがある漢字。空を渡るという意味から、広い世界を知り、器の大きな人になることを願って。まっすぐ堂々と世界へはばたいていく国際人になるように願いを込めて。		航平 こうへい 航 わたる 航太郎 こうたろう

おすすめ漢字　10〜10画

男の子の名前例	女の子の名前例	主な意味と込めたい願い	主な読み	画数・漢字
穂高（ほたか） 高弘（たかひろ） 高太郎（こうたろう）		**意味** ①たけが高い。とうとい。②身分が高い。③値段・音・価値などが高い。④りっぱ。すぐれている。気品がある。⑤人をほめることば。⑥たかぶる。おごる。⑦かさ・数量・程度などの意味を表す。 **願い** 優秀、気高いなどの意味から、人柄、腕前が優れた人になることを願って。前向きで誇り高く生きる人に。	コウ・うえ・たか・たかし・たけ	高　10画
剛（つよし） 剛臣（たけおみ） 健剛（けんごう）		**意味** ①かたい。曲がらない。②意志が強い。③盛ん。勇猛果敢。たくましい。強い意志を象徴するような漢字。 **願い** 常に自分を鍛え上げる心を持ち、身の強さをくじけずに自分の道を簡単に突き進んでいくことができる人になることを願って。	ゴウ・たか・たかし・たけ・たけし・つよし・ひさ・まさ・よし	剛　10画
朔太郎（さくたろう） 朔弥（さくや） 朔（さく）	朔良（さくら） 朔楽（さくら） 朔采（さあや）	**意味** ①ついたち。陰暦で、月の第一日。②こよみ。③北の方角。 **願い** 始まりを表すことから、スタートラインから、いちばんにスタートできる人に。打たれ強く何度でもチャレンジする強さを持った人に。	サク・きた・はじめ・もと	朔　10画
桜太（おうた） 桜介（おうすけ） 桜雅（おうが）	桜子（さくらこ） 里桜（りお） 美桜（みお）	**意味** ①バラ科の落葉高木。日本の国花で、古くから観賞用として親しまれている。②しなみざくら。バラ科の落葉低木。紅色の小さな実は食用となる。③馬肉。さくら肉。④露店などで客寄せの役をする人。 **願い** 古来から愛され、美しさと日本の情緒を感じさせる漢字。春の日ざしのように温かい心を持った人にと願って。	オウ・さくら	桜　10画
司紗（つかさ） 一紗（いっさ）	有紗（ありさ） 紗季（さき） 紗弥（さや）	**意味** うすぎぬ。地の薄い絹織物。 **願い** 軽やかで優しい印象の漢字。強さとしなやかさと繊細な感性を備えた気品を感じさせる漢字。しなやかに送る柔軟性を持った人に。	サ・シャ	紗　10画
珠生（しゅう） 珠吏（しゅり） 蓮珠（れんじゅ）	珠希（たまき） 杏珠（あんじゅ） 結珠（ゆず）	**意味** ①貝の中にできるまるく美しいたま。真珠。②まるいもの。③美しいもの。美しいもののたとえ。 **願い** 美しいもののたとえに使われる漢字。美しいものをきちんと見極めることができる、澄んだまなざしを持った人に。玉のように美しい、本物の輝きを放つ人になることを願って。	シュ・ジュ・ズ・たま・み	珠　10画

おすすめ漢字 10〜10画

修（10画）

主な読み: シュ・シュウ・あつむ・お さ・おさむ・なお・のぶ・ のり・ひさ

意味: ①清めおさめる。②学びおさめる。また、その人。③きたえおさめる。④つくろう。なおす。⑤辞典や書物を編集する。⑥文章などをまとめる。

願い: 学問技芸を身につける意味で使われることから、文芸・芸術方面での成功を願って。常に向上心を持ち、目標に向かって努力する人になることを期待して。

男の子の名前例:
- 修 おさむ
- 修平 しゅうへい
- 修真 しゅうま

女の子の名前例:
- 修加 しゅうか

峻（10画）

主な読み: シュン・たか・たかし・と し・みね

意味: ①山が高くてけわしい。②高い。③きびしい。

願い: 崇高なイメージで圧倒的な迫力でそびえ立つ様子を表すことから、心身共に堂々として何事にもぶれない心を持つ力強い人になることを期待して。気高く、だれからも一目置かれる、頼りになる大人物になれるよう願って。

男の子の名前例:
- 峻 しゅん
- 峻弥 しゅんや
- 峻大 たかひろ

純（10画）

主な読み: ジュン・あつ・あつし・あ や・いたる・きよし・すな お・すみ

意味: まじりけがない。自然のままでかざりけがない。けがれがない。

願い: 誠実でまじりけのない、澄んだ心の持ち主で穏やかな人柄、周囲に惑わされず、ありのままの自分の魅力を大切にできる人になることを願って。

男の子の名前例:
- 純玲 すみれ
- 純菜 じゅんな
- 純之助 じゅんのすけ
- 純平 じゅんぺい
- 純志 あつし

女の子の名前例:
- 花純 かすみ

将（10画）

主な読み: ショウ・すすむ・たすく・ ただし・はた・ひとし・ま さ・もち

意味: ①従える。指揮する。また、その人。②い まにも…しようとする。これから…しようとする。③それとも、もしかすると。逆接や仮定の意味を表す。④むかしの役人の階級で、近衛府の官人。

願い: りりしい武将をイメージさせる漢字。決断力や行動力を持ちながらも、困っている人に手を差し伸べる心のゆとりを持った人に。

男の子の名前例:
- 将真 しょうま
- 将大 まさひろ
- 将人 まさと

祥（10画）

主な読み: ショウ・あきら・さか・さ き・さち・さむ・ただ・や す・よし

意味: ①めでたいこと。②きざし。めでたいことの前ぶれ。③喪明けの祭り。

願い: 喜びのきざしを意味することから縁起のよいイメージの漢字。小さなきざしから大きなものまで運をしっかりキャッチできる感受性を持ち、幸運に満ちた人生を送れるようにと願って。

男の子の名前例:
- 祥真 しょうま
- 祥 あきら
- 祥大 しょうた

女の子の名前例:
- 祥子 しょうこ
- 祥季 さき
- 祥代 さちよ

笑（10画）

主な読み: ショウ・え・えみ・わら

意味: ①わらう。えむ。②わらい。えみ。

願い: 文字どおり、いつも笑顔で幸せな人生を送るようにという願いを込めて。また周囲の人をも笑顔にできる、明るく朗らかな人に成長してほしいという思いも託して。

男の子の名前例:
- 笑太 しょうた
- 笑多 しょうた
- 笑平 しょうへい

女の子の名前例:
- 彩笑 さえ
- 笑里 えみり
- 笑果 えみか

男の子の名前例	女の子の名前例	主な意味と込めたい願い	主な読み	画数・漢字
晋太郎 しんたろう 晋吾 しんご 晋司 しんじ		意味 ①進みのぼる。② 願い 前向きで力強い印象を与える漢字。積極的で活発、自分の目標に向かって、前へ前へと突き進んでいけるようにといい願いを込めて。いつでも前向きに物事を考えることのできる人に。	シン・あき・くに・すすむ・ゆき	晋 10画
真翔 まなと 真之介 しんのすけ 真之 まさゆき	真央 まお 真奈 まな 真由 まゆ	意味 ①ほんとう。いつわりのない。②本来の姿。③まことの道。自然の道。④書法の一体。楷書。⑤「正しい・まじりけのない」などの意味を表す接頭語。 願い ポジティブで明るいイメージの漢字。誠実で飾りけのないありのままの自分を信じ、前向きに生きることのできる人に。純粋でまごころのある人にと願いを込めて。	シン・さな・さね・ただし・ま・まこと・ただ・まな・み	真 10画
心粋 こいき 由粋 ゆいき	小粋 こいき 粋 すい	意味 ①まじりけがない。②もっともすぐれたもの。③くわしい。いき。世の中や人情に通じてものわかりがよいこと。 願い 純粋さに加え、気が利いて洗練された「粋（いき）」の意味もあることから、風流でおしゃれのセンスも抜群。人情肌で芸術的、情緒的な一面も持ち併せ、きらりと光る優れた才能を持つ人になるように願って。	スイ	粋 10画
素直 すなお 素良 そら 素晴 すばる	素子 もとこ 素楽 そら	意味 ①白い。②ありのまま。かざりけのない。③根本となるもの。④もとから。ふだん。⑤本職でない。⑥身分が低い。 願い 純粋なイメージがある字。素朴で清らかな心を持ち、信じたものをまっすぐに受け止めることのできる素直な人になることを願って。	ス・ソ・しろ・しろし・す・なお・はじめ・もと	素 10画
泰知 たいち 泰誠 たいせい 泰宏 やすひろ	泰子 やすこ 泰葉 やすは	意味 ①安らか。穏やか。②広い。大きい。ゆったりしている。③はなはだ。きわめて。 願い ゆったりと、何事にも動じないおおらかな心を持った人に。のびやかに育ち、穏やかで人の心を和ませる、包容力がある人になることを願って。波乱の少ない人生になることを祈って。	タイ・あきら・とおる・ひろ・ひろし・やす・やすし・ゆたか	泰 10画
哲平 てっぺい 哲也 てつや 哲大 てった		意味 ①明らか。物の道理を明らかにする。②さとい。かしこい。物事の道理に明るく、見識の高い人。 願い 知性と才気を感じさせる聡明なイメージの漢字。物事を深く考え、豊かな教養を持ち、頭の回転の速さを生かして、人のために素早く動くことのできる人になることを願って。	テツ・あき・あきら・さと・さとし・のり・よし	哲 10画

おすすめ漢字 10〜10画

おすすめ漢字 10〜10画

画数・漢字	主な読み	主な意味と込めたい願い	女の子の名前例	男の子の名前例
桃 10画	トウ・もも	**意味** もも。ももの木。中国原産のバラ科の落葉小高木。春先に白色または淡紅色の花をつけ、夏に実をつける。実は食用となる。**願い** 「桃」には古来から不老長寿を与え、邪気を払う力があるとされることから、元気に健やかな成長を願って。神秘的な雰囲気を持った人に。	桃花 ももか／桃子 ももこ／桃菜 ももな	桃真 とうま／桃汰 とうた／桃李 とうり
透 10画	トウ・す・すき・とおる	**意味** ①とおる。とおす。②すく。すける。すきとおる。**願い** さわやかな響きで、純粋でけがれのない心を持つ人に。すきとおるという意味もあることから、透明感にあふれて、明晰、頭の回転も速い才能あふれる人に育つよう願って。	透子 とうこ／透羽 とわ／透花 とうか	透 とおる／透也 とうや／透真 とうま
馬 10画	バ・マ・メ・うま・たけし・ま・むま	**意味** うま。家畜の一種。サラブレッドの颯爽としたイメージから、生命力やたくましさを感じさせる漢字。自由で勇敢、いきいきとした快活な人になることを願って。**願い** 足の速さやパワーを持ち、いつでも前向きに突き進んでいく人生を歩むことを願って。		春馬 はるま／悠馬 ゆうま／翔馬 しょうま
梅 10画	バイ・うめ・め	**意味** ①うめ。うめの木。中国原産のバラ科の落葉高木。早春に白色または紅色の花をつけ、初夏にむかし、たか狩りに使い酸味の強い実をつけた。果実は梅干しなどにして食用にする。②つゆ。梅の実が熟すころに降り続く長雨。**願い** 縁起のよい字。春の日だまりのような温かい心を持ち、だれからも愛される人にと願って。安産や結婚を祝う。	梅華 うめか／梅乃 うめの／小梅 こうめ	
隼 10画	シュン・ジュン・はや・はやぶさ・やと	**意味** ①はやぶさ。タカ科の鳥。鳥の仲間でもっとも速いといわれ、むかし、たか狩りに使われる。猛鳥。②勇猛な男子にたとえる。**願い** 鋭さやスマートなイメージの漢字。物事に素早く対応できる機敏さや勇気がある人に。小惑星探査機「はやぶさ」にあやかって、一つの目標に向かってあきらめずにやり遂げる人に。	美隼 みはや／千隼 ちはや	隼人 はやと／隼 しゅん／隼也 しゅんや
桧 10画	カイ・ひのき・ひ	**意味** 「檜」の略字。①いぶき。ヒノキ科の常緑高木。庭木やいけがきに植えられる。材は、床柱・器具・鉛筆などに用いられる。②ひのき。ヒノキ科の常緑高木で、日本の特産で、材は耐水力が強く、良質の建築・器具材などになる。**願い** ひのきは香りがよく建材として優れていることから、何事にもくじけない、しんの強い人に。	桧菜 ひな／桧李 ひより／桧依 ひより	桧士 かいし／桧星 かいせい／桧人 かいと

おすすめ漢字 10〜10画

男の子の名前例	女の子の名前例	主な意味と込めたい願い	主な読み	画数・漢字
	姫華 ひめか 咲姫 さき 瑞姫 みずき	意味 ①女子の美称。②身分の高い人のむすめ。③小さなものの意味を表す接頭語。④きさき。⑤そばめ。君主の妻。 願い 高貴な女性を意味する上品な漢字。愛らしさの中にも、毅然（きぜん）とした美しさを持った人に成長してほしいという願いを込めて。	キ・ひめ	姫 ⑩画
将敏 まさとし 敏之 としゆき 敏哉 としや		意味 ①はやい。すばやい。②さとい。かしこい。 願い 頭の回転が速く行動が機敏、フットワークが軽く、なんでも手際よくこなせる器用さを持ち併せた頼りになる人のイメージ。神経が細やかで何事にも敏感な、頭脳明晰な人になることを願って。	ビン・さと・さとし・すすむ・つとむ・とし・はやし・はる・ゆき	敏 ⑩画
高峰 たかみね 峰史 たかふみ 一峰 かずたか	峰子 みねこ 萌峰 もね 彩峰 あやね	意味 ①山のいただき。頂上。②やま。高い山。③刀の刃の背の部分。 願い 高くそびえる美しい山の頂のイメージから、堂々とした気品を感じさせる漢字。みんなから慕われ、尊敬される人に成長することを期待して。	フ・ホウ・お・たか・たかし・ね・みね	峰 ⑩画
峯輔 ほうすけ 峯人 みねと 峯彦 みねひこ	彩峯 あやね 峯里 みねり 峯花 みねか	意味 「峰」の本字。 願い 峰と同じ意味を持つが、左右対称の字体が美しく、よりシャープなイメージ。名高い山の頂上をめざして多くの登山者が集まってくるように、人が自然に集まってくる包容力のある魅力的で人に成長することを願って。	フ・ホウ・お・たか・たかし・ね・みね	峯 ⑩画
海哩 かいり 有哩 ゆうり 哩玖 りく	愛哩 あいり 杏哩 あんり 哩央 りお	意味 マイル。ヤード・ポンド法の距離を表す単位。一哩は約一・六キロメートル。 願い どこまでも続く長い道を連想させる漢字。はるか遠くをめざして歩く旅人のように、未来に夢や希望を持ち続ける人になってほしいと願って。	リ・まいる	哩 ⑩画
阿紋 あもん 亜紋 あもん 士紋 しもん	紋華 あやか 紋子 あやこ 紋乃 あやの	意味 ①あや。もよう。②家ごとに決められている織物の模様の華やかさと、家紋のおごそかなイメージを持つ漢字。 願い 美的センスあふれる艶や美的印象を持つ漢字。伝統を大切にする心を持ち、豊かにていねいに毎日を大切に生きる人になることを願って。	ブン・モン・あや	紋 ⑩画

おすすめ漢字 10〜10画

流 (10画)

主な読み: リュウ・ル・しく・とも・なが・はる

意味:
① 水などが流れる。② 形にならずに終わる。成立しない。③ 刑罰として遠くへ追いやる。④ 世間に広まる。⑤ すらすら。⑥ 水・電気・空気などのながれ。⑦ 根拠のない。⑧ 学問や芸術などで、思想や手法の違いによって生じた系統。⑨ 等級。⑩ 血すじ。⑪ 身分。それる。

願い: 気配りができ、だれからも好かれる人に。はずれる。

女の子の名前例: 愛流 あいる／流歌 るか／流菜 るな
男の子の名前例: 武流 たける／駆流 かける／流聖 りゅうせい

留 (10画)

主な読み: リュウ・ル・ため・と・とめ・ひさ

意味:
① ひきとめる。つなぎとめる。心にとめる。② とまる。とどまる。③ 同じところに長くいる。とどこおる。

願い: 穏やかな安定感を感じさせるイメージの漢字。とどまるという意味があることから、自分の故郷や居場所をしっかり持ち、その場所をいつまでも大切に思える人に。

女の子の名前例: 留里 るり／留奈 るな／留佳 るか
男の子の名前例: 岳留 たける／成留 なる／留偉 るい

竜 (10画)

主な読み: リュウ・リョウ・ロウ・き・しげみ・たつ・とおる・めぐむ

意味:
① たつ。りゅう。想像上の動物。形は巨大なへびに似てかたいうろこと角をもち、雲をよび天にのぼるといわれる。氷をたくわえておく別天地にのぼる。② うち勝つ。③ ひむ部屋。④ 激しい。⑤ 天子に関係する物事につけることば。⑥ 英雄や豪傑のこと。⑦ 名馬のこと。⑧ 特別にすぐれているもの。

願い: 勇気と優れた知性を持ち、運をも自分の力で引き寄せる縁起のよい名前に。

男の子の名前例: 竜之介 りゅうのすけ／竜聖 りゅうせい／竜輝 たつき

凌 (10画)

主な読み: リョウ・しのぐ

意味:
① しのぐ。相手を越える。おしのける。ほかの人より抜きんでているものを持つ。② 激しい。心身共に強靭で、強さを感じさせる漢字。

願い: 困難をも乗り越える力を兼ね備え、自分で人生を切り開いていける人になることを願って。

女の子の名前例: 凌花 りょうか／凌香 りょうか
男の子の名前例: 凌大 りょうた／凌佑 りょうすけ／凌 りょう

倫 (10画)

主な読み: リン・おさむ・とし・とも・ち・のり・ひと・ひとし・み・もと

意味:
① 人としてふみ行うべきすじ道。道理の意味もあることから、道理の守るべき道、人の守るべき道、道徳や音にかわいらしさが感じられる字。素直で一途に思いやる心を持ち、多くの人から信頼される。② 友。仲間。同類。③ 秩序。順序。

願い: 正義感を持ち、道徳を重んじながら社会貢献できる人に。まじめで人思いやる心を持ち、多くの人から信頼される。いつもよい仲間に囲まれた幸せな人生を送れることを願って。

女の子の名前例: 倫子 りんこ／果倫 かりん／倫琉 みちる
男の子の名前例: 倫太郎 りんたろう／倫都 りんと／倫弘 ともひろ

恋 (10画)

主な読み: レン・こ・こい

意味:
① こう。こい。こいしい。心がひかれる。人を思う気持ちをストレートに表し、字形や音にかわいらしさが感じられる字。

願い: 素直で一途な気持ちを持った人、周囲の人に愛される人、成長してほしいという祈りを込めて。

女の子の名前例: 花恋 かれん／恋雪 こゆき／璃恋 りこ
男の子の名前例: 恋 れん

おすすめ漢字 10〜10画

連 10画
主な読み: レン・つ・つぎ・つら・ま

意味: ①つらねる。つらなる。続く。②ひき続きさまに。③ひきつれる。④つれ。仲間。

願い: 人と人のつながりや、さまざまな物事の結びつきをイメージさせることから、多くの人との出会いや触れ合い、友人や仲間を大切にする人になるよう願って。幸せが永遠に続くようにとの祈りを込めて。

女の子の名前例: 果連（かれん）、花連（かれん）、華連（かれん）
男の子の名前例: 連（れん）、連也（れんや）、連人（れんと）

朗 10画
主な読み: ロウ・あき・あきら・お・さえ・ほが・ほがら

意味: ①ほがらか。明らか。はっきりしたようす。②明らか。清らかなようす。③高らか。声が澄んでいるようす。

願い: フレッシュで明るくユーモアに富んだ人にピッタリの漢字。すっきりと晴れた空のようにさわやかで快活、健康で心豊かな人に育つように。

男の子の名前例: 朗（あきら）、瑛太朗（えいたろう）、凛太朗（りんたろう）

倭 10画
主な読み: イ・ワ・かず・しず・まさ・やす・やまと

意味: ①やまと。むかし中国人が、日本および日本人をさして呼んだことば。昔、日本が「倭（わ）」と呼ばれていた。②ものさびしい。

願い: ロマンあふれるイメージがある漢字。個性的な名に。故郷や自分のルーツを大切に生きる人に。謙虚な姿勢で物事を見つめ、いつも心に豊かさを持った人になることを願って。

女の子の名前例: 倭子（わこ）、倭伽那（わかな）
男の子の名前例: 倭斗（やまと）、倭士（やまと）、琉倭（るい）

涼 10画
主な読み: リョウ・すず

意味: （「凉」の俗字）①すずしい。すずしさ。②ものさびしい。③すず。

願い: 木陰を渡る風の心地よさを連想させる漢字。さわやかに軽やかに、風のように人生を渡っていける人になることを願って。洗練されたすがすがしい印象を与える名前にぴったり。

女の子の名前例: 涼香（すずか）、涼（りょう）、涼音（すずね）
男の子の名前例: 涼雅（りょうが）、涼太朗（りょうたろう）、涼也（りょうや）

晏 10画
主な読み: アン・はる・やす

意味: ①遅い。②安らか。

願い: 心がいつも安定し、頼りがいがあり、どんなときでも落ち着いた行動がある子。日の光が輝くように誰からも好かれるような人に。曇りのない澄みきった空のような心を持った人になることを願って。

女の子の名前例: 晏朱（あんじゅ）、晏奈（はるな）、晏里（あんり）
男の子の名前例: 晏大（はると）、晏士（あんじ）、晏輝（はるき）

晄 10画
主な読み: コウ・あき・あきら・てる・ひかる・みつ

意味: ①明らか。②輝く。③光。

願い: 「日」と「光」が並んだとても明るい印象がある字。日の光が輝く様子を表すことから、いつも笑顔で周囲の人を幸せな気持ちにさせる、朗らかな人に育ってほしいという思いを込めて。

女の子の名前例: 晄（あき）、晄花（こうか）、晄夏（こうか）
男の子の名前例: 晄良（あきら）、晄一朗（こういちろう）、晄希（こうき）

おすすめ漢字 10〜11画

栞 (10画)

主な読み: カン・しおり

意味: ①読みかけの本にはさんで目じるしとするもの。②案内書。手引き。

願い: 山道などを歩くときに、木の枝などを折って目じるしとするもの。文学的、芸術的な雰囲気が漂う漢字。道しるべという意味から、自分のセンスを磨きながら人の手本となり、高みをめざしていく人になることを願って。

女の子の名前例:
- 栞 しおり
- 栞奈 かんな
- 栞里 しおり

男の子の名前例:
- 栞汰 かんた
- 栞多 かんた
- 栞太朗 かんたろう

眞 (10画)

主な読み: シン・さな・さね・ただし・ま・まこと・ただ・まな・み

意味: (「真」の旧字体) ①ほんとう。いつわりのない。②本来の姿。③まことの道。自然の道。④書法の一体。楷書。⑤「正しい・まじりけのない」などの意味を表す接頭語。

願い: ポジティブで明るいイメージの漢字。ありのままの自分を信じて、前向きに生きる人に。純粋でまごころのある人にとの願いを込めて。

女の子の名前例:
- 眞子 まこ
- 眞彩 まあや
- 眞希 まき

男の子の名前例:
- 眞大 まひろ
- 蒼眞 そうま
- 眞 まこと

莉 (10画)

主な読み: リ・レイ・まり

意味: [茉莉 (まつり)] は、モクセイ科の常緑低木。ジャスミンの一種。芳香のように人を和ませ、リラックスさせるような温かい人に。愛らしくだれからも好かれる人気者になることを願って。

願い: 癒やしのイメージがあり、芳香のように人を和ませ、リラックスさせるような温かい人に。愛らしくだれからも好かれる人気者になることを願って。

女の子の名前例:
- 莉子 りこ
- 莉桜 りお
- 莉奈 りな

男の子の名前例:
- 莉玖 りく
- 莉生 りお
- 莉仁 りひと

晟 (10画)

主な読み: ジョウ・セイ・あきら・てる・まさ

意味: 明らか。明るく輝く。

願い: おおらかで心が広く、頭脳明晰な人に。壮大なスケールの大きな夢に向かって一歩一歩努力する人にぴったりの漢字。明るい未来を信じて輝くような人生を送ることができるように願って。

男の子の名前例:
- 悠晟 ゆうせい
- 快晟 かいせい
- 琉晟 りゅうせい

梓 (11画)

主な読み: シ・あずさ

意味: ①とうきささげ。ノウゼンカズラ科の落葉高木。夏に淡黄色の花が咲く。②カバノキ科の落葉高木。弓や版木をつくるのに用いる。③版木。版木で印刷する。④木工。大工。木の器具をつくる。

願い: 出版することを「上梓」ということからも、本が好きな文才のある人に育ってほしいという期待を込めて。

女の子の名前例:
- 梓 あずさ
- 梓乃 しの
- 梓実 あずみ

男の子の名前例:
- 梓眞 あずま
- 梓月 しづき

庵 (11画)

主な読み: アン・いおり・いお

意味: ①いおり。隠者や僧侶の住む、質素で小さい草ぶきの住居。②風流人や文人などの雅号に用いることば。また、その住居。③料理店などの屋号に用いることば。

願い: 和風で趣があり、日本情緒にあふれた個性的な名前に。落ち着いた雰囲気などの文化、芸術などで才能が開花することを願って。

女の子の名前例:
- 庵珠 あんず
- 庵那 あんな
- 庵李 あんり

男の子の名前例:
- 庵悟 あんご
- 庵里 いおり
- 庵司 あんじ

おすすめ漢字 11〜11画

男の子の名前例	女の子の名前例	主な意味と込めたい願い	主な読み	画数・漢字
蒼惟 あおい 琉惟 るい 惟吹 いぶき	結惟 ゆい 芽惟 めい 惟奈 ゆいな	**意味** ①思う。よく考える。②限定を表すことば。③これ。この。④発語のことば。 **願い** 思慮深いというイメージを持つ漢字。人を思いやる心を忘れずに、分別を持ち、自らの考えで行動できる人になることを願って。	イ・ユイ・これ・ただ・た・もつ・のぶ・よし	惟 11画
逸冴 いっき 逸平 いっぺい 逸 すぐる	逸希 いつき 逸香 いちか	**意味** ①にげる。②いさむ。③はずれる。そびれる。④世間から身をかく。⑤めずらしい。⑥すぐれている。ぬきんでる。⑦わがまま。⑧気楽に楽しむ。のんびりする。 **願い** すり抜けるという意味から、類いまれなセンスを持ち、枠を超えて自分の信じる道を歩いていける人に。常識にとらわれない自由で独創的な発想ができる人に。	イチ・イツ・すぐる・とし・はつ・はや・まさ・やす	逸 11画
	百椛 ももか 結椛 ゆいか 椛音 かのん	**意味** ①もみじ。秋の終わりに落葉樹の葉が、赤や黄色などに変わること。また、その葉。紅葉。②カエデ科の落葉高木の通称。 **願い** 葉が花のように色づく、もみじを意味する漢字。和の趣を感じさせる名前にぴったり。紅葉した木々のように、美しく成長してほしいという願いを込めて。	かば・もみじ	椛 11画
貫太 かんた 貫 かん 貫吾 かんご		**意味** ①つらぬく。連なる。つきとおす。②やりとおす。果たす。③銅銭一千枚の単位。千貫。④重量の単位。三・七五キログラム。⑤貨幣の単位。江戸時代の銭九百六十文。 **願い** 始めから終わりまで一筋に通ることから、困難に直面しても自分を貫いて進めるように、力強い願いを込めて。一貫した姿勢でやり通す真摯な人になることをやり遂げることを願って。	カン・つら・つらぬ・とおる・ぬき	貫 11画
祐基 ゆうき 基成 もとなり 基晴 もとはる		**意味** ①土台。②根本。③始め。起こり。④もとづく。⑤化学変化のときに、これ以上分解しない原子集団。根。 **願い** 土台という意味から、どっしりとした強さのある名前に。日々の積み重ねを大切にする堅実な努力家に。しっかりとした、しんの通った人になることを願って。	キ・のり・はじむ・はじめ・もと	基 11画
晴規 はるき 弘規 ひろき 智規 とものり	真規 まき 亜規 あき 瑞規 みずき	**意味** ①ぶんまわし。コンパス。②おきて。手本。決まり。③ただす。正しくする。 **願い** 物事の基準を表すことから、規律を守り、人の手本になるような行いができる人に。優れた指導力を備えた、みんなから頼りにされるような人になることを願って。	キ・ただ・ただし・ただす・ちか・なり・のり・もと	規 11画

おすすめ漢字 11画〜11画

菊 11画

主な読み: キク

意味: キク科の多年草。品種がたくさんあり、秋に赤・黄・白などの花をさかせ、観賞用となる。

願い: 菊は、色とりどりの花を咲かせ古くから人に愛されている、日本の秋を代表する花。高貴で凛とした美しさを持つ人に成長してほしいという願いを込めて。

女の子の名前例:
- 菊花 きっか
- 菊乃 きくの
- 菊恵 きくえ

啓 11画

主な読み: ケイ・あきら・さとし・たか・のぶ・ひろ・ひろし・ひろむ・ます

意味: ①導く。教え導く。②あける。はい出る。④先ばらいする。お出ましになる。③はなはだしいこと。

願い: 視界がぱっと明るく開けていく前向きなイメージを持つ漢字。まわりから慕われる知性と人柄を持つ人に。知的な世界への扉を自ら先頭に立って開き、着々と前へ進んでいくことを願って。

女の子の名前例:
- 啓乃 ひろの
- 啓子 けいこ
- 啓華 けいか

男の子の名前例:
- 啓 けい
- 啓太 けいた
- 啓夢 ひろむ

健 11画

主な読み: ケン・たけ・たけし・たけとし・たつ・つよ・つよし・ます

意味: ①すこやか。からだがじょうぶなこと。②強い。力が強く勇ましい。③はなはだしいこと。

願い: 明るくはつらつとした印象を持ち、意味や響きも男の子に人気の漢字。朗らかで、心身共に健やかな成長を願って。丈夫で、病気知らずの人生を歩めるように。

男の子の名前例:
- 健 たける
- 健斗 けんと
- 健太郎 けんたろう

絃 11画

主な読み: ゲン・いと・お・つる

意味: ①楽器に張る糸。②糸を張った楽器の総称。③弦楽器をひく。

願い: 音楽の才能に恵まれることを願って。また、弦楽器の音色のように、優美で人を引きつける魅力ある人に成長するよう願いを込めて。和楽器の中でも琴のような古風な雰囲気を添えられる漢字。

女の子の名前例:
- 絃葉 いとは
- 千絃 ちづる
- 絃 いと

男の子の名前例:
- 真絃 まいと
- 絃希 げんき
- 絃太 げんた

梧 11画

主な読み: ゴ・あおぎり

意味: あおぎり。アオギリ科の落葉高木。夏に黄白色の花をつける。庭木や街路樹として植え、材は琴や家具などをつくるのに用いる。

願い: 街路樹に使われる木の名を表すことから、大きな葉を茂らせ、どっしりと町を見守る安定した精神力を持ち、健やかに成長していけることを願って。仲がよい、楽しいという意味もあることから、多くの友人に恵まれ、楽しく、支え合い、相手に安らぎを与えられる人になることを願って。

女の子の名前例:
- 圭梧 けいご
- 恭梧 きょうご
- 友梧 ゆうご

康 11画

主な読み: コウ・しず・しずか・みち・やす・やすし・よし

意味: ①安らか。心配ごとがない。②からだがじょうぶである。③楽しい。

願い: 体が丈夫で安定した精神力を持ち、健やかに成長していけることを願って。仲がよい、楽しいという意味もあることから、多くの友人に恵まれ、楽しく、支え合い、相手に安らぎを与えられる人になることを願って。

女の子の名前例:
- 康恵 やすえ

男の子の名前例:
- 康太 こうた
- 康祐 こうすけ
- 康晴 やすはる

おすすめ漢字 11〜11画

男の子の名前例	女の子の名前例	主な意味と込めたい願い	主な読み	画数・漢字
梗一郎 こういちろう 梗平 きょうへい 梗太 こうた	桔梗 ききょう 梗子 きょうこ 梗香 きょうか	**意味**①やまにれ。ニレ科の落葉高木。山野に自生し、とげがある。②おむね。あらまし。③ふさぐ。④強い。⑤【桔梗(ききょう)】は、キキョウ科の多年草。日本では、秋の七草の一つ。秋に紫色または白色の花をつける。 **願い** しんが通り、誠実さがある人にと願って。強い意志を持ち、信じた道を突き進む人に。	コウ・キョウ	梗 11画
彩太 あやた 彩仁 あやと 彩斗 あやと	彩乃 あやの 彩葉 いろは 陽彩 ひいろ	**意味**①飾りをつける。②飾り。③姿。美しい色模様。あや。③色。 **願い** 色彩豊かなイメージのある名前に。多くの才能に恵まれ、それを上手に生かしていくことができる人に。まわりの人をひきつける魅力的な人になることを願って。	サイ・あや・いろど・たみ	彩 11画
日菜多 ひなた 陽菜太 ひなた	陽菜 ひな 菜々美 ななみ 菜月 なつき	**意味**①なっぱ。あおもの。野菜。②あぶらな。③おかず。 **願い** あぶらな(菜の花)は、春のいぶきを感じさせる黄色い花。また、青々とした野菜のイメージから、飾らない健康的な魅力を持った人に育ってほしいという思いを込めて。	サイ・な	菜 11画
皐雅 こうが 皐平 こうへい	皐姫 さつき 皐希 さつき 皐月 さつき	**意味**①さわ。水辺の低地。②さつき。陰暦五月の別の名。 **願い** 旧暦の五月を表すことから、さわやかな季節を感じさせる字。明るい日ざしにあふれ、いきいきとした木々の葉のようにまわりの人を元気にさせるパワーを持った人に。のびのびと成長していく生命力を持った人になることを願って。	コウ・すすむ・たか・たかし・さ	皐 11画
雫 しずく 雫久 しずく 雫空 しずく	雫奈 しずな 雫佳 しずか 雫玖 しずく	**意味** しずく。雨だれ。水のしたたり。 **願い** しずくが落ちるということばから、清涼感やみずみずしさを感じさせる人に。まわりにすぐになじむことができる、協調性や心の豊かさを持った人になることを願って。	ダ・しずく	雫 11画
	淑乃 としの 淑乃 よしの	**意味**①しとやか。上品。おもに女性の美徳について。②よい。よいことば。善良。③よしとする。あこがれしたう。 **願い** しとやかで上品な女性を「淑女」というように、女性の美徳を表す漢字。女性らしい細やかな気配りや、美しい身のこなしができる人に成長してほしいとの思いを込めて。	シュク・とし・よし	淑 11画

おすすめ漢字 11〜11画

画数・漢字	主な読み	主な意味と込めたい願い	女の子の名前例	男の子の名前例

淳 11画

主な読み: ジュン・あつ・あつし・きよ・きよし・すなお・ただし・まこと

意味: ①人情がある。心がある。②まじりけがない。すなお。かざりけがない。

願い: まこと、素直などの意味を表すことから、純粋でまじめ、飾りけがなく、思いやりに満ちた素直な人に。情に厚く人に潤いを与えることができる人になるようにという願いを込めて。

女の子の名前例：
- 淳奈（じゅんな）11
- 淳美（あつみ）11

男の子の名前例：
- 淳（じゅん）11
- 淳史（あつし）11/5
- 淳之介（じゅんのすけ）11/3/4

渚 11画

主な読み: ショ・なぎさ

意味: なぎさ。みぎわ。海辺。波打ちぎわ。

願い: 河川や海などを表すことから、さわやかで、情緒的なイメージを与える。夏らしい印象もあることから、青い空や潮風が似合う2元気で活発な人になることを願って。

女の子の名前例：
- 渚（なぎさ）11
- 渚紗（なぎさ）11/10
- 渚生（なぎ）11/5

男の子の名前例：
- 渚斗（なぎと）11/4
- 渚太（しょうた）11/4

梢 11画

主な読み: ショウ・ソウ・こずえ・たか

意味: ①木の枝の先。はし。すえ。②物事の終わり。③細い小枝を意味する。

願い: 細い小枝を意味することから、しなやかさを持った人に成長するように。周囲の人から愛される人になるようにとの思いを込めて。

女の子の名前例：
- 梢瑛（こずえ）11/12
- 梢（こずえ）11
- 梢恵（こずえ）11/10

男の子の名前例：
- 梢太（しょうた）11/4
- 梢平（しょうへい）11/5

渉 11画

主な読み: ショウ・さだ・たか・ただ・わたり・わたる

意味: ①氷の中を歩いて渡る。②川を舟で渡る。③あずかる。かかわる。④あさる。

願い: 困難を乗り越えて進む、より遠くへ進むという漢字。一歩ずつ着実に見聞を広げて学びながら、広い世界にかかわる人になるように。

男の子の名前例：
- 渉（わたる）11
- 渉悟（しょうご）11/10
- 渉太（しょうた）11/4

章 11画

主な読み: ショウ・あき・あきら・あや・たか・とし・のり・ふみ・ゆき

意味: ①もよう。②飾り。③明らかにする。あらわす。④ふみ。文書。⑤音楽や詩文のひと区切り。一段落。

願い: 物事の秩序や節目ごとのけじめを重んじる意味もあることから、まじめで勤勉、規則正しい生活を送れる人に。努力を惜しまず成功していく人になるように。詩文の意味もあることから、文才が豊かな人に。

女の子の名前例：
- 章子（あきこ）11/3
- 章乃（あきの）11/2
- 章圭（あきか）11/6

男の子の名前例：
- 章斗（あきと）11/4
- 章吾（しょうご）11/7
- 章太郎（しょうたろう）11/4/9

菖 11画

主な読み: ショウ

意味: ①せきしょう。サトイモ科の多年草。水辺に生える草花の一種。②あやめ。花しょうぶ。

願い: せきしょうは薬草として用いられ、しょうぶはその芳香が邪気をはらうと言い伝えられる植物。凛とした美しさを持ち、心身共に健康な人に育ってほしいという願いを込めて。

女の子の名前例：
- 菖（あやめ）11

男の子の名前例：
- 菖太郎（しょうたろう）11/4/9
- 菖太（しょうた）11/4

男の子の名前例	女の子の名前例	主な意味と込めたい願い	主な読み	画数・漢字
深 しん 深月 みつき	恵深 めぐみ 深優 みゆ 深結 みゆう	**意味** ①水がふかい。底がふかい。②おくぶかい。③夜がふけている。④色が濃い。⑤厚い。ねんごろな。⑥深いの意味を表す接頭語。 **願い** 物事をじっくりと緻密に考えることができる思慮深い人になってほしいという期待を込めて。また、上品で奥ゆかしい人に成長するようにとの願いも。	シン・とお・ふか・ふみ・み	深 11画
紳一郎 しんいちろう 紳之介 しんのすけ 瑛紳 えいしん		**意味** ①おおおび。身分の高い人が礼装に着用した帯。②身分の高い人。③教養や徳などの備わった人。 **願い** 教養や品格のある高貴な男性のイメージ。エチケットをわきまえたスマートで知的なジェントルマン、誠意を尽くして事にあたれる人になるようにと願って。	シン	紳 11画
進 すすむ 進太 しんた 龍之進 りゅうのしん		**意味** ①すすむ。すすめる。②のぼる。階級や地位があがる。③向上する。④すすめて行わせる。⑤さしあげる。たてまつる。⑥状態がひどくなる。⑦しん。むかしの役人の階級で、職・坊の四等官のうちの三番目の地位。 **願い** 自ら道を切り開く向上心と積極性を持ち、一歩ずつ確実に前進することを期待して。	シン・す・すす・すすむ・のぶ・みち・ゆき	進 11画
清弥 せいや 清貴 きよたか 清志郎 きよしろう	清佳 きよか 清良 せいら 清香 せいか	**意味** ①きよらか。澄む。②けがれがない。③すがすがしい。さっぱりとして気分がよい。④きれい。清らか。ぬぐう。⑤俗でない。風流である。⑥しめくくる。⑦しん。中国の王朝名。 **願い** 清らかで清潔な印象がある漢字。澄んだ心を持つ穏やかな人柄、清涼感あふれるすがすがしい魅力を持った人になることを願って。	ショウ・シン・セイ・きよ・きよし	清 11画
雪都 ゆきと 雪那 せつな 雪斗 ゆきと	紗雪 さゆき 小雪 こゆき 雪乃 ゆきの	**意味** ①ゆき。ゆきが降る。②白い色。雪のようす。③清い。④洗い清める。 **願い** 白く美しい様子から、純粋で清楚な心の持ち主に。すすぐ、清めるという意味もあることから、清潔感とクールさを併せ持つ、さわやかですてきな名前に。素直で真っ白な心の持ち主になることを願って。	セチ・セツ・きよみ・きよ・む・そそぐ・ゆき	雪 11画
爽汰 そうた 爽輔 そうすけ 爽 そう	爽良 そら 爽歌 さやか 爽楽 さら	**意味** ①さわやか。さっぱりして気持ちのよいようす。②勢いがよい。③明らか。夜明けの明るさ。 **願い** すっきりして気持ちよい様子を表すことから、明るくさっぱりした性格、さわやかで優しい人に。笑顔がすてきで、だれからも好かれる快活な雰囲気を持った人になることを願って。	ソウ・あきら・さ・さや・さわ	爽 11画

おすすめ漢字

11〜11画

おすすめ漢字 11〜11画

男の子の名前例	女の子の名前例	主な意味と込めたい願い	主な読み	画数・漢字
琢磨[11][16] たくま 琢斗[11][4] たくと 琢海[11][9] たくみ		**意味** ①玉を美しくきざみがく。②努力して学問や技術をみがく。 **願い** 努力して勉学や技術を磨くという意味を持つことから、人一倍努力を重ね、常に自分を磨き続けることができる人に。まじめで堅実、頭の回転が速い人になるよう願って。	タク・あや・たか・みがく	**琢** 11画
飛鳥[9][11] あすか	美鳥[9][11] みどり	**意味** 鳥類の総称。 **願い** 力強くはばたき、大空を舞う鳥のイメージから、自由にのびのびと育つようにとの願いを込めて。また将来、広い世界で活躍できるようにという期待を込めて。	チョウ・とり	**鳥** 11画
紬[11] つむぎ 紬稀[11][12] つむぎ 紬希[11][7] つむぎ	紬衣[11][6] つむぎ 紬生[11][5] つむぎ	**意味** ①真綿をつむいだ糸で織った絹織物。②つむぐ。まゆから糸をひき出す。 **願い** 紬は、絹織物の中でも非常に丈夫で庶民に愛された織物。そのことから、素朴で健康的な人に育つようにとの願いを込めて。また糸から布を織るように、こつこつと自分の夢に向かって進むようにとの思いも託すことができる。	チュウ・つむぎ	**紬** 11画
結都[11][11] ゆいと 湊都[12][11] みなと 瑛都[12][11] えいと 都[11] こと	瑚都[13][11] こと 景都[12][11] けいと 都[11] みやこ	**意味** ①みやこ。②大きな町。③すべて。みな。④みやびやか。美しい。⑤行政区画の一つ。「東京都」の略。 **願い** みやびで華やかなイメージ。人が集まる華やかな場所でも自分の存在や意見を主張できる人に。人をまとめ統率することができる人になることを願って。洗練された雰囲気に。	ツ・ト・いち・くに・さと・ひろ・みやこ	**都** 11画
惇志[11][7] あつし 惇平[11][5] じゅんぺい 惇人[11][2] あつと		**意味** ①人情にあつい。てあつい。②まごころ。 **願い** 心が落ち着いていて誠実で穏やか、まごころがある人に。実直な姿勢で物事に向かい、懐が深く、だれからも好かれる人になることを願って。	ジュン・トン・あつ・あつし・すなお・とし・まこと	**惇** 11画
智捺[12][11] ちな 捺希[11][7] なつき 捺貴[11][12] なつき 捺生[11][5] なつき	捺希[11][7] なつき 捺美[11][9] なつみ	**意味** おす。手でおさえつける。 **願い** やわらかな仕草や様子を表す漢字。そのことから、やわらかな物腰でありながら、自分の意思をきちんと通すことができる人に成長することができる人にとの思いを込めて。	ダツ・ナツ	**捺** 11画

392

おすすめ漢字 11〜11画

埜 (11画)

主な読み: ショ・ヤ・ぬ・の・ひろ

意味: ①(「野」の古字) のはら。広々としたところ。②畑。耕地。③未開。人知や文化が開けていないこと。④民間。⑤いなかびた。いやしい。⑥自然のまま。⑦分に過ぎる。だいそれた。⑧区域。範囲。

願い: おおらかな人柄、素朴に飾らず自分の信じた道をしっかり歩いていける人に。健やかにのびのびとした成長を願って。

女の子の名前例:
- 埜乃花 ののか
- 彩埜 あやの

男の子の名前例:
- 埜愛 のあ
- 和埜 かずの
- 雅埜 まさや
- 直埜 なおや

彬 (11画)

主な読み: ヒン・あき・あきら・あや・しげし・ひで・よし

意味: (彬彬(ひんぴん)は、文(かざり)と質(なかみ)とがよく調和しているようす。外形も内容もともにすぐれているようす。樹木の並んだようす。

願い: な美しい字体。賢くて優しいイメージで、外見も内面も整った人になれることを願って。心の豊かさを持った人に。

女の子の名前例:
- 彬乃 あきの

男の子の名前例:
- 彬仁 あきひと
- 晴彬 はるあき
- 光彬 みつあき

萌 (11画)

主な読み: ホウ・ボウ・ミョウ・きざし・め・めぐみ・めみ・もえ

意味: ①きざし。事の起こり。②草木が芽を出す。芽ばえ。

願い: 新しいことのスタートや誕生を意味することから、いつもフレッシュな気持ちを抱き、明るく希望に満ちた人生を送れるようにという願いを込めて。

女の子の名前例:
- 萌々花 ももか
- 萌絵 もえ
- 萌衣 めい
- 萌希 もえき

男の子の名前例:
- 萌斗 もえと
- 萌 きざし

望 (11画)

主な読み: ボウ・モウ・のぞむ・み・もち

意味: ①遠くを見る。②ほまれ。人気。ねがう。③しびれる。しびれる。④満月。陰暦十五日の月。

願い: 人気や評判という意味もあることから、人望のある人になるように願って。ロマンに満ちて、努力して望みをかなえる強い意志を力に、多くの可能性を期待して。夢をかなえる人になるように。

女の子の名前例:
- 望結 みゆ
- 七望 ななみ
- 望美 のぞみ

男の子の名前例:
- 巧望 たくみ
- 望 のぞみ
- 望海 のぞみ

麻 (11画)

主な読み: マ・あさ・お・ぬさ

意味: ①あさ。クワ科の一年草。茎の皮から繊維をとり、糸・布をつくる。②あさいと。あさぬの。③しびれる。しびれる。⑤いなかびた。いやしい。⑥自然の温かさを感じさせ、丈夫でしなやかさ。

願い: まわりを包み込むような優しさを持つ人になることを願って。

女の子の名前例:
- 麻央 まお
- 麻衣 まい
- 恵麻 えま

男の子の名前例:
- 麻陽 あさひ
- 透麻 とうま
- 麻人 あさと

野 (11画)

主な読み: ショ・ヤ・ぬ・の・ひろ

意味: ①のはら。広々としたところ。②畑。耕地。③未開。人知や文化が開けていないこと。④民間。⑤いなかびた。いやしい。⑥自然のまま。⑦分に過ぎる。だいそれた。⑧区域。範囲。

願い: 広い野原のイメージから、明るくて心の広いおおらかな人に。自然と親しみ、心身ともにのびのび成長する元気な人になることを願って。

女の子の名前例:
- 野乃花 ののか
- 彩野 あやの
- 志野 しの

男の子の名前例:
- 野亜 のあ
- 颯野 そうや

おすすめ漢字 11〜11画

画数・漢字	主な読み	女の子の名前例	男の子の名前例	主な意味と込めたい願い
唯 11画	イ・ユイ・ただ	唯花 ゆいか／唯菜 ゆいな／葵唯 あおい	唯 とうい／唯人 ゆいと／唯織 いおり	**意味** ①ただ。それだけ。②はい。返事の声。 **願い** 大切な人という気持ちを込めて、唯一無二の存在であることを伝えるメッセージとしてつけたい漢字。素直でのびのびと成長していく人に。魅力的な個性と存在感を持ち、自分自身を大切にしながら生きてほしいという願いを込めて。
悠 11画	ユウ・ちか・はるか・ひさし	悠月 ゆづき／悠 はるか／真悠 まゆ	悠希 はるき／悠真 ゆうま／悠斗 ゆうと	**意味** ①はるか。遠い。久しい。②ゆったりしている。 **願い** 広大な風景や時の流れを表す。ゆったり落ち着いた印象で、スケールの大きさを感じられる漢字。いつも自然体でいられるイメージから、のびやかにマイペースで、笑顔がたえない人に。
梨 11画	リ・なし	梨乃 りの／梨緒 りお／梨花 りか	梨音 りおん／梨仁 りひと／梨功 りく	**意味** なしの木。なしの実。中国原産のバラ科の落葉高木。春に白い花がさき、秋に水分の多い甘い実をつける。果実は食べられる。 **願い** 果樹がたわわに実っているイメージから、豊かな才能や感性を持ち、多くの人に優しさを分けられる人に。多くの人に優しさを分けることができる人になれることを願って。
理 11画	リ・おさむ・すけ・たか・ただ・ただし・とし・のり・まさ・みち	理央 りお／理子 りこ／理紗 りさ	理 おさむ／理玖 りく／理仁 りひと	**意味** ①とりあつかう。②筋道。③分かる。さとる。④筋目。物の表面にあるもよう。⑤自然科学 **願い** 知的なイメージがある漢字。理性があり、知性豊かで、理解力に優れ、義理人情を重んじる人になるよう願いを込めて。物事の道理を理解し、筋道を立てて考えることができる人に。
陸 11画	リク・ロク・あつし・たか・し・ひとし・みち・む・む		陸斗 りくと／陸也 りくや／陸玖 りく	**意味** ①水面より高く続く台地。②続くようす。③証書などに書く数字の「六」の代用字。 **願い** どこまでも続く大地に思いをはせるスケールの大きなイメージ。おおらかさや心の広さを感じさせる名前に。まっすぐきちんとしているなど、地にしっかりと足をつけた安定感のある人になることを願って。
琉 11画	リュウ・ル	愛琉 あいる／琉那 るな／琉花 るか	羽琉 はる／琉斗 りゅうと／琉生 るい	**意味** ①〔琉璃(るり)〕は、宝石の名。七宝の一つ。ガラスの古いよび名。また、紺青色の宝石。②琉球のこと。沖縄県の古いよび名。 **願い** きれいな字体で、さわやかな南国のイメージの漢字。青い海や空のイメージして使われることも多い。青く深く澄んだ美しい海のような広い心を持ち、暖かい風のように優しい人にと願って。

画数・漢字	主な読み	主な意味と込めたい願い	女の子の名前例	男の子の名前例
隆 11画	リュウ・お・しげ・たか・たかし・ゆたか	**意味** ①盛り上がって高い。高くなる。②身分や官職がとうとい。③盛んな。盛んにする。 **願い** 豊か、大きい、尊いなどの意味があることから、家業がますます豊かに栄えることを願って。勢いがあって上昇するエネルギーを表す縁起のよい漢字。人生のさまざまな場面で上昇できる人になることを願って。		隆之介 りゅうのすけ 隆成 りゅうせい 隆広 たかひろ
梁 11画	リョウ・はり・やな・はし	**意味** ①川にかけ渡した木の橋。②屋根を支えるために二本の支柱の上に渡す横木。③水中に木や竹などを並べ立て、流れをせきとめて魚をとるしかけ。④りょう。中国の王朝名。 **願い** 川にかけた橋を表すことから、バランス感覚に優れ、国際社会で国や人をつなぐかけ橋になり活躍することを期待して。	梁奈 りょうな 梁夏 りょうか 梁佳 りょうか	梁太 りょうた 梁輔 りょうすけ 梁 りょう
涼 11画	リョウ・すず	**意味** ①すずしい。すず。②ものさびしい。③すずむ。 **願い** 木陰の涼しい風の心地よさを感じさせる字。清涼感のある響きで、さわやかな印象のある名前に。好感度と表現力が高く、優れた知性と表現力を持った、純粋な人になることを願って。	涼子 りょうこ 涼夏 すずか 未涼 みすず	涼晴 りょうせい 涼太 りょうた 涼介 りょうすけ
陵 11画	リョウ・みささぎ	**意味** ①大きなおか。②みささぎ。天子や皇妃の墓。③しのぐ。のぼる。相手より上に出る。④こえる。 **願い** 越えるのが困難なことから、大きな山を広げて天高く自由に飛ぶことのできる人生を願って。また、ゆったりと大きなだらかなイメージから、心の広さを感じさせる包容力のある人になれるように。		陵雅 りょうが 陵介 りょうすけ 陵 りょう
凰 11画	オウ・おおとり	**意味** おおとり。くじゃくに似た想像上の霊鳥。凰はおおとりの雌、鳳はおおとりの雄。 **願い** めでたい鳥を表す漢字。夜空にきらめきと宇宙の広さを感じさせる器の大きさを持ち併せ、だれからも好かれる人になることを願って。格調高く高貴な印象の人に。大きな翼を広げて天高く自由に飛ぶ鳥のようなきらめきと神秘的な印象を感じさせる漢字。幸運を招く運を持っている人に。	莉凰 りお 凰佳 おうか 凰花 おうか	凰介 おうすけ 眞凰 まお 玲凰 れお
彗 11画	エ・ケイ・スイ	**意味** ①ほうき。②はく。③ほうき星。彗星（すいせい）。 **願い** 彗星のロマンに満ちたイメージと、スケールの大きさや神秘的な印象を感じさせる漢字。夜空にきらめきと宇宙の広さを感じさせる器の大きさを持ち併せ、だれからも好かれる人になることを願って。	彗玲奈 えれな 彗 すい	彗斗 けいと 彗太 けいた 彗 けい

おすすめ漢字 11〜11画

徠 (11画)
主な読み: ライ・き・きた・く・ゆき

意味: ①こちらに近づく。②招く。③次の。これから先。④このかた。今まで。「来」の古字。

願い: 将来や未来をイメージさせる漢字。好奇心と柔軟な発想力を持ち、未来へ向かって着実に前へ進めるように。また、次の世代にきちんと伝承していけるものを身につけることを願って。

女の子の名前例: 美徠（みらい）
男の子の名前例: 未徠（みく）/ 愛徠（あいら）/ 徠夢（らいむ）/ 徠希（らいき）/ 徠（らい）

梛 (11画)
主な読み: ダ・ナ・なぎ

意味: なぎ。暖地に自生するマキ科の常緑高木。木目が細かく、家具などに用いられる。

願い: なぎは神木とされ、よく神社の境内に植えられている。その神聖なイメージから、清らかで穏やかな性格の子に育ち、神様から守られた安寧な人生が送れるようにといった祈りを込めて。

女の子の名前例: 心梛（ここな）/ 結梛（ゆな）/ 愛梛（まな）
男の子の名前例: 聖梛（せな）/ 梛音（なおと）/ 梛（なぎ）

毬 (11画)
主な読み: キュウ

意味: ①まり。②まりの形をしたもの。③いが。とげの密生している外皮。

願い: 日本に古くからあるおもちゃの「まり」を表す漢字。色とりどりの糸で美しい模様がほどこされた手まりのイメージから、繊細で優しい人になることを願って。

女の子の名前例: 毬花（まりか）/ 毬亜（まりあ）/ 日毬（ひまり）

笙 (11画)
主な読み: ショウ・セイ

意味: しょうのふえ。長短十七本の竹の管を立て並べた管楽器。雅楽に使める。

願い: 日本古来の音楽にまつわる漢字で、和の心を伝える印象的な名前に。ゆったりした大河の流れを感じられるおおらかな人に。複数の竹管が響き合って澄んだ音を出すことから、協調性があり、高貴な心を持つ人にと願って。

女の子の名前例: 笙花（しょうか）/ 笙子（しょうこ）/ 笙（しょう）
男の子の名前例: 笙眞（しょうま）/ 笙汰（しょうた）/ 笙吾（しょうご）

絆 (11画)
主な読み: ハン・バン・きずな

意味: ①ものをつなぎとめるもの。②強い結びつき。③つなぐ。つなぎとめる。

願い: 人とのつながりを意味する漢字。人と人のつながり、縁を大切にして心と心のつながりを築いて。約束を守り、信頼にこたえられる人になることを願って。

女の子の名前例: 絆菜（はんな）/ 絆那（はんな）/ 絆奈（はんな）
男の子の名前例: 絆希（きずな）/ 絆（きずな）/ 絆人（はんと）

羚 (11画)
主な読み: レイ・リョウ

意味: かもしか。やぎに似た動物で、雌雄とも二本の短い角をもつ。

願い: 独特の字形でインパクトのある個性的な名前にぴったり。かもしかは、軽やかで姿が美しいことから、俊敏でしなやかに何事もこなせる器用さを身につけた人に。クールで健康的な人になることを願って。

女の子の名前例: 羚蘭（れいら）/ 羚夏（れいか）/ 羚那（れいな）
男の子の名前例: 羚（れい）/ 羚央（れお）/ 羚司（れいじ）

男の子の名前例	女の子の名前例	主な意味と込めたい願い	主な読み	画数・漢字
	菫¹¹ すみれ 菫¹¹礼⁵ すみれ 菫¹¹玲⁹ すみれ	**意味** ①すみれ。スミレ科の多年草。春、むらさきの花をつける。②とり。キンポウゲ科のかぶと。毒草の一種。③むくげ。アオイ科の落葉低木。 **願い** 野山に咲く紫色の小さな菫（すみれ）のかわいらしさを持ち、素朴なイメージから、誰にでも愛される人に育ってほしいという願いを込めて。	キン・すみれ	菫 ⑪画
逞¹¹ たくま 逞¹¹翔¹² たくと 逞¹¹真¹⁰ たくま		**意味** ①たくましい。強い。②たくましくする。強くする。思いどおりにする。 **願い** たくましく、勢いがあるイメージの漢字。心身共に丈夫で、腕白だけど力強い精神力を持った人になるよう願って。快い、楽しいなどの意味もあることから、楽しく明らかな明るい人生を歩めるように。	テイ・たくま	逞 ⑪画
葵¹² あおい 陽¹²葵¹² はるき 瑞¹³葵¹² みずき	紗¹⁰葵¹² さき 陽¹²葵¹² ひまり 葵¹²羽⁶ あおば	**意味** ①あおい。アオイ科の多年草。観賞用の植物。②[向日葵（こうじ）]は、ひまわり。③[徳川家の家紋「三つ葉葵（みつばあおい）」] **願い** 落ち着いた品格があり、いろいろな和をイメージする漢字。穏やかで気品のある人に成長してほしいという思いを込めて。	キ・あおい・まもる	葵 ⑫画
絢¹²介⁴ けんすけ 絢¹²士³ あやと 絢¹²斗⁴ けんと	絢¹²乃² あやの 絢¹²香⁹ あやか 絢¹²音⁹ あやね	**意味** あや。いろどり。織物の美しいもよう。 **願い** 色を折り重ねた美しい柄のように、深みのある美しさが際立つ個性的な魅力を醸し出す人に。いろいろな体験を通して、彩りや深みのある人生を送れるように。華やかな人生が送れるようにといった願いを込めて。	ケン・あや	絢 ⑫画
碧¹⁴偉¹² あおい 偉¹²月⁴ いつき 琉¹¹偉¹² るい		**意味** ①えらい。すぐれている。②りっぱ。③大きい。からだつきがりっぱ。 **願い** 非常に優れていて、大きくて立派なイメージの漢字。心身のスケールの大きさが感じられ、立身出世し、まわりから尊敬されるような人になるように願って。	イ・いさむ・えら・たけ	偉 ⑫画
八²雲¹² やくも 早⁶雲¹² そううん 羽⁶雲¹² わく	美⁹雲¹² みく 美⁹雲¹² みくも	**意味** ①くも。くものようなものの形容。ただよう、高い、多い、盛ん、遠いなどのようす。③身分の高いことのたとえ。④空。天。 **願い** さまざまに形を変えながら大空に浮かぶ雲の様子から、おおらかで想像力豊かな人に。のびのびと成長し、自分の好きなことに才能を発揮できるようにとの期待も込めて。	ウン・くも・も	雲 ⑫画

おすすめ漢字

11〜12画

おすすめ漢字 12〜12画

男の子の名前例	女の子の名前例	主な意味と込めたい願い	主な読み	画数・漢字
瑛太 えいた 瑛斗 えいと 瑛士 あきと	奏瑛 かなえ 彩瑛 さえ 瑛麻 えま	**意味** ①美しい透明な玉。②玉の光。 **願い** 水晶のように透明で美しいイメージの漢字。純真無垢な心根とキラリと光る個性を兼ね備えた人になることを願って。幻想的で気品があり、優しい心でまわりの人に癒やしを与えられる人に。	エイ・あき・あきら・てる	**瑛** 12画
詠太 えいた 詠斗 えいと 詠介 えいすけ	詠美子 えみこ 詠 うた 詠梨 えり	**意味** ①声を長くのばし、ふしをつけて漢詩や和歌をうたう。②漢詩や和歌をつくること。③感動などを声に出す。 **願い** 漢詩や和歌を吟じたり創作したりするという意味から、古風な印象の漢字。ゆったりと穏やかな性格で、文学や芸術に関心や才能がある人に育ってほしいという期待を込めて。	エイ・うた・よ	**詠** 12画
温大 はると 志温 しおん 温志 あつし	心温 しおん 温香 はるか 千温 ちはる	**意味** ①あたたかい。あたためる。あたたかさ。②穏やか。なごやか。やさしい。すなお。③たいせつにする。④たずねる。復習する。 **願い** 寛大さや優しさを表す漢字。穏やかで優しく温かい気持ちを持った人に。心の温かさで人を包み込んであげられるような、だれからも好かれる人になることを願って。	オン・あつ・あつし・すな・お・のどか・はる・みつ・ゆたか	**温** 12画
悠賀 ゆうが 亮賀 りょうが 大賀 たいが	千賀 ちか 彩賀 あやか 晴賀 はるか	**意味** ①よろこぶ。ことほぐ。祝う。祝い。②めでたいこと。よろこび。 **願い** 「賀正」「祝賀」「慶賀」など、めでたさを表す縁起のよい意味を持つ漢字。喜びに満ちた幸せな人生を送ってほしいという親の祈りを託して。	カ・ガ・しげ・のり・ます・よし・より	**賀** 12画
	彩絵 さえ 絵麻 えま 絵里香 えりか	**意味** ①え。物の姿・形・ありさまなどを描いたもの。②描く。 **願い** 美術や芸術を連想させる漢字。豊かな感性のことを忌みきらっていうことば。美的センスを持った人に成長することを期待して。また、キャンバスに絵筆を走らせるように、自分の人生を自由にのびのびと描いてほしいという思いを託して。	エ・カイ	**絵** 12画
開斗 かいと 開 かい 開誠 かいせい		**意味** ①閉じているものを広げる。②文化が進む。③始める。始まる。④ひらく。⑤おひらき。閉会のことを忌みきらっていうことば。⑥へだたり。⑦手足を広げて立つ。 **願い** 自分で未来を切り開いていける人に。光が差し込むように明るく開放的な魅力を持ち、前を向いて歩く開拓者、先駆者になることを願って。	カイ・あ・さく・はる・はるき・ひら・ひらき	**開** 12画

398

男の子の名前例	女の子の名前例	主な意味と込めたい願い	主な読み	画数・漢字

凱（12画）

主な読み：カイ・ガイ・たのし・とき・よし

男の子の名前例：凱也（ときや）／大凱（たいが）／凱士（かいと）

意味 ①かちどき。戦いに勝って喜ぶときの声や音楽。②かちいくさ。かち。戦勝。③やわらぐ。なごやか。

願い スケールの大きさを感じさせる漢字。人生を意気揚々と楽しみながら歩んでいける人に。喜びのイメージから、あらゆることの成功を願って歓喜に満ちあふれる人生になることを願って。

敢（12画）

主な読み：カン・あ・いさみ・いさむ

男の子の名前例：敢（かん）／敢士（かんじ）／敢太（かんた）

意味 ①あえて。進んでする。②勇ましい。強い。③思いきりがよい。

願い 勇ましく思いきって行動を起こす人に。困難にも勇気を持って立ち向かう精神力と実力を持った人になることを願って。判断力や決断力の優れた人に。

喜（12画）

主な読み：キ・このむ・たのし・のぶ・はる・ひさ・ゆき・よし・よろこ

男の子の名前例：喜紀（よしき）／恒喜（こうき）／晴喜（はるき）／結喜（ゆき）

女の子の名前例：喜衣（きい）／咲喜（さき）

意味 ①よろこぶ。うれしい。うれしがる。②おもしろい。楽しい。

願い 人に喜びをもたらし、広い心で人に接することができ、うれしさや楽しみを分かち合える人に。喜びの多い人生を歩むことができるようにという願いを込めて。誕生の喜びと祝福の気持ちを込めてつけたい。

幾（12画）

主な読み：キ・いく・おき・ちか・ちかし

男の子の名前例：幾斗（いくと）／幾也（いくや）／幾翔（いくと）

女の子の名前例：幾帆（いくほ）

意味 ①いくばく。いく。どれほど。②ほとんど。ちかい。③きざし。④こいねがう。

願い 数を問う意味を表すことから、探究心や向上心が旺盛な人に成長し、いつも前向きに人生を歩んでほしいという思いを込めて。

揮（12画）

主な読み：キ

男の子の名前例：悠揮（ゆうき）／尚揮（なおき）／大揮（だいき）

意味 ①ふるう。ふりまわす。ふるいおこす。②飛び散る。まき散らす。③さしずする。

願い 統率力に優れ、さまざまな分野のリーダーとして、実力を余すことなく発揮できる人に。指揮者のイメージから、人々に頼られ、多くのことを瞬時に判断できる力を持ち、大きな感動を与えることのできる人になることを願って。

稀（12画）

主な読み：キ・ケ・まれ

男の子の名前例：光稀（みつき）／遥稀（はるき）／柚稀（ゆずき）

女の子の名前例：由稀（ゆき）／稀衣（きい）／早稀（さき）

意味 ①めったにない。珍しいこと。②まばら。③薄い。

願い めったにない、貴重なことを表す。類いまれなる存在感があり、際立つ感性と個性がきらりと光る人に育つように願って。親にとってかけがえのない存在であることを伝えたい。

おすすめ漢字　12〜12画

おすすめ漢字 12〜12画

画数・漢字	主な読み	主な意味と込めたい願い	女の子の名前例	男の子の名前例
貴 12画	キ・あつ・あて・たか・たかし・たけ・たっと・とうと・よし	**意味** ①値段が高い。すぐれた値打ちがある。②身分が高い人。③うやまう。たいせつにする。④相手への尊敬の気持ちを表すことば。 **願い** 貴いもの、身分が高い人などを表す。誇り高く上品なイメージの漢字。落ち着いた気品のある振る舞いができる、賢い人に成長してほしいという期待を込めて。	彩貴¹¹ さき / 結貴⁹ ゆき / 貴穂⁹ きほ	大貴³ だいき / 悠貴³ ゆうき / 貴弘⁵ たかひろ
暁 12画	ギョウ・あき・あきら・あけ・さとし・さとる・とき・とし	**意味** ①あかつき。夜明け。②さとる。よく知る。 夜明けの空を表すことから、すがすがしく明るく希望にあふれる未来に向かって前向きに歩き出す人になれるようにという思いを込めて。目標を失わず、成功を重ねていけるような、しんの強い人になることを願って。	暁音⁹ あかね / 暁美⁹ あけみ / 暁帆⁶ あきほ	暁人² あきと / 暁斗⁴ あきと / 暁⁰ さとる
琴 12画	キン・ゴン・こと	**意味** ①弦楽器の一種。箱形の胴の上に弦を張ったもの。日本では、十三弦の琴をさす。②琴に似た楽器。 **願い** 琴が奏でる、美しい音色のイメージから、しとやかで古風な趣のある人に育ってほしいという期待を込めて。	琴音⁹ ことね / 美琴⁹ みこと / 琴羽⁶ ことは	真琴¹⁰ まこと / 海琴⁹ みこと
敬 12画	ケイ・あき・あつ・さとし・たか・たかし・とし・ひろ・ひろし	**意味** ①うやまう。たっとぶ。②つつしむ。つつしみ。 **願い** 礼儀正しくまじめで、謙虚な姿勢を忘れず誠実で、だれからも尊敬される人に。相手を敬い、相手からも敬われる存在になることを願って。	敬子³ けいこ	敬太⁴ けいた / 敬吾⁷ けいご / 敬章¹¹ たかあき
景 12画	エイ・ケイ・あきら・かげ・ひろ	**意味** ①光。日光。②かたち。ありさま。③けしき。④うやまう。⑤めでたい。大きい。⑥影。⑦売り物にそえて客におくる品。 **願い** 明るく雄大な風景を連想させることから、おおらかで広い心を持ち、すべてを包み込むような優しさが身についている人に。風情や落ち着きがある人になることを願って。	千景¹¹ ちかげ / 景子³ けいこ / 景都¹¹ けいと	景太郎⁹ けいたろう / 景太⁴ けいた / 景士³ けいし
結 12画	ケチ・ケツ・ひとし・むす・ゆ・ゆい・ゆう	**意味** ①むすぶ。つなぐ。糸やひもでつないで一つにまとめる。②集まる。③むすびつく。しめくくる。④終わる。 **願い** 日々の努力が実を結び、成功をつかみ取れる人になることを願って。人との結びつきを大切にする、優しく思いやりのある人間関係を築くことができるように願って。	結愛¹³ ゆあ / 結衣⁶ ゆい / 結菜¹¹ ゆいな	結斗⁴ ゆいと / 結人² ゆうと / 結馬¹⁰ ゆうま

おすすめ漢字 12〜12画

画数・漢字	主な読み	主な意味と込めたい願い	女の子の名前例	男の子の名前例
堅 (12画)	ケン・かき・かた・たかし・つよし・み・よし	意味 ①かたくて強い。②しっかりしている。③かたく。しっかりと。 願い まじめで堅実、しっかりしている性格で、信用できる人物に。信念を持って物事にあたり、充実した成果を出すことができる人になれることを願って。心身共に丈夫で立派であるようにという祈りを込めて。		堅人 けんと 堅 けん 堅心 けんしん
湖 (12画)	コ・みずうみ	意味 ①みずうみ。②中国ではとくに洞庭湖（湖南省にある名勝）をさす。 願い 澄んだ水をたたえる大きな湖のように、心が広い豊かな人に育ってほしいという願いを込めて。静かな水面のイメージから神秘的で穏やかで優しい人に。湖のようなさわやかさや、心地よさにあふれた温厚な人に。	湖晴 こはる 美湖 みこ 湖都 こと	湖太郎 こたろう
紫 (12画)	シ・むら・むらさき	意味 ①むらさき。赤と青の間の色。②しょうゆのこと。 願い 紫色は古くより高貴な色とされていたことから、気品のある人にほしいという願いを込めて。「シ」の音を持つ漢字の中でも、上品な印象を与える漢字。	紫乃 しの 紫帆 しほ 紫音 しおん	紫月 しづき 紫恩 しおん 蒼紫 あおし
詞 (12画)	シ・ジ・こと・ふみ	意味 ①ことばの総称。「ことば」全般を意味することから、文学的な才能に恵まれた知的な人になってほしいという願いを込めて。単語や文章など上のことば。②中国の宋の時代にさかんになった韻文。③文法上のことば。 願い	美詞 みこと 詞帆 しほ 詞音 ことね	奏詞 そうし 詞音 しおん
竣 (12画)	シュン	意味 ①終わる。仕事を完成する。②とどまる。 願い しっかりと、地に足が着いた人生を送れるように。目標を成し遂げる強い意志を持ち、まじめで忍耐強い人になるように願って。		竣輔 しゅんすけ 竣星 しゅんせい 竣太 しゅんた
順 (12画)	ジュン・すなお・とし・なお・のぶ・のり・はじめ・まさ・みち	意味 ①従う。さからわない。すなお。おとなしい。②ことのしだい。道筋。並び。③物事が都合よく進行する。 願い 穏やかでだれにも好かれる人になるように、またトラブルのない順調な人生を送れるようにという願いを込めて。「ジュン」の音を持つ漢字の中では、すっきりとした素直な印象の漢字。	順子 よりこ	順也 じゅんや 順一 じゅんいち 順平 じゅんぺい

おすすめ漢字 12〜12画

晶 (12画)

主な読み: ショウ・セイ・あき・あきら・まさ

意味: ①明らか。明るくきらめく。②鉱石の名。③純粋な鉱物がもつ一定のかたち。

願い: 星の光を三つ組み合わせた形で、明らかに輝くという意味がある。澄んだ光が、まばゆくきらめく様子から清らかな魅力を思わせる漢字。クールな輝きを放つ人になることを願って。

女の子の名前例:
- 晶子³ あきこ
- 晶菜¹² あきな
- 晶絵¹² あきえ

男の子の名前例:
- 晶¹² あきら
- 晶斗⁴ あきと
- 晶太⁴ しょうた

湘 (12画)

主な読み: ショウ

意味: 〔湘水（しょうすい）〕は、中国の川の名。地名の湘南のイメージから、笑顔が輝き、海のように大きな懐を持つ、優しい人に。

願い: 中国にある川のイメージから、さわやかで、豊かな心の持ち主になることを願って。

女の子の名前例:
- 湘夏¹⁰ しょうか
- 湘佳⁸ しょうか
- 湘香⁹ しょうか

男の子の名前例:
- 湘太⁴ しょうた
- 湘吾⁷ しょうご
- 湘平⁵ しょうへい

尋 (12画)

主な読み: ジン・たず・ひろ・ひろし

意味: ①さがしもとめる。聞き出す。②つね。③長さの単位。ひろ。一尋は手を左右に広げた長さで、日本では六尺（約一・八メートル）にあたる。

願い: 古典的で個性的な字体から印象に残る名前となる。とても深く長いという意味があることから、精神的に奥深く、気持ちが温かく、人に誠実な対応ができる人にと願って。

女の子の名前例:
- 千尋³ ちひろ
- 美尋⁹ みひろ
- 麻尋¹¹ まひろ

男の子の名前例:
- 尋¹² じん
- 真尋¹⁰ まひろ
- 智尋¹² ともひろ

晴 (12画)

主な読み: セイ・きよし・てる・は・はる・はれ

意味: ①はれる。②表向く。じゅうぶんに。③親しくする。

願い: 澄んだ青空のように心が澄み渡り、相手を和ませるさわやかな明るさを持った人に。のびのびとした笑顔の似合う人に。晴れやかで、ストレートに託すことができる漢字。ほかの人を思いやる心を持った人に成長するように、いつでも前向きな気持ちでどんなことも一生懸命頑張る人になることを願って。

女の子の名前例:
- 心晴⁴ こはる
- 美晴⁹ みはる
- 晴香⁹ はるか

男の子の名前例:
- 晴斗⁴ はると
- 晴輝¹⁵ はるき
- 晴真¹⁰ はるま

善 (12画)

主な読み: セン・ゼン・さ・ただし・たる・よ・よし

意味: ①正しい。②うまい。傷つく。②始める。始め。③親

願い: 人としてよいところをたくさん持った子に育ってほしいという気持ちを託す。見の明となるように、時代の先を駆者となるように、駆者との明るように、駆者となるように、みんなと楽しさを分かち合い、喜びに満ちた人生を送ることができるようにという思いを込めて。

女の子の名前例:
- 善香¹² よしか
- 善美¹² よしみ

男の子の名前例:
- 善¹² ぜん
- 善行⁶ よしゆき
- 善太⁴ ぜんた

創 (12画)

主な読み: ソウ・はじむ

意味: ①傷。傷つける。②始める。始め。③つくる。

願い: 柔軟な発想力や創造的な才能に恵まれ、新時代の先駆者となるようにあふれ、力強く前進していく人になれるように。

男の子の名前例:
- 創太⁴ そうた
- 創史⁵ そうし
- 創介⁴ そうすけ

おすすめ漢字 12〜12画

男の子の名前例	女の子の名前例	主な意味と込めたい願い	主な読み	画数・漢字
尊琉 たける 尊哉 たかや 尊弘 たかひろ		**意味** ①たっとい。たっとぶ。②相手に関することがらを敬っていうことば。③神や皇族を敬ってよんだことば。 **願い** 神様などに使う漢字であることから、上品で厳かなイメージがある。存在感のある人になることを願って。勇ましい印象もあり、何事にも自分から立ち向かっていける勇気を持った人に。	ソン・たか・たかし・たつ・と・とうと	尊 ⑫画
達也 たつや 達真 たつま 達琉 たつる		**意味** ①通る。道がどこまでも通じる。②目的をどこい。③道理などに通じる。見抜く。④高い地位にのぼる。⑤すぐれている。⑥すぐれた人。技術などが高くなる。⑦通知。命令。⑧複数を表す。 **願い** 多くの分野での活躍を期待して。優れた見識や技能を持ち、やり遂げられる人にと願って。	タツ・いたる・さと・さとし・さとる・しげ・すすむ・とおる	達 ⑫画
大智 だいち 智哉 ともや 智士 さとし	智香 ともか 智咲 ちさ 智春 ちはる	**意味** ①知恵。②かしこい。さとい。③物知り。④知る。さとる。 **願い** 本質的な賢さがあり、豊富な知識とあふれる好奇心、優れた判断力を兼ね備えた、頭のよい人に。傑出した思考や能力に恵まれることを願って。	チ・あきら・さと・さとる・とし・とも・の・まさる	智 ⑫画
朝陽 あさひ 朝輝 ともき 朝登 あさと	朝妃 あさひ 朝花 あさか 朝香 ともか	**意味** ①あさ。②ひとたび。あるひととき。③天子が政治を行うところ。④ある天子が在位する期間。⑤ある王朝が継続するための期間。⑥国。国家。 **願い** 澄んだ空気に満ち、明るい日ざしが差し込むさわやかなイメージ。新しい一日の始まりにちなんで、いつでも何事にも新鮮な気持ちで向かい合うことができる人になることを願って。	チョウ・あさ・あした・さ・つと・とき・とも・はじめ	朝 ⑫画
	椎菜 しいな 椎南 しいな 椎奈 しいな	**意味** ①しい。ブナ科の常緑高木。実はどんぐり状で食用。材はかたく、建築・家具などの用材とし場。②つち。物をたたくための工具。③打つ。たたく。つちで打つ。④のろま。にぶくてのろい。 **願い** 椎は木材として、また実のどんぐりは食用にもなり、生活に密着してきた樹木。自然の力に守られ、みんなに親しまれるように。	スイ・ツイ・しい・つち	椎 ⑫画
晴渡 はると 悠渡 ゆうと 渡 わたる		**意味** ①向こう岸へ行く。②暮らす。③交渉する。④わたす。⑤手わたす。ゆずる。さずける。 **願い** 自由にあちこち渡り歩く行動力を持ち、自ら決めた人生の目標となる大海原をも無事に渡っていける大人に。世間を上手に渡っていける要領のよさも持った積極的な要領の人になることを願って。	ト・ド・わた・わたる	渡 ⑫画

おすすめ漢字 12〜12画

登 12画

主な読み: ト・トウ・たか・ちか・と・み・とも・なり・なる・の・のぼる・のり

意味: ①高い所にのぼる。②行く。公式の場に参上する。出勤する。③高い地位につく。④試験に合格する。⑤人を登用する。⑥記録する。⑦たてまつる。

願い: 向上心と行動力を持ち、たゆまぬ努力を続けて目標に向かって着実に進む人に。自分のやるべきことを果たし、尊敬される人になることを願って。

女の子の名前例: 美登(みと)

男の子の名前例: 晴登(はると)／悠登(ゆうと)／登真(とうま)

塔 12画

主な読み: トウ

意味: ①そとば。死者をとむらうために立てる木や石の細長いもの。また、仏骨をおさめるための高い建造物。②高い建造物。

願い: 元は梵語の音訳で卒塔婆(そとば)を表す漢字だが、「高い建物＝タワー」の意味も。そのことから、高い理想に向かってこつこつと努力できる、向上心のある人に。リーダーに適した人格者になるよう願って。筋を通す統率力のある人に。

女の子の名前例: 塔子(とうこ)

男の子の名前例: 塔也(とうや)／塔哉(とうや)

統 12画

主な読み: トウ・おさ・おさむ・かね・すみ・つな・つね・のり・むね・もと

意味: ①すべる。とりまとめる。治める。支配する。②ひと続きのつながり。すじ。③ひとつにまとめる。つながりなどを意味することから、頭脳明晰でリーダーに適した人格者になるよう願って。まわりから慕われ、よい仲間に恵まれた人生を送れるように。

男の子の名前例: 統真(とうま)／統悟(とうご)／統偉(とうい)

道 12画

主な読み: トウ・ドウ・おさ・つな・つね・のり・まさ・みち・ゆき

意味: ①通りみち。人や物の通るところ。②人の守り行うべきすじみち。③方法。わざ。技芸。④学問や技芸。⑤老子の教え。また、それを修める人。⑥語る。⑦導く。⑧行政区画の名。北海道の略。

願い: 社会のルールや物事の道理を重んじながら、自分の夢に向かって努力するひたむきな心を持った人になることを願って。

女の子の名前例: 道世(みちよ)／道香(みちか)／道保(みちほ)

男の子の名前例: 晴道(はるみち)／道吾(とうご)／尚道(なおみち)

敦 12画

主な読み: タイ・トン・あつ・あつし・おさむ・たい・つとむ・つる

意味: ①あつい。てあつい。人情があつい。②得る。

願い: 人とのかかわりを大切にする気持ちや情の深さ、思いやりの心を持ち、誠実な人柄で相手に接することができる人に。社交性があり、だれとでもすぐに打ち解けて話ができる人になることを願って。

女の子の名前例: 敦子(あつこ)／敦美(あつみ)

男の子の名前例: 敦士(あつし)／敦弘(あつひろ)／敦登(あつと)

博 12画

主な読み: ハク・バク・とおる・はか・ひろ・ひろし・ひろむ

意味: ①広い。広める。広く行きわたる。広く。②ばく。かけごと。すごろく。③知性と懐の深さを感じさせる漢字。世界を見渡す広い視野と豊富な知識、大きく豊かな心を持って、賢い人になることを願って。勉強好きでコツコツと努力する人に。

女の子の名前例: 美博(みひろ)／博美(ひろみ)

男の子の名前例: 博斗(はくと)／智博(ともひろ)／博希(ひろき)

おすすめ漢字 12〜12画

男の子の名前例	女の子の名前例	主な意味と込めたい願い	主な読み	画数・漢字
	媛菜 ひな 媛乃 ひめの 媛佳 ひめか	**意味**①たおやめ。才能のある美しい女。②身分の高い女性を敬ってよぶことば。③たおやか。美しい。 **願い**同じ「ひめ」の音を持つ字の中でも、かわいらしさをより強くイメージする「姫」に対し、「媛」は落ち着いた優美な印象。才色兼備の魅力ある人に成長することを願って。	エン・ひめ	媛 12画
満 みつる 悠満 ゆうま 満希 みつき	満里奈 まりな 日満里 ひまり 満優 みゆう	**意味**①みちる。みたす。みたる。②いっぱいになる。みちる。③ゆきわたる。④丸一年を一歳とする年齢のかぞえ方。全部。すっかり。③全体。一定の期限・標準に達する **願い**あらゆる豊かさや満ち足りた様子を表す漢字。多くの福徳に恵まれるように、精神的にも物質的にも豊かで満ち足りた人生を送れるようにと願って。	マン・ます・まろ・み・みつ・みつる	満 12画
湊太 そうた 湊斗 みなと 湊 みなと	湊佳 そうか 湊花 そうか 湊美 みなみ	**意味**①みなと。②多くのものが一か所に集まる。③皮膚のすじめ。 **願い**多くのものが集まる活気がありながらも、落ち着いた風情が漂う漢字。社交的で多くの人を引きつける魅力にあふれた人になるように。大きな海原へ旅立つ国際人になるようにという願いを込めて。	ソウ・あつ・みなと	湊 12画
椋平 りょうへい 椋大 りょうた 椋矢 りょうや	椋花 りょうか 椋 りょう 椋子 りょうこ	**意味**①ちしゃの木。ムラサキ科の落葉高木。材はかたく、車輪の用材になる。②むくの木。ニレ科の落葉高木。実は食用、葉は物をみがくのに用いる。③「椋鳥」の略。 **願い**むくの木のように、空に向かってまっすぐに育つように。素直で穏やかか、人としても大きく育つことへの願いを込めて。また、社会に貢献できるようにとの願いを込めて。	リョウ・むく	椋 12画
裕太 ゆうた 裕哉 ゆうや 裕輝 ゆうき	裕美 ひろみ 裕菜 ゆうな 裕愛 ゆあ	**意味**①豊か。ゆとり。②ゆったり。ゆるやか。のびやか。 **願い**「裕福」「余裕」などの言葉に代表されるように、さまざまな物事が豊かであることを表す漢字。おおらかで広い心を持ち、物心共に恵まれた人生を送ることができるようにとの願いを込めて。	ユ・ユウ・すけ・ひろし・まさ・みち・やす・ゆたか・ひろ・ひ	裕 12画
遊斗 ゆうと 遊介 ゆうすけ 遊汰 ゆうた	遊那 ゆうな 遊唯 ゆい 美遊 みゆ	**意味**①あそぶ。楽しむ。②酒や芸事などで楽しむ。③勉学などのため他国へ行く。各地を歩きまわる。④あちこちさまよう。⑤ゆとり。余裕。⑥ゆとり。 **願い**子どもが遊びに夢中になるように、何事にも縛られることなく、自分の希望する道を軽やかに進んでいってほしいという思いを託して。	ユ・ユウ・あそ	遊 12画

おすすめ漢字 12〜12画

画数・漢字	主な読み	主な意味と込めたい願い	女の子の名前例	男の子の名前例
雄 12画	ユウ・お・かず・かつ・たか・たけ・たけし・のり・よし	**意味** ①おす。生物の男性の総称。②勇ましい。おおしい。③はたがしら。④たけだけしい。力が強い人。武力・知力にすぐれた者。 **願い** 雄大で活発で元気、たくましい威勢がよいスケールの大きな人をイメージして。力が強くて優れた才能を持つ人になることを願って。頼りになる人柄で、人の上に立つことができるように。		雄大 ゆうだい 雄斗 ゆうと 雄太 ゆうた
葉 12画	ショウ・ヨウ・のぶ・は・ば	**意味** ①草木のは。②草木の葉のように薄いもの。③薄いものを数えることば。④すえ。わかれ。⑤世。時代。 **願い** 青々と茂る葉の生命力にあふれるイメージから、元気でいきいきした人に育ってほしいという願いを込めて。自然を連想するさわやかな名前にぴったり。	彩葉 いろは 一葉 かずは 葉月 はづき	碧葉 あおば 葉琉 はる 葉介 ようすけ
遥 12画	ヨウ・はる・はるか	**意味** ①はるか。遠い。②長い。長く続いているよう。さまよう。ぶらぶら歩く。 **願い** スケールの大きさを感じさせる漢字。さまざまな体験をしながら成長していく、自立心や好奇心を持った人に育つという願いを込めて。また、可能性ある未来が長く続くようにという願いを込めて。	遥 はるか 美遥 みはる 心遥 こはる	遥斗 はると 遥希 はるき 遥也 はるや
陽 12画	ヨウ・あき・あきら・お・きよ・きよし・たか・はる・ひ・や	**意味** ①日の光。太陽。②ひなた。日の当たる場所。山の南側。川の北側。③暖かい。明るい。④物事の積極的・動的な面。プラス。⑤ふりをする。表面。⑥いつわる。ふりをする。 **願い** 太陽のように周囲を元気づける、エネルギーに満ちた人にと願いを込めて。明るく生命力あふれるイメージで人気の漢字。	陽菜 ひな 心陽 こはる 陽香 はるか	陽 はるき 陽翔 はると 朝陽 あさひ 陽希 はるき
嵐 12画	ラン・あらし	**意味** ①あらし。激しく吹く風。暴風雨。②山にたちこめる水蒸気。澄みきった山の空気。 **願い** 激しい風が吹く嵐にも負けない、強さとすがすがしさ、情熱的な意思を持った人に。新しい風を起こすような華やかさや鮮烈なイメージも感じられ、相手の心を揺ぶるような印象を残す人になることを願って。	美嵐 みらん 咲嵐 さら	嵐 あらし 嵐丸 らんまる 嵐士 あらし
琳 12画	リン	**意味** ①美しい玉の名。②玉がふれあう音。玉が触れ合って鳴る音を表すことから、ルックス、スタイル、声に優れた、華やかな人になることを願って。気品あふれた、純粋な精神を持った人になるという思いを込めて。	琳 りん 香琳 かりん 佳琳 かりん	琳太 りんた 琳凰 りお 琳久 りく

406

画数・漢字	主な読み	主な意味と込めたい願い	女の子の名前例	男の子の名前例
壘 12画	ルイ	意味 ①とりで。石や土を重ねてつくった小さな陣地。②重ねる。重なる。③野球のベース。 願い 野球のベースを表すことから、ひたむきで堅実に努力する人になることを願って。コツコツと積み重ねていけば大きな成果を出すことができることを知っている人に。		壘斗 るいと 壘 るい 壘生 るい
惺 12画	セイ・さと	意味 ①さとい。かしこい。②さとる。 願い 澄みきった星を表すことから、純粋でまじめな人になるように。さえわたる星空のように、物静かで聡明な心を持った人になることを願って。星のように輝く未来に向かってまっすぐに歩いていける人に。	惺菜 せいな 惺羅 せいら 千惺 ちさと	大惺 たいせい 琉惺 りゅうせい 惺矢 せいや
琥 12画	コ	意味 ①〔琥珀（こはく）〕は、樹脂が化石となったもの。黄色でつやがある。②虎のもようを刻んだ玉の器。祭器の一種。 願い 優美で個性的な名前。琥珀（こはく）のように清らかで無欲な、美しい輝きを放つような人に。とらのように強く美しく、しなやかさを持った人になることを願って。	琥白 こはく 琥乃美 このみ 琥太郎 こたろう	琥太朗 こたろう 琥南 こなん
皓 12画	コウ・あき・あきら・てる・ひろ・ひろし	意味 ①色が白い。②髪が白い。老人。③明らか。白く輝く。④清い。いさぎよい。 願い 元は太陽が顔を出し、空が白む様子を表した字。澄みわたった清らかな心を持ち、希望に満ちた人生を歩んでほしいという祈りを託して。	真皓 まひろ 千皓 ちひろ	皓介 こうすけ 皓生 こうき 皓翔 ひろと
翔 12画	ショウ・かける	意味 ①かける。飛びめぐる。②つばびらか。 願い 鳥が羽を広げて空を飛ぶ様子を表す漢字。スケールの大きな漢字。自由にのびのびと成長することにのびのびと願いを込めて。	翔子 しょうこ 彩翔 あやか 夢翔 ゆめか	翔 しょう 翔太 しょうた 大翔 ひろと
萬 12画	バン・マン・かず・かつ・すすむ・たか・つもる・ま・よろず	意味 ①数の単位。千の十倍。②数の多いよう。いろいろの。③決して。かならず。 願い 非常に数が多いことを表す漢字。さまざまな分野に才能を持ち、可能性あふれる人生を送ることができるようにという思いを込めて。	萬琴 まこと 萬莉 ばんり 萬桜 まお	

おすすめ漢字 12〜12画

おすすめ漢字 13〜13画

愛 13画
主な読み: アイ・ちか・なり・なる・のり・ひで・まな・めぐむ・よし

意味: ①あいする。かわいがる。いつくしむ。②異性を恋いしたう。③好む。④おしむ。⑤たいせつにする。⑥親しみ愛する意味を表すことば。

願い: 優しさや思いやりのある子に成長するよう、周囲の人からもたくさんの愛情を注がれて育つようにという祈りを込めて。

女の子の名前例: 愛子（あいこ）／愛莉（あいり）／結愛（ゆあ）

男の子の名前例: 愛之介（あいのすけ）／愛斗（まなと）／愛翔（まなと）

園 13画
主な読み: エン・オン・その

意味: ①草木・花・果樹などを植えた庭や畑。②人が集まる場所。

願い: 美しい花々やたくさんの果実でいっぱいの土地をイメージする漢字。そのことから、幸せな出来事や友人に恵まれ、実り多き人生を送れるようにという願いを込めて。

女の子の名前例: 園佳（そのか）／園子（そのこ）／美園（みその）

遠 13画
主な読み: エン・オン・とお

意味: ①とおい。距離や時間がへだたっている。②うとい。③奥深い。④とおざける。とおざかる。

願い: 物事をじっくりと落ち着いて考える思慮深さや、冷静さを持った人に見通しを持って先のことまで見通し成長してほしいという願いを込めて。

女の子の名前例: 永遠（とわ）／永遠子（とわこ）／はるか

男の子の名前例: 久遠（くおん）／怜遠（れおん）／志遠（しおん）

雅 13画
主な読み: ガ・ただし・のり・ひとし・まさ・まさし・まさる・みやび

意味: ①みやびやか。上品。洗練された美しさ。②正しい。正統。③相手に関することに対して敬ってそえることば。・射・御・書・数）の一つ。⑤興行の終わりの日。

願い: 上品で風流な様子を意味する漢字。日本の伝統的な美徳を表す。落ち着いた高貴な雰囲気を持った人に成長してほしいという思いを込めて。

女の子の名前例: 雅（みやび）／雅姫（みやび）／雅美（まさみ）

男の子の名前例: 雅人（まさと）／大雅（たいが）／悠雅（ゆうが）

楽 13画
主な読み: ガク・ラク・さき・たのし・たのしむ・もと・よし・ゆたか

意味: ①おんがく。楽器をひく。②六芸（礼・楽・射・御・書・数）の一つ。③たのしい。たのしむ。④物事がたやすい。⑤興行の終わりの日。⑥だをやすめる。許す。

願い: 人生にたくさんの楽しみを見つけることができるようにという願いを込めて。音楽を意味することから、音楽の才能や豊かな感性を持った人に成長するようにという期待を託して。

女の子の名前例: 奏楽（そら）／咲楽（さくら）／結楽（ゆら）

男の子の名前例: 楽（がく）／楽人（がくと）／颯楽（そら）

寛 13画
主な読み: カン・ちか・とみ・とも・のり・ひと・ひろ・ひろし・ゆたか

意味: ①広々としてゆとりがある。心が広い。②ゆるやか。ゆったりしている。③くつろぐ。から心を休める。④大目にみる。許す。

願い: 「寛大」「寛容」などに代表されるように、心が広いことを表す漢字。穏やかでだれにでも優しく接することができ、人に育ってほしいという願いを込めて。

女の子の名前例: 千寛（ちひろ）／寛子（ひろこ）／寛奈（かんな）

男の子の名前例: 寛太（かんた）／寛人（ひろと）／寛紀（ひろき）

おすすめ漢字 13〜13画

男の子の名前例	女の子の名前例	主な意味と込めたい願い	主な読み	画数・漢字
大幹（たいき） 幹人（みきと） 幹太（かんた）	幹奈（かんな） 幹子（みきこ）	**意味** ①木のみき。②もと。物事の主要な部分。中心。③からだ。骨組み。④腕前。わざ。 **願い** 木の幹や物事の中心を意味することから、しっかりとした性格をイメージできる漢字。みんなのまとめ役ができるような、リーダーシップのあるような子に育ってほしいという期待を込めて。	カン・き・たかし・つよし・とし・とも・み・みき・もと・もとき	幹 13画
義明（よしあき） 正義（まさよし） 義人（よしと）		**意味** ①正しい筋道。人が当然行うべき道。②君臣の間の正しい道徳。③公共のためや正義のために行動すること。④わけ。⑤血のつながっていない者が恩義や縁組みによって結ぶ親族関係。⑥仮。実物のかわり。 **願い** 人のために尽くし、人としての道を踏み外さず、規則を守り、正しい人生を歩いてほしいとの願いを込めて。	ギ・しげ・たけ・ただし・ちか・つとむ・のり・みち・よし・より	義 13画
	絹花（きぬか） 絹子（きぬこ） 絹香（きぬか）	**意味** ①きぬ糸。②蚕のまゆからとった糸。③きぬ糸で織った布。絹織物。 **願い** 独特の光沢が人々を魅了する高価な絹糸や絹織物のように、上品な魅力を備えた、つややかで美しい人に成長するようにとの期待を込めて。	ケン・きぬ	絹 13画
源（げん） 源也（もとや） 源斗（げんと）		**意味** ①水の流れるもと。②物事の起こり。③むかしの名家の姓の一つ。源氏のこと。 **願い** 物事を深く考えて本筋を見極める人に。生命力にあふれ、活気のある毎日を送り、目標に向かってまい進することのできる人になるように願いを込めて。	ゲン・はじめ・みなもと・もと・よし	源 13画
翔瑚（しょうご） 瑚南（こなん） 悠瑚（ゆうご）	瑚都（こと） 瑚子（ここ） 梨瑚（りこ）	**意味** 〔珊瑚（さんご）〕は、海中でさんご虫が集積してできる石灰質の骨組み。加工して飾り物にする。 **願い** ダイナミックな自然を連想させる漢字。自然を愛するおおらかで健康的な人に成長してほしいという願いを込めて。	コ・ゴ	瑚 13画
嗣音（しおん） 英嗣（えいじ） 悠嗣（ゆうし）	嗣実（つぐみ）	**意味** あとをつぐ。あとつぎ。家系をつぐ。 **願い** 家系や家業を受け継ぐという意味があることから、子孫が代々栄えることを願ってつけることが多い。また、伝統や文化などをしっかりと引き継いでほしいという願いを託すことも。	シ・ジ・つぎ・つぐ	嗣 13画

おすすめ漢字 13〜13画

詩 13画

主な読み: シ・うた

意味: ①うた。心に感じたことを、リズムにもとづいてことばに表したもの。②うたう。③中国の韻文の一つ。五経の一つ。『詩経』のこと。

願い: 自分の心の動きを言葉にすることを大切にする漢字。優れた感性や表現力を持つ人に成長することを願って。

女の子の名前例: 詩織（しおり）／詩乃（しの）／詩穏（しおん）

男の子の名前例: 奏詩（そうた）／詩音（しおん）／悠詩（ゆうし）

慈 13画

主な読み: シ・ジ・いつく・しげ・ちか・なり

意味: ①いつくしむ。かわいがる。恵む。②人々の苦しみを救う仏の広大な愛。

願い: 親から子に注がれるような、見返りを求めない愛情を表す漢字。情け深く温かい心を持った人に成長してほしいという思いを込めて。

女の子の名前例: 杏慈（あんじ）／慈（ちか）／慈乃（しの）

男の子の名前例: 怜慈（れいじ）／慈英（じえい）／修慈（しゅうじ）

蒔 13画

主な読み: シ・ジ

意味: ①移し植える。種をまく。②蒔絵を描く。③金銀の粉をちらして絵をかく。

願い: 種をまくという意味から、生命力にあふれた人になってほしいという願いを込めて。また、漆器に金銀の粉を散らして絵を描く蒔絵のイメージから、華のある魅力的な人に育つようにという期待も。

女の子の名前例: 小蒔（こまき）／蒔織（しおり）／蒔乃（しの）

男の子の名前例: 蒔人（まきと）／蒔音（しおん）／蒔斗（まきと）

舜 13画

主な読み: シュン・きよ・とし・ひとし・みつ・よし

意味: ①むくげ。アオイ科の落葉低木。あさがお。②中国古代の伝説上の聖天子。

願い: 美しい花を咲かせるむくげのイメージから、おおらかで明るい人に成長してほしいという願いを込めて。また、「舜」は、中国古代の伝説上の帝王の名前であることから、リーダーシップのある人になってほしいという期待も。

女の子の名前例: 舜華（しゅんか）

男の子の名前例: 舜（しゅん）／舜悟（しゅんご）／舜弥（しゅんや）

奨 13画

主な読み: ショウ・ソウ・すすむ・つとむ

意味: ①はげます。力づける。②推薦する。ほめる。助成する。

願い: 励ます、助けるという意味もあることから、だれに対しても親切に優しく、ほめて力づけてあげられるような人に成長してほしいという願い。人々を統率し、長所を認めて育てるリーダーになることを願って。

男の子の名前例: 奨也（しょうや）／奨汰（しょうた）／奨悟（しょうご）

照 13画

主な読み: ショウ・あきら・て・てらし・てり

意味: ①てらす。輝く。②天気が晴れる。③てり。太陽の光。④てらし合わせる。つき合わせて比べる。⑤あてる。ねらう。⑥てれる。気はずかしく思う。

願い: 明るい日ざしのように、周囲の人を元気にするパワーと優しさを持った人に育ってほしいという願いを込めて。

女の子の名前例: 照子（てるこ）／照香（てるか）／照美（てるみ）

男の子の名前例: 照真（しょうま）／照太（しょうた）／照基（てるき）

410

男の子の名前例	女の子の名前例	主な意味と込めたい願い	主な読み	画数・漢字
慎之助 しんのすけ 慎 しん 慎一郎 しんいちろう		意味 細かに気を配る。 願い 誠実で周囲の人に細やかな配慮ができる人に育ってほしいという願いを込めて。また、謙虚な心を忘れないようにという思いも託して。「心」と「真」が並ぶことから、まじめできちんとした印象を持つ漢字。	シン・ちか・つつし・のり・まこと・よし	慎 13画
新 あらた 新太 あらた 新平 しんぺい	新奈 にいな 新菜 わかな 新那 にいな	意味 ①あたらしい。あらた。②あらたにする。③初めてあたらしくする。④新しいの意味の接頭語。 願い 新しい、初めてなどの意味を持つことから、わが子の豊かな可能性を信じる親の気持ちを託して。また、希望ある未来を願う祈りを込めて。	シン・あきら・あたら・あら・あらた・にい・はじめ・わか	新 13画
瑞生 みずき 瑞輝 みずき 瑞貴 みずき	瑞季 みずき 瑞姫 みずき 瑞穂 みずほ	意味 ①みずみずしい。②めでたいしるし。③天子が諸侯を任命するときに与える玉。 願い 何かよいことが起きる前兆を意味する縁起がよい漢字。みずみずしいという意味もあることから、フレッシュでさわやかな雰囲気の人になるように。また、幸運に恵まれることを願って。	ズイ・たま・みず・みず・し	瑞 13画
嵩琉 たける 智嵩 ともたか 嵩仁 たかひと		意味 ①高い。②かさ。分量。体積。③かさむ。多くなる。 願い 安定感のある字体で、高い山のどっしりした雄大なイメージを持つ。人生の頂をめざす人に。大きく高く落ち着いた人柄でまわりから慕われ、仲間の中心にいるような人物になることを願って。	シュウ・スウ・たか・たか・し	嵩 13画
悠聖 ゆうせい 琉聖 りゅうせい 聖也 せいや	聖奈 せな 千聖 ちさと 聖羅 せいら	意味 ①ひじり。知徳がすぐれ、すべての物事の道理に通じている人。②ほんとうに。思ったとおりに。③奥義をきわめた、その道の第一人者。④宗教や、高徳の僧。⑤けがれがなく清らか。⑥英語の saint に漢字をあてたもの。 願い 気高く清廉な心を持った人に成長してほしいという思いを託して。	セイ・あきら・きよ・さと・さとし・さとる・ひじり・まさ	聖 13画
大誠 たいせい 誠 まこと 誠之 まさゆき	誠子 せいこ	意味 ①まごころ。いつわりがないこと。真実。②ほんとうに。思ったとおりに。 願い 言葉と心が一致している状態を表す漢字。うそがなく、寄せられた信頼にこたえられる誠実で心豊かな人になるようにと願って。	セイ・あきら・しげ・たか・たかし・なり・なる・ま・こと	誠 13画

おすすめ漢字

13〜13画

おすすめ漢字 13〜13画

想 13画

主な読み: ソ・ソウ

意味: 思う。おしはかる。思い。心の中に形や姿を思い浮かべる様子を表すことから、人の気持ちを深く思いやることができる、温かく思慮深い人に育ってほしいという願いを込めて。「ソウ」の優しい音の響きと字形が人気。

女の子の名前例:
- 想 そう
- 想來 そら
- 想空 そら

男の子の名前例:
- 想太 そうた
- 想真 そうま
- 想佑 そうすけ

蒼 13画

主な読み: ソウ・あお・しげる

意味: ①草の青い色。②茂る。草木が青々と茂るようす。③年老いたようす。古めかしいようす。④薄暗い。⑤白髪がまじっているようす。⑥あわてふためくようす。

願い: 草木が青々と育つ様子を表す漢字。広々とした草原をイメージできることから、のびのびと健康に育ってほしいという願いを込めて。

女の子の名前例:
- 蒼唯 あおい
- 乃蒼 のあ
- 蒼依 あおい

男の子の名前例:
- 蒼空 そら
- 蒼真 そうま
- 蒼太 そうた

暖 13画

主な読み: ダン・ノン・あたた・はる

意味: ①あたたかい。あたためる。②あたたまる。

願い: 人の心にふんわりとしたぬくもりを与える優しい心を持った人に成長するようにという祈意を込めて。また、愛情的にも金銭的にも恵まれた人生が送れるようにという願いを託して。

女の子の名前例:
- 果暖 かのん
- 心暖 こはる
- 暖乃 はるの

男の子の名前例:
- 暖人 はると
- 暖真 はるま
- 暖斗 はると

椿 13画

主な読み: チュン・チン・つばき

意味: ①つばき。ツバキ科の常緑高木。暖地に自生し、早春に紅色や白色の花をつける。葉は厚くてつやがある。果実からはつばき油をとる。②木の意のできごと。

願い: 雪の中で美しい花を咲かせることから、忍耐強く控えめながら、しんの強さや凜とした美しさを備えた人にという思いを込めて。

女の子の名前例:
- 椿 つばき
- 椿季 つばき
- 椿姫 つばき

男の子の名前例:
- 椿樹 つばき

鉄 13画

主な読み: テチ・テツ・かね・きみ・とし・まがね

意味: ①てつ。くろがね。金属元素の一つ。かたくてとけにくい。②鉄のようにかたい。③刃物。武器。④「鉄道」の略。

願い: 強い意志を持ち、強靭な精神力を兼ね備えた人に。打って鍛えるほど丈夫になる鉄にあやかって、不屈の精神力を持った強い人になることを願って。

男の子の名前例:
- 鉄心 てっしん
- 虎鉄 こてつ
- 鉄平 てっぺい

楠 13画

主な読み: ナン・くす・くすのき

意味: 楠は、クスノキ科の常緑高木。材はかたく、よいにおいがする。樟脳の原料となる。楠は、成長はゆっくりだが大きく丈夫な木材としても古くから船の材料として重宝されている。そのことから、マイペースで進みながらも自分の目標を達成できる、努力や忍耐力のある人に育ってほしいという期待を込めて。

女の子の名前例:
- 真楠 まな
- 可楠子 かなこ
- 遥楠 はるな

男の子の名前例:
- 佳楠 かなん
- 虎楠 こなん

おすすめ漢字

13〜13画

男の子の名前例	女の子の名前例	主な意味と込めたい願い	主な読み	画数・漢字
楓真 ふうま 楓雅 ふうが 楓斗 ふうと	楓 かえで 楓菜 ふうな 楓花 ふうか	**意味** ①かえで。カエデ科の落葉高木の総称。葉は、多くは手のひら形で、秋に美しく紅葉するものが多い。一般に、もみじとよばれる。②ふう。中国原産のマンサク科の落葉高木。樹脂によいかおりがあり、薬用になる。 **願い** 晩秋に美しく紅葉する楓の鮮やかなイメージから、人に鮮やかな印象を残す、気品ある人にという願いを込めて。	フウ・かえで	**楓** ⑬画
睦人 むつと 睦月 むつき 睦樹 むつき	睦美 むつみ 睦 むつみ 睦実 むつみ	**意味** ①むつまじい。仲がよい。②むつむ。むつ。敬いあって仲よくする。 **願い** たくさんの仲間や友人に恵まれるように。また、将来、家族仲のよい温かな家庭が築けるようにという願いを込めて。	ボク・モク・あつし・ちか・のぶ・まこと・む・むつ・むつみ	**睦** ⑬画
稔 みのる 稔和 としかず 稔樹 としき	稔里 みのり 稔莉 みのり 稔梨 みのり	**意味** ①穀物がよく熟する。②植物が実を結ぶ。③穀物が一回実る期間。一年。④積み重なること。 **願い** 実りを意味することから、こつこつと努力したことが報われ、豊かで幸せな人生を送れるようにという願いを込めて。	ジン・ニン・ネン・とし・なり・なる・みのる	**稔** ⑬画
拓夢 たくむ 大夢 ひろむ 歩夢 あゆむ	夢香 ゆめか 夢乃 ゆめの 夢 ゆめ	**意味** ①眠っているときに見る心理現象。②理想。ゆめみる。とりとめもなく思う。 **願い** 眠っているときに見る夢、希望などを意味することから、いつも希望や理想を持ち続ける人に成長することを祈って。また、将来、自分の夢を実現することができるようにという願いを込めて。	ボウ・ム・のぞむ・み・も・ゆめ	**夢** ⑬画
稜司 りょうじ 稜太 りょうた 稜真 りょうま	稜 りょう 稜子 りょうこ 稜花 りょうか	**意味** ①かど。すみ。多面体の二面が交わるところの直線。②おごそかな威光。 **願い** 整った印象の字形ときっちりとしたイメージの意味を併せ持つ漢字。何事にも毅然とした態度で取り組むことができる、まじめな人になることを期待して。	リョウ・ロウ・いず・かど・たか	**稜** ⑬画
鈴太 りんた 鈴之助 すずのすけ 鈴太郎 りんたろう	美鈴 みすず 香鈴 かりん 鈴音 すずね	**意味** ①小さな球形で中に玉や石を入れて振り鳴らすもの。また、中に金属の舌をもった小さな鐘。②よびりん。 **願い** 振ると澄んだ音を奏でる鈴のイメージから、周囲の人の気持ちを穏やかにし、みんなに愛される人に育ってほしいという思いを込めて。	リョウ・リン・レイ・すず	**鈴** ⑬画

おすすめ漢字 13〜14画

蓮 (13画)
主な読み: レン・はす

意味: はす。はちす。スイレン科の多年生水草。夏に淡紅色の花が咲く。種子と根茎は食用になる。

願い: 水面に咲く蓮の花は、美しく清らかなイメージ。また、蓮は極楽浄土に咲く花とされ、仏像の台座である蓮華座の「蓮華」は、蓮の花の意味。すがすがしさと穏やかさを持った人に成長してほしいという願いを込めて。

女の子の名前例:
- 華蓮 かれん
- 純蓮 すみれ
- 蓮花 れんか

男の子の名前例:
- 蓮 れん
- 蓮斗 れんと
- 蓮介 れんすけ

暉 (13画)
主な読み: キ・あき・あきら・てる

意味: ①光。日の光。②輝く。

願い: 周囲の人を明るく照らすことができる、元気で朗らかな人になるような思いを込めて。また、明るく輝かしい未来への希望を託して。「き」の音を持つ字の中では、新鮮な印象の人気の漢字。

女の子の名前例:
- 夏暉 なつき
- 咲暉子 さきこ

男の子の名前例:
- 将暉 まさき
- 竜暉 りゅうき
- 晃暉 こうき

煌 (13画)
主な読み: コウ・きらめ

意味: 輝く。きらめく。きらきらと光り輝く様子を表す。華麗な印象の漢字。

願い: きらめくような才能や、魅力的な個性を持った人に成長してほしいという期待を込めて。強さと華やかさをイメージさせる人気の漢字。

女の子の名前例:
- 煌里 きらり
- 煌乃 こうの
- 煌莉 きらり

男の子の名前例:
- 煌太 こうた
- 煌生 こうせい
- 煌 こう

綾 (14画)
主な読み: リョウ・あや

意味: ①あやぎぬ。あや。織りの絹織物。②あや。すじ。糸。③入り組んだ仕組みやたくみな言いまわし。④これ。次にくる語を強調するために用いること ば。

願い: 人気の「あや」の音を持つ中でも、ひときわ繊細さを感じさせる漢字。優美な絹織物のような細やかな心づかいを身につけた人に成長することを願って。

女の子の名前例:
- 綾乃 あやの
- 綾美 あやみ
- 綾音 あやね

男の子の名前例:
- 綾人 あやと
- 綾太 りょうた
- 綾斗 あやと

維 (14画)
主な読み: イ・これ・しげ・すみ・ただ・たもつ・つな・つなぐ・ふさ

意味: ①つなぐ。つなぎとめる。②すじ。糸。③よいとする。ほめる。④これ。道徳を支えるもと。

願い: 人とのつながりがずっと続くようにという思いを託すことができる漢字。友だちに恵まれ、友情や家族の結びつきを大切にする人に育つよう にという願いを込めて。

女の子の名前例:
- 優維 ゆい
- 維吹 いぶき
- 麻維 まい

男の子の名前例:
- 維吹 いぶき
- 維月 いつき
- 斗維 とうい

嘉 (14画)
主な読み: カ・ひろ・よし・よしみ・よみし

意味: ①よい。喜ばしい。②うまい。③よいことと、おめでたいこと全般を表すとても縁起がよい字。ほめる。

願い: 人からほめられたりお祝いをされたりすることの多い、幸せな人生を送ることができるようにという願いを込めて。

女の子の名前例:
- 嘉乃 かの
- 嘉菜 かな
- 嘉音 かのん

男の子の名前例:
- 嘉人 よしと
- 晃嘉 あきひろ
- 嘉紀 よしのり

414

おすすめ漢字　14〜14画

男の子の名前例	女の子の名前例	主な意味と込めたい願い	主な読み	画数・漢字
歌音 かのん 歌月 かつき	歌奏 かなで 歌純 かすみ 彩歌 あやか	**意味** ①節をつけてうた。うた。②やまとうた。和歌。③うたう。 **願い** いつも歌を口ずさんでいるような、明るく朗らかな人に育ってほしいという願いを込めて。また、音楽や文学の分野で才能を発揮できるようにとの期待も託して。	カ・うた	歌 ⑭画
理緒 りお 怜緒 れお 那緒 なお	莉緒 りお 美緒 みお 真緒 まお	**意味** ①糸口。糸のはし。②物事のはじめ。起こり。③心。気分。④糸やひもなどの細長いもの。もののひもや弓に張る糸などの。はきにする。 **願い** 繊細な心の動きをイメージする字。人とのつながりがわかる優しい人に成長するようにという願いを込めて。	ショウ・チョ・セ・お・つぐだ	緒 ⑭画
千彰 ちあき 彰太 しょうた 彰人 あきと	彰子 しょうこ 彰花 あやか	**意味** ①明らか。②あや。あらわす。明らかにする。 **願い** 鮮やかな模様や、物事を明らかにするという意味から、知的な魅力を感じさせる漢字。頭脳明晰で自分の意見をはっきりと持った人に成長するようにという期待を込めて。	ショウ・あき・あきら・ただ	彰 ⑭画
静也 せいや 静悟 せいご 静希 しずき	静花 しずか 静那 しずな 静香 しずか	**意味** ①しずか。ひっそりとしている。②活動しない。落ち着いている。③安らか。④しずめる。 **願い** 穏やかで物静かだが、どんなときにも落ち着いて正しく対処できる、しんの強さを持った人に成長してほしいという思いを込めて。	ジョウ・セイ・きよ・しず・しずか・やす・やすし・よし	静 ⑭画
聡真 そうま 聡太 そうた 聡 そうた	聡子 さとこ 聡香 さとか 聡美 さとみ	**意味** ①さとい。聞いてよく分かる。かしこい。②聞く。 **願い** 物事の理解や飲み込みが早く、明るく賢い人に育つようにという願いを込めて。また、学ぶことが好きな人になってほしいという期待も託して。人の話をしっかりと聞くという意味から、謙虚で落ち着いたイメージも。	ソウ・あき・あきら・さとし・さとる・とき・とし・とみ	聡 ⑭画
寧生 ねお 寧彦 やすひこ 寧央 ねお	桃寧 ももね 彩寧 あやね 寧々 ねね	**意味** ①安い。安らか。②安んじる。③ねんごろにする。④むしろ。どちらかといえば。⑤なんぞ。疑問や反語を表すことば。 **願い** 穏やかで温かなイメージを持つ漢字。いるだけで周囲の人をホッと和ませるような、ぬくもりのある人に育ってほしいという願いを込めて。	デイ・ニョウ・ネイ・しず・やす・やすし	寧 ⑭画

おすすめ漢字 14〜14画

男の子の名前例	女の子の名前例	主な意味と込めたい願い	主な読み	画数・漢字
碧葉 あおば 碧斗 あおと 碧 あおい	碧依 あおい 碧乃 あおの 碧唯 あおい	**意味** ①緑。青。青緑。②濃い青色。②青く美しい石。 **願い** 青色の美しい石という意味から、抜けるような青空や透き通った海がイメージできる漢字で。曇りのない澄んだ心を持った人に育ってほしいという祈りを込めて。	ヘキ・あお・きよし・みどり	**碧** 14画
龍輔 りゅうすけ 大輔 だいすけ 俊輔 しゅんすけ		**意味** ①力をそえて助ける。②車のそえ木。③すけ。むかしの役人の階級で、省の四等官のうちの二番目の地位。 **願い** 人のためにそばに寄り添って尽力できる人になれることを願って。友人の意味もあることから、多くの友人に恵まれて、信頼し、助け合いながら生きていくことができるような人に。	フ・ブ・ホ・すけ・たすく・たすけ	**輔** 14画
鳳真 ほうま	真鳳 まほ 美鳳 みほ	**意味** ①おおとり。麒麟とともに、聖天子の治世にあらわれるといい伝えられる想像上のめでたい鳥。雄を鳳、雌を凰という。また、ガラスの古いよび名。②天子や宮中に関することばにそえることば。 **願い** 神秘的で気高い印象を与える漢字。大空を舞う鳥のようなおおらかな物事にそえることのできる人に。優れた才能を併せ持った人に成長するようにという期待を込めて。	ブ・ホウ・おおとり	**鳳** 14画
春瑠 はる 瑠希 るき 瑠星 りゅうせい	愛瑠 あいる 瑠菜 るな 瑠花 るか	**意味** [瑠璃（るり）]は、宝石の名。七宝の一つ。美しい青色の宝石。また、ガラスの古いおよび名。 **願い** 深い青色の美しい宝石「瑠璃」をイメージすることから、わが子を宝石のように大切に思う気持ちを込めて。また、心も容姿も、瑠璃のように美しく成長してほしいという願いを込めて。	リュウ・ル	**瑠** 14画
颯介 そうすけ 颯真 そうま 颯太 そうた	颯貴 さつき 颯稀 さつき 颯空 そら	**意味** ①はやて。疾風。②風が吹くようす。③きびきびしているようす。 **願い** 一陣の風のように、シャープで軽やかな雰囲気を持つ漢字。きびきびと行動する、明るくさわやかな人に成長してほしいという思いを込めて。	サツ・ソウ	**颯** 14画
遙太 ようた 遙彦 はるひこ 遙貴 はるき 遙乃 はるの	遙花 はるか 遙奈 はるな	**意味** [遥]の旧字。①はるか。遠い。②長い。へだたりが大きい。③さまよう。ぶらぶら歩く。 **願い** スケールの大きさを感じさせる漢字。さまざまな体験をしながらたくましい子に成長するように、「可能性ある未来が長く続くように」という願いを込めて。	ヨウ・はる・はるか	**遙** 14画

男の子の名前例	女の子の名前例	主な意味と込めたい願い	主な読み	画数・漢字
大駕 たいが 竜駕 りゅうが 凌駕 りょうが	駕奈子 かなこ 美駕 みか 由駕 ゆか	**意味** ①乗り物。車や馬。③しのぐ。乗り越える。その上に出る。 **願い** 趣のある字体で個性的な名前に。困難を克服し、目標を達成する頑張り屋に。才能豊かで、人前でも堂々としている人になれるよう願って。	ガ・カ	駕 ⑮画
輝 ひかる 陽輝 はるき 優輝 ゆうき	明輝 あき 沙輝 さき 咲輝 さき	**意味** ①輝く。輝き。光が四方に広がる。②輝かしい。りっぱな。 **願い** 華やかさの中に力強さを感じられることから、とくに男の子に人気の漢字。将来、輝かしい成功を収めることができるようにとの期待を込めて。また、魅力にあふれ、いつも輝いている人に成長することを願って。	キ・あきら・かがや・てる・ひかる	輝 ⑮画
慶祐 けいすけ 慶悟 けいご 慶太 けいた	慶乃 よしの 慶花 けいか 慶子 けいこ	**意味** ①よろこぶ。よろこび。いわう。②めでたいこと。さいわい。③ほうび。たまもの。 **願い** さまざまなめでたいことを表す縁起のよい漢字。わが子の誕生を心から祝う気持ちと、喜びの多い幸せな人生を送ってほしいという願いを込めて。	キョウ・ケイ・のり・やす・よし	慶 ⑮画
慧 さとし 慧人 けいと 慧太 けいた	慧子 さとこ 慧奈 えな 美慧 みさと	**意味** ①さとい。かしこい。理解がはやい。②知恵。 **願い** 仏教では、物事をよく見極め、道理を正しく把握するという意味を持つ漢字。真実を察知する力に優れた、賢い人に成長してほしいという期待を込めて。	エ・ケイ・さと・さとし・さとる	慧 ⑮画
潤弥 じゅんや 潤平 じゅんぺい 潤也 じゅんや	千潤 ちひろ 潤奈 じゅんな 潤 じゅん	**意味** ①うるおう。うるおす。水分をふくむ。②うるおい。しめり。恵み。③まじめな顔をする。つやを出す。④利益。 **願い** 物心共に恵まれた人生を送れるようにという願いを託して。また、ほかの人の心を和らげる優しい人に成長してほしいという思いを込めて。	ジュン・うる・うるう・さかえ・ひろ・ひろし・まさ・みつ	潤 ⑮画
泉澄 いずみ 澄人 すみと 澄晴 すばる	澄良 きよら 澄乃 すみの 香澄 かすみ	**意味** ①水などに、にごりがない。すきとおる。②清らかにする。静める。③まじめな顔をする。気取る。 **願い** 水が澄んだ状態を表すことから、にごりのない純真な心を持った人に育ってほしいという思いを込めて。また、透明感のあるさわやかな人に成長することを期待して。	チョウ・きよし・きよむ・すみ・すむ・すめる・とおる	澄 ⑮画

おすすめ漢字

⑮〜⑮画

おすすめ漢字　15〜15画

男の子の名前例	女の子の名前例	主な意味と込めたい願い	主な読み	画数・漢字
武蔵 むさし 泰蔵 たいぞう 恵蔵 けいぞう		**意味** ①おさめる。たくわえる。しまっておく。②かくす。人目につかないようにする。③物をしまっておくところ。蔵は富の象徴。 **願い** 必要なものを備えて、管理することができる豊かな生活を送れる人に。豊かさと落ち着きを感じられる人になることを願って。	ソウ・ゾウ・おさむ・くら・ただ・とし・まさ・よし	蔵　15画
潮 うしお 潮音 ましお 真潮 しおん	潮香 しおか 潮音 しおね 美潮 みしお	**意味** ①海水が満ちたり引いたりする現象。②海の水。海水の流れ。④とき。おり。ころあい。⑤あらわれ出る。⑥時世の傾向。色づく。時世のなりゆき。 **願い** 潮の満ち引きを表す壮大な印象の漢字。大きな可能性を秘め、未来に向かって前向きに歩んでいける人にと願って。	チョウ・うしお・しお	潮　15画
悠舞 ゆうま 天舞 てんま 龍舞 りゅうま	舞 まい 舞華 まいか 結舞 ゆま	**意味** ①まう。まい。足を踏みして踊る。また、その踊り。②はげます。 **願い** 元は、足を踏みならして踊ることを表す漢字。踊りを舞うような、洗練された雰囲気と力強さを併せ持つ。周囲の人を明るく元気づける存在になってほしいという願いを込めて。	ブ・ム・ま・まい	舞　15画
穂 みのる 穂高 ほたか 瑞穂 みずほ	穂香 ほのか 千穂 ちほ 香穂 かほ	**意味** ①稲や麦の茎の先。・穂(ずい)。②ほうきの先。ほの形をしたもの。筆の先。とがったものの先。ろうそくなどのともしび。 **願い** 素朴で温かい印象を与える漢字。黄金色に輝く稲穂のように、実り豊かな人生を願って。	スイ・お・ほ・みのる	穂　15画
璃人 りひと 璃久 りく 璃空 りく	璃音 りおん 璃子 りこ 璃桜 りお	**意味** ①〔琉璃(るり)〕は、宝石の名。七宝の一つ。紺青色の宝石。また、ガラスの古いよび名。②〔玻璃(はり)〕は、水晶の古いよび名。また、ガラスの古いよび名。類。 **願い** わが子を宝石のように大切に思う気持ちを込めて。また、透明感のある上品な雰囲気を持つ人にという願いを込めて。	リ・あき	璃　15画
諒 りょう 諒太 りょうた 諒真 りょうま	諒子 りょうこ 諒香 りょうか 諒花 りょうか	**意味** ①まこと。真実味がある。②思いやる。察する。③認める。「リョウ」の音がさわやかさを感じさせる漢字。物事の本質をしっかりと見極められる人に。 **願い** 相手の気持ちを思いやり、だれにでも優しい態度で接することができる人に成長してほしいという願いを込めて。	リョウ・あき・まこと・まさ	諒　15画

男の子の名前例	女の子の名前例	主な意味と込めたい願い	主な読み	画数・漢字
遼太郎 りょうたろう 遼也 りょうや 遼馬 りょうま	遼子 りょうこ 遼奈 はるな 遼香 はるか	**意味** ①遠くへだたっている。②りょう。中国の王朝の名。 **願い** はるか彼方の天空や山河をイメージする、無限の広がりが感じられる漢字。心が広く、スケールの大きな人に成長してほしいという願いを込めて。	リョウ・はるか	遼 ⑮画
凛太郎 りんたろう 凛人 りんと 凛都 りんと	香凛 かりん 凛菜 りんな 凛 りん	**意味** （「凜」の俗字） **願い** 身も心もピリッと引き締まるイメージから、てきぱきとした明るい人に成長してほしいという思いを込めて。	リン	凛 ⑮画
怜穏 れおん 里穏 りおん 至穏 しおん	花穏 かのん 美穏 みおん 里穏 りおん	**意味** おだやか。安らか。落ち着いて静か。 **願い** だれとでも仲よくできる、穏やかで優しい性格の人に育ってほしいという願いを込めて。また、波風の立たない平穏で幸せな人生を送ることができるようにという祈りを込めて。	オン・おだ・しず・とし・やす・やすき	穏 ⑯画
薫 かおる 薫平 くんぺい	薫子 かおるこ 薫里 かおり 薫花 ゆきか	**意味** ①よいにおいがする。②よいにおい。③かおりぐさ。マメ科の多年草。らんの一種。④くす。煙が出る。⑤感化する。善に導く。 **願い** もともとは、香りのよい草を意味したことからも、素朴で明るいイメージを持つ漢字。よい香りで人を包み込むような、穏やかな魅力と温かい心を持った人にという思いを込めて。	クン・かお・かおる・しげ・つとむ・にお・ひで・ほ・ゆき	薫 ⑯画
賢太 けんた 賢一 けんいち 賢志 さとし	智賢 ちさと 美賢 みさと	**意味** ①かしこい。りこう。才知がすぐれている。②すぐれた人。かしこい人。徳行のすぐれた人。③まさる。すぐれる。よい。④とうとぶ。たっとぶ。⑤他人のことに対し敬いの気持ちを表してそえることば。 **願い** 知性があり、学業や仕事で能力を発揮できる人に。また、その能力が人のために役立ち、尊敬されるようにと願って。	ケン・さと・さとし・さとる・すぐる・たか・ただ・ただし・とし	賢 ⑯画
樹 いつき 春樹 はるき 直樹 なおき	樹里 じゅり 杏樹 あんじゅ 沙樹 さき	**意味** ①立ち木。②植え。③たてる。置く。 **願い** 植える。立ち木などの意味から、天に向かって成長する樹木のように、素直でまっすぐな性格の人に成長してほしいという祈りを込めて。	ジュ・いつき・き・しげ・たつ・たつき・みき・むら	樹 ⑯画

おすすめ漢字

15〜16画

おすすめ漢字 16〜16画

男の子の名前例	女の子の名前例	主な意味と込めたい願い	主な読み	画数・漢字
篤志 あつし 篤人 あつと 篤樹 あつき	篤子 あつこ 篤美 あつみ	**意味** ①人情があつい。熱心である。②もっぱら。③病気が重い。 **願い** 人情に厚く、困った人をほうっておけないという意味から、何事にも一生懸命に取り組む熱い心を持った人に成長することを願って。期待をこめて育ってほしいという人に。また、何事にも熱心に取り組む努力家になってほしいという思いも込めて。	トク・あつ・あつし・すみ	篤 16画
颯磨 そうま 悠磨 ゆうま 拓磨 たくま	磨耶 まや 磨依 まい 志磨 しま	**意味** ①玉や石などをする。みがく。②努めはげむ。③する。すれる。すりへる。 **願い** 玉や石を磨くという意味から、自分自身を高めるため、真摯（しんし）な努力ができるようにという願いを込めて。学業や習い事にまじめに取り組む努力家になってほしいという思いも込めて。	マ・みが	磨 16画
頼 らい 頼人 らいと 頼希 らいき	聖頼 せら 一頼 ひより 頼沙 らいさ	**意味** ①たよる。あてにする。②ねがう。ことづける。伝言する。まかせる。③たのもしい。たよりになる。④（無頼（ぶらい））は、ごろつき。 **願い** 人から頼りにされる優れた能力やリーダーシップを持った、しっかりとした人に成長してほしいという期待を込めて。	ライ・たの・たよ・のり・よし・より	頼 16画
龍生 りゅうせい 龍輝 りゅうき 龍之介 りゅうのすけ		**意味** （「竜」の旧字体）①たつ。りゅう。想像上の動物。形は巨大なへびに似てかたいうろこと角をもち、雲をよび天にのぼるといわれる。②天子に関係する物事に使う。③英雄や豪傑のこと。④名馬のこと。 **願い** 強さと躍動感を感じられる漢字。目標を次々と成し遂げていける人に。特別にすぐれているもの。	リュウ・リョウ・ロウ・き・み・しげみ・たつ・とおる・めぐむ	龍 16画
橙伍 とうご 橙馬 とうま 橙弥 とうや	橙子 とうこ 橙佳 とうか 橙花 とうか	**意味** ①だいだい。ミカン科の常緑小高木。初夏、かおりのある白い花が咲く。果実は芳香があって酸味が強い。果汁は調理用に、果皮は薬用になる。②赤みがかった黄色。だいだい色。 **願い** 柑橘類のさわやかさから、明るい性格とみずみずしい感性を持った人に成長してほしいという願いを込めて。縁起物として新年の飾りに使う。	トウ・だいだい	橙 16画
澪央 れお 澪斗 みおと 澪 れい	澪奈 みおな 澪里 みおり 澪 みお	**意味** みお。舟が通るための水路。海や川で船が安全に通れる深い水路を表すことから、安心感や落ち着きがイメージできる漢字。困った人を助ける優しくて面倒見のよい人になってほしいという祈りを込めて。	レイ・みお	澪 16画

男の子の名前例	女の子の名前例	主な意味と込めたい願い	主な読み	画数・漢字
謙心 けんしん 謙太郎 けんたろう 謙吾 けんご		**意味** へりくだる。ゆずる。 **願い** 正しい言葉づかいをする、礼儀正しい人に。謙虚で聡明な印象があり、だれからも愛される人柄や素直さを感じさせる名前に。満ち足りる、快いという意味もあることから、すべてにおいて満ち足りた人生を歩めるよう願って。	ケン・あき・かた・かね・しず・のり・ゆずる・よし	**謙** ⑰画
駿太 しゅんた 駿斗 しゅんと 駿介 しゅんすけ		**意味** ①足の速いすぐれた馬。②すぐれた人。すぐれていること。③速い。 **願い** サラブレッドのように、優美で軽やかな印象を与える漢字。さわやかでスピード感にあふれ、敏腕で、判断力に優れた人になることを願って。	シュン・スン・とし・はや・はやお・はやし・か	**駿** ⑰画
優斗 ゆうと 優太 ゆうた 優真 ゆうま	優衣 ゆい 優花 ゆうか 美優 みゆ	**意味** ①すなおでおとなしい。②穏やか。ゆったりしている。③しとやか。④ひいでている。⑤成績や程度の序列で、もっともすぐれていることを表すことば。⑥手厚い。⑦役者。 **願い** 優秀で、温かい心を持った穏やかな人に成長してほしいという期待を込めて。	ユウ・かつ・すぐ・ひろ・まさ・まさる・やさ・ゆた・さ	**優** ⑰画
悠翼 ゆうすけ 龍翼 りょうすけ 翼 つばさ	翼紗 つばさ 翼沙 つばさ	**意味** ①つばさ。鳥や虫、また飛行機などの羽。②左右にあるもの。 **願い** 大空を舞うように、のびのびと自由に育ってほしいという祈りを込めて。また、「助ける」という意味もあることから、親鳥が翼でひなを守るように、人を守り助けることができる頼もしい人にとの思いも込めて。	ヨク・すけ・たすく・つば・さ	**翼** ⑰画
唯織 いおり 織人 おりと 伊織 いおり	詩織 しおり 美織 みおり 妃織 ひおり	**意味** ①はたをおる。布をおる。②物を組み立てる。 **願い** 繊細さや奥深さをイメージさせる漢字。人のびやかな心づかいができる優しさや、物事をじっくり考える緻密さを持った人に成長してほしいという思いを込めて。少し古風な和の雰囲気を感じさせる名前に。	シ・シキ・ショク・お・おり・り	**織** ⑱画
藍斗 あいと 藍希 あいき 藍琉 あいる	藍里 あいり 藍 らん 藍衣 あい	**意味** ①あい。たであい。タデ科の一年草。葉から青色の染料をとる。②あい色。濃い青色。③ぼろぼろきれ。 **願い** 鮮やかな濃い青色は、気高く落ち着いたイメージ。藍の字を使った故事「出藍の誉れ」は、弟子が師よりも優れた才能を発揮するたとえ。高い志を持ち、優れた才能を発揮できる人にと期待を込めて。	ラン・あい	**藍** ⑱画

おすすめ漢字 17〜18画

おすすめ漢字 19〜20画

羅 (19画)
主な読み: ラ・つら

意味: ①鳥をつかまえる網。②網でつかまえる。③全部をくるむ。④連なる。⑤うすぎぬ。

願い: 梵語の音訳にも使われることから、名前に神秘的な雰囲気を加えることができる漢字。一文字で「ラ」と読めるので、個性的な名前をつけたいときにも使いやすい。

女の子の名前例:
- 沙羅 7/19 さら
- 聖羅 13/19 せいら
- 咲羅 9/19 さくら

男の子の名前例:
- 朱羅 6/19 しゅら
- 蒼羅 13/19 そら
- 平羅 5/19 たいら

蘭 (19画)
主な読み: ラン

意味: ①らん。ラン科植物の総称。美しくよいかおりがあり、観賞用に栽培される。②ふじばかま。キク科の多年草。うすむらさきの花を咲かせ秋の七草の一つ。③気品が高く、美しいものを表す漢字。④「和蘭（オランダ）」の略。

願い: 独特の美しさで人を魅了するらんの花のように、魅力的な人にと願いを込めて。

女の子の名前例:
- 蘭 19 らん
- 美蘭 9/19 みらん
- 麗蘭 19/19 れいら

男の子の名前例:
- 蘭丸 19/3 らんまる
- 亜蘭 7/19 あらん
- 蘭馬 19/10 らんま

麗 (19画)
主な読み: レイ・あきら・うるわ・かず・よし

意味: ①うるわしい。美しい。②うららか。のどか。③りっぱな。すぐれた。④華やかな。きらびやかな。

願い: 元は、鹿が群れをなして走っているさまを表す漢字。女の子に多く使われるが、音も字形も美しく、男の子の名前としても人目を引く。華やかさと上品さを併せ持った人に成長してほしいという思いを託して。

女の子の名前例:
- 麗 19 れい
- 麗加 19/5 れいか
- 麗菜 19/11 れいな

男の子の名前例:
- 麗音 19/9 れおん
- 麗矢 19/5 れいや
- 麗央 19/5 れお

響 (20画)
主な読み: キョウ・ひび・ひびき

意味: ①音がひびきわたる。こだまする。ひびき。こだま。②他の物に変化をおよぼす。

願い: 音が広がるイメージから、そこにいるだけでまわりの人が幸せな気持ちになるような、よい影響を与えられる人になってほしいという祈りを込めて。また、広い分野で活躍できる人になってほしいという期待も込めて。

女の子の名前例:
- 響香 20/9 きょうか
- 響子 20/3 きょうこ
- 響希 20/7 ひびき

男の子の名前例:
- 響 20 ひびき
- 響介 20/4 きょうすけ
- 響平 20/5 きょうへい

護 (20画)
主な読み: コ・ゴ・まもる・もり

意味: ①守る。かばう。②助ける。③守り。お守り。

願い: 中のものを傷つけないように細工をしながら守るという意味から、自分のいちばん大事な家族や友だちを守る人になってほしいと願って。優しさと強さ、聡明さを兼ね備えた人に。

女の子の名前例:
- 一護 1/20 いちご
- 優護 17/20 ゆうご

男の子の名前例:
- 護 20 まもる

耀 (20画)
主な読み: ヨウ・あき・あきら・てる

意味: ①輝く。光る。②輝き。光。

願い: 元は火の光を表し、勢いが感じられる漢字。いつも輝いて見える魅力あふれた人に成長してほしいという期待と、輝かしい未来への想いを託して。

女の子の名前例:
- 耀 20 あき
- 耀子 20/3 ようこ

男の子の名前例:
- 耀大 20/3 たいよう
- 大耀 3/20 たいよう
- 耀一朗 20/1/10 よういちろう

422

イメージから選ぶ名づけ

こんな雰囲気の名前にしたい、こんな子に育ってほしい…。
そんなイメージや願いから名前を考えたい人は
この章を活用しましょう。
さまざまなイメージや親の願いから連想される
名前例を挙げています。

イメージから選ぶ名づけについて

名前の持つイメージは印象的なことが多いもの。

生まれてくる赤ちゃんの輝かしい未来のためにも、

たっぷりの愛情と希望を、それぞれのイメージに託してあげましょう。

※漢字の右側の数字は画数。名前下の数字は「仮成数」を加えていない地格です。

※漢字の意味はP327からの「おすすめ漢字から選ぶ名づけ」を参照してください。

※名前例は実例ですので、あて字も含まれています。ご了承ください。

※ここでは「仮成数」を加えて吉数にする場合も考えて、画数としてそのままでは吉数ではない名前例も掲載しています。

（イメージから選ぶ名づけのコツ）

好きなことや希望から イメージを連想して

幸せ、健康、美しさ、やさしさ、強さ……。子どもに託したい願いは人それぞれです。まずは好きなこと、子どもに願うことを素直な気持ちでイメージし、次々と連想していきましょう。そしていくつかのイメージが固まったら、音の響きや漢字の意味から字を組み合わせていきます。

次のページからは、イメージと漢字の組み合わせのヒントがたくさん。名前はわが子への最初のプレゼントだからこそ、愛情をたっぷり託したイメージをふくらませて、すてきな名前を考えてあげましょう。

---

① 好きな漢字から 考える

「陽」という漢字が好きなら「陽太」など、意味や音などが好きな漢字をメインに、ほかの字と組み合わせたりして名前を考えてみましょう。

② 好きなものから 発想を広げる

夏の海が好きなら「夏海」、ピンクの花が好きなら「桃花」など、ママやパパの好きなものから発想を広げて名前を考えてみましょう。

③ 名前に込めたい 願いから考える

たとえば「おおらかな子に」の願いを込めて、「大」や「悠」を使った名前にするなど、漢字の持つ意味やイメージから考えてみましょう。

④ ママとパパの エピソードから発想する

2人が出会った春から「春菜」、旅先で見た美しい星から「悠星」など、想い出からイメージしてみてもいいですね。

⑤ 実際にある名前に あやかる

坂本龍馬から「龍馬」など、歴史上の人物などにあやかるのも一つの方法。ただし、先入観をもって見られることもあるので、ひと工夫を。

---

①〜⑤をヒントに名前を考える

↓

漢字の意味を調べてチェック

↓

姓とのバランスをチェック

↓

気になる人は、
画数を調べてチェック

↓

イメージ名づけの完成！

424

Image Keyword

春

新しい命の強さと
やわらかな春の日ざし
を併せ持つ人に

イメージ漢字

陽12 爽11 華10 風9 花7
颯14 菫11 桜10 春9 芽8
麗19 萌11 菜11 桃10 若8

イメージから選ぶ名づけ

男の子

漢字	よみ	画数
陽3	はる	12
華丸3	はなまる	13
桜介4	おうすけ	14
桜太4	おうた	14
颯11 介4	そうすけ	15
爽11 介4	そうすけ	15
爽11 太4	そうた	15
颯14 人2	はやと	16
春9 希7	はるき	16

漢字	よみ	画数
陽12 斗4	はると	16
陽12 仁4	はると	16
陽12 太4	ようた	16
桃10 吾7	とうご	17
陽12 平5	ようへい	17
颯14 太4	そうた	18
爽11 良7	そら	18
爽11 真10	そうま	21
春9 翔12	はると	21
春9 陽12	はるひ	21

女の子

漢字	よみ	画数
花7	はな	7
桜10	さくら	10
菫11	すみれ	11
桜10 雅13	おうが	21
菫11 太10 郎9	きんたろう	24
颯14 真10	そうま	24
華10 樹16	かずき	26
麗19 弥8	れいや	27
麗19 音9	れおん	28
風9 稀12	ふうき	21

漢字	よみ	画数
春9 乃2	はるの	11
風9 子3	ふうこ	12
花7 帆6	かほ	13
桜10 子3	さくらこ	13
芽8 生5	めい	13
桃10 子3	ももこ	13
花7 歩8	かほ	15
菜11 央5	なお	16
風9 花7	ふうか	16

漢字	よみ	画数
若8 奈8	わかな	16
桜10 花7	おうか	17
菜11 々子3	ななこ	17
春9 奈8	はるな	17
萌11 衣6	めい	17
桃10 花7	ももか	17
花7 梨11	かりん	18
爽11 来7	そら	18
萌11 花7	もえか	18
麗19	うらら	19

漢字	よみ	画数
若8 菜11	わかな	19
陽12 依8	ひより	20
若8 葉12	さつき	20
颯14 希7	さや	21
桜10 彩11	さあや	21
華10 凛15	かりん	25
菜11 摘14	なつみ	25
陽12 菜11 乃2	ひなの	25
麗19 良7	れいら	26
麗19 華10	れいか	29

425

Image Keyword

夏

明るくすがすがしい
イメージの人に。
トロピカルな雰囲気も

イメージ漢字

蓮[13] 涼[11] 航[10] 風[9] 帆[6]
雷[13] 陽[12] 夏[10] 海[9] 波[8]
榎[14] 葉[12] 蛍[11] 南[9] 虹[9]

男の子

| 航[10] わたる 10 | 海[9]人[2] かいと 11 | 虹[9]太[4] こうた 13 | 蓮[13] れん 13 | 海[9]生[5] かいせい 14 | 陽[12]人[2] はると 14 | 蛍[11]太[4] けいた 15 | 航[10]生[5] こうき 15 | 虹[9]成[6] こうせい 15 |

| 航[10]平[5] こうへい 15 | 涼[11]介[4] りょうすけ 15 | 蓮[13]人[2] れんと 15 | 海[9]里[7] かいと 16 | 帆[6]高[10] ほだか 16 | 涼[11]平[5] りょうへい 16 | 波[8]音[9] なおと 17 | 陽[12]生[5] はるき 17 | 風[9]河[8] ふうが 17 | 雷[13]斗[4] らいと 17 |

女の子

| 南[9] みなみ 9 | 心[4]海[9] ここみ 13 | 虹[9]心[4] こころ 13 |

| 榎[14]月[4] かづき 18 | 涼[11]真[10] りょうま 21 | 風[9]雅[13] ふうが 22 | 航[10]太[4]郎[9] こうたろう 23 | 葉[12]琉[11] はる 23 | 蓮[13]太[4]郎[9] れんたろう 26 |

| 帆[6]花[7] ほのか 13 | 葉[12]乃[2] はの 14 | 帆[6]南[9] ほなみ 15 | 涼[11]羽[6] みう 15 | 海[9]羽[6] かほ 16 | 葉[12]月[4] はづき 16 | 海[9]里[7] みさと 16 | 夏[10]希[7] なつき 17 | 波[8]音[9] なみね 17 | 南[9]佳[8] みか 17 |

| 涼[11]花[7] すずか 18 | 虹[9]香[9] にじか 18 | 風[9]香[9] ふうか 18 | 海[9]音[9] みおん 18 | 海[9]咲[9] みさき 18 | 南[9]風[9] みふう 18 | 夏[10]海[9] なつみ 19 | 榎[14]帆[6] かほ 20 | 涼[11]音[9] すずね 20 | 陽[12]奈[8] はるな 20 |

| 風[9]菜[11] ふうな 20 | 蓮[13]花[7] れんか 20 | 葉[12]南[9] はな 21 | 蓮[13]奈[8] れな 21 | 虹[9]愛[13] にいな 22 | 陽[12]夏[10] ひなつ 22 | 涼[11]葉[12] すずは 23 | 蓮[13]華[10] れんげ 23 | 南[9]穂[15] なほ 24 | 蓮[13]桜[10]菜[11] れおな 34 |

426

Image Keyword

秋

実り多き人生に。
移りゆく自然の美しさも
イメージして

イメージ漢字

豊13 萩12 菊11 実8 夕3
澄15 楓13 梨11 秋9 月4
穂15 稔13 椛11 紅9 天4

男の子

| 実8 みのる 8 | 天4空8 そら 12 | 月4虎8 つきと 12 | 天4音9 あまね 13 | 稔13 みのる 13 | 豊13 ゆたか 13 | 天4眞10 てんま 14 | 夕3稀12 ゆうき 15 | 夕3翔12 ゆうと 15 |

| 天4翔12 たかと 16 | 月4陽12 つきひ 16 | 天4晴12 てんせい 16 | 澄15仁2 きよと 17 | 豊13仁2 とよひと 17 | 楓13太4 ふうた 17 | 萩12成6 しゅうせい 18 | 梨11玖7 りく 18 | 秋9悟10 しゅうご 19 | 秋9翔12 しゅうと 21 |

女の子

| 月4乃2 つきの 6 | 椛11 かえで 11 | 夕3奈8 ゆな 11 |

| 楓13芽8 ふうが 21 | 澄15空8 すみそら 23 | 楓13真10 ふうま 23 | 実8輝15 みつき 23 | 澄15真10 とうま 25 | 穂15敬12 ほだか 27 |

| 月4美9 つきみ 13 | 実8央5 みお 13 | 夕3真10 ゆま 13 | 梨11乃2 りの 13 | 月4華10 つきか 14 | 夕3希7 みき 15 | 夕3葵12 ゆうき 15 | 紅9花7 こはな 16 | 月4葉12 つきは 16 | 月4紫12 つくし 16 |

| 楓13子3 ふうこ 16 | 夕3愛13 ゆあ 16 | 実8咲9 みさき 17 | 紅9音9 あかね 18 | 美9梨11 みり 18 | 紅9奈8 りな 19 | 澄15葉12 すみは 21 | 実8乃2梨11 みのり 21 | 梨11紗10 りさ 21 |

| 澄15良7 きよら 22 | 澄15花7 すみか 22 | 穂15花7 ほのか 22 | 楓13華10 ふうか 23 | 香9澄15 かすみ 24 | 楓13梨11 かりん 24 | 椛11鈴13 かりん 24 | 稔13琉11 みのる 24 | 実8優17 みゆ 25 | 穂15奈8美9 ほなみ 32 |

イメージから選ぶ名づけ

427

Image Keyword

冬

冬の空気のように澄みきったピュアな心を持つ人に

イメージ漢字

凛 雪 透 柊 白
温 純 星 冬
聖 清 玲 冴

イメージから選ぶ名づけ

男の子

漢字	ふりがな	ページ
玲央 9	れお	14
玲史 9	れいじ	14
温人 12	はると	14
星矢 9	せいや	14
透也 10	とうや	13
純也 10	じゅんや	13
星七 9	しゅうと	11
柊人 9	しゅうと	11
柊 9	しゅう	9

冬埜 11	とうや	16
純乃介 10	じゅんのすけ	16
柊吾 9	しゅうご	16
冴祐 10	さすけ	16
清正 11	きよまさ	16
聖人 13	まさと	15
冬真 10	とうま	15
冬悟 10	とうご	15
清太 11	せいた	15
純平 10	じゅんぺい	15

凛太朗 15	りんたろう	29
悠聖 11	ゆうせい	24
透琉 10	とおる	21
雪之丞 11	ゆきのじょう	20
玲音 9	れおん	18
透茉 10	とおま	18
柊哉 9	しゅうや	18
白瑛 5	はくえい	17
星空 9	そら	17
温太 12	はるた	16

女の子

玲亜 9	れいあ	16
深冬 11	みふゆ	16
柊里 9	しゅり	16
柊花 9	しゅうか	16
冴弥 8	さや	15
温子 12	あつこ	15
冬香 9	ふゆか	14
雪乃 11	ゆきの	13
柊子 9	とうこ	12

凛子 15	りこ	18
雪花 11	ゆきか	18
純怜 10	すみれ	18
清良 11	きよら	18
純奈 10	あやな	17
玲奈 9	れいな	17
雪衣 6	ゆい	17
透花 10	とうか	17
星奈 9	せな	17
星空 9	せいら	17

凛々花 15	りりか	25
凛桜 15	りお	25
聖梨 13	ひじり	24
聖華 13	せいか	23
雪菜 11	ゆきな	22
聖奈 13	せいな	21
純華 10	じゅんな	21
清華 11	きよか	21
温花 12	はるか	19
玲美 9	れみ	18

Image Keyword
暦・干支(えと)

暦・干支を象徴。誕生の瞬間を忘れないで

イメージ漢字

葉12	如6	卯5	子3
閏12	辰7	未5	巳3
睦13	弥8	申5	文4

イメージから選ぶ名づけ

男の子

名前	読み	ページ
文人4	あやと	6
文太4	ぶんた	8
子竜3 10	しりゅう	13
未來5 8	みらい	13
文梧4 11	ぶんご	15
睦人13 2	むつと	15
辰郎7 9	たつろう	16
弥空8 8	みく	16
葉太12 4	ようた	16
睦生13 5	むつき	18

女の子

名前	読み	ページ
閏弥12 8	じゅんや	20
葉瑠12 14	はる	26
文乃4 2	あやの	6
未希5 7	みき	12
文音4 9	あやね	13
未和5 8	みわ	13
睦3 10	むつみ	13
弥生8 5	やよい	13
睦月13 4	むつき	17
弥恩8 10	みおん	18
弥夏8 10	みか	18
未夢5 13	みゆ	18
葉音12 9	はのん	21
葉菜12 11	はな	23

季語や月の異名から探す

季節のイメージは、季語や各月の異名（読み方）も大きなヒントとなります。左の各表を参考に、うまくイメージと結びつけてみましょう。

●季語

	季語	意味
春	春暁（しゅんぎょう）	春の明け方
春	陽炎（かげろう）	透明なゆらゆら立ちのぼるゆらめき
夏	百日紅（さるすべり）	盛夏に咲く赤い花
夏	薫風（くんぷう）	初夏の風
秋	芙蓉（ふよう）	初秋に咲く薄紅の花
秋	紫苑（しおん）	紫色の小さな花
冬	柊（ひいらぎ）	節分の魔よけに使われる木
冬	風花（かざはな）	風に舞う小雪

●月の異名

1月	睦月 むつき
2月	如月 きさらぎ
3月	弥生 やよい
4月	卯月 うづき
5月	皐月 さつき
6月	水無月 みなづき
7月	文月 ふづき
8月	葉月 はづき
9月	長月 ながつき
10月	神無月 かんなづき
11月	霜月 しもつき
12月	師走 しわす

429

Image Keyword

大地

大地のように
おおらかな存在感を
持つ人に

イメージ漢字

大³ 実¹¹ 野¹¹ 陸¹¹ 壌¹⁶
広⁵ 恵¹⁰ 萌¹¹ 雄¹² 樹¹⁶
拓⁸ 悠¹¹ 耕¹⁰ 颯¹⁴ 穣¹⁸

イメージから選ぶ名づけ

男の子

| 大³ だい 3 | 大介⁴ だいすけ 7 | 広大³ こうだい 8 | 大地³ だいち 9 | 大吾⁷ だいご 10 | 拓人⁸ たくと 10 | 陸¹¹ りく 11 | 知広⁵ ともひろ 13 | 恵太¹⁰ けいた 14 |

| 雄大¹² ゆうだい 15 | 陸斗¹¹ りくと 15 | 悠生¹¹ ゆうせい 16 | 耕佑¹⁰ こうすけ 17 | 颯太¹⁴ そうた 17 | 颯也¹⁴ そうや 17 | 拓海⁸ たくみ 17 | 智広¹² ともひろ 17 | 広翔¹² ひろと 17 | 拓真⁸ たくま 18 |

| 大樹³ だいき 19 | 樹生¹⁶ いつき 21 | 恵都¹⁰ けいと 21 | 颯志¹⁴ そうし 21 | 悠一郎¹¹ ゆういちろう 21 | 雄飛¹² ゆうひ 21 | 悠真¹¹ ゆうま 22 | 雄悟¹² ゆうご 23 | 悠翔¹¹ ゆうと 23 | 耕太朗¹⁰ こうたろう 24 |

女の子

| 悠¹¹ はるか 11 | 恵子⁴ けいこ 13 | 野乃¹¹ のの 13 | 萌々¹¹ もも 14 | 悠月¹¹ ゆづき 15 | 夏実¹⁰ なつみ 18 | 実桜⁸ みお 18 | 陸花¹¹ りっか 18 | 萌依¹¹ めい 19 |

| 恵美¹⁰ めぐみ 19 | 悠奈¹¹ ゆうな 19 | 恵真¹⁰ えま 20 | 颯妃¹⁴ さつき 20 | 野乃花¹¹ ののか 20 | 実結⁸ みゆ 20 | 野恵¹¹ のえ 21 | 颯良¹⁴ そら 21 | 悠莉¹¹ ゆうり 21 | 杏樹⁷ あんじゅ 23 |

| 沙樹⁷ さき 23 | 樹花¹⁶ じゅか 23 | 樹里¹⁶ じゅり 23 | 実穂⁸ みほ 23 | 萌々香¹¹ ももか 24 | 詩野¹³ しの 24 | 樹奈¹⁶ じゅな 24 | 菜々恵¹¹ ななえ 24 | 萌愛¹¹ もえ 24 | 美樹⁹ みき 25 |

Image Keyword

山・河

雄々しくそして悠々と そんな人生を送ってほしい

イメージ漢字

山[3] 河[8] 峰[10] 渉[11] 嵩[13]
岳[8] 峡[9] 渓[11] 森[12] 遼[15]
林[8] 高[10] 崇[11] 稜[13] 瀬[19]

男の子

漢字	画数	読み	合計
岳	8	がく	8
岳人	2	がくと	10
大河	8	たいが	11
渉	11	わたる	11
風山	3	ふうや	12
岳弘	5	たかひろ	13
崇也	3	たかなり	14
渓太	4	けいた	15
渓斗	4	けいと	15

漢字	画数	読み	合計
渉太	4	しょうた	15
崇太	4	そうた	15
崇文	4	たかふみ	15
遼	15	りょう	15
稜人	2	りょうと	15
高汰	7	こうた	17
山太朗	10	さんたろう	17
崇伍	6	しゅうご	17
星河	8	せいが	17
高志	7	たかし	17

漢字	画数	読み	合計
遼人	2	はると	17
稜太	4	りょうた	17
稜平	5	りょうへい	18
崇虎	11	たかとら	19
岳琉	11	たける	19
遼太	4	りょうた	19
遼生	5	りょうせい	20
清高	10	きよたか	21
渓一郎	9	けいいちろう	21
嵩明	8	こうめい	21

漢字	画数	読み	合計
銀河	8	ぎんが	22
渉琉	11	わたる	22
諒河	8	りょうが	23
稜真	10	りょうま	23
高輝	15	こうき	25
嵩偉	12	たかひで	25
陽嵩	12	ひだか	25
遼真	10	りょうま	25
遼太郎	9	りょうたろう	28
森羅	19	しんら	31

女の子

漢字	画数	読み	合計
遼	15	はるか	15
果林	8	かりん	16
美河	9	みか	17
稜叶	5	りょうか	18
遼子	15	りょうこ	18
七瀬	19	ななせ	21
美森	12	みもり	21
萌峰	10	もね	21
千瀬	19	ちせ	22

漢字	画数	読み	合計
遼佳	15	はるか	23
遼奈	15	はるな	23
遼華	10	りょうか	25
林檎	7	りんご	25
瀬里	7	せり	26
瀬奈	5	せな	27
奈々瀬	19	ななせ	30
綾瀬	14	あやせ	33
瀬理奈	19	せりな	38

Image Keyword

海・水

さわやかな水辺のイメージを持つ人に

イメージから選ぶ名づけ

イメージ漢字

澄 15	港 12	航 10	沙 7	水 4
潤 15	湘 12	渚 11	波 8	汐 6
潮 15	湊 12	清 11	浬 10	帆 6

男の子

| 湊人 12/5 みなと 14 | 清也 11/3 せいや 14 | 汐弥 6/8 しおや 14 | 航太 10/4 こうた 14 | 航介 10/4 こうすけ 14 | 千浬 3/10 せんり 13 | 春水 9/4 しゅんすい 13 | 航也 10/3 こうや 13 | 巧波 5/8 こうは 13 |

| 湘太 12/4 しょうた 16 | 渚生 11/5 しょう 16 | 潤一 15/1 じゅんいち 16 | 航成 10/6 こうせい 16 | 帆高 6/10 ほだか 16 | 潤 15 じゅん 15 | 汐音 6/9 しおん 15 | 清仁 11/4 きよひと 15 | 和沙 8/7 かずさ 15 | 潮 15 うしお 15 |

| 清志朗 11/7/10 きよしろう 28 | 真渚人 10/11/2 まなと 23 | 空澄 8/15 あすむ 23 | 青澄 8/15 あずみ 23 | 琉清 11/11 りゅうせい 22 | 波琉 8/11 なる 19 | 浬也 10/3 じゅんや 18 | 潤也 15/3 じゅんや 18 | 陸帆 11/6 りくほ 17 | 世渚 5/11 せな 16 |

女の子

| 水月 4/4 みづき 8 | 千波 3/8 ちなみ 11 | 有沙 6/7 ありさ 13 | 志帆 7/6 しほ 13 | 水音 4/9 みお 13 | 美水 9/4 みみ 13 | 浬子 10/3 りこ 13 | 佳帆 8/6 かほ 14 | 心渚 4/11 ここな 15 |

| 沙季 7/8 さき 15 | 沙弥 7/8 さや 15 | 汐保 6/9 しほ 15 | 杜波 7/8 とわ 15 | 帆乃花 6/2/7 ほのか 15 | 汐音 6/9 しおね 15 | 汐莉 6/10 しおり 16 | 汐夏 6/10 せな 16 | 真帆 10/6 まほ 16 | 美波 9/8 みなみ 17 |

| 浬花 10/7 りな 17 | 千潤 3/15 ちひろ 18 | 清音 11/9 きよね 20 | 智波 12/8 ちなみ 20 | 渚紗 11/10 なぎさ 21 | 花澄 7/15 かすみ 22 | 愛浬 13/10 あいり 23 | 依澄 8/15 いずみ 23 | 遥渚 12/11 はるな 23 | 湊愛 12/13 そあ 25 |

Image Keyword

豊か

豊かで幸せな人生を送れるように

イメージ漢字

豊[13] 裕[12] 充[6]
福[13] 満[12] 宝[8]
潤[15] 富[12] 恵[10]

男の子

| 福真 ふくま 23 | 拓豊 たくと 21 | 潤月 ひろき 19 | 恵汰 けいた 17 | 恵吾 けいご 17 | 裕太 ゆうた 16 | 裕介 ゆうすけ 16 | 満月 みつき 16 | 宝良 たから 15 | 充希 みつき 13 |

福[13]真[10] / 拓[8]豊[13] / 潤[15]月[4] / 恵[10]汰[7] / 恵[10]吾[7] / 裕[12]太[4] / 裕[12]介[4] / 満[12]月[4] / 宝[8]良[7] / 充[6]希[7]

女の子

| 裕花 ゆうか 19 | 富士子 ふじこ 18 | 恵茉 えま 18 | 渚央 なお 16 | 充咲 みさき 15 | 千裕 ちひろ 15 | 潤 じゅん 15 | 宝 たから 8 | 富太郎 とみたろう 25 | 潤哉 じゅんや 24 |

裕[12]花[7] / 富[12]士[3]子[3] / 恵[10]茉[8] / 渚[11]央[5] / 充[6]咲[9] / 千[3]裕[12] / 潤[15] / 宝[8] / 富[12]太[4]郎[9] / 潤[15]哉[9]

| 満理奈 まりな 31 | 優満 ゆま 29 | 美豊花 みゆな 29 | 愛恵 まなえ 23 |

満[12]理[11]奈[8] / 優[17]満[12] / 美[9]豊[13]花[7] / 愛[13]恵[10]

Image Keyword

生命

生命の尊さ、すばらしさをいつまでも

イメージ漢字

営[12] 芽[8] 生[5]
喬[12] 進[11] 寿[7]
湧[12] 萌[11] 育[8]

男の子

| 英進 えいしん 19 | 寿野 としや 18 | 湧生 ゆうき 17 | 飛芽 ひゅうが 17 | 琉生 るい 16 | 湧太 ゆうた 16 | 弥育 みつなり 16 | 康生 こうせい 16 | 喬士 きょうじ 15 | 大芽 たいが 11 |

英[8]進[11] / 寿[7]野[11] / 湧[12]生[5] / 飛[9]芽[8] / 琉[11]生[5] / 湧[12]太[4] / 弥[8]育[8] / 康[11]生[5] / 喬[12]士[3] / 大[3]芽[8]

女の子

| 愛生 あおい 18 | 百萌 もも 17 | 育美 いくみ 17 | 萌依 めい 16 | 芽実 はぐみ 16 | 育実 ことみ 16 | 寿美 すず 16 | 寿々 すず 10 | 寿磨 かずま 23 | 優生 ゆうき 22 |

愛[13]生[5] / 百[6]萌[11] / 育[8]美[9] / 萌[11]依[8] / 芽[8]実[8] / 育[8]実[8] / 寿[7]美[9] / 寿[7]々 / 寿[7]磨[16] / 優[17]生[5]

| 優芽 ゆめ 25 | 結萌 ゆめ 23 | 萌菜 もな 22 | 瑞生 みずき 18 |

優[17]芽[8] / 結[12]萌[11] / 萌[11]菜[11] / 瑞[13]生[5]

Image Keyword

光・風

まわりを明るくさわやかにしてくれるような人に

イメージ漢字

暉[13] 陽[12] 爽 映 光[6]
颯[14] 皓[12] 涼 洸 明[8]
輝[15] 煌[13] 晴[12] 晃[10] 風[9]

イメージから選ぶ名づけ

男の子

漢字	よみ	ページ
光[6]	ひかる	6
孔明[8]	こうめい	12
晴[12]	はる	12
洸介[9][4]	こうすけ	13
光生[6][5]	こうた	13
晃平[10][5]	こうへい	15
大晴[3][12]	たいせい	15
涼太[11][4]	りょうた	15
映汰[9][7]	えいた	16
一輝[1][15]	かずき	16
皓太[12][4]	こうた	16
爽平[11][5]	そうへい	16
大暉[3][13]	だいき	16
太陽[4][12]	たいよう	16
煌斗[13][4]	あきと	17
颯士[14][3]	そうし	17
光琉[6][11]	ひかる	17
爽汰[11][7]	そうた	18
隼風[10][9]	はやて	19
智明[12][8]	ともあき	20
直皓[8][12]	なおひろ	20
颯汰[14][7]	そうた	21
風雅[9][13]	ふうが	22
洸太朗[9][4][10]	こうたろう	23
直輝[8][15]	なおき	23
悠陽[11][12]	はるひ	23
悠晴[11][12]	ゆうせい	23

女の子

漢字	よみ	ページ
爽乃[11]	さやの	13
光希[6][7]	みつき	13
明里[8][7]	あかり	15
朝陽[12][12]	あさひ	24
晃輔[10][14]	こうすけ	24
颯馬[14][10]	そうま	24
悠暉[11][13]	ゆうき	24
涼雅[11][13]	りょうが	24
煌雅[13][13]	こうが	26
映凪[9][6]	えな	15
心晴[4][12]	こはる	16
光莉[6][10]	ひかり	16
涼帆[11][6]	すずほ	17
春風[9][9]	はるふう	18
風夏[9][10]	ふうか	19
爽香[11][9]	さやか	20
陽和[12][8]	ひより	20
明日香[8][4][9]	あすか	21
涼華[11][10]	すずか	21
晴香[12][9]	はるか	21
春陽[9][12]	はるひ	21
颯季[14][8]	さつき	21
愛洸[13][9]	まひろ	22
晴菜[12][11]	はるな	23
美颯[9][14]	みはや	24
煌梨[13][11]	きらり	24
咲輝[9][15]	さき	24
美輝[9][15]	みき	24

434

Image Keyword

色・香

かぐわしさ、繊細な色合いからイメージ

イメージ漢字

朱[6] 紅[11] 紫[12] 緋[14]
虹[9] 桃[10] 蒼[13] 碧[14]
茜[9] 萌[11] 緑[16] 薫[16]

イメージから選ぶ名づけ

男の子

漢字	よみ	ページ
朱里[6]	しゅり	13
桃矢[10]	とうや	15
碧人[14]	あおと	16
薫[16]	かおる	16
紫月[12]	しづき	16
蒼太[13]	そうた	17
元緋[14]	あさひ	18
碧生[14]	あおい	19
薫平[16]	くんぺい	21
紫音[12]	しおん	21

女の子

漢字	よみ	ページ
蒼空[13]	そら	21
虹翔[9]	ななと	21
茜[9]	あかね	9
七虹[12]	ななな	11
紫乃[12]	しの	14
朱音[6]	あかね	15
紅亜[9]	くれあ	16
桃果[10]	ももか	18
薫子[16]	かほるこ	19
蒼依[13]	あおい	21
萌々花[11]	ももか	21
碧海[14]	あみ	23
美緑[14]	みのり	23
緋彩[14]	ひいろ	25

日本の自然の色から探す

青や赤、といった単色ではなく、自然の淡い色合いを表現しているのが、日本ならではの伝統色。情緒的で和風のイメージを持つため、これも、イメージ名づけの大きなヒントになります。

イメージヒント集

● 赤系
桜色・曙・薄紅
緋色・茜色・朱紫
紅梅・深紅・紅

● 青・紫系
杜若色・菫色
桔梗色・群青色・藤色
露草色・千草色・紺碧
若苗色・萌黄色
若草色・青葉色

● 緑系

● 黄・茶・橙系
雄黄・雌黄・利休色
亜麻色・胡桃色

435

Image Keyword

宇宙

はるかなる宇宙への
あこがれ、
希望を持つ人に

イメージ漢字

月[4]	未[4]	来[8]	昊[8]	輝[15]
天[4]	世[5]	空[8]	星[9]	
斗[4]	宇[6]	宙[8]	昴[9]	

イメージから選ぶ名づけ

男の子

漢字	読み	ページ
空	そら	8
昴	すばる	9
来人	らいと	9
昊大	こうだい	11
世那	せな	12
心宙	みひろ	12
天飛	あまと	13
拓未	たくみ	13
修斗	しゅうと	14

漢字	読み	ページ
宇宙	そら	14
健斗	けんと	15
侑希	こうき	15
昊希	ゆら	15
凱斗	かいと	16
翔天	しょうま	16
未希斗	みきと	16
悠世	ゆうせい	16
隆世	りゅうせい	16

漢字	読み	ページ
蒼月	あつき	17
睦月	むつき	17
悠宇	ゆう	17
颯天	そうま	18
大輝	だいき	18
凌空	りく	18
宙翔	ひろと	20
悠星	ゆうせい	20
琉星	りゅうせい	21
優斗	ゆうと	21

女の子

漢字	読み	ページ
優月	ゆづき	21
来輝	らいき	22
和輝	かずき	23
航輝	こうき	25
未來翔	みくと	25
優輝	ゆうき	32
由宇	ゆう	11
希未	のぞみ	12
未来	みく	12

漢字	読み	ページ
天音	あまね	13
世奈	せな	13
美月	みづき	13
未宙	みひろ	13
柚月	ゆづき	13
来実	くるみ	15
世莉	せり	15
菜月	なつき	15
希空	のあ	15
未桜	みお	15

漢字	読み	ページ
咲来	さくら	16
星来	せいら	16
明星	あかり	17
美空	みく	17
美昊	みそら	17
碧天	あおい	18
愛未	まみ	18
輝紗	きさ	25
優空	ゆら	25
真宙	まひろ	18

436

Image Keyword

幻想

神秘的な魅力を持つ人に

男の子

漢字	よみ	ページ
佳大[8][3]	けいた	11
覚[12]	さとる	12
一路[1][3]	いちろ	14
大夢[3][13]	ひろむ	16
佳明[8][8]	よしあき	16
佳祐[8][9]	けいすけ	17
想太[13][4]	そうた	17
琉伽[11][7]	るか	18
想良[13][7]	そら	20
歩夢[8][13]	あゆむ	21

女の子

漢字	よみ	ページ
竜偲[10][11]	りゅうじ	21
瑞樹[13][16]	みずき	29
佳乃[8][2]	よしの	10
夢[13]	ゆめ	13
夢七[13][2]	ゆめな	15
夢乃[13][2]	ゆめの	15
伽恋[7][10]	かれん	17
彩伽[11][7]	あやか	18
桃佳[10][8]	ももか	18
瑞希[13][7]	みずき	20

愛佳[13][8]	あいか	21
路真[13][10]	ろま	23
瑞葉[13][12]	みずは	25
想愛[13][13]	そあ	26

イメージ漢字

伽[7] 覚[12] 路[13]
佳[8] 想[13] 瑞[13]
偲[11] 夢[13]

イメージから選ぶ名づけ

Image Keyword

清潔

クリアで潔い人生を送れるように

男の子

漢字	よみ	ページ
怜央[8][5]	れお	13
廉[13]	れん	13
純正[10][5]	じゅんせい	15
光透[6][10]	みつゆき	16
光清[6][11]	こうせい	17
陸透[11][10]	りくと	21
凛空[15][8]	りく	23
怜穏[8][16]	れおん	24
純輝[10][15]	じゅんき	25
晴澄[12][15]	はると	27

女の子

漢字	よみ	ページ
龍清[16][11]	りゅうせい	27
麗音[19][9]	れおん	28
花怜[7][8]	かれん	15
怜奈[8][8]	れいな	16
花純[7][10]	かすみ	17
美怜[9][8]	みれい	17
凛乃[15][2]	りの	17
花凛[7][15]	かりん	22
愛純[13][10]	あすみ	23
澄佳[15][8]	すみか	23

実操[8][16]	みさお	24
凛音[15][9]	りおん	24
麗花[19][7]	れいか	26
麗羅[19][19]	れいら	38

イメージ漢字

怜[8] 清[11] 澄[15] 操[16]
純[10] 廉[13] 凛[15] 麗[19]
透[10] 潔[15] 衛[16]

Image Keyword

さわやか

さわやかで
すがすがしい印象を
与えてくれる人に

イメージ漢字

輝15 晴12 爽11 直8 白5
澄15 颯14 涼11 風9 快7
駿17 緑14 健11 海9 青8

イメージから選ぶ名づけ

男の子

健心11,4 けんしん 15	海更9,7 かいり 15	一颯1,14 いぶき 15	健人11,2 けんと 13	海斗9,4 かいと 13	直也8,3 なおや 11	健11 たける 11	快斗7,4 かいと 11	直人8,2 なおと 10

琥白12,5 こはく 17	晴斗12,4 はると 16	快音7,9 はやと 16	青波8,8 せいは 16	克海7,9 かつみ 16	一輝1,15 いつき 16	直希8,7 なおき 15	匠海6,9 たくみ 15	健太11,4 けんた 15	健介11,4 けんすけ 15

駿太17,4 しゅんた 21	海晴9,12 かいせい 21	流風10,9 るか 19	晴希12,7 はるき 19	爽明11,8 そうめい 19	元輝4,15 げんき 19	快晴7,12 かいせい 19	航青10,8 こうせい 18	奏風9,9 かなた 18	駿17 しゅん 17

七海2,9 ななみ 11	涼聖11,13 りょうせい 24	勇輝9,15 ゆうき 24	颯音14,9 はやと 23	颯弥14,8 そうや 22	直太朗8,4,10 なおたろう 22	涼馬11,10 りょうま 21	勇晴9,12 ゆうせい 21	光輝6,15 みつき 21

女の子

美海9,9 みう 18	直美8,9 なおみ 17	爽羽11,6 さやは 17	晴日12,4 はづき 16	晴月12,4 はるる 16	真白10,5 ましろ 15	小晴3,12 こはる 15	快和7,8 ここな 15	緑14 みどり 14	青衣8,6 あおい 14

優海17,9 ゆうみ 26	穂風15,9 ほのか 24	颯夏14,10 ふうか 24	來輝8,15 らいき 23	佳澄8,15 かすみ 23	直緒8,14 なお 22	涼香11,9 りょうか 20	美涼9,11 みすず 20	涼風11,9 すずか 20	青葉8,12 あおば 20

438

Image Keyword

夢・希望

夢と希望を
ずっと持ち続けて
いてほしい

イメージ漢字

一[1] 志[1] 歩[1] 望[11] 創[12]
叶[5] 拓[8] 明[8] 進[11] 夢[13]
希[7] 育[8] 展[10] 開[12] 誉[13]

イメージから選ぶ名づけ

男の子

漢字	読み	画数
太[1]一[1]	たいち	5
一[1]平[5]	いっぺい	6
一[1]冴[7]	いっさ	8
大[3]志[7]	たいし	10
一[1]真[10]	かずま	11
拓[8]也[3]	たくや	11
千[3]明[8]	ちあき	11
友[4]希[7]	ともき	11
開[12]	かい	12
拓[8]斗[4]	たくと	12
光[6]希[7]	こうき	13
和[8]志[7]	かずし	15
創[12]士[3]	そうし	15
夢[13]人[2]	ゆめと	15
創[12]太[4]	そうた	16
大[3]誉[13]	たいよう	16
拓[8]実[8]	たくみ	16
明[8]彦[9]	あきひこ	17
一[1]樹[16]	かずき	17
叶[5]翔[12]	かなと	17
誉[13]斗[4]	たかと	17
知[8]展[10]	あきひろ	18
歩[8]真[10]	あゆま	18
叶[5]夢[13]	かなむ	18
進[11]之[3]介[4]	しんのすけ	18
悠[11]希[7]	はるき	18
広[5]道[12]	ひろむ	18
志[7]道[12]	しどう	19
創[12]哉[9]	そうや	21
拓[8]夢[13]	たくむ	21
拓[8]磨[16]	たくま	24
望[11]夢[13]	のぞむ	24
優[17]希[7]	ゆうき	24
優[17]志[7]	ゆうし	24

女の子

漢字	読み	画数
一[1]花[7]	いちか	8
叶[5]羽[6]	かのは	11
一[1]葉[12]	かずは	13
望[11]乃[2]	のの	13
有[6]希[7]	ゆき	13
志[7]歩[8]	しほ	15
希[7]実[8]	のぞみ	15
咲[9]希[7]	さき	16
明[8]依[8]	めい	16
夢[13]子[3]	ゆめこ	16
咲[9]歩[8]	さほ	17
明[8]莉[10]	あかり	18
叶[5]夢[13]	かのん	18
真[10]歩[8]	まほ	18
望[11]来[7]	みく	18
夢[13]叶[5]	ゆめか	18
明[8]日[4]花[7]	あすか	19
来[7]夢[13]	らいむ	20
開[12]耶[9]	さくや	21
実[8]夢[13]	みゆ	21
夢[13]奈[8]	ゆな	24
望[11]愛[13]	のあ	24
愛[13]望[11]	まなみ	24
優[17]育[8]	ゆい	25

439

Image Keyword

未来

来るべき未来への大きな夢
飛躍を託して

イメージから選ぶ名づけ

イメージ漢字

千[3] 未[5] 来[7] 時[10] 遥[12]
久[3] 永[5] 飛[9] 将[10] 開[12]
元[4] 行[6] 紀[9] 翔[12] 翼[17]

男の子

元 げんき 4	元気 はじめ 10	千里 せんり 10	匠未 たくみ 11	千宙 ちひろ 11	来斗 らいと 11	未来 みらい 12	一翔 かずと 12	千隼 ちはや 13

| 時也 ときや 13 | 凌久 りく 13 | 将太 しょうた 14 | 遥人 はると 14 | 大遥 たいよう 15 | 智久 ともひさ 15 | 信行 のぶゆき 15 | 大翔 ひろと 15 | 真永 まなと 15 | 時成 はるなり 16 |

| 義久 よしひさ 16 | 将吾 しょうご 17 | 翼 つばさ 17 | 行雲 ゆくも 18 | 飛鳥 あすか 18 | 将真 しょうま 20 | 悠飛 ゆうひ 20 | 来夢 らいむ 20 | 智紀 ともき 21 |

女の子

千乃 ゆきの 5	未羽 みう 11	遥 はるか 12

| 陽紀 はるき 21 | 裕紀 ゆうき 21 | 光翼 こうすけ 23 | 悠翔 はると 23 | 開智 かいち 24 | 優翔 ゆうと 29 |

| 美久 みく 12 | 來未 くるみ 13 | 千夏 ちなつ 13 | 紗永 さえ 15 | 早紀 さき 15 | 幸来 さら 15 | 千尋 ちひろ 16 | 美紀 みき 18 | 柚紀 ゆずき 18 |

| 時音 ときね 19 | 翔音 かのん 21 | 希来里 きらり 21 | 未優 みゆ 22 | 遥菜 はるな 23 | 千鶴 ちづる 24 | 翼沙 つばさ 24 | 遥陽 はるひ 24 | 友紀菜 ゆきな 24 | 愛翔 あいか 25 |

440

Image Keyword

若さ

いつまでも若々しく
そして強く育って

イメージ漢字

生[5] 早[5] 芽[8] 新[13]
仔[5] 初[7] 春
成[6] 若[8] 萌[11]

男の子

| 春人 はると [9] 11 | 直生 なおき [8] 13 | 海成 かいせい [6] 15 | 敦生 あつき [5] 17 | 新太 あらた [4] 17 | 初途 ういと [7] 18 | 瑞生 みずき [7] 18 | 早太郎 はやたろう [6][4][9] 19 | 若葉 わかば [8][12] 20 | 優成 ゆうせい [17] 23 |

女の子

| 春樹 はるき [9] 25 | 優芽 ゆうが [17] 25 | 心春 こはる [4] 13 | 早希 さき [6] 13 | 初花 ういか [7] 14 | 成美 なるみ [6] 15 | 真生 まお [10] 15 | 初音 はつね [7] 16 | 葵生 あおい [12] 17 | 萌々子 ももこ [11][3] 17 |

| 早智 さち [6] 18 | 春菜 はるな [9] 20 | 新菜 にいな [13] 24 | 綾萌 あやめ [14][11] 25 |

Image Keyword

自由

自由に自らの人生を
歩んでいってほしい

イメージ漢字

由[5] 逸[11] 達[12]
希[7] 望 遥[12]
伸 翔[12] 翼

男の子

| 大希 たいき [3] 10 | 由弥 ゆうや [5] 13 | 伸弥 しんや [7] 15 | 達也 たつや [12] 15 | 逸平 いっぺい [11] 16 | 遥斗 はると [12] 16 | 柚希 ゆずき [9] 17 | 匠望 たくみ [6][11] 21 | 由樹 ゆうき [5][16] 21 | 勇翔 ゆうと [9][12] 21 |

女の子

| 謙伸 けんしん [17][7] 24 | 翼冴 つばさ [17][7] 24 | 由依 ゆい [5] 13 | 由奈 ゆな [5] 13 | 叶望 かのん [5][11] 16 | 希乃花 ののか [7] 16 | 希望 のぞみ [7][11] 18 | 翔花 しょうか [12] 19 | 遥奈 はるな [12] 20 | 逸姫 いつき [11][10] 21 |

| 遥香 はるか [12][9] 21 | 優希 ゆうき [17] 24 | 夢翔 ゆめか [13][12] 25 |

Image Keyword

超える

親を追い越して立派な人になって

イメージ漢字

遥[12] 琢[11] 梁[7] 卓[8] 己[3]
越[12] 逸[11] 乗[9] 右[5]
偉[12] 隆[11] 凌[10] 克[7]

イメージから選ぶ名づけ

男の子

漢字	よみ	画数
克己[7][3]	かつみ	10
拓己[8][3]	たくみ	11
卓也[8][3]	たくや	11
知己[8][3]	ともき	11
越[12]	えつ	12
隆一[11][1]	りゅういち	12
右京[5][8]	うきょう	13
佳右[8][5]	けいすけ	13
航己[10][3]	こうき	13
逸人[11][2]	はやと	13
侑右[8][5]	ゆう	13
凌大[10][3]	りょうた	13
越人[12][2]	えつと	14
卓行[8][6]	たくゆき	14
凌介[10][4]	りょうすけ	14
克幸[7][8]	かつゆき	15
智己[12][3]	ともき	15
遥大[12][3]	はると	15
隆介[11][4]	りゅうすけ	15
隆太[11][4]	りゅうた	15
凌央[10][5]	りょう	15
凌生[10][5]	りょうせい	15
卓武[8][8]	たくむ	16
遥太[12][4]	はるた	16
瑞己[13][3]	みずき	16
遥生[12][5]	はるき	17
泰克[10][7]	よしかつ	17
隆成[11][6]	りゅうせい	17
卓真[8][10]	たくま	18
隆之介[11][3][4]	りゅうのすけ	18
遥希[12][7]	はるき	19
琢真[11][10]	たくま	21
琢朗[11][10]	たくろう	21
隆真[11][10]	りゅうま	21
逸貴[11][12]	いつき	23
克樹[7][16]	かつき	23
偉琉[12][11]	たける	23
凌雅[10][13]	りょうが	23
遥陽[12][12]	はるひ	24
義隆[13][11]	よしたか	24
梁太郎[11][4][9]	りょうたろう	24
蒼偉[13][12]	あおい	25
幸琢朗[8][11][10]	こうたろう	29
偉織[12][18]	いおり	30

女の子

漢字	よみ	画数
凌[10]	りょう	10
莉己[10][3]	りこ	13
遥乃[12][2]	はるの	14
椿己[13][3]	つばき	16
愛己[13][3]	まこ	16
遥羽[12][6]	とわ	18
遥名[12][6]	はるな	18
遥花[12][7]	はるか	19
梁奈[11][8]	りょうな	19
隆香[11][9]	りゅうか	20
紗梁[10][11]	さやな	21
遥音[12][9]	はるね	21
梁華[11][10]	りょうか	21
琉偉[11][12]	るい	23

Image Keyword 生物

実在、架空の生物からイメージをふくらませて

男の子

漢字	よみ	画数
竜也 (竜10 也3)	たつや	13
竜之介 (竜10 之4 介4)	りゅうのすけ	17
鳳太 (鳳14 太4)	ふうた	18
竜弥 (竜10 弥8)	りゅうや	18
駿介 (駿17 介4)	しゅんすけ	21
駿斗 (駿17 斗4)	はやと	21
悠馬 (悠11 馬10)	ゆうま	21
獅音 (獅13 音9)	しおん	22
翔馬 (翔12 馬10)	しょうま	22
蒼馬 (蒼13 馬10)	そうま	23

女の子

漢字	よみ	画数
鴻志 (鴻17 志7)	こうし	24
獅堂 (獅13 堂11)	しどう	24
駿吾 (駿17 吾7)	しゅんご	24
羚雅 (羚11 雅13)	りょうが	24
夢獅 (夢13 獅13)	ゆうし	26
雛 (雛18)	ひな	18
繭 (繭18)	まゆ	18
羚亜 (羚11 亜7)	れあ	18
羚来 (羚11 来7)	れいら	18
羚那 (羚11 那7)	れな	18

雛乃 (雛18 乃2)	ひなの	20
蝶羽 (蝶15 羽6)	あげは	21
雛子 (雛18 子3)	ひなこ	21
美鳳 (美9 鳳14)	みほ	23

イメージ漢字

馬10 鳩13 駒15 駿17
竜10 獅13 蝶15 繭18
羚11 鳳14 鴻17 雛18

Image Keyword めでたい

神様や幸せの象徴に守られる人生に

男の子

天斗 (天4 斗4)	たかと	8
大吉 (大3 吉6)	だいきち	9
晴人 (晴12 人2)	はると	14
寿哉 (寿7 哉9)	としや	16
大嘉 (大3 嘉14)	たいが	17
悠吉 (悠11 吉6)	ゆうき	17
慶太 (慶15 太4)	けいた	19
幸輝 (幸8 輝15)	こうき	23
祥太郎 (祥10 太4 郎9)	しょうたろう	23
雄喜 (雄12 喜12)	ゆうき	24

女の子

愛翔 (愛13 翔12)	まなと	25
瑞貴 (瑞13 貴12)	みずき	25
幸 (幸8)	みゆき	8
天花 (天4 花7)	てんか	11
祥子 (祥10 子3)	しょうこ	13
乃愛 (乃2 愛13)	のあ	15
心愛 (心4 愛13)	ここあ	17
咲幸 (咲9 幸8)	さゆき	17
美喜 (美9 喜12)	みき	21
美晴 (美9 晴12)	みはる	21

瑞姫 (瑞13 姫10)	みずき	23
明寿香 (明8 寿7 香9)	あすか	24
慶香 (慶15 香9)	のりか	24
悠嘉 (悠11 嘉14)	はるか	25

イメージ漢字

天4 幸8 喜12 誉13
吉6 祥10 瑞13 嘉14
寿7 晴12 愛13 慶15

443

Image Keyword

誠実

いつまでも誠実な気持ちを大切にしてほしいとの願いから

イメージから選ぶ名づけ

イメージ漢字

憲[16] 義[13] 善[12] 信[9] 礼[5]
廉[13] 誠[13] 真[10] 正[5] 英[8]
聡[14] 慎[13] 淑[11] 英[8]

男の子

| 礼恩[5][10] れおん 15 | 英利[8][7] ひでとし 15 | 英汰[8][7] えいた 15 | 正虎[5][8] まさとら 13 | 善[12] ぜん 12 | 英之[8][3] ひでゆき 11 | 礼央[5][5] れお 10 | 正人[5][2] まさと 7 | 礼人[5][2] あやと 7 |

| 正太郎[5][4][9] しょうたろう 18 | 和真[8][10] かずま 18 | 幸信[8][9] ゆきのぶ 17 | 廉士[13][3] れんじ 16 | 義士[13][3] よしと 16 | 淑矢[11][5] としや 16 | 匠真[6][10] たくま 16 | 大誠[3][13] たいせい 16 | 壮真[6][10] そうま 16 | 信之介[9][3][4] しんのすけ 16 |

| 康誠[11][13] こうせい 24 | 泰慎[10][13] たいしん 23 | 憲志[16][7] けんし 23 | 善哉[12][9] よしや 21 | 智信[12][9] とものぶ 21 | 慎之介[13][3][4] しんのすけ 20 | 慎吾[13][7] しんご 20 | 翔英[12][8] しょうえい 20 | 聡太[14][4] そうた 18 | 慎平[13][5] しんぺい 18 |

女の子

| 真乃[10][2] まの 12 | 信乃[9][2] しの 11 |

| 優真[17][10] ゆうま 27 | 廉太郎[13][4][9] れんたろう 26 | 義誠[13][13] よしなり 26 | 謙信[17][9] けんしん 26 | 義晴[13][12] よしはる 25 | 憲哉[16][9] けんや 25 | 聡真[14][10] そうま 24 |

| 英美[8][9] えいみ 17 | 礼菜[5][11] れな 16 | 慎子[13][3] のりこ 16 | 由真[5][10] ゆま 15 | 純礼[10][5] すみれ 15 | 英里[8][7] えり 15 | 美礼[9][5] みれい 14 | 礼奈[5][8] れいな 13 | 淑乃[11][2] よしの 13 | 礼良[5][7] れいら 12 |

| 真優[10][17] まゆ 27 | 英怜奈[8][8][8] えれな 24 | 美聡[9][14] みさと 23 | 聡美[14][9] さとみ 23 | 信愛[9][13] のあ 22 | 紗英子[10][8][3] さえこ 21 | 真佳[10][8] まなか 18 | 真依[10][8] まい 18 | 紗英[10][8] さえ 18 | 聡子[14][3] さとこ 17 |

444

Image Keyword 平和

この時代だからこそ
平和を願って

男の子

寧杜（ねいと）21
悠平（ゆうへい）16
泰地（たいち）16
和弥（かずや）16
哲平（てっぺい）15
恭平（きょうへい）15
泰斗（たいと）14
亮太（りょうた）13
俊太（しゅんた）13
安里（あさと）13

女の子

寧々（ねね）17
安純（あんじゅ）16
和花（のどか）15
佐和（さわ）15
泰子（やすこ）15
安那（あんな）13
安希（あき）13
和（なごみ）8
和樹（かずき）24
優太（ゆうた）21

桃寧（ももね）24
紅寧（あかね）23
心寧（ここね）18
和奏（わかな）17

イメージ漢字

融16　等12　均7　太4
　　鳩13　和8　平5
　　寧14　泰　　安6

Image Keyword 調和

だれとでも仲よく、
幸せな人生を

男の子

晃則（あきのり）19
律希（りつき）16
友翔（ゆうと）16
直法（なおのり）16
和季（かずき）16
正真（しょうま）15
順大（じゅんだい）15
理久（りく）14
修也（しゅうや）13
大和（やまと）11

女の子

友菜（ゆな）15
友唯（ゆい）15
順子（じゅんこ）15
理子（りこ）15
日和（ひより）12
律（りつ）9
共騎（ともき）24
智規（とものり）23
憲吾（けんご）23
友樹（ゆうき）20

愛理（あいり）24
和音（かずね）17
理央（りお）16
和花（わか）15

イメージ漢字

規11　律9　和8　友4
順12　修10　法8　正5
憲16　理11　則9　共

Image Keyword

思いやり

やさしく思いやりのある人に育ってほしい。親の願いを込めて

イメージ漢字

篤16 敦12 淳12 良4 仁4
優17 愛13 順12 和8 安6
輔14 温12 惇11 助7

イメージから選ぶ名づけ

男の子

漢字	読み	画数
仁	じん	4
淳	じゅん	11
良介	りょうすけ	11
一順	いより	12
敦大	あつひろ	15
空良	そら	15
温大	はると	15
惇司	じゅんじ	16

惇生	じゅんせい	16
順斗	じゅんと	16
奏良	そら	16
智仁	ともひと	16
敦史	あつし	17
大輔	だいすけ	17
愛斗	まなと	18
和馬	かずま	18
幸之助	こうのすけ	18
淳吾	じゅんご	18

惇之介	じゅんのすけ	18
虎之助	とらのすけ	18
温行	はるゆき	18
悠良	ゆら	18
和人	ゆうと	19
優貴	かずき	20
優大	ゆうだい	20
優仁	ゆうと	21
篤志	あつし	23
俊輔	しゅんすけ	23

慎之助	しんのすけ	23
祐輔	ゆうすけ	23
愛琉	あいる	24
篤季	あつき	24
篤弥	あつや	24
優弥	ゆうや	25
愛和	ゆうわ	26
優夢	あゆむ	26
優音	ゆうと	26
温謙	はるのり	29

女の子

和心	なごみ	12
愛	あい	13
仁美	ひとみ	13
和叶	わかな	13
安奈	あんな	14
敦子	あつこ	15
仁菜	にな	15
心温	こはる	16
咲良	さくら	16

紗良	さら	17
優	ゆう	17
桜和	さわ	18
愛子	ゆうこ	20
愛月	ゆづき	21
愛美	まなみ	22
優花	ゆうか	24
悠愛	ゆうな	24
詩温	しおん	25
優奈	ゆうな	25

446

Image Keyword

愛される

だれからも愛され
そしてみんなに
愛をそそげる人に

イメージ漢字

慈13	純10	真10	朋8	友4
誠13	博12	恋10	幸8	仁4
愛13	聖13	恵10	信9	好6

イメージから選ぶ名づけ

男の子

信9司5	純10太4	一1聖13	友4哉9	恵10大3	幸8太4	朋8也3	好6也3	友4斗4
しんじ	じゅんた	いっせい	ともや	けいた	こうた	ともや	このや	ゆうと
14	14	14	13	13	12	11	9	8

純10之6介4	愛13介4	慈13士3	博12斗4	遥12仁3	大3聖13	幸8村7	悠11仁3	巧5真10	幸8佑7
じゅんのすけ	あいすけ	よしひと	ひろと	はると	たいせい	ゆきむら	ゆうと	たくま	こうすけ
17	17	16	16	16	16	15	15	15	15

恋10太4朗10	琉11誠13	悠11誠13	智12博12	恵10輝15	朋8慈13	恒9勝12	信9誠13	好6真10	佑7馬10
れんたろう	りゅうせい	ゆうせい	ともひろ	けいすけ	ともき	こうじ	のぶかつ	こうせい	ゆうま
24	24	24	24	24	23	22	21	19	17

女の子

真10央5	朋8花7	友4香9	真10子3	好6花7	仁4奈8	友4里7	朋8子3	恵10
まお	ともか	ゆうか	まこ	このか	にな	ゆり	ともこ	めぐみ
15	15	13	13	13	12	11	11	10

純10香9	幸8姫10	真10奈8	佳8純10	幸8音9	仁4瑚13	花7恋10	幸8奈8	恋10羽6	友4彩11
すみか	ゆき	まな	かすみ	ゆきね	にこ	かれん	ゆきな	こはね	ゆい
19	18	18	18	17	17	17	16	16	15

優17愛13	慈13結12	聖13菜11	愛13莉10	聖13恋10	聖13夏10	純10蓮13	絵12恋10	実8愛13	恵10麻11
ゆうあ	じゆ	せいな	あいり	せれん	せな	すみれ	えれん	みあ	えま
30	25	24	23	23	23	23	22	21	21

447

Image Keyword

勇気

どんなときにも勇気を持って立ち向かっていく人に

イメージ漢字

大[3] 志[3] 果[8] 貫[11] 豪[14]
牙[4] 克[7] 勇[9] 雄[12] 徹[15]
壮[6] 武[8] 鉄[13] 猛[11] 鉄[13]

イメージから選ぶ名づけ

男の子

| 勇人[9,2] ゆうと 11 | 太志[4,7] たいし 11 | 孔志[3,7] こうし 11 | 勇一[9,1] ゆういち 10 | 大我[3,7] たいが 10 | 壮太[6,4] そうた 10 | 克之[7,3] かつゆき 10 | 武[8] たける 8 | 大也[3,3] だいや 6 |

| 壮哉[6,9] そうや 15 | 創大[12,3] そうだい 15 | 貫太[11,4] かんた 15 | 豪斗[14,4] ごうと 14 | 勇仁[9,4] ゆうと 13 | 勇太[9,4] ゆうた 13 | 勇心[9,4] ゆうしん 13 | 大悟[3,10] だいご 13 | 壮志[6,7] そうし 13 |

| 剛志[10,7] つよし 17 | 雄斗[12,4] ゆうと 16 | 勇希[9,7] ゆうき 16 | 壮馬[6,10] そうま 16 | 壮一郎[6,1,9] そういちろう 16 | 小鉄[3,13] こてつ 16 | 果門[8,8] かもん 16 | 歩武[8,8] あゆむ 16 | 善大[12,3] よしはる 15 | 大智[3,12] だいち 15 |

| 志穏[7,16] しおん 23 | 虎徹[8,15] こてつ 23 | 雄真[12,10] ゆうま 22 | 勇雲[9,12] ゆくも 21 | 豪志[14,7] つよし 21 | 貫一郎[11,1,9] かんいちろう 21 | 徹平[15,5] てっぺい 20 | 勇紀[9,9] ゆうき 18 | 鉄平[13,5] てっぺい 18 | 貫汰[11,7] かんた 18 |

女の子

| 志音[7,9] しのん 16 | 果歩[8,8] かほ 16 | 希果[7,8] ののか 15 | 志乃[7,2] しの 9 |

| 徹清[15,11] てっしん 26 | 雄翔[12,12] ゆうと 24 | 武蔵[8,15] むさし 23 | 徹弥[15,8] てつや 23 | 鉄馬[13,10] てつま 23 |

| 優果[17,8] ゆうか 25 | 志織[7,18] しおり 25 | 果凛[8,15] かりん 23 | 志穂[7,15] しほ 22 | 愛果[13,8] まなか 21 | 志緒[7,14] しお 21 | 果蓮[8,13] かれん 21 | 真勇[10,9] まゆ 19 | 果音[8,9] かのん 17 | 歩果[8,8] ほのか 16 |

448

Image Keyword

かわいい

いつまでもかわいさを忘れない人に

イメージ漢字

小[3] 月[3] 苺[8] 綾[14]
子[3] 円[4] 珠[10] 薗[16]
丸[3] 花[7] 瑶[13]

男の子

- 大珠[3,10] たいじゅ 13
- 悠月[4,3] ゆづき 15
- 嵐丸[12,3] らんまる 15
- 瑶大[13,4] ようた 16
- 綾斗[14,4] あやと 18
- 小次郎[3,9] こじろう 18
- 子龍[3,16] しりゅう 19

女の子

- 亜子[7,3] あこ 10
- 小町[3,7] こまち 10
- 円花[4,7] まどか 11
- 小春[3,9] こはる 12
- 小雪[3,11] こゆき 14
- 苺花[8,7] いちか 15
- 綾乃[14,2] あやの 16
- 苺佳[8,8] いちか 16
- 結月[12,4] ゆづき 16
- 杏珠[7,10] あんじゅ 17
- 珠希[10,7] たまき 17
- 彩花[11,7] あやか 18
- 日菜子[4,11,3] ひなこ 18
- 唯花[11,7] ゆいか 18
- 綾音[14,9] あやね 23
- 花薗[7,16] かおん 23
- 瑶菜[13,11] たまな 24

イメージから選ぶ名づけ

イメージヒント集

人気の俳優から探す

人気も実力も兼ね備えた俳優からも、すてきな名前が探せます。女優にはひらがな名が多いのが目立ちますね。

● 男性
- 生田斗真 いくたとうま
- 永山瑛太 ながやまえいた
- 小栗 旬 おぐりしゅん
- 菅田将暉 すだまさき
- 竹内涼真 たけうちりょうま
- 福士蒼汰 ふくしそうた
- 松坂桃李 まつざかとおり
- 松田龍平 まつだりゅうへい
- 向井 理 むかいおさむ
- 吉沢 亮 よしざわりょう

● 女性
- 綾瀬はるか あやせはるか
- 新垣結衣 あらがきゆい
- 有村架純 ありむらかすみ
- 桐谷美玲 きりたにみれい
- 柴咲コウ しばさきこう
- 長澤まさみ ながさわまさみ
- 広瀬すず ひろせすず
- 宮﨑あおい みやざきあおい

Image Keyword

幸福

幸運に恵まれた
幸せな人生を
歩んでほしい

イメージから選ぶ名づけ

イメージ漢字

裕	祥	泰	寿	平
12	10	10	7	5
愛	晏	朗	和	多
13	10	10	8	6
慶	結	恵	幸	安
15	12	10	8	6

男の子

幸希 こうき 15	結人 ゆいと 14	祥太 しょうた 14	柊平 しゅうへい 14	恵人 けいと 12	泰一 たいち 11	叶多 かなた 11	一晏 いあん 11	寿 ひさし 7

泰雅 たいが 23	虎太朗 こたろう 22	龍平 りゅうへい 21	裕哉 ゆうや 21	幸太郎 こうたろう 21	慶次 けいじ 19	安慈 あんじ 17	悠多 ゆうた 17	祥吾 しょうご 17	結太 ゆうた 16

女の子

知寿 しず 15	慶 けい 15	千祥 ちさき 13	結 ゆい 12

健太朗 けんたろう 25	慶悟 けいご 25	倫太朗 りんたろう 24	裕翔 ゆうと 24	和磨 かずま 24

日奈多 ひなた 18	愛叶 まなか 18	晏奈 あんな 18	美幸 みゆき 17	沙恵 さえ 17	恵那 えな 17	晏里 あんり 17	心結 みゆ 16	和佳 のどか 16	寿音 かずね 16

裕香 ゆうか 21	愛依 めい 21	美裕 みひろ 21	愛実 まなみ 21	恵梨 えり 21	安璃 あんり 21	愛來 あいら 21	愛奈 あいな 21	和華 わか 18	幸恵 ゆきえ 18

陽菜多 ひなた 29	恵美花 えみか 26	和香奈 わかな 25	結愛 ゆあ 25	愛愛 あゆ 25	裕菜 ゆな 23	幸穂 ゆきほ 23	結菜 ゆいな 23	慶波 のりは 23	安優 あゆ 23

450

Image Keyword

おおらか

小さなことにこだわらず
広い視野を持った
人生を

イメージ漢字

寛 13	裕 12	淳 11	安 6	大 3
寧 14	敦 12	康 11	汎 6	広 5
樹 16	靖 13	悠 11	泰 10	平 5

男の子

敦己 12/3	悠也 11/3	悠人 11/2	周平 8/5	広河 5/8	広英 5/8	敦 12	大知 3/8	大空 3/8
あつき	ゆうや	ゆうと	しゅうへい	こうが	こうえい	あつし	だいち	そら
15	14	13	13	13	13	12	11	11

樹 16	裕也 12/3	裕大 12/3	悠介 11/4	寛人 13/2	大翔 3/12	泰生 10/5	峻平 10/5	康太 11/4	康介 11/4
いつき	ゆうや	ゆうた	ゆうすけ	ひろと	だいと	たいせい	しゅんぺい	こうた	こうすけ
16	15	15	15	15	15	15	15	15	15

靖春 13/9	康晟 11/10	安澄 6/15	悠利 11/7	泰知 10/8	淳之介 11/3/4	広暉 5/13	寛太 13/4	裕斗 12/4	脩平 11/5
やすはる	こうせい	あずみ	ゆうり	たいち	じゅんのすけ	こうき	かんた	ひろと	しゅうへい
22	21	21	18	18	18	18	17	16	16

寛樹 13/16	靖貴 13/13	泰輝 10/15	奏樹 9/16	洸樹 9/16	裕貴 12/12	直樹 8/16	智裕 12/12	佑樹 7/16	真寛 10/13
ひろき	やすたか	たいき	そうじゅ	こうき	ゆうき	なおき	ともひろ	ゆうき	まひろ
29	25	25	25	25	24	24	24	23	23

女の子

茉寛 8/13	悠希 11/7	悠花 11/7	悠妃 11/6	千寛 3/13	安純 6/10	悠乃 11/2	安寿 6/7
まひろ	ゆうき	ゆうか	ゆうひ	ちひろ	あずみ	ゆの	あんじゅ
21	18	18	17	16	16	13	13

樹莉亜 16/10/7	綾寧 14/14	樹理 16/11	咲樹 9/16	実樹 8/16	裕理 12/11	寧音 14/9	音寧 9/14	裕香 12/9	美裕 9/12
じゅりあ	あやね	じゅり	さき	みつき	ゆうり	ねね	おとね	ゆうか	みゆう
33	28	27	25	24	23	23	23	21	21

イメージから選ぶ名づけ

Image Keyword

知的

知性に満ちあふれた人。そして人の気持ちがわかる人に

イメージ漢字

賢 理 悟 知 冴
諭 智 哲 俐 英
優 聡 啓 敏 佳

男の子

敏矢 10+5 としや 15	啓太 11+4 けいた 15	啓介 11+4 けいすけ 15	英佑 8+7 えいすけ 15	朱冴 6+7 しゅうが 13	啓人 11+2 けいと 13	佳太 8+4 けいた 12	知也 8+3 ともや 11	太冴 4+7 たいが 11

理功 11+5 りく 16	俐希 9+7 りき 16	理央 11+5 りお 16	英虎 8+8 ひでとら 16	朋佳 8+8 ともよし 16	知弥 8+8 ともや 16	圭悟 6+10 けいご 16	快俐 7+9 かいり 16	知宏 8+7 ともひろ 15	知希 8+7 ともき 15

誠佳 13+8 まさよし 21	健悟 11+10 けんご 21	啓悟 11+10 けいご 21	英新 8+13 えいしん 21	将悟 10+10 しょうご 20	琉佳 11+8 るか 19	理玖 11+7 りく 18	敏幸 10+8 としゆき 18	哲兵 10+7 てっぺい 17	哲汰 10+7 てった 17

女の子

佳奈 8+8 かな 16	千智 3+12 ちさと 15	知里 8+7 ちさと 15	沙英 7+8 さえ 15	理乃 11+2 りの 13	啓乃 11+2 ひろの 13	佳代 8+5 かよ 13	響冴 20+7 きょうが 27	悠悟 11+10 ゆうご 21

俐琴 9+12 りこ 21	美智 9+12 みさと 21	佳蓮 8+13 かれん 21	佳暖 8+13 かのん 21	智花 12+7 ともか 19	知紗 8+10 ちさ 18	理名 11+6 りな 17	千聡 3+14 ちさと 17	朱理 6+11 あかり 17	美冴 9+7 みさえ 16

優希菜 17+7+11 ゆきな 35	知英莉 8+8+10 ちえり 26	英里菜 8+7+11 えりな 26	理緒 11+14 りお 25	優実 17+8 ゆうみ 25	優佳 17+8 ゆうか 25	優依 17+8 ゆい 25	知優 8+17 ちひろ 25	優妃 17+6 ゆうひ 23	愛俐 13+9 あいり 22

452

Image Keyword

論理的

しっかりと自分の信念を貫くことができる人に

イメージ漢字

丈[3] 信[9] 堅[12] 確[15]
忍[7] 唱[10] 義[13] 論[15]
実[8] 理[11] 説[14]

男の子

漢字	読み	画数
忍[7]	しのぶ	7
一信[1]	いっしん	10
理人[11]	りひと	13
堅人[12]	けんと	14
丈翔[3]	たける	15
初実[7]	はつみ	15
理斗[11]	りと	15
堅心[12]	けんしん	16
丈太郎[3]	じょうたろう	16
柊実[9]	しゅうま	17

悠信[11]	ゆうしん	20
理音[11]	りおん	20
拓義[13]	たくよし	21
義尚[13]	よしなお	21
義信[13]	よしのぶ	22
龍実[16]	たつみ	24
理樹[11]	りき	27

女の子

実佑[8]	みゆ	15
理心[11]	りこ	15
実和[8]	みわ	16

愛実[13]	あみ	21
理桜[11]	りお	21
理紗[11]	りさ	21
理愛[11]	りな	24

Image Keyword

リーダー

信頼を得、みんなをまとめていく人に

イメージ漢字

一[1] 揮[12] 魁[14]
将[10] 統[12] 総[14]
梁[11] 督[13] 監[15]

男の子

一太[1]	いちた	5
一心[1]	いっしん	5
一希[1]	いつき	8
大将[3]	ひろまさ	13
魁[14]	かい	14
将斗[10]	まさと	14
統士[12]	とうじ	15
統也[12]	とうや	15
光将[6]	こうすけ	16
太揮[4]	たいき	16

上総[3]	かずさ	14
魁斗[14]	かいと	17
総太[14]	そうた	17
将弥[10]	まさみ	18
統冴[12]	とうご	19
将貴[10]	まさき	22
魁晟[14]	かいせい	24
晴揮[12]	はるき	24

女の子

| 一乃[1] | いちの | 3 |
| 一姫[1] | かずき | 11 |

一紗[1]	かずさ	11
一椛[1]	いちか	12
一愛[1]	ちなり	14
梁花[11]	りょうか	18

Image Keyword

華やか

華やかで人をひきつける魅力を持った人に

イメージ漢字

璃 雅 華 珂 花
舞 綺 彩 珈 冴
麗 瑠 琉 珠 咲

イメージから選ぶ名づけ

男の子

漢字	よみ	画数
琉[11]	りゅう	11
彩人[11,2]	あやと	13
咲太[9,4]	しょうた	13
雅人[13,2]	まさと	15
珠羽[10,6]	しゅう	16
大雅[3,13]	たいが	16
咲弥[9,8]	さくや	17
啓冴[11,7]	けいご	18
瑠斗[14,4]	りゅうと	18
琉之介[11,3,4]	りゅうのすけ	18
綺良[14,7]	きら	21
空舞[8,15]	くうま	23
晴琉[12,11]	はる	23
陽彩[12,11]	ひいろ	23
璃空[15,8]	りく	23
瑠星[14,9]	りゅうせい	23
琉偉[11,12]	るい	23
瑠珂[14,9]	るか	23
蓮珠[13,10]	れんじゅ	23
海璃[9,15]	かいり	24
悠璃[11,15]	ゆうり	24
優冴[17,7]	ゆうが	24
璃音[15,9]	りおん	24
華輝[10,15]	はるき	25
竜舞[10,15]	りゅうま	26
麗臣[19,7]	れおん	26

女の子

漢字	よみ	画数
咲[9]	さき	9
彩[11]	あや	11
一華[1,10]	いちか	11
心花[4,7]	ここな	11
彩乃[11,2]	あやの	13
乃彩[2,11]	のあ	13
雅[13]	みやび	13
有咲[6,9]	ありさ	15
舞[15]	まい	15
珠由[10,5]	みゆ	15
百華[6,10]	ももか	16
姫花[10,7]	ひめか	17
琉衣[11,6]	るい	17
珈音[9,9]	かのん	18
美咲[9,9]	みさき	18
琉奈[11,8]	るな	19
愛花[13,7]	あいか	20
珠莉[10,10]	じゅり	20
日珂里[4,9,7]	ひかり	20
彩華[11,10]	あやか	21
綺那[14,7]	あやな	21
舞花[15,7]	まいか	22
蓮珈[13,9]	れんか	22
愛琉[13,11]	あいる	24
珂凛[9,15]	かりん	24
紗綺[10,14]	さき	24
舞桜[15,10]	まお	25
雅結[13,12]	みゆ	25
瑠菜[14,11]	るな	25
愛瑠[13,14]	ある	27
麗奈[19,8]	れいな	27
麗梨[19,11]	りな	30

454

Image Keyword

芸術的

表現力・想像力に富む人になって

イメージ漢字

吟[7] 奎[11] 絃[11] 楽[13]
音[9] 映[13] 絵[12] 鈴[13]
奏[9] 笙[11] 琴[12] 響[20]

男の子

漢字	読み	ページ
吟 [7]	ぎん	7
奏 [9]	かなで	9
映人 [13,2]	えいと	11
奎介 [11,4]	けいすけ	13
奏太 [9,4]	そうた	13
楽人 [13,2]	がくと	15
絃太 [11,4]	げんた	15
笙史 [11,5]	そうすけ	16
鈴太 [13,4]	りんた	17
奏音 [9,9]	かなと	18

女の子

漢字	読み	ページ
響 [20]	ひびき	20
麻琴 [11,12]	まこと	23
奏心 [9,4]	かなみ	13
心音 [4,9]	ここね	13
奏羽 [9,6]	かなは	15
由楽 [5,13]	ゆら	18
彩音 [11,9]	あやね	20
琴音 [12,9]	ことね	21
鈴音 [13,9]	すずね	22
絵菜 [12,11]	えな	23
絵麻 [12,11]	えま	23
絃葉 [11,12]	いとは	23
映里奈 [9,7,8]	えりな	24
琴葉 [12,12]	ことは	24

イメージから選ぶ名づけ

イメージヒント集

芸術家から探す

世界的に高い評価を得ている日本の芸術家や作家、音楽家をピックアップしました。個性的な名前もたくさん。そのたぐいまれな才能にあやかりたいものです。

●男性

名前	読み
大友克洋	おおともかつひろ
小澤征爾	おざわせいじ
宮崎 駿	みやざきはやお
黒澤 明	くろさわあきら
五嶋 龍	ごとうりゅう
奈良美智	ならよしとも
荒木飛呂彦	あらきひろひこ
村上春樹	むらかみはるき
坂本龍一	さかもとりゅういち
村上 隆	むらかみたかし

●女性

名前	読み
草間彌生	くさまやよい
蜷川実花	にながわみか
河瀬直美	かわせなおみ
桐野夏生	きりのなつお
矢野顕子	やのあきこ
川久保 玲	かわくぼれい
森 万里子	もりまりこ
内藤 礼	ないとうれい

455

Image Keyword

創造的

何かを生み出せる創造力のある人になってほしい

イメージ漢字

立[5] 匠[6] 建[9] 創[12]
生[5] 成[6] 造[10] 新[13]
加[5] 作[10] 能[10] 織[18]

イメージから選ぶ名づけ

男の子

| 匠[6] たくみ 6 | 一成[1,6] いっせい 7 | 大成[3,6] たいせい 9 | 建[9] たける 9 | 建人[9,2] けんと 11 | 創[12] そう 12 | 新[13] あらた 13 | 和生[8,5] かずき 13 | 侑生[8,5] ゆうき 13 |

| 立空[5,6] りっくう 13 | 俊成[9,6] しゅんせい 15 | 創也[12,3] そうや 15 | 匠音[6,9] たくと 15 | 亮成[9,6] りょうせい 15 | 新士[13,3] あらし 16 | 匠馬[6,10] しょうま 16 | 泰成[10,6] たいせい 16 | 倖成[10,6] こうせい 16 | 琉生[11,5] りゅうせい 16 |

| 立崇[5,11] りゅうそう 16 | 耕作[10,7] こうさく 17 | 峻正[10,5] しゅんさく 17 | 創正[12,5] そうせい 17 | 悠生[11,5] ゆうせい 17 | 蒼成[13,6] あおい 18 | 宗能[8,10] かずたか 18 | 健作[11,7] けんさく 18 | 新平[13,5] しんぺい 18 | 匠太朗[6,4,10] しょうたろう 20 |

| 立樹[5,16] たつき 21 | 建太郎[9,4,9] けんたろう 22 | 創規[12,11] そうき 23 | 駿作[17,7] しゅんさく 24 | 優作[17,7] ゆうさく 24 | 響生[20,5] ひびき 25 | 新太郎[13,4,9] しんたろう 26 | 唯織[11,18] いおり 29 |

女の子

| 七生[2,5] ななみ 7 | 加奈[5,8] かな 13 | 成実[6,8] なるみ 14 | 美生[9,5] みう 14 | 紗生[10,5] さき 15 | 紘加[10,5] ひろか 15 | 桃加[10,5] ももか 15 | 彩加[11,5] あやか 16 | 菜生[11,5] なお 16 | 成琉[6,11] なる 17 | 愛加[13,5] あいか 18 |

| 詩生[13,5] しき 18 | 夢成[13,6] ゆめな 19 | 新奈[13,8] にいな 21 | 伊織[6,18] いおり 24 | 織羽[18,6] おりは 24 | 眞成果[10,6,8] まなか 24 | 愛加里[13,5,7] あかり 25 | 沙織[7,18] さおり 25 | 香織[9,18] かおり 27 | 詩織[13,18] しおり 31 |

Image Keyword

努力

どんなことにもまじめにこつこつと取り組める人に

イメージ漢字

達[12]	勉[10]	努[7]	己[3]
徹[15]	耕[10]	芯[7]	志[7]
磨[16]	脩[11]	励[7]	克[7]

男の子

- 煌己[13] こうき 16
- 哉努[9] かなと 16
- 克郎[7] かつろう 16
- 陽己[12] はるき 15
- 脩斗[11] しゅうと 15
- 脩太[11] しゅうた 15
- 耕平[10] こうへい 15
- 卓己[8] たくみ 11
- 励[7] れい 7
- 芯[7] しん 7
- 達矢[12] たつや 17
- 健志[11] けんし 18
- 達彦[12] たつひこ 21
- 耕太郎[10] こうたろう 23
- 志龍[7] しりゅう 23
- 侑磨[8] ゆうま 24
- 柊磨[9] しゅうま 25
- 琥徹[12] こてつ 27

女の子

- 志希[7] しき 14
- 志苑[7] しおん 15
- 志保[7] しほ 16
- 志磨[7] しま 23
- 志桜里[7] しおり 24
- 磨理奈[16] まりな 35

Image Keyword

正直

正直で、常に清廉潔白な人でいてほしい

イメージ漢字

誠[13]	律[9]	忠[8]	公[4]
義[13]	真[10]	直[8]	正[5]
厳[17]	清[11]	実[8]	竹[6]

男の子

- 晃誠[10] こうせい 23
- 清裕[11] きよひろ 23
- 清翔[11] きよと 23
- 勇真[9] ゆうま 19
- 直哉[8] なおや 17
- 竹彪[6] たけとら 17
- 一誠[1] いっせい 14
- 正宗[5] まさむね 13
- 忠士[8] ただし 11
- 公平[4] こうへい 9

女の子

- 奨真[13] しょうま 23
- 律輝[9] りつき 24
- 義暉[13] よしき 26
- 実優哉[8] みうや 34
- 七実[2] ななみ 10
- 律子[9] りつこ 12
- 実来[8] みく 15
- 歩実[8] あゆみ 16
- 直佳[8] なおか 16
- 直歩[8] なほ 16
- 清花[11] さやか 18
- 真和[10] まな 18
- 実沙季[8] みさき 23
- 日真莉[4] ひまり 24

457

Image Keyword

行動的

バイタリティーにあふれ
信じた道を
まっすぐ進む人に

イメージ漢字

大[3] 志[5] 勇[9] 進[11] 陽[12]
行[6] 歩[8] 飛[9] 晴[12] 渡[12]
壮[6] 海[9] 夏[10] 翔[12] 輝[15]

イメージから選ぶ名づけ

男の子

| 歩 あゆむ 8 | 夏 なつ 10 | 幸大 こうだい 11 | 正行 まさゆき 11 | 侑大 ゆうだい 12 | 翔 しょう 12 | 壮汰 そうた 13 | 壮良 そら 13 | 伸行 のぶゆき 13 |

| 友海 ゆう 13 | 巧海 たくみ 14 | 大貴 だいき 15 | 太進 たいしん 15 | 晴久 はるひさ 15 | 勇気 ゆうき 15 | 秀行 しゅうと 16 | 隆飛 たかゆき 17 | 広渡 ひろと 17 | 勇飛 ゆうひ 18 |

| 壮瑚 そうご 19 | 勇悟 ゆうご 19 | 雄志 ゆうし 20 | 歩翔 あゆと 21 | 海翔 かいと 21 | 海渡 かいと 21 | 銀志 ぎんじ 21 | 聡志 さとし 21 | 陽飛 はるひ 21 | 健翔 けんと 23 |

| 知輝 ともき 23 | 雄進 ゆうしん 23 | 來輝 らいき 23 | 琉翔 りゅうと 24 | 春輝 はるき 24 | 晴翔 はると 24 | 陽積 はると 24 | 夏輝 なつき 25 | 晴輝 はるき 27 |

女の子

| 志央 しお 12 | 小夏 こなつ 13 | 志季 しき 15 | 千晴 ちはる 15 | 希歩 のあ 15 | 来海 くるみ 16 | 心陽 こはる 16 | 歩美 あゆみ 17 | 歩乃花 ほのか 17 |

| 志菜 ここな 18 | 美海 みみ 18 | 夏美 なつみ 19 | 飛鳥 あすか 20 | 夏姫 なつき 20 | 晴奈 はるな 20 | 春翔 はるか 21 | 晴南 はるな 21 | 愛海 まなみ 22 | 陽彩 ひいろ 23 |

Image Keyword

文学的

読書が好きで
教養豊かな人に

イメージ漢字

文 4	記 10	詠 12	歌 14
学 8	華 8	絢 12	綾 14
知 8	庵 11	詩 13	織 18

男の子

名前	読み	画数	計
学人	まなと	8・2	10
文祐	ふみひろ	4・9	13
絢斗	あやと	12・4	16
光記	こうき	6・10	16
志庵	しあん	7・11	18
詠汰	えいた	12・7	19
詩音	しおん	13・9	22
楓華	ふうが	13・10	23
伊織	いおり	6・18	24
知樹	ともき	8・16	24

女の子

名前	読み	画数	計
綾太郎	りょうたろう	14・4・9	27
文香	ふみか	4・9	13
絢子	あやこ	12・3	15
詩乃	しの	13・2	15
美知	みさと	9・8	17
沙詠	さえ	7・12	19
姫華	ひめか	10・10	20
絢音	あやね	12・9	21
愛華	あいか	13・10	23
綾香	あやか	14・9	23
絢菜	あやな	12・11	23
史織	しおり	5・18	23
風歌	ふうか	9・14	23
美織	みおり	9・18	27

！ イメージヒント集

『源氏物語』から探す

平安時代に書かれた紫式部の『源氏物語』は、世界の文学史上でも燦然と輝く日本の古典文学の傑作です。ここから雅な名づけの参考に。

●登場人物名から

名前	読み方	名前	読み方
葵上	あおいのうえ	光源氏	ひかるげんじ
紫上	むらさきのうえ	朱雀帝	すざくてい
夕顔	ゆうがお	夕霧	ゆうぎり
明石の君	あかしのきみ	柏木	かしわぎ
花散里	はなちるさと	薫	かおる
浮舟	うきふね	匂宮	におうのみや

●巻名から

名前	読み方	名前	読み方
須磨	すま	常夏	とこなつ
若紫	わかむらさき	行幸	みゆき
若菜	わかな	早蕨	さわらび
澪標	みおつくし	蛍	ほたる
初音	はつね	胡蝶	こちょう

Image Keyword

無邪気

いつまでも子どものころの純粋な気持ちを忘れない人に

イメージ漢字

醇 15	素 10	明 8	良 7	正 5
清 11	純 10	実 8	生 5
潔 15	真 10	直 8	至 6

イメージから選ぶ名づけ

男の子

明 8 あきら 8	明也 8 あきなり 11	心良 4 こころ 11	良太 7 りょうた 11	直斗 8 なおと 12	昂生 8 こうせい 13	直史 8 なおふみ 13	正和 5 まさかず 13	友真 4 ゆうま 14

| 泰正 10 たいせい 15 | 夏生 10 なつき 15 | 明希 8 はるき 15 | 至恩 6 しおん 16 | 直季 8 なおき 16 | 真弥 10 なおや 16 | 正道 5 まさみち 17 | 真之介 10 しんのすけ 17 | 醇也 15 じゅんや 18 | 暖生 13 はるき 18 |

| 純星 10 じゅんせい 19 | 奏真 9 そうま 19 | 良太郎 7 りょうたろう 20 | 純一朗 10 じゅんいちろう 21 | 清一郎 11 せいいちろう 21 | 聖直 13 せな 21 | 颯良 14 そら 21 | 正樹 5 まさき 21 | 素晴 10 すばる 22 | 暖真 13 はるま 23 |

女の子

| 明日翔 8 あすと 24 | 清照 11 きよてる 24 | 明子 8 あきこ 11 | 心実 4 ここみ 12 | 明李 8 あかり 15 | 亜実 7 あみ 15 | 実良 8 みら 15 | 純名 10 じゅんな 16 | 奈生子 8 なおこ 16 |

| 実奈 8 みな 16 | 悠生 11 ゆう 16 | 柚良 9 ゆら 16 | 明香 8 あすか 17 | 純花 10 あすみ 17 | 杏純 7 なおか 17 | 直香 8 なおか 17 | 彩良 11 さら 18 | 純佳 10 すみか 18 | 碧生 14 あおい 19 |

| 香純 9 かすみ 19 | 愛良 13 あいら 20 | 明日佳 8 あすか 20 | 明日美 8 あすみ 21 | 真悠 10 まゆ 21 | 菜々実 11 ななみ 22 | 明璃 8 あかり 23 | 清楓 11 さやか 24 | 真奈美 10 まなみ 27 | 優真 17 ゆま 27 |

Image Keyword: ユーモア

まわりを楽しませることができる機知に富んだ人に

イメージ漢字

壮6	知10	悦10	喜12
妙7	明8	爽11	嬉15
良7	朗10	愉12	機16

男の子

- 爽人（あきと）11・2　**13**
- 大喜（たいき）3・12　**15**
- 明郎（あきお）8・9　**17**
- 桜良（おうら）10・7　**17**
- 知真（かずま）8・10　**18**
- 壮太朗（そうたろう）6・4・10　**20**
- 明煌（あきら）8・13　**21**
- 孝太朗（こうたろう）7・4・10　**21**
- 知寛（ともひろ）8・13　**21**
- 煌喜（こうき）13・12　**25**

女の子

- 勝機（かつき）12・16　**28**
- 優太朗（ゆうたろう）17・4・10　**31**
- 妙（たえ）7　**7**
- 沙良（さら）7・7　**14**
- 知那（ちな）8・7　**15**
- 万喜（まき）3・12　**15**
- 玲良（れいら）9・7　**16**
- 知美（ともみ）8・9　**17**
- 明紗（めいさ）8・10　**18**
- 美愉（みゆ）9・12　**21**

- 明香里（あかり）8・9・7　**24**
- 爽楽（そら）11・13　**24**
- 睦喜（むつき）13・12　**25**
- 悠嬉乃（ゆきの）11・15・2　**28**

Image Keyword: 心

心優しく、豊かな気持ちを持つ人に

イメージ漢字

心4	恒9	恭10	想13
考6	真10	惟11	精14
信9	悦10	誠13	

男の子

- 心（しん）4　**4**
- 恒介（こうすけ）9・4　**13**
- 恒太（こうた）9・4　**13**
- 誠（まこと）13　**13**
- 真斗（まなと）10・4　**14**
- 圭信（けいしん）6・9　**15**
- 考星（こうせい）6・9　**15**
- 恭吾（きょうご）10・7　**17**
- 惟吹（いぶき）11・7　**18**
- 健信（けんしん）11・9　**20**

女の子

- 悠真（はるま）11・10　**21**
- 優心（ゆうしん）17・4　**21**
- 海誠（かいせい）9・13　**22**
- 想真（そうま）13・10　**23**
- 恭輔（きょうすけ）10・14　**24**
- 恒樹（こうき）9・16　**25**
- 真夕（まゆ）10・3　**13**
- 心晴（みはる）4・12　**16**
- 恭佳（きょうか）10・8　**18**
- 真姫（まき）10・10　**20**

- 想來（そら）13・8　**21**
- 真唯（まい）10・11　**21**
- 心優（みゆ）4・17　**21**
- 惟愛（ありあ）11・13　**24**

461

Image Keyword

明るい

いつも明るさを忘れず いきいきと毎日を 過ごせるように

イメージ漢字

喜 12	晴 12	夏 10	明 8	日 4
彰 14	陽 12	笑 10	春 9	光 6
輝 15	晶 12	朗 10	晃 10	旭 6

イメージから選ぶ名づけ

男の子

朝日 12/4	彰人 14/2	大陽 3/12	旭飛 6/9	晃太 10/4	光佑 6/7	旭希 6/7	日和 4/8	日向 4/6
あさひ	あきと	たいよう	あさひ	こうた	こうすけ	あさき	ひより	ひなた
16	16	15	15	14	13	13	12	10

光輝 6/15	宗一朗 8/1/10	春哉 9/9	力輝 2/15	夏希 10/7	晴仁 12/4	晴太 12/4	友喜 4/12	知明 8/8	晶太 12/4
こうき	そういちろう	はるや	りき	なつき	はるひと	はるた	ともき	ともあき	しょうた
21	19	18	17	17	16	16	16	16	16

陽輝 12/15	琉輝 11/15	晶翔 12/12	晴陽 12/12	陽登 12/12	蒼一朗 13/1/10	彰真 14/10	俊輝 9/15	海輝 9/15	義明 13/8
はるき	りゅうき	まさと	はるひ	はると	そういちろう	しょうま	しゅんき	かいき	よしあき
27	26	24	24	24	24	24	24	24	21

女の子

明花 8/7	光咲 6/9	日菜 4/11	千陽 3/12	千晶 3/12	小陽 3/12	光里 6/7	千春 3/9	優喜 17/12
めいか	みさき	ひな	ちはる	ちあき	こはる	ひかり	ちはる	ゆうき
15	15	15	15	15	15	13	12	29

笑莉 10/10	春姫 9/10	晴花 12/7	夏音 10/9	笑美 10/9	光結 6/12	胡春 9/9	明咲 8/9	明美 8/9	日葵 4/12
えみり	はるひ	はるか	かのん	えみ	みゆ	こはる	めいさ	あみ	ひまり
20	19	19	19	19	18	18	17	17	16

喜璃 12/15	凛夏 15/10	真輝 10/15	陽愛 12/13	光優 6/17	日陽里 4/12/7	向日葵 6/4/12	晴真 12/10	萌笑 11/10	彩夏 11/10
きり	りんか	まき	ひな	みゆう	ひより	ひまり	はるま	もえ	あやか
27	25	25	25	23	23	22	22	21	21

462

イメージから選ぶ名づけ

Image Keyword 強い

どんなときも強い意志力を持った人に

イメージ漢字: 勝12 強11 烈10 力2 獅13 隆11 隼10 勇9 豪14 健11 将10 剛10

男の子

名前	読み	画数
剛	つよし	10
烈	れつ	10
力哉	りきや	11
隼人	はやと	12
勇大	ゆうだい	12
将也	まさや	13
勝也	かつや	15
隆斗	りゅうと	15
烈生	れお	15
勝斗	まさと	16
勇佑	ゆうすけ	16
力駆	りく	16
将汰	しょうた	17
将希	まさき	17
健吾	けんご	18
健汰	けんた	18
志隆	しりゅう	18
健真	けんしん	21
剛琉	たける	21
隼輔	しゅんすけ	24
勝太郎	かつたろう	25
獅童	しどう	25
隆磨	りゅうま	27
豪輝	ごうき	29

Image Keyword 独立心

どんな時代でも、しっかりとひとり立ちできる人に

イメージ漢字: 耕10 歩8 志7 力2 展10 卓8 芯7 立5 創12 能10 拓8 行6

男の子

名前	読み	画数
力	ちから	2
力斗	りきと	6
歩太	あゆた	12
耕大	こうた	13
寿行	ひでゆき	13
耕介	こうすけ	14
立真	たつま	15
卓典	たくのり	16
拓歩	たくほ	16
真行	まゆき	16
祐志	ゆうし	16
航志	こうし	17
芯之助	しんのすけ	17
創史	そうし	17
歩高	ほたか	18
拓哉	たくや	18
拓幹	たくみ	21

女の子

名前	読み	画数
歩	あゆみ	8
歩花	ほのか	15
志帆子	しほこ	16
志姫	しき	17
歩菜	あゆな	19
志穏	しおん	23
優歩	ゆうほ	25

463

Image Keyword

気品

凛とした
気品のただよう
魅力的な人になって

イメージから選ぶ名づけ

イメージ漢字

秀[7]	美[9]	崇[11]	貴[12]	優[17]
典[8]	格[10]	尊[12]	敬[12]	麗[19]
品[9]	高[10]	喬[12]	雅[13]	

男の子

秀一 しゅういち 8	格 いたる 10	秀太 しゅうた 11	秀斗 しゅうと 11	崇人 たかと 13	大高 ひろたか 13	貴之 たかゆき 15	佑典 ゆうすけ 15	喬介 きょうすけ 16

敬太 けいた 16	秀哉 しゅうや 16	貴斗 たかと 16	友貴 ともき 16	秀真 しゅうま 17	太真 たいが 17	典真 てんま 18	敬利 たかとし 19	武尊 たける 20	空雅 くうが 21

優介 ゆうすけ 21	雅紀 まさき 22	美寛 みひろ 22	悠貴 ゆうき 23	麗王 れお 23	高輔 こうすけ 24	滋尊 しげる 24	晴貴 はるき 24	彪雅 ひゅうが 24	優吾 ゆうご 24

女の子

優汰 ゆうた 24	穂高 ほだか 25	美樹 よしき 25	優馬 ゆうま 27	優雅 ゆうが 30	優樹 ゆうき 33	心美 ここみ 13	貴子 たかこ 15	美羽 みう 15

亜美 あみ 9	千雅 ちか 13	希美 のぞみ 16	秀美 ひでみ 16	麗 れい 19	柚貴 ゆずき 21	愛美 まなみ 22	雅姫 みやび 23	優衣 ゆい 23	優羽 ゆう 23

結貴 ゆき 24	里優 りゆ 24	瑞貴 みずき 25	優優 ゆうか 26	麗那 れな 26	美麗 みれい 28	優菜 ゆうな 28	麗菜 れいな 30	麗美華 れみか 38

464

Image Keyword

学業優秀

研究心旺盛で頭のいい人に育ってほしい

イメージ漢字

巧 5	秀 7	俐 9	勝 12
究 7	学 8	能 10	徳 14
作 7	美 9	創 12	優 17

男の子

| 学 がく 8 | 学士 まなと 11 | 俐人 りひと 11 | 秀汰 しゅうた 14 | 巧馬 たくま 15 | 勇作 ゆうさく 16 | 俐玖 りく 16 | 優 ゆう 17 | 勝重 かつしげ 21 | 創思 そうし 21 |

| 徳馬 とくま 14 | 創太郎 そうたろう 25 | 真優 まひろ 27 | 優陽 ゆうひ 29 |

女の子

| 秀佳 しゅうか 15 | 杏美 あみ 16 | 真秀 まほ 17 | 奈々美 ななみ 20 | 徳花 のりか 21 | 優那 ゆな 24 |

| 咲優 さゆ 9 17 26 | 優美 ゆみ 9 17 28 | 菜優 なゆ 11 17 28 | 美優菜 みゆな 9 17 11 37 |

Image Keyword

満足感

満たされ、充実した人生を送ってほしい

イメージ漢字

安 6	実 8	栄 9	晏 10
充 6	旺 8	能 10	満 12
足 7	為 9	悦 10	温 12

男の子

| 充生 あつき 11 | 栄太 えいた 13 | 晏久 はるひさ 13 | 旺佑 おうすけ 15 | 旺汰 おうた 15 | 晏立 はると 16 | 心温 しおん 16 | 望実 のぞみ 19 | 充輝 みつき 21 | 栄輔 えいすけ 23 |

| 蓮温 れん 13 12 25 | 満樹 みつき 16 12 28 |

女の子

| 温 はる 12 | 温乃 はるの 12 2 14 | 温珠 あんじゅ 12 10 17 | 安菜 あんな 6 11 17 | 美旺 みお 9 8 18 | 満帆 みゆ 12 6 19 | 実悠 みゆ 8 11 19 | 弥栄子 やえこ 8 9 3 20 |

| 安佳里 あかり 6 8 7 21 | 奈那実 ななみ 8 7 8 23 | 紫温 しおん 12 12 24 | 満菜実 まなみ 12 11 8 31 |

Image Keyword

情熱的

何事にも一生懸命
取り組める
情熱を持つ人に

イメージ漢字

鋭[15] 温[12] 途[7] 専[6] 至[6]
勢[13] 夏[10] 勇[9] 利[7]
精[14] 盛[11] 真[10] 昇[8]

イメージから選ぶ名づけ

男の子

漢字	読み	画数
昇[8]	しょう	8
真[10]	しん	10
昇[8]大[3]	しょうだい	11
温[12]	おん	12
大[3]途[7]	だいと	10
壮[6]利[7]	たけと	13
夏[10]也[3]	なつや	13
真[10]大[3]	まひろ	13
勇[9]司[5]	ゆうじ	14
久[3]温[12]	くおん	15
昇[8]吾[7]	しょうご	15
盛[11]心[4]	せいご	15
盛[11]太[4]	せいた	15
利[7]空[8]	りく	15
倖[10]至[6]	こうし	16
勇[9]吹[7]	いぶき	16
昇[8]英[8]	しょうえい	16
温[12]仁[4]	はるひと	16
悠[11]至[6]	ゆうし	17
盛[11]志[7]	せいじ	18
至[6]温[12]	しおん	18
到[8]真[10]	とうま	18
至[6]道[12]	よしみち	18
勝[12]利[7]	かつとし	19
柊[9]真[10]	しゅうま	19
勇[9]登[12]	しょうと	21
翔[12]真[10]	まなと	22
真[10]翔[12]	まなと	22
利[7]毅[15]	りき	22
隆[11]盛[11]	りゅうせい	22
義[13]途[7]	あきと	23
昇[8]輝[15]	しょうき	23
真[10]太[4]郎[9]	しんたろう	23
利[7]樹[16]	としき	23
温[12]基[11]	はるき	23
蒔[13]温[12]	しおん	25
勇[9]磨[16]	ゆうま	25
夏[10]樹[16]	なつき	26
藍[18]夏[10]	あいか	28

女の子

漢字	読み	画数
真[10]由[5]	まゆ	15
利[7]奈[8]	りな	15
真[10]衣[6]	まい	16
真[10]花[7]	まなか	17
利[7]華[10]	りか	17
和[8]夏[10]	のどか	18
琴[12]利[7]	ことり	19
真[10]桜[10]	まお	20
真[10]彩[11]	まあや	21
真[10]菜[11]	まな	21
唯[11]夏[10]	ゆいか	21
利[7]緒[14]	りお	21
真[10]琴[12]	まこと	22
夏[10]蓮[13]	かれん	23
楓[13]夏[10]	ふうか	23
日[4]愛[13]利[7]	ひなり	24
夏[10]凛[15]	ゆか	25
優[17]夏[10]	ゆうか	27
優[17]利[7]杏[7]	ゆりあ	31

Image Keyword

日本的

日本の心、
美しい伝統を
忘れない人に

イメージ漢字

琴12	庵11	京8	乃2
雅13	都11	桜11	之3
鶴21	梗11	姫10	介4

イメージから選ぶ名づけ

男の子

名前	読み	画数
庵11	いおり	11
京8介4	きょうすけ	11
俊8介4	しゅんすけ	12
伸8乃2介4	しんのすけ	13
智3之	ともゆき	13
雅13也	まさや	15
竜10乃2介4	りゅうのすけ	16
桜10亮	おうすけ	19
海9都11	かいと	20
龍16之3介4	りゅうのすけ	23

女の子

名前	読み	画数
礼5乃2	あやの	7
琴12乃2	ことの	14
京8香9	きょうか	17
璃15乃2	りの	17
奈桜	なお	18
姫10奈	ひな	18
美9桜10	みお	19
桔10梗11	ききょう	21
琴12美	ことみ	21
彩11姫10	さき	21

名前	読み	画数
莉10都11	りと	21
美9雅13	みやび	22
愛13桜10	あいら	23
穂15乃2花7	ほのか	24

！イメージヒント集

日本の地名や四字熟語から探す

歴史や伝統が息づいた地名や、深い意味を持つ四字熟語も名前のヒントになります。歴史あふれる漢字の奥深さを再認識できそうですね。

地名

地名	読み	所在
空知	そらち	空知郡（北海道）
留萌	るもい	留萌市（北海道）
邑楽	おうら	邑楽郡（群馬県）
三郷	みさと	三郷市（埼玉県）
恵那	えな	恵那市（岐阜県）
大和	やまと	大和郡山市（奈良県）
世羅	せら	世羅郡（広島県）
伊万里	いまり	伊万里市（佐賀県）

四字熟語

四字熟語	読み	意味
一望千里	いちぼうせんり	広く、見晴らしがよい
真実一路	しんじついちろ	正直に真実を求めて生きる
初志貫徹	しょしかんてつ	志を貫きとおす
質実剛健	しつじつごうけん	飾りけがなくまじめ

Image Keyword

名声

望み高く、みんなに認められる人になってほしい

イメージ漢字

響 20	誉 13	栄 9	令 5
耀 20	暉 13	高 10	明 8
	輝 15	望 11	知 8

イメージから選ぶ名づけ

男の子

知典 8,10 とものり 16	知季 8,8 ともき 16	幸明 8,8 こうめい 16	令真 5,10 りょうま 15	輝 15 ひかる 15	誉 13 ほまれ 13	栄心 9,4 えいしん 13	望 11 のぞむ 11	栄一 9,1 えいいち 10

大耀 3,20 たいよう 23	空輝 8,15 そら 23	純誉 10,13 あつたか 23	翔暉 12,13 かずき 21	和暉 8,13 かずあき 21	一耀 1,20 かずあき 21	望来 11,7 みらい 18	知泰 8,10 ともやす 18	晃明 10,8 こうめい 18	重明 9,8 しげあき 17

| 響太郎 20,4,9 きょうたろう 33 | 響真 20,10 きょうま 30 | 悠輝 11,15 ゆうき 26 | 竜輝 10,15 りゅうき 25 | 智暉 12,13 ともき 25 | 響平 20,5 きょうへい 25 | 耀太 20,4 ようた 24 | 耀介 20,4 ようすけ 24 | 望蒼 11,13 のあ 24 | 響己 20,3 ひびき 23 |

女の子

知華 8,10 ともか 18	心々望 4,3,11 ここみ 18	知佳 8,8 ちか 16	知花 8,7 ちか 15	純令 10,5 すみれ 15	明希 8,7 あき 15	令奈 5,8 れな 13	暉 13 ひかり 13	明 8 めい 8

| 陽望 12,11 はるの 23 | 知穂 8,15 ちほ 23 | 響子 20,3 きょうこ 23 | 明凛 8,13 あかり 21 | 令緯 5,16 れい 21 | 望華 11,10 もか 21 | 響 20 ひびき 20 | 耀 20 あき 20 | 明華 8,10 めいか 18 | 望亜 11,7 のあ 18 |

| 美知瑠 9,8,14 みちる 31 | 徠耀 11,20 くるみ 31 | 栄美莉 9,9,10 えみり 28 | 夏輝 10,15 なつき 25 | 紗輝 10,15 さき 25 | 望夢 11,13 みゆ 24 | 響心 20,4 ことね 24 | 心響 4,20 ここね 24 | 明日翔 8,4,12 あすか 24 | 耀子 20,3 ようこ 23 |

Image Keyword

歴史

時代を
リードしていける
立派な人に

イメージ漢字

霞17　街12　京12　史5
蒼13　記10　　　由5
興16　統12　　　来7

イメージから選ぶ名づけ

男の子

悠統11/12	蒼真13/10	京太郎8/4/9	理来11/7	由翔5/12	蒼介13/4	蒼大13/3	由莉5/10	史弥5/8	拓史8/5
ひさのり	そうま	きょうたろう	りく	ゆいと	そうすけ	そうた	ゆうり	ふみや	たくみ
23	23	21	18	17	17	16	15	13	13

女の子

美来9/7	史華5/10	史奈5/8	京叶8/5	蒼13	未来5/7	由衣5/6	京8	興覇16/19	来樹7/16
みく	ふみか	ふみな	きょうか	あおい	みらい	ゆい	みやこ	こうは	らいき
16	15	13	13	13	12	11	8	35	23

楓霞13/17	蒼空13/8	京美8/9	由菜5/11
ふうか	そら	みやび	ゆな
30	21	17	16

歴史上の人物から探す

！ イメージヒント集

有名な歴史上の人物も、名づけのヒントに。インパクトが強いため、覚えやすい名前となります。また、名前から1文字もらったり、読みは同じでも別の漢字を当てはめたりと、アレンジも可能です。

●男性

平 清盛 たいらの きよもり	大伴旅人 おおともの たびと
源 義経 みなもとの よしつね	上杉謙信 うえすぎ けんしん
坂本龍馬 さかもと りょうま	徳川吉宗 とくがわ よしむね
勝 海舟 かつ かいしゅう	西郷隆盛 さいごう たかもり
野口英世 のぐち ひでよ	大久保利通 おおくぼ としみち
高杉晋作 たかすぎ しんさく	伊能忠敬 いのう ただたか

●女性

与謝野晶子 よさの あきこ	平塚雷鳥 ひらつか らいちょう
北条政子 ほうじょう まさこ	樋口一葉 ひぐち いちよう
金子みすゞ かねこ みすず	小野小町 おのの こまち

Image Keyword
国際的

外国でも呼びやすい名前。国際的に活躍して

イメージから選ぶ名づけ

男の子

漢字	読み	画数
快	かい	7
莉生	りお	15
怜旺	れお	16
来飛	らいと	18
海音	かいと	19
瑠生	るい	19
謙人	けんと	22
蓮音	れおん	23
琉翔	るか	23
澄海	すかい	24

女の子

漢字	読み	画数
翔夢	とむ	25
璃澄	りずむ	30
芽衣	めい	14
里咲	りさ	16
茉莉	まり	18
希愛	のあ	20
紅愛	くれあ	22
瑠奈	るな	22
杏璃	あんり	22
瑛麻	えま	23
華蓮	かれん	23
星羅	せいら	28
真梨亜	まりあ	28
慧橙	けいと	31

●性別が逆転してしまう名前●

女性名は男性名に
いあん（依杏）
▼
Ian

くりす（来莉朱）
▼
Chris

男性名は女性名に
えま（瑛馬）
▼
Emma

けいと（圭人）
▼
Kate

イメージヒント集
海外に行くと性別が逆転する名前

漢字や読みのイメージから、日本では男の子（または女の子）の名前と一般的には認識されるものでも、海外では性別が逆転してしまう名前もあります。「国際的に」を優先させるなら、要チェックですね。

470

名前に使える 漢字リスト

名づけに使える漢字は、常用漢字と人名用漢字です。
画数については『福武漢和辞典』『ベネッセ新修漢和辞典』と
監修者・栗原里央子先生の見解をもとにしています。

※P.471〜480に記載された情報は2021年9月現在のものです。名前の届け出の前に、法務省の
ホームページ内「戸籍統一文字情報」で確認することをおすすめします。

①画
一 乙

②画
丁 七 九 了 二 人 入 八 刀

③画
力 十 卜 又 乃
丈 三 上 下 丸 久 亡 凡 刃
乞
巾 干 弓 才 万 与 之 也 巳
女 子 寸 小 山 川 工 己
勹 千 叉 及 口 土 士 夕 大

④画
不 中 丹 乏 云 屯 互 五 井
仁 仏 今 介 元 内 公 六 冗
凶 分 切 刈 勾 匂 匆 化
匹 区 升 午 廿 厄 友 壬 反
円 天 太 夫 尤 孔 少 尺 幻
弔 引 心 戸 手 支 収 文 斗
斤 方 日 月 木 止 比 毛 氏
水 火 爪 父 片 牛 牙 犬 王
欠 予 双 丑 允 巴

⑤画
且 世 丘 丙 主 乎 付 仕 仔
仙 他 代 令 以 兄 冊 冬 凧
凹 出 凸 刊 功 加 包 北 半
占 去 古 句 召 可 史 右 司

6画

囚四圧外央失奴写尼
左巧巨市布平幼広庁
必戊打払斥末末本札
正母民永氷汁犯玄玉
瓦甘生用田由甲申疋
白皮皿目矛矢石示礼
穴禾立台旧処号弁込
辺卯只叶弘旦汀叱尻
丼汜

交仰仲件任企伏伐休
仮伝充兆先光全両共
再刑列劣匠印危叫各

合同吉名后吏吐向回
吸因団在地壮多夷好
如妃妄存字宅宇守安
寺尖州帆年式弛忙成
扱托収旨早曳旬曲会
有朱机朽朴次此死毎
気汚江汝池汎汗灰灯
牟争当百尽竹米糸缶
羊羽老考而耳肉肌肋
自至臼舌舟色芝芋虫
血行衣西辻弐巡迅丞
亘互亥亦伊伍伎凪匡
圭庄旭汐瓜

7画

串乱亜来伯伴伸伺似
位但低佃住佐何作佛
克児兎兵冷初判別利
劫助努労励即却卵君
吞否吻含呈呉吹告吟
困囲図坂均坐坊坑壱
壮寿妊妙妥妨妖孝孜
完宋対尾尿局岐希床
庇序廷弟形役忌忍志
忘快応我戒戻扶批技
抄抑投抗折抜択把改
攻更材杉村条杖束歩

毎求汲決汽沈沌没沖
沢灸災灼牡状狂男町
社秀私究系声肖肘肝
臣良芥芦花芳芸芯芭
見角言谷豆貝売赤足
走身車辛迂迄辿迎近
返邦医里阪防余体麦
亨伶伽佑冴冶吾呂宏
李杏杜汰沙玖甫芙芹
辰邑那酉沃弄巫

8画

乳事亜些享京佳使例
侍供依価侮併来免兒

其具典函到制刹刷券
刺刻劾劼卒卓協卑卷
参叔取受周味呼命和
固国坦坪垂夜奄奉奇
奔妹妻姉始姓委季学
宛定宕宜宗官宙実宝
尚居屈届岩岸岳岬岡
帖幸庚底店府延弦往
彼征径怖忽忠性怪或
念房所承抱抵押拙拍
拒拓拘抽招拝担拡拠
拐披抹抜拂放斧昊昏
昇明易昔昆服杭杯東

杵松板析枕杷枇林枚
果枝枢枠欧歩武殴毒
沓河沸油治沼況泊泌
法波沿泣注泳泥泡沫
炊炎炉争版牧物狀画
玩的盲直知祈祉社空
突竺並者肥肩肪肯育
肴股舍苗若苦英茂茎
芽苔苺表迭迫述金長
門阜祁邸邪阻陀附雨
青非斉侃侑尭奈孟弥
怜於旺昂昌朋欣苑茉
茄茅虎迪采阿穹苟股

呪狙妬拉

9画

乗亭俄俠侯侵便係促
俗保信俊侮俣俐侶冠
則削前勅勃勇勉南卑
巻巷卸即厘厚単咲哀
品型城垣奏契娃姻姿
姪姥威孤客宣室封専
屋峠峡帝帥幽度廻建
弧待律後怒思急恒
恆恨悔恢恰按括拷
拶拾持指拭挑拝叙政
故施星映春昨昭是昼

冒昧枯柄架柑某染柔
査柵柿柘柱栃柏柳殆
栄段毘泉洋洗津活派
海浄浅洪洞洛炭為牲
狩狭独珍珂珊珀甚
畏界畑疫発皇皆盃盆
相盾省看砂研砕祖祢
祝神祈祇祉秋科秒窃
穿突竿籾紀約紅糾級
県美者耐肺胃背胎胞
胆臭茶草荒荘茨茸虐
衷要計訂変負貞赴軌
軍迷追退送迦逃逆郊

10画

郎重臥限面革音頁風
飛食首香点亮勁哉奎
宥彦昴柊柚柾洲洶洸
玲眉祐耶胡胤茜虹衿
郁咽怨訃
乗俺倶倦修俳倣倉
個倍倒候借値倫倹俸
兼冥凍准凄凉剖剛剤
剣勉匪原哨員哲唆唐
唇哩圃埋夏套娘姫娯
娠娩孫宮宰害宴家容
宵射将屑展峨峰峯峡

島差師席帯座庫庭弱
徐徒従恐恋恭悦恥恩
息悟恵悩悔扇挨恩
挺捉捕捜挿挙敏料挽
既晄晒時書朕朗桧桔
校桁柴株栖核根格栽
桃案桑梅桜桟栓帰殉
殊残殺氣流浦浪浮浴
浸消涙浜泰海渉涅烏
烈特狼狭班珠畔留畜
畠畝疾病疲症益真眞
眠砥砧砲破祥祝神祖
祕秘租秩称秤窄笈笑

挫恣脊捗剝哺
矩祐秦紗絋莉莞赳隼
晋晏晟朔栗栞桂桐浩
倭凌唄啄峻恕悌拳晃
隻飢馬骨高鬼党竜倖
釘釜閃陛院陣除降陥
逓逝郡郎配酒酎酌針
軒辱透逐途通速造連
討訓託記訊豹財貢起
莫荷華莊蚊蚕衰袖被荻
能脂脅脈臭致航般荻
紡索翁耕耗耽胴胸脇
粉粋紋納純紙紛素紐

乾偏停健側偶偽偵兜
冨凰剰副動勘務唯唱
商問啓喝圏國域執培
基埼堂堀埴堆埜婚婆
婦宿寂寄密尉将專崖
崇崩崎巣巣常帯庵
庶庸康惚悼情惜惨悉
徠患悪捨掃掛措授排描
悠戚捨探接控推揭据
掘捲採掬教救赦敏
捻捧掠掬教救敗敛敏
斜断旋族曹晦晝晩曽

望朗械條椛梛梗桶
梅梶梁欲殻液涼淑淡
深混清添渇涉渋済涯
渓淨淀淋涙牽猫猛猟
率現球理瓶産畢略異
盛盗眼眺砦票祭移窓
窒章笛符第粒粗粘笠
累紺細紹終組絆紳経
羚翌習粛脳脚脱舷舶
舵船菊菌菓菜著菅萄
菩萌菱莱虚蛍蛇術袋
袴規視祥訣訟訪設許
訳豚貧貨販貫責赦軟

転這逞逗逢逮週進逸
部郭郵都郷酔釈野釧
釣閉陪陰陳陵陶険陸
麻黄黒斎偲寅崚彗彪
隆陥雀雫雪頃頂魚鳥
彬惇惟捷捺晨梓梢梧
梨毬淳渚爽猪琢皐眸
笙笹紬絃脩菖菫萌裂
鹿亀琉祷菱淫惧痕斬
羞唾貪

12画

傍備偉傘割創剰勝募
勤博卿厨善喚喜喰喧

喪喫單喋圏堰堺堯堤
堵堪報堅場塔塁堕塀
塚奥婿媒富寓寒尊尋
就属帽幅幾廃廊弾御
復循悲惑惹愉慌惺惰
悪恵戟扉掌提揚換握
揮援揺搭揃敢散敬
斑斯晩普景晴暁晶暑
替最曾朝期椅棋棒森
棲棺植検極棚棟椀欺
款殖淵減渡測港湖湯
滋温湿湘湊湛満湾渦
渇焔焼焚無焦然煮営

爲犀猶琴琥琶琵甥番
疊疎疏痘痛痢登盜短
硯硝硫硬視稅程童筈
筆等筋筒筑答策粥粧
粟結絶絡絞紫給統絵
着腔腕脹萱葺董萬葡
落葉葛葬著虛虜蛮衆
街裁裂裕補裡裝覚
訴詐診詔詞詠証註象
貴買貫貸費貯貼貿賀
超越距軸軽遂過遊運
遍過道達遅逸都酢釉
量鈍開閑間閏陽隊階

随隔限雄雁集雇雲雰
順項飲飯黄黒搜歯凱
喬媛嵐巽惣敦斐智椋
椎欽渚渥猪琢湧琳瑛
皓禄稀竣絢翔萩葵遥
須喉瘦喩渾

13画

僅催傑債傷傾働僧傳
傭勢勧勤嗣嘆嘩園圓
塊塑塙塞塡塗墓夢奨
奥嫁嫌寝寛幌幕幹廉
廊微慎愼慨想愁意愚
愛感慈戦損搬携搾摂

搖数新暇暖暗暑業楽
棄楼楢楯楚楕歳殿溢
源準溶滅滑滞漢溜滝
溝漠溫煙煌照煎煤煉
煩献煮牒猿獅痴盟睡
督碁碎碓碑碗禍福禁
禽禅稚稟窟節絹継続
罪置署群義羨聖腹腰
腎腸艇蒸蓄葦蓋蓑蒐
蒲蒙虜虞蜂裏與裸褐
裾裝解触該試詩詰詣
話詳詮詫誇誠誉豊貲
資賄賊跨跳跡践路載

酬酪違遣遠遁農辞較
零雅隙隔鉢鉱鉄鉛鈴
飾飼頑頓頒預靴電雷
暉嵯嵩鼓鼎塩馳馴飽
瑶瑞瑚滉楠楓楊椿椰
蓉蒼蒔舜稜稔祿禎睦
毀楷彙鳩頌靖詢裟蓮
賂慄溺腺腫嫉傲嗅

⑭画

團嘆嘗厩僧僑僕僚像
寡察嫡奪奨塾墨増境
徳彰層嶋寿寛寝寧實
摘摺摑憎慣慕態慢徴

概模槍構榮暦暮旗斡
漸漆漁歴歌榊榎様槌
漕滯漢潰演漏漫漂滴
種福禍碑磁盡疑獄漣
箔算箕箇管端窪稲穀
緒緑緑綿網綱維粋精
膜膏腐聞署罰綴総練
語裳製複蜜蓬蔓蒋蔭
豪貌読誘認説誓誌誤
遮適遭遜遡踊賓賑
銘銅銑銃銀竪酸酷酵
雑隠障際閣関閥閣銭
駄駅駆頗領鞄静需雌

髪魂鳶鳴鼻齊嘉暢榛
槙槇樺漱熊爾瑠瑳聡
碩綜綸綺禎綾緋翠綻
肇蔦輔颯魁鳳熙箋綻
瘍辣蔑

⑮画

億儀價儉凛劇劍劉勲
噴器嘱嚀噂墜墳増墨
審寮幡導履層幣廣廟
弊弾影徹徴徳憤慰慮
慶憂憎戯撮撰撞
播撫摩撲撃敵敷暴暫
樋標横権樟槽樂樣歓

478

歎潔潤澄潮潛潟澁熟
熱畿瘦盤監確磐稿穗
稼稽穀稻窮窯箱節箸
範篇糊緣緣緩線編締
緊繩緒練罷膚舖舞藏
蕎蕨蕃蕪蔽蝦衝褒課
諏請談調論誕諸誰諾
謁賓賜賠賦質賞贄賣
趣踏輪輩輝遷遺遵選
鄭醉銳鑄鋒閱震靈鞍
養餓餅駐駕髮魅魯
默凜嬉慧憧槻毅蕉蝶
誼諄諒遼醇駒黎璃潰

16画

憬摯踪綴嘲罵膝餌
儒凝勳器壇墾壁壞壤
奮孃憲憶憾憩懷戰擁
操整曇曉曆樫樽橙機
橋樹橫歷激濁濃燕燃
燒燈獲獸磨積穩窺築
篤糖縛縱縫緯縞繁縣
膳膨興薪薦薄薰藥薗
薙蕾融衡衛衞親謂諮
謀諺諭謠謁諦諸賢諮
賴蹄輸輯還避醐醒醍
鋸鋼錯錘錆錐錠錄錄

17画

錫鍊隣險隸靜鞘頰頭
館鴨默龍叡橘澪燎蕗
錦鮎黛憐諧骸鋼賭麵
償優徽嚴壕懇應戲
戴擬擦擢擊曖檜檢櫛
濯濕濡禪燭燥爵犧環療
瞥矯礁臆聰薰藁薩
縱繁瓢翼膾縮績繊
螺覽謙講謝謹謎謠膳
購轄輿醜鍋鍵鍬鍛鍊
闇霜頻鮮齡嶺彌曙檀
燦瞭瞳磯霞鞠駿鴻

⑱画

識譜警贈蹴鏡難離顛

霧韻願類髄鯨鶏麒麗

麓艶蘭鯛鵬

儲叢壘懲曜權濫癖癒

瞬礎禮穫簡簞糧織繕

繭藥藝職蟬臨藩襖襟

覆觀謹贈蹟轉醬鎧鎖

鎭鎭難雜鞭額顏題類

顯翻騎騷驗鬪燿穰

藤藏鎌雛鯉鵜麿韓顎

壁

⑲画

壞寵懷懲曝櫛櫓瀨瀨

瀨瀧爆獸璽禱禰簿簾

繰繫繡臟羅蘇藻蟹覇

---

⑳画

嚴孃懸欄競籍纂議護

讓釀鐘響騰騷巖耀馨

㉑画

攝櫻欄纏艦轟躍露蠟

顧飜魔鰯鷄鶴

㉒画

灘疊聽臟襲覽讚鑄響

饗驚驍穰鷗籠

㉓画

鑑顯驗巖纖鱒鷺

㉔画

讓釀鷹鷺麟鱗

㉕画

廳

㉙画

鬱

最終チェック10＆メモ

名前の候補が決まったら

名前の候補が決まったら、いろいろな視点からチェックしましょう。
子どもが大きくなってから名前で不便な思いをしないよう、
きちんと確認してから決定してあげたいですね。

Check 9 説明のしやすさは？

名前の漢字を第三者に説明するときに、たとえば、太陽の「よう」に、平和の「へい」で陽平（ようへい）など、相手にわかりやすく説明できることも大切なポイント。

Check 5 書きやすい？

姓名を実際に書き、漢字の数や画数の多さなどをもう一度チェック。画数が多いと書くのが大変で、子どもが将来、苦労する可能性もあります。

Check 1 名前に使える字？

名前に使える字は法律で決まっています。人名に使えない字は、出生届を受理してもらえないので、P.471〜や漢和辞典で必ずチェックしましょう。

Check 10 呼びやすさは？

同じ母音（アイウエオ）が続くなど、声に出して読んだときに呼びにくくないかも要チェック。「ともくん」「ゆうちゃん」など呼び名も考えてみましょう。

Check 6 変換しやすい？

パソコンやスマホなどで名前を入力・変換してみましょう。すぐに変換できない場合、第三者からのメールや文書で、間違われる可能性が大です。

Check 2 姓とのバランスは？

視覚的なバランスをチェックするため姓と名前を続けて書いてみましょう。同じ部首の重なりはないか、画数や姓名の文字のバランスはどうかをチェック。

気になる人はここも！

「画数」を確認

候補名の画数が気になる人は、P.217の五格の考え方を参考にチェック。吉数になるように、候補名をアレンジすることも可能です。

Check 7 ローマ字＆イニシャルは？

ローマ字やイニシャルも書いてみましょう。マイナスイメージの強い単語やイニシャルにならないかをチェック。W・CやN・Gなどは避けたいもの。

Check 3 読みやすい？

漢字の読み方は基本的に自由ですが、だれもが読めないようなあて字は子どもが将来、苦労することも。

Check 8 変な意味はない？

姓名を続けて読んだときに、たとえば「小田真理→おだまり→お黙り」のように別の意味にならないか確認しましょう。

Check 4 聞き取りやすい？

姓と名を続けて声に出し、第三者が聞き取りやすいかを確認。相手が何度も聞き返すなら再検討したほうがいい場合も。

監修

栗原　里央子〈くりはら　りおこ〉

日本占術協会常任理事、認定占術士、ハワイ・台湾フォーチュン友の会主宰。20代から占術の不思議な魅力に惹かれ、故・大熊芽楊師に師事。周易をはじめ、命名・姓名判断・気学・人相・手相・家相・風水・生年月日によるバイオリズム周期などを合わせて、総合的に鑑定を行うほか、改名などの相談にも応じる。ハワイと台湾では、ボランティアでラジオ出演や講演を行い、精力的な活動を展開。一般の方から芸能人・プロスポーツ選手まで、幅広い支持を得ている。鑑定のモットーは"初心を忘れず　謙虚な心で"。

<連絡先>
ホームページ　http://www.fortune-rioko.com/index.html

たまひよ
赤ちゃんのしあわせ名前事典
2022〜2023年版

発行日	2021年11月30日　第1刷発行
編者	たまごクラブ編
発行人	西村俊彦
編集人	伊久美亜紀
発行所	株式会社ベネッセコーポレーション 〒206-8686　東京都多摩市落合1-34 お問い合わせ　0120-68-0145
編集	株式会社ベネッセコーポレーション 株式会社風讃社
印刷所／製本所	大日本印刷株式会社

©ベネッセコーポレーション2021　Printed in Japan
ISBN978-4-8288-7231-5 C2077

落丁・乱丁本はお取り替えいたします。
定価はカバーに表示してあります。

読者アンケート大募集

『たまひよ赤ちゃんのしあわせ名前事典　2022〜2023年版』を読まれた感想などをぜひお寄せください！期間中にアンケートにお答えいただいた方の中から、抽選で10名様に図書カード2000円分をプレゼントいたします。

※当選者の発表は2022年7月下旬ごろのプレゼントの発送をもって代えさせていただきます。

パソコン・スマートフォンから
https://st.benesse.ne.jp/cam

たまひよ　プレゼント　検索

パスワード　2112na
（半角数字4ケタ、英小文字2字）

応募締め切り
2022年6月14日（火）
午前9:00（受付完了分まで）！

※スマートフォン以外の携帯電話およびハガキでのご応募はできません。
※パソコン・スマートフォンからの通信費はお客さまのご負担になります。
※一部のブラウザ・スマートフォンからは応募できない場合があります。

<個人情報の取り扱いについて>
ご提供いただく個人情報は、アンケートの集計・分析による商品評価、賞品発送の目的で利用します。
お客様の意思によりご提供いただけない部分がある場合、手続き・サービス等に支障が生じることがあります。また、商品発送等で個人情報の取り扱いを業務委託しますが、厳重に委託先を管理・指導します。個人情報に関するお問い合わせは、個人情報お問い合わせ窓口（0120-924721　通話料無料、年末年始を除く、9時〜21時）にて承ります。
（株）ベネッセコーポレーション　CPO（個人情報保護最高責任者）
上記を確認の上、ご承諾くださる方はご記入ください。